주역외전 역주

周易外傳譯註

An Annotated Translation of "JUYEOKOEJEON"

【1권】

주역외전 역주 周易外傳譯註 【1권】

An Annotated Translation of "JUYEOKOEJEON"

—

1판 1쇄 인쇄 2024년 3월 5일
1판 1쇄 발행 2024년 3월 20일

—

저 자 ㅣ 王夫之
역주자 ㅣ 김진근
발행인 ㅣ 이방원
발행처 ㅣ 세창출판사
　　　　　신고번호 제1990-000013호
　　　　　주소 03736 서울시 서대문구 경기대로 58 경기빌딩 602호
　　　　　전화 02-723-8660 팩스 02-720-4579
　　　　　이메일 edit@sechangpub.co.kr 홈페이지 www.sechangpub.co.kr
　　　　　블로그 blog.naver.com/scpc1992 페이스북 fb.me/Sechangofficial 인스타그램 @sechang_official

—

ISBN 979-11-6684-309-9 94140
　　　 979-11-6684-308-2 (세트)

—

이 번역서는 2020년 대한민국 교육부와 한국연구재단의 지원을 받아 수행된 연구임.
(NRF-2020S1A5A7085263)

—

주역외전 역주

周易外傳 譯註

An Annotated Translation of "JUYEOKOEJEON"

【1권】

王夫之 저

김진근 역주

세창출판사

역주자 머리말

길다면 길고 짧다면 짧은 나의 학문 여정을 일단 마무리하면서 그 결실 하나를 이렇게 내놓는다. 나는 일찍이 고교 시절에 나의 평생 학문은 철학이라 여겼고, 그래서 대학의 철학과에 진학하였으며, 그 후 이 외길로 걸어온 세월이 올해로서 어언 반백 년에 이른다. 이제 나는 강단 생활도 마무리하였고 인생의 황혼길로 접어들었다. 그리고 이 저작을 내놓는다.

내가 대학원에서 본격적으로 동양철학 공부를 시작할 적에 홀연히 다가온 분이 바로 이 왕부지(王夫之)다. 알지 못할 인연의 끈이 있던가, 이분은 실루엣처럼 보이는 형상 뒤에 엄청난 학문적 깊이와 매력이 있는 것처럼 나를 유혹하며 끌어당겼다. 그에 응하며 나는 석사학위, 박사학위 논문을 이분의 철학을 주제로 하여 썼고, 이후 죽 이에 매달린 채 오늘에 이르렀다.

딱 10년 전 나는 『주역내전』(전6권)을 번역해서 이 세상에 내놓았다. 그리고 거기에 10년의 세월을 더해 이제 이 『주역외전』을 세상에 내놓는다. 왕부지의 일대기로 보면 37세에 이 『주역외전』을 발표하였고, 67세에 『주역내전』을 발표하였으니, 나의 번역은 이를 거슬러 간 셈이다.

『주역내전』은 『주역』의 경·전문에 대해서 축자적(逐字的)으로 주해(註解)한 저작이다. 이에 비해 『주역외전』은 『주역』의 괘·효사와 십익(十翼)에 담긴 의미를 논하는 저작이다. 짐작건대, 저자는 '내(內)'라는 의미에 대해 '『주역』안으로 들어가서 하나하나 샅샅이 살펴보다'를, '외(外)'에 대해서는 '『주역』을 멀리 밖에서 조망하여 경·전문에 드러나는 의미를 조목조목 개괄하여 논하다'를 부여한 것으로 보인다.

그렇다. 이 『주역외전』은 경·전문 없이 『주역』의 괘·효사와 그 풀이 글이라 할 수 있는 십익 속에 담긴 역학·철학적 의미를 개괄적으로 분석하는 형식으로 이루어져 있다. 즉 『주역』의 경·전문에 담긴 의미를 『주역』과 『주역』사의 관점에서, 그리고 동아시아철학과 그 철학사적 관점에서, 해박한 배경지식을 바탕으로 하여 정연한 논리에 실어 논하고 있는 저작이다.

언뜻 보면, 이것이 그의 혈기 왕성한 시절인 30대에 이루어진 작품이고, 또 망국 유신(遺臣)으로서의 울분을 안고 쓴 저작이기에, 그 학문적 객관성에 대해 의문을 가질 수도 있을 것이다. 그러나 그는 만 3살에 글을 배우기 시작하여 7살에 13경을 완독했을 정도로 어려서부터 '신동(神童)'으로 불린 인물이다. 그리하여 가학(家學)으로 동아시아 고전에 대한 배경지식을 튼튼히 다진 위에, 20세에 그는 당시 호상학(湖湘學)의 중심을 이루던 악록서원(嶽麓書院)에 입학, 동료들과 '행사(行社)'라는 독서 동아리를 만들어 경전의 의미와 시사(時事)에 대해 치열하게 토론하며 나름의 안목을 형성하였다. 이 『주역외전』에는 이러한 그의 학문적 배경과 해박하고 정치(精緻)한 논리 및 천재들의 글에서 발견할 수 있는 탁견들이 여실하게 드러나 있다. 그래서 읽다 보면, 이 『주역외전』이 왜 『주역』사적으로 또 철학사적으로 '금자탑(金字塔)'이라 할 위상을 지니고 있는지, 읽는 이들이 수긍하지 않을 수 없게 된다.

나는 이 『주역외전』이 지닌 의의와 특징에 대해, 특히 다음과 같은 세 가지 관점에서 강조하고 싶다.

첫째, 이 세상은 하늘과 땅으로 닫혀 있으며, 제3의 세계는 없다고 하는 점이다. 이러한 관점에서 그는 도(道)·불(佛) 양가(兩家)가 이 세계를 초월한 제

3의 세계를 설정하고 강조함으로써 혹세무민(惑世誣民)의 결과를 초래한다고 강렬하게 비판한다. 즉 도가는 이 제3의 세계를 '선계(仙界)'라 하고, 불가는 '열반(涅槃)'이라 하며, 여기에 대한 절대적 긍정, 지나친 강조와 찬사를 통해 사람들의 삶을 이곳으로 함몰시키고, 그 결과 궁극적으로는 망국으로 귀결되는 비극을 초래했다고 보는 것이다. 사실 이는 플라톤이 강조하는 이데아나 기독교에서 말하는 신(神)의 세계와도 일맥상통한다고 말할 수 있다. 이들 역시 우리의 세계를 초월한 제3의 세계를 설정하고 있기 때문이다.

이에 대한 논거로서 왕부지는, 우리의 세계가 근원적으로 하늘·땅을 앞서 거나 초월하는 존재로는 소급되지 않는다고 본다. 이러한 것은 실질로써 뒷받침될 수 없기에 존재할 수 없다는 것이다. 그보다는 각각 하늘과 땅을 상징하는 양기·음기 두 기(氣)가 함께 거대한 조화[太和]를 이루며 시작도 끝도 없이 순환하고 있는 것이, 바로 우리가 살아가는 세계라 한다. 결단코 이들을 초월한 절대자나 그러한 세계는 없다고 못 박는 것이다.

주돈이는 그의 『태극도설』에서 '무극(無極)→태극(太極)'을 이 세계의 근원으로서 설정하고는, 이것이 움직이고[動] 고요함[靜]으로써 음·양을 낳으며, 나아가 이들의 상호작용을 통해[互爲其根] 오행을 낳고 만물·만사를 낳아서 변화 무궁한 이 세상이 이루어진다고 보았다. 이렇게 보면, 주돈이의 패러다임에서는 '무극'·'태극'이 이 세계의 근원이고, 이들은 이 세계를 초월한 제3의 세계에 속하는 존재들이라 할 수 있다.

주희는 이 『태극도설』이 대단히 의미심장한 저작이라고 보았다. 그리하여 그는 이 저작에 담긴 의미를 특별히 주해하고 강조하였다[太極圖說解]. 특히 태극 앞에 무극을 설정하여 이 둘을 이렇게 연결하며, 이들이 세계의 궁극적 근원임을 강조하지 않으면 태극이 현상 속의 한 존재[一物]로 전락하거나 이렇게 오인될지 모르니, 무극을 말하지 않을 수 없다고 하였다. 이는 이들의 초월성을 약여(若如)하게 강조하는 면이라 할 수 있다. 물론 주희도 태극이 음·양 속에 존재하는 것이라 하여 '현공(懸空)의 초월성'에 대해서는 부정하고 있다. 그러나 주희가 관념의 존재로서 '리(理)'를 말하며 이들의 '통체(統體)로서의 하나[一; 全體]'인 태극을 말하고 있는 것을 보면, 그도 제3의 세계를 설정하고 있다는 비판에서 벗어날 수는 없다. 그리고 이러한 패러다임이 주희 이후 동아시아에서는 하나의 전형(典型)이 된 것도 사실이다.

그런데 왕부지는 이 세계를 초월한 제3의 세계나 거기에 존재할 절대 긍정·지존(至尊)의 존재는 없다고 함을 명확하게 강조하며, 이러한 주장들에 대해 날이 선 논조로 비판하는 것이다. 이러한 면에서는 주희도 그 예봉을 피해 갈 수 없다. 우리가 살아가는 세계에서 절대 긍정·지존의 존재는 하늘·땅일 뿐이라는 것, 이들을 초월한 존재나 제3의 세계는 결코 없다는 것, 그래서 도·불 양가는 잘못 보았다는 것 등이 이 『주역외전』에서 주조(主潮)를 이루고 있다.

이를 입증하기 위해 왕부지가 강조하는 것이 바로 '건곤병건(乾坤竝建)'설이다. 『주역』의 64괘는 우리가 살아가는 세계와 사람 세상을 그대로 반영하고 있는데, 이 64괘가 건괘▉·곤괘▉ 두 괘로 환원된다고 보는 것이 바로 그것이다.

이 '건곤병건'설을 이해하기 위해서는, 『주역』의 낱낱 괘들이 전체적으로 보이는 앞쪽[嚮]과 안 보이는 뒤쪽[背] 둘로 이루어져 있고, 이들 양쪽에는 서로 반대되는 효(爻)들이 자리 잡고 있다고 함을 이해할 필요가 있다. 즉 앞쪽에 양(—)이 자리 잡고 있으면 뒤쪽에는 음(--)이 자리 잡고 있고, 앞쪽에 음(--)이 자리 잡고 있으면 뒤쪽에는 양(—)이 자리 잡고 있다는 것이다. 왕부지는 이들 양쪽의 효들을 연결하는 관계를 '착(錯)'이라는 말로서 규정한다.

이렇게 보면, 앞쪽에 건괘▉가 있으면 뒤쪽에는 곤괘▉가, 앞쪽에 곤괘▉

가 있으면 뒤쪽에는 건괘☰가 있다는 것이 된다. 또 앞쪽에 준괘☷가 있으면 뒤쪽에는 정괘(鼎卦)☲가, 앞쪽에 몽괘☶가 있으면 뒤쪽에는 혁괘(革卦)☱가 있으며, 각각의 역(逆)도 마찬가지다. 특히 통행본 『주역』에서 64의 괘들을 배열해 놓은 순서 가운데 이웃하고 있는 감괘☵와 리괘☲, 이괘(頤卦)☶와 대과괘☴, 중부괘☴와 소과괘☳ 등은 이 '착'의 관계에 따라서 배열해 놓고 있는데, 이 괘들은 앞쪽과 뒤쪽으로 각기 상반되는 효들이 자리 잡고 있다. 이 괘들뿐만 아니라, 『주역』의 64괘들에서 앞쪽·뒤쪽으로 이루고 있는 착(錯)의 관계를 고려하면, 모두 건괘☰·곤괘☷로 환원된다고 할 수 있다.

왕부지는 이에 대한 준거로서, "건괘☰·곤괘☷는 『주역』의 문이로다! 건괘는 양(陽)의 특성이 있는 것이고, 곤괘는 음(陰)의 특성이 있는 것이다. 그래서 음과 양이 덕을 합하고, 군셈[剛]과 부드러움[柔]이 몸[體]을 이룸으로써, 하늘과 땅의 하는 일을 체현하고 신(神)의 밝은 덕에 통한다.('乾'·'坤'其『易』之門邪!'乾', 陽物也;'坤', 陰物也; 陰陽合德而剛柔有體, 以體天地之撰, 以通神明之德.)"라는 『계사하전』제6장의 말을 끌어들이고 있다. 건괘☰·곤괘☷가 나머지 62괘들이 출현하는 문을 이루고 있으면서 각각 음·양의 공능을 발휘하며 합동으로 지어내고 있으니[造化], 그래서 나머지 62괘가 제때를 타고서 출현할 수 있다는 것이다.

그렇다면 62괘는 결국 건괘☰·곤괘☷로 환원될 수 있다고 할 수 있다. 다시 말해서 『주역』에서 건괘☰·곤괘☷를 초월하거나 그 밖에 있는 괘들은 없다는 것이다. 『주역』은 완벽하게 이들 건괘☰·곤괘☷에 닫혀 있다고 할 수 있다. 마찬가지로 양기·음기 두 기(氣)로써 각각의 공능을 수행하는 하늘·땅에 이 세상은 완벽히 닫혀 있고, 제3의 세계는 없다는 것이다.

이는 사실 『계사상전(繫辭上傳)』 제4장에서 "하늘과 땅의 지어냄[造化]을 범위로 하면서 이를 지나치지 않고, 만물을 곡진하게 이루어 주면서 어느 것 하나 빠뜨리지 않으며, 밤과 낮의 도(道)에 통하여서 안다. 그러므로 신묘함에는 정해진 곳이 없고,『주역』에는 정해진 몸이 없다.(範圍天地之化而不過, 曲成萬物而不遺, 通乎晝夜之道而知, 故神无方而『易』无體.)"라고 하는 말에서도 근거를 찾을 수가 있다.『주역』이 하늘과 땅의 지어냄[造化]을 본떠 그 범위로 하면서 이를 지나치지 않는다고 하기 때문이다.

여기에서 우리는, 왕부지가 이렇게 이 세상은 하늘과 땅으로 닫혀 있으며, 제3의 세계는 없다고 함을 강조하는 논거를 끌어냈다고 할 수 있다. 이렇게 되면 이 세계를 초월한 곳에 제3의 세계와 권능을 설정하고서 혹세무민(惑世誣民)하는 종교는 그 설득력을 잃고 말 것이다. 그래서 왕부지는 이『주역외전』에서 이를 도·불 양가에 대한 비판의 무기로서 활용하고 있는 것이다.

사실 이에 대한 논의는 인간의 인식능력을 벗어나는 차원의 것이므로, 인간으로서 그 타당성을 검증할 수는 없다고 본다. 그래서 장자는 일찌감치 이에 대해서는 그대로 두어야 할 뿐 논하지 않아야 한다고 하였고(『莊子』,「齊物論」: 六合之外, 聖人存而不論.), 칸트는 이를 '이율배반(二律背反; antinomy)'이라는 말로 표현하며 이와 관련된 도그마들을 경계했다고 할 수 있다.(『순수이성비판』) 이 취지는 노자가 "도(道)는 말로 표현할 수 있으면 한결같은 도[常道]가 아니다."라 한 것에도 관류한다.

이렇게 보면, 왕부지가 '하늘·땅'론과 '건곤병건(乾坤竝建)'설을 통해서 우리가 살아가는 세계를 하늘·땅으로만 한정하고,『주역』은 건괘☰·곤괘☷ 두 괘 속에 닫혀 있다고 한 주장의 논리적 완결성과 정치함을 긍정할 수 있다고 본다. 사람의 논의를 그 밖으로는 확장하지 말자는 것이기 때문이다.

둘째, 왕부지가 이『주역외전』을 통해 동아시아 전통의 '도기(道器)'관을 뒤집어 버렸다[反轉]는 점이다. 동·서를 막론하고 도(道)와 기(器)를 논함에서는 전통적으로 도를 우위에 두며, 도 위주로 세계를 설명하였다. 이는 양 진영에서 공통적이다. 그러다가 서구에서는 유물론에 의해 그 반전(反轉)이 시도되었다고 한다면, 동아시아에서는 왕부지에 의해 이것이 이루어졌다는 것이다.

물론 이는 『주역』의 『계사상전』 제12장에서 "형이상자를 '도(道)'라 하고 형이하자를 '기(器)'라 한다.(是故形而上者謂之道, 形而下者謂之器.)"고 함에 출전이 있다. 여기에서 '도'와 '기'를 각각 '형이상자'와 '형이하자'로 지칭하듯이, 이들 사이에는 '도'를 우위에 놓고 보는 관점이 반영되어 있다. 이러한 관점은 『노자』에서 무엇인가 뒤섞인 채 천지보다 앞서 생겨서 존재하는 것을 '도'라 한 것(25장), 이 세상 모든 것은 '있음[有]'에서 생기고, '있음[有]'은 '없음[無]'에서 생긴다고 한 것(40장)에도 적용할 수 있다. '없음[無]'은 결국 '도'를 지칭하는 것이라 할 수 있기 때문이다. 또 주희가 태극을 형이상의 '도'라 하고 음·양을 형이하의 '기(器)'라 한다고 하던 '태극·음양'관(『太極圖說解』: 太極, 形而上之道也, 陰陽, 形而下之器也.) 및 리(理)를 '형이상자'라 하고 기(氣)를 '형이하자'라 하던 '이기(理氣)'관에도 일관된다.

이것이 맹자에게서는 '마음으로 수고하는' 사람과 '힘써 몸으로 수고하는' 사람으로 나누어지고, '마음으로 수고하는' 사람은 남을 다스리고 그 대가로 남에게 먹여 살려지며, '힘써 몸으로 수고하는' 사람은 남에게 다스려지며 그 대가로 남을 먹여 살린다(『孟子』, 「滕文公 上」: 或勞心, 或勞力. 勞心者治人, 勞力者治於人; 治於人者食人, 治人者食於人, 天下之通義也.)고 하는 관념에도 관류한다. 그래서 이후 동아시아에서는 사(士)·농(農)·공(工)·상(商)으로 계층을 나누어 꾸려 가되, 사(士) 계급은 도를 추구하고 마음으로 수고하며 남을 다스리고 그들에 의해 먹여 살려지는 부류라면, 농·공·상업에 종사하는 이들은 남에게 다스려지고 몸으로 힘써 수고하며 그들을 먹여 살리는 부류로 확정되게 하였다. 그 결과 형이상자를 추구하는 이들은 지배계급으로, 형이하자를 추구하는 이들은 피지배계급으로 나뉘게 되었다. 이러한 주조(主潮)에서는 형이하자에 해당하는 직업이나 거기에 종사하는 사람들을 천시하게 되고, 가능하면 거기에서 탈피하고자 하는 관념을 형성하는 것이 자연스러운 귀결이었다.

그런데 왕부지는 이 『주역외전』에서 "이 세계에는 오직 기(器)들이 있을 따름이다. 그러므로 도는 '기의 도'니, 기를 '도의 기'라고 해서는 안 된다.(天下惟器而已矣. 道者器之道, 器者不可謂之道之器也.)", "기가 없으면 그 도가 없다.(无其器則无其道.)"라고 하여, 도·기의 관계를 완전히 반전시키고 있다. 나아가 "'형이상자'라 하여 형체가 없는 것을 일컫는 것이 아니다. 이미 형체는 있는 것이니, 형체가 있은 뒤에라야 '형이상'이라는 것도 있는 것이다. 형체가 없는 것의 상(上)은, 아무리 고금으로 연장해 보고, 온갖 변함[變]에 통해 보더라도, 또 하늘에 궁구해 보고 땅에 궁구해 보더라도, 사람에게서 궁구해 보고 물(物)들에게서 궁구해 보더라도, 그 어떤 것에서도 있지 않다.(形而上者, 非无形之謂. 既有形矣, 有形而後有形而上. 无形之上, 亘古今, 通萬變, 窮天窮地, 窮人窮物, 皆所未有者也.)"라고 하여 그 논거를 더욱 분명히 하고 있다.

다만 왕부지는 도(道)와 기(器)의 세계가 절연(截然)히 분리되어 있느냐 하면 그것은 아니라 한다. 기는 도를 반영한다고 하고 있고, 기 속에 도가 존재한다고 하는 것이다. 그는 『주역외전』에서 "형이상자를 '도'라 하고 형이하자를 '기'라 하니, 이 둘은 하나의 형(形)에서 통괄된다. 그러니 어찌 서로가 이루어 주지 않고서 서로를 내팽개칠 수 있겠는가?"라고 하여, 이 둘이 분리된 세계 속에 존재하는 것이 아니라, '형' 속에 함께 존재하는 것임을 명시한다.

『주역내전』에서도 왕부지는, 반드시 그 '형(形)'이 있고 난 뒤에야, 앞서서 '그것이 이루어지게 한 근본 까닭으로서의 양능'이 드러나고, 나중에 '그것이 쓰이게 하는 것으로서의 공효'가 정해진다, 그러므로 '형이상'이라 일컫지만 '형'으로부터 분리되지 않는다고 하고 있다. 즉 존재함에서 이 형이상자와 형이하자는 분리될 수 없음[不可分離]을 명확하게 언급하는 것이다. 그리하여 도(道)와 기(器)는 서로 분리되지 않으니, 도와 기를 합하여 형이상과 형이하의 이치를 다 터득한다면 성인의 뜻을 알 수 있을 것이라 함이 『주역내전』에서의 풀이다.(『주역내전』,「계사상전」제12장 주.)

그런데 왕부지는 『주역외전』에서 "오호라, 군자의 할 일이란 기(器)를 다하면 끝난다. 사(辭)라는 것은 기를 드러내어서 세상 사람들을 행동에 옮기도록 고취하며 기를 다룸에 힘쓰도록 하는 것이다.(嗚呼! 君子之道, 盡夫器而止矣. 辭, 所以顯器而鼓天下之動, 使勉於治器也.)"라 하여, 그의 '도·기'관을 명확하게 제시하고 있다. 군자의 할 일이 도(道)에 있는 것이 아니라 기(器)에 있다고 하기 때문이다. 나아가 그는 이를 성인(聖人)의 '천형(踐形)'론(『孟子』,「盡心下」)으로까지 연결하고 있다. 나는 왕부지의 이러한 '도·기'관이 동아시아 철학사에서 '코페르니쿠스적 전환(轉換)'에 비견된다고 본다.

왕부지의 이러한 '도·기'관은 역사적으로나 철학사적으로나 대단히 중요한 의미를 지니고 있다. 이 관념이 사회의 주류를 이루면, 그 사회에서는 농·공·상업에 종사하는 사람들이 자연스레 주류가 된다. 또한 이른바 '실학(實學)'이 출현하여 학풍의 주류를 이루게 된다. 그러므로 왕부지 이후의 중국 청대(淸代)에 이 실학이 일어나고 고증학이 일어나게 되었는데, 그 연원을 왕부지에게까지 거슬러 올라가는 것이, 결코 근거가 없는 것이라 할 수 없다. 왕부지의 '도·기'관이 이러한 사조와 학풍에 분명히 영향을 주었다고 볼 수 있기 때문이다.

나아가 나는 이것이 마오쩌둥의 '실천'론·'모순'론으로 이어지며 중국 현대사의 흐름을 바꾸는 데서 매우 중요한 역할을 했다고 본다. 왕부지와 마오쩌둥은 동향(同鄕) 출신들이다. 마오쩌둥은 일찍이 이 동향의 대철학자인 왕부지에 눈뜨고 존경하며, 그 저작들을 열심히 읽었다. 이러는 가운데 그의 '실천'론 · '모순'론을 완성했으리라는 것이 나의 추론이다.

셋째, 왕부지는 이 『주역외전』에서 "『주역』은 군자의 도모함을 위한 것이지 소인들의 도모함을 위한 것이 아니다.(『橫渠易說』, 「大易」: 『易』爲君子謀, 不爲小人謀.)"라고 하는 장재(張載)의 『주역』관을 계승하며 강조하고 있다는 점이다.

사람은 누구나 살다 보면 어려운 일에 봉착하게 되어 있다. 이 당면한 난관을 인간의 지모(智謀)로써는 도저히 풀 수가 없는 암담한 상황에 처할 수도 있다. 이러한 경우에 전지전능(全知全能)하다고 여기는 존재, 즉 하늘에게 그 해결의 실마리를 묻게 되어 있다. 이를 '점문(占問)'이라 한다.

이 '점문'을 도와서 그 해결의 방책을 알려 주는 것이 『주역』이다. 『주역』은 이렇게 해서 탄생한 것이다. 즉 『주역』의 괘 · 효사들은 이 '점문'의 결과로서 받은 하늘의 답 가운데 적중한 것들만을 수록해 놓은 것이다. 그리하여 우리가 시초점을 쳐서 어느 괘 · 어느 효를 받았다면, 그것이 바로 하늘이 자신의 점문에 주는 해결의 방책이라 여기는 것이다.

그런데 왕부지는 이 점문에 도덕성, 즉 점치는 이와 점치는 일의 도덕성이 반드시 담겨 있어야 한다고 보았다. 물론 도덕성 여부와 관련 없이 누구든지 기계적으로 점문을 할 수 있다. 또 사소한 일조차 심심풀이 삼아 점문을 할 수도 있다. 심지어는 도둑놈이나 강도, 살인자가 그 일을 꾀하면서 그 여부를 점문할 수도 있고, 정치검사와 정치군인이 반역을 꾀하면서 점문을 할 수가 있다. 또 주식투자자가 주식을 사고파는 데서 점문할 수도 있다. 그러나 이렇게 도덕성에 어긋나는 점문에 대해서는 하늘이 답해 주지 않는다고 하는 것이 왕부지의 주장이다. 이와 관련하여 왕부지는 군자와 소인으로 가르고는, 『주역』의 점문은 오직 군자여야만 가능하다고 보았다. 그 까닭은 군자에게만 하늘이 답한다고 보았기 때문이다.

그러면 군자와 소인은 어떻게 가르는가. 너무나 당연한 일이지만, 왕부지가 이렇게 주장하는 데서 따르는 군자와 소인의 구별은 공자의 가름이다. 공자는 "군자는 의로움에 밝고, 소인은 이로움에 밝다.(『論語』, 「里仁」: 君子喩於義, 小人喩於利.)"라고 하였다. 여기에서의 '의로움'이란 자기가 발붙이고 살아가고 있는 사람 세상을 널리 이롭게 하는 것이다. 즉 '공변된 이로움[公利]'이다. 이에 비해서 '이로움'은 그저 자신과 그 주변의 몇몇만을 이롭게 하는 '사사로운 이로움[私利]'일 따름이다. 그래서 '의로움'에서는 보편의 논리를, '이로움'에서는 특수의 논리를 발견할 수 있다. 즉 '의로움'과 '이로움'을 가르는 기준은 이들이 미치는 외연의 범위·크기다. 그리고 보통의 경우는 '이로움'이 '의로움'을 해치게 되어 있다. 맡고 있는 지위가 높을수록, 또 축적하고 있는 부(富)가 많을수록, 그가 취하는 '이로움'이 사회 전체에 그만큼 치명적인 해악을 끼치게도 된다.

그러므로 공자의 가름에서 '군자'와 '소인'을 가르는 기준은, 맡고 있는 지위가 미치는 외연의 크기·범위에 있지 않다. 또 가지고 있는 부(富)가 미치는 외연의 크기나 범위에도 있지 않다. 즉 부·귀에는 있지 않다는 것이다. 어디까지나 사람 됨됨이로서의 도덕성과 이것이 미치는 외연의 범위·크기에 달려 있다는 것이다.

왕부지는 이를 『주역』의 점문(占問)과 관련지어, 사람 됨됨이로서의 도덕성을 갖춘 사람, 즉 군자가 의로운 일을 점문할 적에야 하늘이 그에 대해 답을 준다고 한 것이다. 그래서 왕부지는, 『주역』은 '의로움을 점치는 것이지 이로움을 점치는 것이 아니다(占義不占利)'·'군자에게 권하여 경계하도록 하지 더럽게 소인에게 고해 주지 않는다(勸戒君子, 不瀆告小人)'라고 명확하게 밝히고 있다.(『주역내전발례』) 이는, 공자가 한결같이 덕을 유지할 수 없으면 점을 치지 말라고 하였던(『論語』, 「子路」: 子曰, "南人有言曰, '人而無恆, 不可以作巫醫.'

善夫!" "不恆其德, 或承之羞." 子曰, "不占而已矣.") 가르침을 그대로 이어받은 것이라 할 수 있다. 그래서 무겁지 않을 수가 없다.

그러므로 왕부지의 이러한 『주역』관에서는 진령군이나 천공·건진법사 따위가 설 자리는 없다. 나라를 다스리는 사람이나 그 부인이 무당의 말만 믿고 설치는 일, 나아가 이로 말미암아서 나를 멸망으로까지 이끄는 일은 절대로 있을 수가 없다. 정치인들이 연초에, 무당집에 문전성시를 이루는 일도 있을 수가 없다. 나아가 거의 모든 것을 점문에 의거하여 해결하려는 풍조, 그리하여 길거리를 무당집이 즐비하게 장식하는 현상, 무당들이 인터넷망을 통해 혹세무민하고 그를 신통력 있는 사람처럼 여기는 웃지 못할 현상은 결코 출현할 수가 없는 것이다.

이와 관련하여 언급할 만한 의의를 지닌 것이 또 있다. 다름이 아니라 왕부지의 '연천이우인(延天以祐人)'론이다. 이 논의의 출발점은 하늘·땅이 궁극의 전지전능한 존재로서 사람과 물(物)들을 지어내기는 하지만[造化], 지어낸 뒤에는 이들을 직접 돕지는 않는다고 함에 있다. 예컨대 어느 나라 백성들이 독재자의 학정에 시달린다고 해서, 역병이 창궐한다고 해서, 자연재해가 극심하다고 해서, 나아가 특정한 집단이나 개인이 매우 곤란한 상황에 당면하였다고 해서, 하늘은 이 문제 상황들로부터 고통당하는 사람들에게 직접 그 손길을 내밀어 해결해 주지는 않는다고 한다. 하늘에는 인간을 직접 도울 손[手]이 없기 때문이다. 다만 군자가 이러한 문제 상황들을 보고 당하는 사람들의 고통을 덜어 주기 위해 그 방법을 하늘에 물었을 때[占問], 그리고 그 일이 도덕성을 위배하지 않는 것일 때, 하늘은 그에 답을 함으로써 그의 손을 빌려[假手] 사람을 돕는다는 것이다. 그러면 결과적으로 군자는 '하늘의 답을 받아서 하늘의 권능을 연장하여 사람을 돕는다[延天以祐人]'는 것이다. 『주역』이 바로 여기에서 그 매개 역할을 한다는 것이다. 이처럼 왕부지는 『주역』의 본래 존재의의와 역할이 이것이라 본다.

여기에서 우리는 의리역학의 정수를 발견할 수 있을 것이다. 그래서 이 『주역외전』은 오늘날에도 우리에게 주는 가치와 메시지가 여전히 유용하다고 본다. 17세기를 온통 망국의 유신(遺臣)으로서 울분을 지닌 채 쓸쓸히 살았던 철학자, 그가 이 『주역외전』을 통해서 이렇게 우리에게 살아 있는 사람으로서 다가오는 것이다. 왕부지는 이 『주역외전』을 집필하는 것으로부터 『주역』 연구를 시작하며, "나라를 잃어버린 외로운 신하로서 오랑캐에 의해 더럽혀진 땅에 이 한 몸을 붙이고 있으니, 뜻함이 있더라도 함께 도모할 이가 없고, 어떤 사업이 있더라도 넓힐 수가 없었다. 그래서 오로지 『주역』의 도(道)만을 자나 깨나 가슴에 끌어안고 잊지 않았으며, 어려움이라 할 수 있는 것도 감히 가벼이 입에 올리지 않았다.(『주역내전발례』)"라고 술회하고 있다. 나는 이상에서 요약한 세 가지 관점을 통해서 이러한 왕부지를 만날 수 있다고 본다.

이제 나의 학문 인생의 일단을 마감하며 이 저작을 이렇게 내놓자니, 새삼 고마운 분들이 떠오른다. 나는 학부와 대학원 석사과정에서 당시 한국 동양철학계의 거목이었던 고(故) 지산(智山) 배종호(裵宗鎬, 1919~1990) 교수님을 만나 동양철학에 눈을 뜰 수 있었다. 이분으로부터 나는 동아시아의 고전들과 성리학 및 『주역』에 대해서 배웠다. 배 교수님께서 정년퇴직하시고 난 빈자리에 이강수(李康洙; 1940~2022) 교수님께서 부임해 오셨다. 박사과정에서 나는 이 이 교수님으로부터 노장철학과 중국철학사에 대해 더욱 깊이 있는 가르침을 받았다. 중국 북경대학에서 고급진수반(高級進修班) 과정을 이수하면서는 주버쿤(朱伯崑; 1923~2007) 교수님으로부터 교수님의 친저(親著)인 『역학철학사(易學哲學史)』(전4권)를 교재로 하여 전체를 일독하는 가르침을 받았다. 돌아보니, 이 세 분은 당대 최고의 석학들이었다. 이분들의 가르침에 의해 천학비재(淺學菲才)한 내가 겨우 한 학인으로 설 수 있었고, 오늘날에 이를 수 있었다. 지금은 모두 이 세상을 떠나시고 안 계신다. 이분들을 생각하면 나는 가슴이 시려 오면서 사무친 은혜에 숙연해진다. 이『주역외전』번역본을 이분들의 영전에 바치며 울컥하는 마음을 달랜다.

허진웅 박사의 공(功)을 언급하지 않을 수 없다. 허 박사는 인쇄본『주역외전』을 몽땅 디지털로 옮겨서 나의 이 번역 작업에 날개를 달아 주었다. 그래서 이 저작의 공(功) 절반은 이 허 박사에게 돌려야 한다. 허 박사에게 마음속 깊이 감사한다.

연구비를 지원해 주어서 이 작업을 진행할 수 있게 해 준 한국연구재단에는 아무리 감사해도 지나치지 않다고 본다. 번역 작업도, 출판도 만만치 않을 이 일에 한국연구재단의 명저번역지원사업은 이렇게 큰 도움을 주었다. 마음 속 깊이 감사한다. 또 있다. 이 작업 성과를 출간하여 세상에 빛을 보게 해 준 세창출판사에 감사한다. 출판사의 사장님 이하 관계자들, 특히 안효희 과장님께 마음속 깊이 감사한다.

나랑 인생길을 함께 가는 사람이 있다. 학인의 아내로서 어려운 시절 쉽지 않은 길을 함께 걸으며 묵묵히 인내하고 내조해 주는 아내 아국헌(雅菊軒)에게, 이 자리를 빌려 진심으로 감사하며 이 책을 바친다.

2024년 2월 22일

문수·보현봉이 바라보이는 작은 서실에서

김진근 쓰다

일러두기

1. 이 번역은 중국 장사(長沙)의 악록서사(嶽麓書社)에서 1992년에 발행한 선산전서(船山全書) 가운데 『周易外傳』을 그 저본으로 하였다.

2. 이 『주역외전』에서는 괘 이름을 저자의 관점을 살려서 표기하기로 하였다. 예컨대 우리나라에서는 遯卦䷠를 '돈괘'라고 읽지만, 왕부지가 철저하게 '은둔'의 의미로 풀고 있음을 존중하여 이 번역에서는 '둔괘'로 읽었다.

3. 가능하면 순수한 우리말로 풀자는 관점에서 우리말로 표기한 것들이 있다. 그리고 가능하면 [ ] 안에 한자를 병기하였다. 예컨대 '剛·柔'를 '굳셈[剛]·부드러움[柔]'으로, '動·靜'을 '움직임[動]·고요함[靜]'으로, '시(時)'를 '때[時]'로, '德'을 '특성[德]'으로, '常'을 '한결같음[常]'으로, '消·長'을 '사그라짐[消]·자라남[長]'으로 표기한 것 등이 그것이다. 이 외에도 가능하면 순수한 우리말로 풀자는 시도를 의식적으로 하였다. 따라서 이것들이 일반 서술어들과 혼동을 줄 수 있는 여지가 있지만 독자 제현의 이해를 바란다.

주역외전 역주

周易外傳譯註

건괘

䷀乾

一

道, 體乎物之中以生天下之用者也. 物生而有象, 象成而有數, 數資乎動以起用而有行, 行而有得於道而有德. 因數以推象, 象自然者也, 道自然而弗藉於人. 乘利用以觀德, 德不容已者也, 致其不容已而人可相道. 道弗藉人, 則物與人俱生以俟天之流行, 而人廢道; 人相道, 則擇陰陽之粹以審天地之經, 而『易』統天. 故'乾'取象之德而不取道之象, 聖人所以扶人而成其能也. 蓋歷選於陰陽, 審其起人之大用者, 而通三才之用也. 天者象也, '乾'者德也, 是故不言天而言'乾'也.

역문 도(道)는 만물들 속에서 본체가 되어 이 세계의 작용을 낳는 존재다. 만물은 생겨나면 상(象)을 지니게 되고, 이 상이 이루어져서는 수를 가지고 헤아릴 수 있는 구체적인 것이 된다. 이렇게 구체적이어서 수를 통해 헤아릴 수 있는 생명체[物]들이, 움직임[動]에 의해 작용을 일으켜 행하게 된다. 그리고 생명체들은 이렇게 행함을 통해, 이 세계 전체의 근원인 도에서 얻은 것으로서 자기만의 구체적인 덕(德)을 드러내게 된다.

수를 가지고 헤아릴 수 있는 구체적인 생명체[物]들에 근거하여 상을 그려 볼 수 있는데, 이들 상은 저절로 그러한 것[1]이고, 도는 저절로 그러하며 사람에게 의거하지 않는다. 그러나 이롭게 이용함을 타고서 덕을 드러내는데, 이 덕은 그만둠을 허용하지 않는다.[2] 이처럼 '그만둠을 허용하지 않음'을 이루어 내기에, 사람이 도를 도울 수 있다.

도가 사람의 힘을 빌리지 않으니, 생명체[物]들과 사람이 아울러 생겨나서 하늘이 널리 행함을 기다리면서도, 사람은 하늘을 그대로 내버려 둔다. 또 사람이 도를 돕기에, 음·양의 순수함을 가려서 천지의 경상(經常)을 살피며, 『주역』은 하늘의 운행을 통할(統轄)한다.

이러한 관점에서 볼 때, 이 건괘▇를 지칭하는 '건(乾)'은 상(象)이 드러내는 덕을 취한 것이지 도가 드러내는 상을 취한 것이 아니다. 그러므로 이 『주역』의 제작에 참여한 성인들[3]은 이 『주역』을 통해 사람들을 도우면서 그 능함을 이루어 내고 있다. 내가 보기에, 이 성인들은 음·양의 운행을 경험한 것들 가운데 알맞은 것들을 골라내고, 이것들이 사람들에게서 일으킬 위대한 작용을 살펴서 이 『주역』을 만들었다. 이는 하늘·땅·사람

---

1 여기에서 '저절로 그러한[自然]'이라 한 것은 제3의 존재에 의거함이 없이 그 스스로 그러하다는 의미다.

2 '그만둠을 허용하지 않음[不容己]'이란 반드시 그렇게 한다는 것으로서 필연성을 의미한다.

3 왕부지가 주장하는 '사성동규(四聖同揆)'·'사성일규(四聖一揆)'론에 입각하여 번역한 것이다. 왕부지는 『주역』이 복희(伏犧), 문왕(文王), 주공(周公), 공자라는 네 성인의 손을 거쳐서 이루어진 것으로 본다. 구체적으로 복희는 팔괘를 그렸고, 문왕은 그것을 64괘로 연역하였으며, 주공은 괘·효사를 붙이고, 공자는 『역전』십익(十翼)을 쓴 것으로 본다. 그런데 이들이 이렇게 각기 다른 작업을 하였지만 모두 동일한 원리에 입각하고 있으며, 그래서 이것들이 오늘날 우리가 보는 『주역』한 권으로 엮이게 되었다고 보는 것이 왕부지의 '사성동규'·'사상일규'론이다.

등 삼재의 작용에 달통한 결과다. '천(天)'은 상이고, '건(乾)'은 덕이다. 그래서 이 괘의 이름을 '천(天)'이라 하지 않고 '건(乾)'이라 한 것이다.

且夫天不偏陽, 地不偏陰; 男不偏陽, 女不偏陰; 君子不偏陽, 小人不偏陰. 天地其位也, 陰陽其材也, '乾'坤'其德也. 材无定位而有德, 德善乎材以奠位者也, 故曰, "天行健". 行則周乎地外, 入乎地中, 而皆行矣, 豈有位哉! 是故男德剛而女德柔, 君子德明而小人德暗. 男女各有魂魄, 君子小人各有性情. 男不无陰, 而以剛奇施者, 其致用陽; 女不无陽, 而以柔偶受者, 其致用陰. 是故『易』之云'乾', 云'其致用'者而已.

역문 하늘에는 치우치게 양(陽)만 있는 것이 아니고, 땅에도 치우치게 음(陰)만 있는 것이 아니다. 남자에게도 치우치게 양만 있는 것이 아니고, 여자에게도 치우치게 음만 있는 것이 아니다. 군자에게도 치우치게 양만 있는 것이 아니고, 소인에게도 치우치게 음만 있는 것이 아니다. 여기에서 하늘과 땅은 차지하고 있는 그 공간적인 위치를 말하는 것이고, '음'과 '양'은 그 재질을 말하는 것이며, '건'과 '곤'은 그 덕을 말하는 것이다.

음・양의 재질에는 정해진 위치가 없고 덕만 있는데, 이 덕이 재질을 잘 활용함으로써 위치를 정한다. 그러므로 "하늘의 운행은 씩씩하다."라고 말한 것이다. 하늘이 운행하여서는 땅의 밖을 두루 휩싸는가 하면 땅의 속으로 들어가기도 하는데, 이 모두가 운행함에 해당한다. 그러니 어찌 정해진 위치가 있으리오!

이러한 까닭에 남자의 덕은 굳세고 여자의 덕은 부드러우며, 군자의 덕은 밝고 소인의 덕은 어둡다. 그리고 남자와 여자에게는 각기 혼(魂)・백

(魄)이 있고, 군자와 소인에게는 각기 성(性)·정(情)이 있다. 남자에게도 음이 없지는 않지만 굳셈·홀수로써 베푸니, 그 작용을 이룸은 양이다. 이에 비해 여자에게도 양이 없지는 않지만 부드러움·짝수로써 받아들이니, 그 작용을 이룸은 음이다. 그러므로 『주역』에서 '건(乾)'이라 한 것은 그 작용을 이룸에 대해 일컬은 것일 따름이다.

繇此言之, 君子有情, 而小人有性, 明矣. 故小人之卽於暗也, 豈无穎光不昧·知慙思悔之時哉! 此則'乾'之麗於小人者未嘗絶. 唯恃其自然, 忘其不容已, 則'乾'不絶小人而小人絶'乾'. 故『易』於小人, 未嘗不正告焉. 穆姜濫占四德而懼, 其驗也. 六陽之卦爲'乾', '乾'爲天, 『易』不云'天'而云'乾', 用此義也.

역문 이상을 근거로 말하자면, 군자에게도 정(情)이 있고 소인에게도 성(性)이 있음이 분명하다.[4] 그러므로 소인들은 어둠 속에 있기는 하지만,[5] 그렇다고 하여 어찌 이들에게 잠깐일지언정 환히 빛나서 어둡지 않고, 부끄러운

---

4 이는 송유(宋儒)들의 '성정(性情)'론을 전제로 한 말이다. 장재(張載)가 "성이 발하여 정이 된다.(性發爲情.)"라고 한 것을 이들은 공리(公理)처럼 받아들였다. 그런데 이들은 성(性)이 발하여 정(情)이 되기 위해서는 형기(形氣)에 의거하지 않을 수가 없다고 한다. 이 형기가 없으면 성은 발현할 수 없기 때문이다. 형기는 우리 몸을 이루고 있는 것으로서 맹자가 말한 '소체(小體)'에 해당한다. 그래서 성은 발하는 과정에서 이 형기를 이루고 있는 기질(氣質)의 맑음[淸]·흐림[濁]의 정도에 의해 간섭을 받을 수밖에 없다고 한다. 그리하여 성(性)이 발현한 결과로서의 정(情)이, 성 그대로를 드러내느냐 그렇지 못하느냐의 다름을 드러내게 된다는 것이다. 따라서 소인들은, 정도의 차이는 있지만, 정에서 성이 거의 사라져 버림에 비해, 군자들의 경우에는 그대로 유지된다고 할 수 있다. 이와 같은 관점에서 왕부지는, 군자에게는 성 그대로 행동에 옮기므로 정이 없을 것 같지만 정이 있고, 소인들에게서는 형기에 구애받아서 행동하기 때문에 성이 없을 것 같지만 성은 있다고 하고 있는 것이다.

5 이는 불교의 '무명(無明)'론을 떠오르게 하는 말이다.

줄 알며 후회하는 생각을 하는 때가 없겠는가! 이렇게 볼 때, 소인들에게도 미치고 있는 '건(乾)'의 덕은 일찍이 끊긴 적이 없다고 할 것이다. 다만 소인들이 오직 자신은 저절로 그러하다는 것만 믿고서, 그만둠을 허용하지 않는 이 '건'의 덕을 망각하는 것이 문제다. 말하자면 '건'의 덕이 소인들을 끊어 버린 것이 아니라 소인들이 '건'의 덕을 끊어 버린 것이다. 그러므로 『주역』에서는 소인들에게도 일찍이 올바르게 알려 주지 않음이 없다. 목강(穆姜)이 외람되이 점을 쳐서 이 '건'의 네 덕을 얻고서도 두려워했던 것이 이를 입증한다.[6] 여섯 효 모두가 양으로 이루어진 것은 건괘☰이고, 이 건괘는 하늘을 상징한다. 『주역』에서 '천(天)'이라 하지 않고 '건(乾)'이

---

6 목강(穆姜)은 노(魯)나라 선공(宣公; B.C.608~B.C.591)의 부인이며 성공(成公)의 어머니다. 이 여인은 머리는 비상하게 좋았지만, 행실이 음란하였다. 아들 성공이 집정하고 있을 때, 목강은 그 중신인 숙손교여(叔孫僑如)와 사통(私通)하면서 성공의 주변에 그의 사람들로 채우려 하였다. 그런데 정작 아들인 성공이 말을 듣지 않자 목강은 이 아들조차 폐위하려 들었다. 그러다가 오히려 실패한 나머지, 목강은 동궁(東宮)에 유폐되는 처벌을 받게 된다.
  동궁으로 압송될 날이 임박하자 궁지에 몰린 목강은 그 탈출구를 모색하기 위해 시초점을 쳤다. 그리고는 간괘☶를 얻었는데, 육이효 하나만 불변효이고 나머지 다섯 효는 모두 다 변효였다. 그래서 그 지괘(之卦)는 수괘(隨卦)☱가 된다. 그러자 사관(史官)은 '隨(수)' 자의 의미를 풀이하며 목강에게 빨리 도망가라고 권유하였다. 그러나 목강은 이 수괘☱의 괘사에 나오는 '으뜸되고, 형통하고, 이롭고, 올곧아서 허물이 없다.'를 거론하며 자신에게는 이러한 네 가지 덕이 없으니, 이 괘가 자신에게 해당하지 않으며 도망갈 수도 없다고 하였다. 그리고는 결국 죽을 때까지 동궁에 유폐되어 있다가 생을 마쳤다.(『春秋左氏傳』, 襄公 9년 조: 穆姜薨於東宮. 始往而筮之, 遇'艮'之八. 史曰, "是謂'艮'之'隨'. '隨', 其出也. 君必速出!" 姜曰, "亡! 是於『周易』曰: '隨, 元·亨·利·貞, 无咎.'元, 體之長也; 亨, 嘉之會也; 利, 義之和也; 貞, 事之幹也. 體仁足以長人, 嘉德足以合禮, 利物足以和義, 貞固足以幹事. 然, 故不可誣也, 是以雖隨无咎. 今我婦人而與於亂. 固在下位, 而有不仁, 不可謂元. 不靖國家, 不可謂亨. 作而害身, 不可謂利. 棄位而姣, 不可謂貞. 有四德者, 隨而无咎. 我皆无之, 豈隨也哉? 我則取惡, 能无咎乎? 必死於此, 弗得出矣.")
  이 수괘의 괘사에서 말하고 있는 네 가지 덕은 바로 '건(乾)'의 덕이기도 하다. 그런데 왕부지는 소인인 목강 같은 이들에게까지 이를 알려 주고 있으니, 이를 '올바르게 알려줌[正告]'이라 하는 것이며, 다만 소인들에게는 이 알려 줌 그대로가 해당하지 않을 뿐이라 한다. 그 예를 그는 이 목강(穆姜)의 경우에서 찾고 있는 것이다.

라 한 것은 바로 이러한 의미를 취한 것이다.

或曰: 男不偏陽, 女不偏陰, 所以使然者天地. 天不偏陽, 地不偏陰,
所以使然者誰也?
曰: 道也.
曰: 老氏之言曰, "有物混成, 先天地生" 今曰, "道使天地然", 是先天
地而有道矣; "不偏而成", 是混成矣. 然則老子之言信乎?
曰: 非也. 道者天地精粹之用, 與天地竝行而未有先後者也. 使先天
地以生, 則有有道而无天地之日矣, 彼何寓哉? 而誰得字之曰'道'?
天地之成男女者, 日行於人之中而以'艮'能起變化, 非碧霄黃廬, 取
給而來眂之, 奚況於道之與天地, 且先立而旋造之乎?

역문 **어떤 사람:** 남자라 하여 치우치게 양(陽)만은 아니며, 여자라 하여 치우
치게 음(陰)만은 아닌데, 이렇게 되도록 하는 것은 하늘과 땅이다. 그런데
이 하늘이 치우치게 양만은 아니고 땅이 치우치게 음만은 아니게 하는 존
재는 무엇인가?

나: 도(道)다.

어떤 사람: 노씨[老子]가 말하기를, "어떤 것이 뒤섞여서 이루어졌는데,
천지보다 앞서서 생겼다."[7]라고 한다. 그런데 그대는 지금 "도가 천지로 하
여금 그렇게 하도록 한다."라고 하니, 그렇다면 이는 천지에 앞서서 도가
있다는 말이 된다. "치우치지 않게 이루고 있다."라는 것은 바로 뒤섞여 이
룸이다. 그렇다면 노자의 말이 믿을 만하다는 것인가?

나: 그렇지 않다. '도'라는 것은 하늘과 땅의 깨끗하고 순수한 작용이다.

---

7   『노자』, 제25장에 나오는 말이다.

그래서 도는 천지와 더불어 행하지만, 이들 사이에는 앞뒤가 없는 것이다. 그런데도 만약에 도가 하늘·땅보다 앞서서 이들을 낳는다고 한다면, 도는 있는데 하늘·땅은 없는 날도 있다는 것이 된다. 그렇다면 하늘도 땅도 없는 상태에서 이 도는 과연 어디에 깃들인단 말인가? 그런데도 그 누가 이것에 '도'라는 이름을 붙일 수 있겠는가? 하늘과 땅이 남자와 여자를 이룸은 날마다 사람들 속에서 행해지며 그들이 지닌 본래의 능함으로써 변화를 일으키는 것이다. 이는 결코 저 푸른 하늘이나 이 누런 대지가 갖고 와서 준 것이 아니다. 그런데 이들을 어찌 도(道)와 천지에 비유하며, 또한 어느 것이 먼저 있다가 돌이켜 다른 것을 만들어 낸다고 하리오!

若夫'混成'之云, 見其合而不知其合之妙也. 故曰, "无極而太極", 无極而必太極矣. 太極動而生陽, 靜而生陰, 動靜各有其時, 一動一靜, 各有其紀, 如是者乃謂之道. 今夫水穀之化爲淸濁之氣以育榮衛, 其化也合同, 其分也纖悉, 不然則病. 道有留滯於陰陽未判之先而混成者, 則道病矣, 而惡乎其生天地也!

역문 '뒤섞여서 이룸'이라 한 것은 어떤 것들이 합하고 있지만 정작 이들이 어떻게 해서 합하고 있는지 그 오묘함은 알지 못한다는 말이다. 그러므로 "무극이면서 태극이다."라 하는 것이니, 이는 무극이면서 반드시 태극이어야 한다는 의미다. 태극이 움직여서 양을 낳고 고요하여서 음을 낳는데, 움직임·고요함에는 각기 그 때가 있고, 한 번은 움직였다 한 번은 고요했다 함에는 각기 그 법칙이 있다. 이와 같음을 '도(道)'라고 일컫는 것이다.

예를 들어 보자. 물과 곡식이 맑은 기(氣)·흐린 기(氣)가 되어서 우리 몸의 영(榮)·위(衛)[8]를 길러 내는데, 이들이 합동으로 이루어 내고는 있지만,

너무나도 미세한 정도로까지 나뉘어 각자의 소임을 수행하고 있다. 만약에 여기에 조금이라도 차질이 있으면 우리 몸에는 곧 병이 생긴다. 마찬가지로 도가 아직 음·양으로 쪼개지기 전의 어딘가에 머무른 채로 뒤섞여서 이루고 있다면 이 도도 병들고 만다. 그런데 어떻게 이것이 하늘과 땅을 낳겠는가!

夫道之生天地者, 則即天地之體道者是已. 故天體道以爲行, 則健而‘乾’, 地體道以爲勢, 則順而‘坤’, 无有先之者矣. 體道之全, 而行與勢各有其德, 无始混而後分矣. 語其分, 則有太極而必有動靜之殊矣; 語其合, 則形器之餘, 終无有偏焉者, 而亦可謂之‘混成’矣. 夫老氏則惡足以語此哉!

역문 도(道)가 천지를 낳는다는 것은 다름 아니라 하늘과 땅이 도를 본체로 하고 있다는 의미일 따름이다. 그러므로 하늘은 도를 본체로 하여 행하니 씩씩하며 ‘건(乾)’이고, 땅은 도를 본체로 하여 형세를 이루니 순종하며 ‘곤(坤)’이다.

도와 천지 사이에는 어느 것이 앞선다고 할 수가 없다. 본체가 되는 도는 온전하지만, 하늘과 땅은 행함[하늘·乾]과 형세[땅·坤]로 각기 그 덕을 이루는데, 이들 사이에 시초에는 뒤섞여 있다가 나중에 나뉜다고 함이란 존재하지 않는다.

---

8 영(榮)·위(衛)에서 ‘영’은 혈(血)의 순환을 가리키고, ‘위’는 기(氣)가 두루 흘러 다님을 말한다. 구체적으로 말하자면, ‘영’은 기가 맥 속으로 다니는 것으로서 음에 속하고, ‘위’는 기가 맥의 밖으로 다니는 것으로서 양에 속한다. 이렇듯 ‘영’과 ‘위’는 우리 몸 전체에 퍼져서 안팎으로 서로 연관되어 있으며 쉬지 않고 운행한다. 그래서 우리 몸에 영양분을 공급하고 몸을 보위하는 작용을 한다.

이들 사이에서 '나눔'의 측면을 말한다면, 태극이 있음에는 반드시 움직임·고요함의 다름이 있어야 한다는 것이다. 그리고 그 '합함'의 측면을 말한다면, 형체를 지닌 구체적인 존재[形器]들의 밖에는 끝내 그 어떤 치우친 것이 없다.[9] 이 구체적인 존재들을 전체로 보아서 또한 '뒤섞여서 이룸'이라 할 수 있을 것이다.[10] 아, 노씨[老子]가 어찌 족히 이러한 말을 할 수 있으리오.

故聖人見道之有在於六陽者, 而知其爲'乾'之德. 知爲其德之'乾', 則擇而執之以利用, 故曰, "君子行此四德者, 故曰'乾'元亨利貞"也.

역문 그러므로 성인께서는[11] 이 괘의 여섯 양효에 도(道)가 작동하고 있음을 보고서는, 그것이 '건(乾)'의 덕임을 알았다. 덕 중에서 '건(乾)'이 그러하다는 것을 알았기에, 이를 가려 지키며 이롭게 사용한 것이다. 그러므로 "군자는 이 네 덕을 행하니, '건괘는 으뜸 되고, 형통하고, 이롭고, 올곧다.'라고 한 것이다."라 하였다.

9　이 구절의 의미는, 형체를 지닌 구체적인 존재[形器]들의 밖에는 그 어떤 것도 존재하지 않는다는 것이다. 이에 비해 "어떤 것이 뒤섞여서 이루어졌는데, 천지보다 앞서서 생겼다."라고 하는 노자의 논리대로라면, 천지의 밖에 천지를 낳는 근본의 것으로서 제3의 존재자가 있다는 의미가 된다. 훗날 도교에서는 이를 '순음(純陰)의 체(體)'라 하였다. 여기에서 '그 어떤 치우친 것[偏焉者]'이라 한 것은 이를 지칭하는 것으로 보인다. 이처럼 왕부지는 자신의 철학적 패러다임에서 도가의 패러다임을 공박하고 있다.

10　노자처럼 '이 세상에 앞서서[先天地] 뒤섞인 어떤 것들이 있는 것이 아니라, 이 세상은 처음부터 끝까지 형기(形器)를 지닌 존재들로 뒤섞여 있다는 것이다. 그리고 이 속에 도(道)가 본체로서 작용하고 있다는 것이다. 아울러 이를 둘로 나누면 음·양이고, 움직임·고요함이라는 것이다. 결코 이 세상에 앞서 뒤섞인 어떤 것들이 존재하는 것이 아니며, 이 세상이 끝난 뒤에 다시 뒤섞인 어떤 것들이 오는 것이 아니라는 말이다. 이는 이 세계가 자체로서 완결되어 있으며 제3의 존재를 필요치 않는다고 하는 유가(儒家) 철학의 종지를 잘 드러내는 것이라 할 수 있다.

11　구체적으로는 공자를 가리킨다. 이 구절이 「문언전」을 인용하기 때문이다.

'貞'者, 事之幹也, 信也. 於時爲冬, 於化爲藏, 於行爲土, 於德爲實,
皆信也. 然則四德何以不言智乎?「彖」曰, "大明終始, 六位時成", 則
言'智'也. 今夫水, 火資之以能熟, 木資之以能生, 金資之以能瑩, 土
資之以能決. 是故夫智, 仁資以知愛之眞, 禮資以知敬之節, 義資以
知制之宜, 信 資以知誠之實; 故行乎四德之中, 而徹乎六位之終始.
終非智則不知終, 始非智則不知始. 故曰, "智譬則巧也", 巧者聖之
終也. 曰, "擇不處仁, 焉得智", 擇者仁之始也. 是智統四德而遍歷其
位, 故曰'時成'. 各因其時而藉以成, 智亦尊矣. 雖然, 尊者非用, 用
者非尊, 其位則寄於四德而非有專位也.

역문 '올곧음'이란 일을 이루어 내는 주간(主幹)이다. 이는 믿음직스러움이기
도 하다. 이 '올곧음'은 계절로는 '겨울'에 해당하고,[12] 천지의 지어냄[造化]
에서는 '저장함'에 해당하며,[13] 오행에서는 '토(土)'에 해당한다.[14] 덕에서는

---

12 참고로 관련된 다른 덕들을 보면, 으뜸 됨[元]은 봄에, 형통함[亨]은 여름에, 이로움[利]은 가
    을에 해당한다.
13 참고로 관련된 다른 덕들을 보면, 으뜸 됨[元]은 생겨남[生]에, 형통함[亨]은 자라남[長]에,
    이로움[利]은 거두어들임[收]에 해당한다.
14 참고로 말하자면, 일반적으로 건괘의 네 덕 가운데 하나인 '올곧음[貞]'을 오행에 적용해서
    는 '수(水)'라 한다. 그리고 '토(土)'를 '신(信)'에 배당한다. 또 인·의·예·지 네 덕에 배당
    해서는 이 올곧음[貞]이 '지(智)' 또는 '지(知)'가 된다. 왕부지가 여기에서 계절로서는 겨울
    에, 천지의 지어냄[造化]에서는 저장함에 배당한 것들은 오행에서는 모두 '수(水)'와 궤를
    같이하는 것들이다. 그런데 왕부지는 지금 올곧음[貞]을 신(信)이라 하며 이를 토(土)에 배
    당하고 있다. 즉 건괘 괘사에 드러난 으뜸 됨[元]·형통함[亨]·이로움[利]·올곧음[貞]을
    왕부지는 오행에서 각기 인·의·예·신에 배정하며 이를 네 덕[四德]이라고 하고 있다.
    그리고 오행 가운데 지(智)는 덕이 아니라 하는 것이다. 그리고는 바로 이어서 그 까닭을

충실함[充實]이 된다. 이들 모두는 믿음직스러움에 해당한다.

그렇다면 네 덕에서는 어째서 '지(智)'를 말하지 않을까. 이에 대해서 논해 보겠다. 「단전」에서는 "위대한 밝음이 처음과 끝을 관통하고, 여섯 위(位)가 시(時)에 의해 이루어진다."라고 하는데, 이는 '지(智)'에 대해 말하는 것이다. 수(水)를 보자. 화(火)가 이것에 힘입어서 능히 익히고, 목(木)이 이것에 힘입어서 능히 생하며, 금(金)이 이것에 힘입어서 능히 밝게 드러내고, 토(土)가 이것에 힘입어서 능히 스며든다. 마찬가지로 저 지(智)를 보면, 인(仁)이 이것에 힘입어서 사랑의 참다움을 알고, 예(禮)가 이것에 힘입어서 공경의 조목들을 알며, 의(義)가 이것에 힘입어서 절제의 알맞음을 알고, 신(信)이 이것에 힘입어서 정성스러움의 충실함을 안다.

그러므로 지(智)는 이들 네 덕 속에서 행하며, 여섯 효의 위(位)들을 처음부터 끝까지 관철(貫徹)한다. 끝마침이 이 지(智)가 아니면 끝마칠 줄을 모르고, 시작함이 이 지(智)가 아니면 시작할 줄을 모르는 것이다. 그러므로 "지(智)는 비유하면 기교에 해당한다."[15]고 말한 것이니, 이 기교라는 것이 성인됨을 마무리하는 것이다. 공자는 또 "어진 고을을 골라서 살지 않는다

논하고 있다.

15 맹자의 말이다. 맹자는 백이(伯夷), 이윤(伊尹), 유하혜(柳下惠), 공자 등을 성인의 범주에 넣고 각기 이들의 특징을 평하였다. 그리고는 공자를 '집대성자'라 칭하면서, 그에 앞선 시대의 성인들이 시작하고 벌여 놓은 것을 공자가 종합하고 마무리하였다고 하였다. 나아가 시작하는 것은 지(智)에 속하는 일이라면, 마무리하는 것은 성(聖)에 속하는 일이라고 한 뒤, "지(智)는 비유하면 기교에 해당하고, 성(聖)은 비유하면 역량에 해당한다. 이를 백 보 밖에서 활쏘기에 비유하자면, 화살이 그 거리에 다다르게 하는 것은 역량이지만, 과녁에 딱 맞추는 것은 역량이 아니다."라고 하였다.(『孟子』, 「萬章下」: 伯夷聖之淸者也, 伊尹聖之任者也, 柳下惠聖之和者也, 孔子, 聖之時者也. 孔子之謂集大成. 集大成也者, 金聲而玉振之也. 金聲也者, 始條理也; 玉振之也者, 終條理也. 始條理者, 智之事也; 終條理者, 聖之事也. 智, 譬則巧也; 聖, 譬則力也. 由射於百步之外也; 其至, 爾力也, 其中, 非爾力也.) 즉 백 보 밖에서 화살을 쏘아 과녁에 맞히는 것은 역량만으로는 안 되고 지(智)에 의해 뒷받침될 때라야 가능하다는 것이다. 이렇게 보면 지(智)는 시작과 끝을 관철하는 것이라 할 수 있다.

면 어찌 지혜롭다 하리오!"라 하였으니,[16] 지(智)에 의해 가림[擇]이 바로 인(仁)의 시작이다.

이러한 점에서 지(智)는 다른 네 덕을 통괄하며, 그들의 위(位)에 두루 관류하는 것이다. 그러므로 '시(時)에 의해 이루어짐'이라 한 것이다. 즉 지(智)를 제외한 각각의 덕목들이 자신들의 때를 타고 드러나되, 이 지(智)에 힘입어서 각기 성취하는 것이다. 이렇게 보면 지(智)도 존귀한 것이다. 비록 그렇기는 하지만, 존귀한 것은 특수한 덕으로 작용하지 않고, 특수한 덕으로 작용하는 것은 존귀하지 않다. 그래서 지(智)의 위(位)는 다른 네 덕에 깃들이고 있을 뿐, 자신만의 위(位)를 갖지 않는다.

今夫水, 非火則无以'濟', 非木則无以'屯', 非金則无以'節', 非土則无以'比'. 是故夫智, 不麗乎仁則察而刻, 不麗乎禮則慧而輕, 不麗乎義則巧而術, 不麗乎信則變而譎, 俱无所麗, 則浮盪而炫其孤明. 幻忽行則君子荒唐, 機巧行則細人揜闒. 故四德可德而智不可德; 依於四德, 效大明之用, 而无專位. 故曰, "君子行此四德者", 知而後行之, 行之爲貴, 而非但知也.

역문 이제 수(水)로 다시 돌아가 보자. 이 수는 화(火)가 아니면 기제☷·미제괘☲를 이루지 못하고,[17] 목(木)이 아니면 준괘(屯卦)☷를 이루지 못하며,[18]

---

16 『논어』, 「이인(里仁)」 편에 나오는 말이다. 공자는 "어진 고을을 가려서 터 잡고 살아가는 것이 아름다운 일인데, 어진 고을을 가려서 살지 않는다면 어찌 지혜롭다 하리오!"(子曰, "里仁爲美, 擇不處仁, 焉得知!")라고 하였다.

17 기제☷와 미제괘☲는 모두 수(水)를 상징하는 감괘☵와 화(火)를 상징하는 리괘☲가 합하여 이루어져 있다.

18 준괘☷는 수(水)를 상징하는 감괘☵에 진괘☳가 합하여 이루어져 있다. 이 진괘는 우레를 상징하기는 하지만, 「문왕후천도(文王後天圖)」에서는 네 방위 중 동쪽을 차지하고 있다.

금(金)이 아니면 절괘(節卦)䷻를 이루지 못하고,[19] 토(土)가 아니면 비괘(比卦)䷇를 이루지 못한다.[20] 그러므로 이 지(智)가 인(仁)에 영향을 주지 않으면 살피되 각박할 따름이고, 예(禮)에 영향을 주지 않으면 지혜롭되 경망하며, 의(義)에 영향을 주지 않으면 기교가 있되 술수에 지나지 않고, 신(信)에 영향을 주지 않으면 변하되 속이게 된다. 나아가 이들 어느 것에도 영향을 주지 않으면, 이 지(智)는 허공에 떠서 흔들거리며 한갓 외로운 밝음만을 내뿜을 뿐이다. 또한 이 지(智)가 어렴풋이 모호하게 행해지면 군자는 황당해하고, 기교를 부리며 행해지면 지식이 짧고 지위가 보잘것없는 인간들이 수단을 부려 연합하기도 하고 분열하기도 한다. 그러므로 네 덕은 덕이 될 수 있지만 지(智)는 덕이 될 수가 없다. 이들 네 덕에 의거해야만 지(智)는 그 크게 밝은 작용을 드러내는 것이다. 그래서 지(智)에게는 오로지 자신만이 차지하는 위(位)란 없다. 이러한 까닭에 "군자는 이 네 덕을 행한다."라고 하는 것은 안 뒤에 행한다는 것이다. 그런데 행함이 귀하며, 꼭 앎만이 귀한 것은 아니다.

惟不知此, 故老氏謂上善之若水, 而釋氏以甁水青天之月爲妙悟之宗. 其下者則刑名之察, 權謀之機, 皆崇智以廢德. 然乃知『大易』之敎, 爲法天正人之極則也. 子曰, "逝者如斯夫, 不舍晝夜" 夫逝者逝矣, 而將據之以爲德乎?

그리고 오행에서 동쪽은 목(木)을 상징한다. 그래서 왕부지는 이렇게 말하고 있는 것이다.

19 절괘䷻는 수(水)를 상징하는 감괘☵에 태괘☱가 합하여 이루어진 괘다. 태괘는 연못을 상징하기는 하지만, 「문왕후천도」에서는 서쪽을 차지하고 있다. 그리고 오행에서 이 서쪽은 금(金)을 상징한다. 그래서 왕부지는 이렇게 말하고 있는 것이다.

20 비괘(比卦)䷇는 수(水)를 상징하는 감괘☵에 땅을 상징하는 곤괘☷가 합하여 이루어진 괘다. 그래서 왕부지는 이렇게 말하고 있는 것이다.

역문 오직 이러한 점을 몰랐기 때문에 노씨[老子]는 "최고의 선은 물과 같다."[21] 라고 하였고, 석씨[석가모니]는[22] 병 속 물에 어린 달과 푸른 하늘에 뜬 달을 오묘한 깨달음의 으뜸으로 친다.[23] 이보다 못한 이들은 나름대로 세상을 살펴서 형명(刑名) 사상을 제시하기도 하고,[24] 권모술수의 잔꾀를 드러내기

---

21 『노자』 제8장에 나오는 말이다. 노자는 여기에서 "최고의 선은 물과 같다. 물은 만물에게 잘 이롭게 해 주면서도 다투지 않고, 뭇사람들이 싫어하는 곳낮은 곳에 처한다. 그러므로 도(道)에 가깝다.(上善若水. 水善利萬物而不爭, 處衆人之所惡, 故幾於道.)"라고 하였다.

22 왕부지는 노자와 불교를 낮추어서 각기 이처럼 '노씨'·'석씨'라 한다. 원작자의 어감을 그대로 전하기 위해 이 번역에서는 이 용어를 그대로 사용하기로 한다. 노자를 존숭하고 불교를 존숭하는 강호 제현들의 양해를 바란다.

23 무엇이 도(道)인지를 묻는 이고(李翶; 774~836)의 물음에 유엄선사(唯儼禪師; 745~828)가 답한 말을 가리키는 것으로 보인다. 이고가 정주(鼎州)의 자사(刺史)로 있을 적에, 유엄선사는 약산(藥山)에서 주석하고 있었다. 이고는 이 선사(禪師)를 무척 존경하여 여러 차례 뵙기를 청하였지만, 유엄선사가 응하지 않자 직접 찾아간 일이 있다. 그리고는 유엄선사가 그에게 보이는 도력에 탄복하여 "무엇이 도입니까?" 하고 물었다. 그러자 선사는 손으로 위·아래를 가리키며 이해할 수 있겠느냐고 이고에게 물었다. 이고가 모르겠다고 하자 "구름은 푸른 하늘에, 물은 병 속에 있는 것"이라고 말하였다. 이에 이고는 깨우침에서 오는 상쾌함에 젖어 곧바로 선사에게 예를 표한 뒤, "수련으로 얻은 몸은 마치 학(鶴)과도 같은데, 소나무 숲속에서 두 상자의 경을 읽고 계시는도다. 내가 와서 도(道)가 무엇인가 하고 여쭈었더니, 다른 말씀 없이 그저 구름은 푸른 하늘에, 물은 병 속에 있는 것이라 하시네!" 라는 게송을 지었다.(釋普濟, 『五燈會元』, 「青原下三世, 藥山儼禪師法嗣」: 鼎州李翶刺史 嚮藥山玄化屢請不赴, 乃躬謁之. 山執經卷不顧, 侍者曰, "太守在此"守性褊急, 乃曰, "見面不如聞名"拂袖便出. 山曰, "太守何得貴耳賤目"守回拱謝問曰, "如何是道?"山以手指上下曰, "會麼?"守曰, "不會. 山曰, "雲在青天水在缾"守忻恔作禮而述偈曰, "鍊得身形似鶴形, 千株松下兩函經. 我來問道无餘説, 雲在青天水在缾.") 비슷한 내용이 『송고승전』에도 보인다.(釋贊寧, 『宋高僧傳』권17, 「唐朗州藥山唯儼傳」.)

구름은 푸른 하늘을 배경 삼아서 모였다 흩어졌다 하며 유유자적한다. 그러나 구름이 변화무쌍하게 이루는 형상들은 그야말로 순간적일 뿐 영원한 것은 없으며 실체라 할 수 있는 것은 더더욱 없다. 병 속의 물도 병이 생긴 형상을 따라 잠시 그 형상을 띠며 고요히 있다. 그러나 이 역시 영원하지도 않고, 실체라 할 수 있는 것도 아니다. 이렇듯 푸른 하늘의 구름과 병 속의 물이 유유자적함과 고요함을 드러내고는 있지만, 그것은 잠시의 모습일 따름이며 실체라 할 수는 없다는 것이 도(道)의 의미라 하는 것으로 보인다.

그런데 불교의 많은 구절 가운데서도 왕부지가 특히 이 구절을 거론한 것은 푸른 하늘의 구름과 병 속의 물을 도라 하고 있기 때문이다. 즉 불가에서 물을 이렇게 높이 치는 한 예로 본 것이다.

도 한다. 그러나 이들 모두는 지(智)를 높이면서 덕을 황폐하게 하는 것들이다.

바로 이를 반면 교재 삼아서, 우리는 위대한 『주역』의 가르침이야말로 하늘을 본받아 사람을 바르게 하는 표준이요 최고의 준칙임을 알게 된다. 그래서 공자께서는 "가는 것이 이러하도다. 밤낮으로 쉬지를 않는구나!"[25] 라고 하였다. 가는 것은 가 버리고 마는 것이거늘, 장차 이에 의거하여 덕으로 삼겠는가?[26]

三

先儒之言'元'曰, "天下之物, 原其所自, 未有不善. 成而後有敗, 敗非

---

24 법가 사상을 가리키는 것으로 보인다. 주지하다시피 법가 사상에서는 '형(刑; 形과 같음. 어떤 직책을 수행하며 드러나게 이룬 실적을 가리키는 말)'과 '명(名; 차지하고 있는 직책을 가리키는 말)'을 대조하여[參] 그것이 같은지[同]를 가지고 평가해야 한다고 하고 있다.(刑名參同 사상.) 즉 어떤 직책을 수행하며 그 직책에 딱 맞게 실적을 올렸으면 상을 내리지만, 만약에 이룬 실적이 직책에서 요구하는 것에 미치지 못하든가 넘치든가 하면 벌을 내리라는 것이 그 요지다. 법가는 이 형명참동 사상에 의하여 백성들이 가진 능력을 극대화한 결과 변법(變法)에 성공하여 부국강병을 이룰 수 있었고, 이를 바탕으로 중원을 통일할 수 있었다.

25 『논어』, 「자한(子罕)」 편에 나오는 말로서, 공자가 강가에 서서 질펀하게 유유히 흘러가는 강물을 보며 한 말이다. 뜻은, 우리에게 시간도 저 강물과 같아서 한 번 가면 다시 오지를 못하니 아끼고 아껴야 한다는 것이다. 후세에 이 말은 인구에 회자하는 유명한 말이 되었다.

26 물이 상징하는 덕이 바로 지(智)다. 그런데 이 물은 밤낮으로 흘러가 버리는 덧없는 것이니, 이를 덕으로 삼을 수는 없지 않겠느냐 하는 의미다. 그런데도 도ㆍ불에서는 물을 높이 치고 있으니, 이 점에서도 그들은 잘못되었다는 것이다. 여기에는 앞에서 논의한 것처럼, 인(仁)ㆍ의(義)ㆍ예(禮)ㆍ신(信) 등 네 덕을 덕으로 삼아서 인간으로서 그 할 일을 최선을 다해 해야 한다고 함이 담겨 있다. 이것이 유가의 종지(宗旨)라는 것이다. 우리는 여기에서 '수(水)'와 '지(智)'를 소재로 하여 유ㆍ불ㆍ도 3가를 비교하는 왕부지의 관점을 확인할 수 있다.

先成者也; 有得而後有失, 非得而何以有失也?" 請爲之釋曰, "原其
所自, 未有不善", 則既推美於大始矣. 抑據成敗得失以徵其後先, 則
是形名器數之說, 非以言德矣.

역문 선대의 유학자께서는 '으뜸 됨'에 대해 말하기를, "이 세상의 생명체[物]
들은, 그것들이 비롯된 궁극의 시원으로 거슬러 올라가 보면, 그 어떤 것
도 선하지 않음이 없었다. 이루어진 뒤에라야 망가짐이 있는 것이지 결코
망가짐이 그 이루어짐의 앞에 있는 것이 아니다. 그리고 얻은 뒤에라야 잃
어버림이 있는 것이거늘, 얻지도 않았는데 어찌 잃어버리겠는가?"라고 하
였다.[27] 그런데 감히 나의 관점에서 이 말을 풀이해 본다면, "그것들이 비

---

27 여기에서 '선대의 유학자'라 한 이는 정이(程頤; 1033~1107)를 가리킨다. 그런데 여기에서
   는 마치 정이가 한 번에 말한 것처럼 인용하고 있지만, 사실은 각기 다른 두 곳에서 한 말
   을 하나로 이어 놓은 것이다. 그리고 여기에서는 '이 세상의 생명체[天下之物]'라 하고 있지
   만 원래 정이는 '이 세상의 리[天下之理]'라고 하였다. 정이는 "사람의 성(性)이 무엇입니
   까?"라고 묻는 제자의 물음에 대해, "성이 바로 리(理)다. 우리가 '리'라고 하는 것은 바로
   성을 가리킨다. 이 세상의 리들은, 그것들이 비롯된 궁극의 시원으로 거슬러 올라가 보면,
   그 어떤 것도 선하지 않음이 없다. 희로애락이 발하지 아니할 적에 어찌 일찍이 선하지 않
   았을 것이며, 이들이 발하여 조목에 딱딱 들어맞으면 어느 곳에서든 선하지 않음이 없다.
   무릇 '선·악'이라 하는 것들은 먼저 선이 있은 뒤에 악이 있는 것이고, '길·흉'이라 하는
   것들은 먼저 길함이 있은 뒤에 흉함이 있는 것이며, '시·비'라 하는 것들은 먼저 시[옳음]
   가 있은 뒤에 비[그름]가 있는 것이다."라고 대답하였다.(朱子編,『二程遺書』卷22上,「伊川
   語録」: 問, "性如何?"曰, "性即理也. 所謂理, 性是也. 天下之理, 原其所自, 未有不善. 喜怒哀
   樂未發, 何嘗不善; 發而中節, 則无往而不善. 凡言善惡, 皆先善而後惡; 言吉凶, 皆先吉而後
   凶; 言是非, 皆先是而後非.")
      그리고 또 하나는 그가『역전』에서 대유괘(䷕)의 괘사인 '으뜸 되고 형통하다'와 관련「단
   전」을 풀이하면서 한 말이다. 여기에서 정이는 "으뜸 됨이 거대함이 됨은 가능하다. 그러
   나 선(善)이 된다는 것은 어떤 이유에서인가?"라는 물음을 내걸고, 이에 스스로 답하는 형
   식을 취하고 있다. 그래서 정이는 "으뜸 됨이란 생명체[物]들에 앞서는 것이다. 생명체들의
   앞섬에서 어찌 선하지 않음이 있으리오. 일이 이루어진 뒤에라야 허물어짐이 있는 것이니,
   허물어짐은 이루어짐보다 앞서는 것이 아니다. 흥성한 뒤에라야 쇠퇴함이 있는 것이니, 쇠
   퇴함은 본디 흥성함보다 뒤에 오는 것이다. 또 얻은 뒤에라야 잃어버림이 있는데, 얻지 않

롯된 궁극의 시원으로 거슬러 올라가 보면, 그 어떤 것도 선하지 않음이 없었다."라는 것은 벌써 아름다움을 위대한 시원[비롯됨]에다가 추대(推戴)해 놓은 것이다. 그리고 이루어짐과 허물어짐, 얻음과 잃음 등에 의거하여 그 선후를 밝힌다는 것은 형명(形名)·기수(器數) 등에 관한 설이지 결코 덕을 논하는 것이 아니다.[28]

「文言」曰, "元者, 善之長也"就善而言, 元固爲之長矣. 比敗以觀成, 立失以知得, 則事之先, 而豈善之長乎!「象」曰, "大哉'乾'元, 萬物資

앉았다면 어찌 잃어버림이 있을쏜가. 선·악, 치(治)·난(亂), 시·비 등을 보더라도 이 세상 일치고 모두 그렇지 않은 것이란 없다. 반드시 선함이 앞서는 것이다. 그러므로 「문언전」에서는 '으뜸 됨이 선(善)의 우두머리다.'라고 한 것이다."라고 하였다.(程子, 『伊川易傳』권1, 大有卦: 曰, "元之爲大可矣, 爲善何也?" 曰, "元者, 物之先也. 物之先, 豈有不善者乎? 事成而後有敗, 敗非先成者也. 興而後有衰, 衰固後於興也; 得而後有失, 非得則何以有失也? 至於善惡治亂是非, 天下之事莫不皆然, 必善爲先. 故「文言」曰: '元者, 善之長也.'")

그런데 정이가 이렇게 각기 다른 곳에서 하였던 말을 하나로 이어 놓은 사람은 원래 주희(朱熹)다. 주희는, "정자께서 '이 세상의 리들은, 그것들이 비롯된 궁극의 시원으로 거슬러 올라가 보면, 그 어떤 것도 선하지 않음이 없었다.'라고 하였고, 그의 『역전』에서는 '이루어진 뒤에라야 허물어짐이 있는 것이지 결코 허물어짐이 이루어짐의 앞에 있는 것이 아니다. 그리고 얻은 뒤에라야 잃어버림이 있는 것이거늘, 얻지도 않았는데 어찌 잃어버림이 있을쏜가.'라고 하였다. 이것들은 근원이 있다는 것을 말한 것이다."라고 하였다.(『朱子語類』卷83,「春秋」: 程子曰, "天下之理, 原其所自, 未有不善"『易傳』曰, "成而後有敗, 敗非先成者也; 得而後有失, 非得以有失也?"便說得有根源.)

이상을 통해서 우리는, 왕부지가 정이에게서 직접 인용하지 않고 『주자어류』에 있는 주자의 말을 통해 인용하고 있음을 알 수 있다. 그리고 왕부지는, 정주(程朱)와는 달리, 이 세계를 리(理) 중심으로 설명하지 않기 때문에, 정주가 '이 세상의 리'라고 한 것을 '이 세상의 생명체[物]'로 바꾸어 놓고 있다.

28 '형명(形名)'은 특히 중국의 전국시대에 도가와 법가, 명가 등이 '형[실제로 존재하는 것들]'과 '명[그 명칭 및 개념]'의 관계를 논하던 것을 가리킨다. '기수(器數)'는 고례(古禮)에서의 '예기(禮器)'·'예수(禮數)'에 해당하는데, 제기(祭器) 등을 예(禮)에 맞게 갖추는 것[禮器] 및 직책과 작위에 따라 관계(官階)와 품급(品級)을 나누는 것[禮數]을 뜻한다. 왕부지는 이것들이 인류공동체를 꾸려가는 데서 근본에 해당하는 것이 아니라 말단에 속하는 것으로 보고 이렇게 풀이하는 것이다.

始"元者, 統大始之德, 居物生之先者也. 成必有造之者, 得必有予之者, 已臻於成與得矣, 是人事之究竟, 豈生生之大始乎!

역문 「문언전」에서 "으뜸 됨이 선(善)의 우두머리다."라 하였는데, 이는 선함의 관점에서 한 말로서, 으뜸 됨은 본디 우두머리다. 그런데 지금의 허물어진 것을 놓고 비교하여 앞서서 이루어졌다는 사실을 아는 것이나, 지금의 잃어버린 것들 두고서 이전에 얻었다는 사실을 안다고 하는 것 등은, 사람이 하는 일에서의 앞섬이다. 그런데 이따위의 앞섬들이 어찌 선(善)의 우두머리가 되겠는가!

「단전」에서는 "위대하도다, 건의 으뜸 됨이여! 만물이 바탕으로 삼아 비롯되니, 이에 하늘을 통할한다."라고 한다. 여기에서의 '으뜸 됨'이란 위대한 시작을 통할하는 덕으로서 만물이 생겨남의 앞자리를 차지하고 있다. 그런데 이루어짐에는 반드시 그렇게 만든 자가 있고 얻음에는 반드시 그것을 준 자가 있다. 그러므로 벌써 이루어짐과 얻음에 이르렀다면, 이는 사람 일의 마지막 단계일 따름이다. 그런데 이것이 어찌 생하고 생하는 위대한 시작이겠는가!

有木而後有車, 有土而後有器, 車器生於木土, 爲所生者爲之始. 操之斷之, 埏之埴之, 車器乃成, 而後人乃得之. 既成既得, 物之利用者也. 故曰, "利物和義"成得之未敗失者, 利物之義也.

역문 나무가 있은 뒤에 수레가 있고, 흙이 있은 뒤에 그릇이 있다. 그래서 수레와 그릇은 나무와 흙에서 생기니, 생겨난 것들이 시작이 된다. 나무를 재서 알맞게 자르고 흙에 물을 부어 이기고 빚어내야, 비로소 수레와 그릇이 이루어진다. 그러한 뒤에라야 사람이 이들을 얻는다. 이렇게 하여 이미 이루어지고 이미 얻어야 생명체[物]들이 이롭게 쓰이는 것이다. 그러므로 "만물을 이롭게 하여 의로움에 어울리게 한다."²⁹라고 하는 것이다. 아직 허물어지지 않은 이루어짐·아직 잃어버리지 않은 얻음이 생명체[物]들을 이롭게 하는 의로움이다.

夫一陰一陽之始, 方繼乎善, 初成乎性, 天人授受往來之際, 止此生理爲之初始. 故推善之所自生, 而贊其德曰'元'. 成性以還, 凝命在躬, 元德紹而仁之名乃立. 天理日流, 初終无間, 亦且日生於人之心. 唯嗜欲薄而心牖開, 則資始之元, 亦日新而與心遇, 非但在始生之俄頃. 而程子"雞雛觀仁"之說, 未爲周遍. 要其胥爲所得所成之本源, 而非從功名利賴之已然者, 爭敗失之先, 則一也. 意者, 立成敗得失之衡, 以破釋氏之淫辭耶? 則得之爾矣.

역문 '한 번은 음이었다 한 번은 양이었다 함(一陰一陽)'이 시작함이 되어 바야흐로 선(善)으로 계승되고 맨 처음 성(性)으로 이루어지는데, 이렇게 하늘과 사람이 주고받으며 오고 가는 즈음에 단지 이 생하는 이치를 끊어서 처음과 시작으로 삼은 것이다. 그러므로 선(善)이 생겨 나온 곳을 미루어 보고 그 덕을 기려서 '으뜸 됨'이라 하는 것이다. 성(性)을 이룬 뒤에는 명(命)이 우리 몸에 엉겨 있고 으뜸 됨의 덕이 이어진다. 이에 '인(仁)'이라는 명칭이 세워진다.³⁰

---

29   역시 「문언전」에 나오는 말이다. 정확하게는 "만물을 이롭게 하여 족히 의로움에 어울리게 한다.(利物足以和義.)"로 되어 있다.

30   여기에는 「계사상전」 제5장의 말이 전제되어 있다. 거기에서는 "한 번은 음이 되었다 한 번은 양이 되었다 함을 '도'라 한다. 이를 이어지게 하는 것은 '선'이고 이룬 것은 '성'이다.

하늘의 이치는 날마다 널리 행해지는데, 처음과 마지막 사이에 간극(間隙)이 없다.[31] 또한 사람의 마음에서도 이 하늘의 이치는 날마다 생겨난다. 이러하기에 오직 즐기고자 함·욕구[嗜慾] 등이 엷어져 마음의 문이 열리면, 사람이 처음 생겨나는 데서 비롯하도록 바탕이 되어 준 하늘의 으뜸 됨[32]을 날마다 새롭게 우리 마음으로 만나게 된다. 이렇듯 하늘의 으뜸 됨은 단지 사람이 맨 처음 생겨나던 때의 잠깐 사이에만 있는 것이 결코 아니다.[33]

그래서 정자(程子; 程頤)께서 "닭이나 새들에게서도 인(仁)을 본다."[34]라고 한 것인데, 아직 이 설이 널리 퍼지지는 않았다. 그런데 이 설의 의미는, 이러한 것들에서조차 생겨나면서 얻고 이루어진 본원(本源)을 추구하면 이

어진 사람은 이러함을 보고서 '어질다'고 하고, 지혜로운 사람은 이러함을 보고서 '지혜롭다'고 한다. 백성들은 날마다 사용하면서도 알지 못한다. 그러므로 군자의 도(道)가 드문 것이다.(一陰一陽之謂道, 繼之者善也, 成之者性也. 仁者見之謂之仁, 知者見之謂之知. 百姓日用而不知, 故君子之道鮮矣.)'라 하고 있다. 이는 도(道)로부터 사람이 생겨나는 과정을 두고서 하는 것이다. 도의 '한 번은 음이었다 한 번은 양이었다 함'으로부터 사람이 생겨나는데, 이 사이를 매개하는 것이 선(善)이고 그것이 사람의 성(性) 속에 자리 잡는다는 것이다. 그리고 사람의 생겨남은 이 성(性)에 의해 확정된다. 성(性)이란 '사람다움'을 의미하기 때문이다.

31   '처음'이니 '마지막'이니 하는 말은 유한한 존재를 기준으로 하는 말이다. 유한하기에 '처음'이 있고 '마지막'이 있는 것이다. 그런데 하늘은 유한한 존재들 전체를 통할하는 무한의 존재다. 그래서 유한한 존재들에게 해당하는 이 '처음'과 '마지막'이 하늘에게서는 하나로 환원되어 버린다. '처음'이니 '마지막'이니 하는 말 자체가 의미를 잃어버리는 것이다. 여기에서 '간극 없음[无間]'이라는 말의 의미가 바로 이것이다.

32   「단전」의 "위대하도다, 건의 으뜸 됨이여! 만물이 바탕으로 삼아 비롯되니, 이에 하늘을 통할한다.(大哉'乾'元, 萬物資始, 乃統天.)"라는 구절을 전제로 한 말이다.

33   이것이 그의 유명한 "하늘의 명은 날마다 생기며 날마다 이룬다.(命日生而日成.)"는 설이다.

34   주희가 편찬한 『이정유서(二程遺書)』 권3에 나오는 말이다.(觀雞雛, 此可觀仁.) 이에 대해 어떤 제자가 그 정확한 의미를 묻자, 주희는 "이 세상에 존재하는 모든 것들에서 인(仁)을 볼 수 있는데, 이천선생께서 말씀하시는 도중 우연히 닭과 새를 보았기 때문에 이것들을 예로 든 것일 따름이다."라고 풀이하고 있다.(黎靖德編, 『朱子語類』卷97, 「程子之書3」: 問, "觀雞雛此可觀仁何也?" 曰, "凡物皆可觀, 此偶見雞雛而言耳.")

러하다는 것인데, 공명(功名)·이로움 등을 좇으며 경쟁하다가 망가지고 잃어버리기 전에는 사람이나 이들이나 똑같다는 것이다. 이렇게 말한 정자의 뜻을 헤아려 보건대, 이 세계는 이룸과 패함, 얻음과 잃음이 균형을 이루고 있다는 학설을 세워서, 석씨[석가모니]의 난잡한 말들을 깨부수고자 한 것이라 본다. 나는 이러한 점에서 이 설은 의미가 있다고 본다.

釋氏之言, 銷總·別·同·異·成·壞之六相, 使之相參相入, 而曰, "一念緣起无生". 蓋欲齊成敗得失於一致, 以立眞空之宗. 而不知敗者敗其所成, 失者失其所得, 則失與敗因得與成而見, 在事理之已然, 有不容昧者. 故獎成與得, 以著天理流行之功效, 使知敗與失者, 皆人情弱喪之積, 而非事理之所固有, 則雙泯理事, 捐棄倫物之邪說, 不足以立. 雖然, 於以言資始之'元', 則未也.

역문 석씨[석가모니]는 총상(總相)·별상(別相)·동상(同相)·이상(異相)·성상(成相)·괴상(壞相) 등 6상을 녹여 서로 뒤섞여 들어가게 한다.[35] 그리고는

---

35 화엄(華嚴)의 '육상원융(六相圓融)'설을 말한다. 이는 법계 연기의 원리를 구체적으로 설명한 것인데, 모든 존재는 여섯 가지 모습[相]을 가지고 있으면서, 이 여섯 모습들이 서로 다른 모습들을 방해하지 않고 원만하게 융화하고 있다는 설이다. 사람에 비유하자면 사람 몸 전체는 총상(總相)이다. 그리고 이 한 사람을 이루고 있는 개별 기관들, 예컨대 손·발·머리·내장 등은 별상(別相)이다. 이를 전체와 개별이라 할 수 있을 것이다. 여기에서 보듯이 총상은 별상을 방해하지 않고 별상도 총상을 방해하지 않으면서 서로가 서로에게 의존하고 있다. 그리고 이들 개별 기관들이 동일한 몸을 이루고 있다는 점에서는 동상(同相)이다. 그렇지만 이들이 각기 고유의 기능을 발휘하면서 서로 간에는 다르게 작용하고 있으니, 이러한 점에서 이상(異相)이라 한다. 이들 동상과 이상도 서로 방해하지 않으며 서로가 서로에 의존하는 관계를 이루고 있다. 아울러 개별 기관들이 각각 우리 몸의 구조를 이루면서 하나의 인연으로 맺어져 우리 몸을 이루고 있다는 점에서는 성상(成相)이다. 다만 이 개별 기관들이 인연을 따라서 이 한 몸을 이루고 있을 뿐 이들 개별 기관들은 고정된 실체가 없으니, 자체라 할 것이 없고 모양도 없으며 생성도 소멸도 없다는 측면에서는 괴상(壞相)이다. 이처럼 총상 : 별상, 동상 : 이상, 성상 : 괴상 등이 서로 반대되는 것 같고, 또 여섯 가

"한 생각, 한 생각, 끝없이 이어지는 번뇌 속에서 인연 따라 생기는 것이지 참으로 생겨나는 것이란 없다."[36]라고 한다. 아마도 불가에서는 이룸[成]과 허물어짐[壞], 얻음[得]과 잃음[失]을 똑같은 것으로 만들어서 참다운 공(空)의 종교를 세우고 싶었나 보다.

그러나 이들은 허물어짐이란 이루어진 것을 허물어지게 하는 것이고, 잃음이란 얻었던 것을 잃는 것이므로, 잃음과 허물어짐이 얻음과 이룸에서 비롯하여 드러난다는 사실을 모르고 있다. 그런데 이는 사리(事理)에서 이미 분명하여 도대체 모를 수가 없는 사실이다.

그러므로 이룸과 얻음을 장려하여 천리(天理)가 널리 행하는 공(功)과 효과를 두드러지게 해야 한다. 이렇게 함으로써 허물어짐·잃음이라는 것들이 결국은 사람의 의식에서 약상(弱喪)[37]이 누적된 결과이지 결코 사리(事理)에 고유한 것이 아님을 알게 한다면, 리(理)와 사(事)를 함께 없애고 인

___

지 상이 다 의미가 다르지만, 서로 원만하게 녹아들어서 하나의 존재로 조화를 이룬다는 측면에서 '육상원융(六相圓融)'이라 하는 것이다.

36 『오등회원(五燈會元)』에 나오는 말이다. 뒷말까지를 인용하면, "끝없는 번뇌 속에 인연 따라 생기는 것이지 참으로 생하는 것이란 없다. 이를 깨달으면 저 삼승(三乘)의 방편적인 배움에서 얻은 알음알이 따위는 초월한다.(釋普濟, 『五燈會元』卷10,「靑原下八世, 羅漢琛禪師法嗣」: 一念緣起无生, 超彼三乘權學等見.)"로 되어 있다. 왕부지의 관점에서 볼 적에, 이 세계에서는 이룸과 패함, 얻음과 잃음이 균형을 이루면서 생명체[物]들이 생성·소멸함이 엄연한 사실인데, 불가에서는 이를 부정한다는 것이다.

37 '약상(弱喪)'은 『장자』, 「제물론」에 나오는 말이다. 어려서 고향을 잃어버린 나머지, 자기의 고향이 따로 있는지조차 모른 채 지금 살고 있는 곳에서 안주하며 고향으로 돌아갈 줄을 모른다는 의미다.(予惡乎知惡死之非弱喪而不知歸者邪!) 장자는 여기에서 '고향'을 사람의 '죽음'에 비유하며, 사람이라면 일반적으로 죽음을 싫어하는데, 사실 죽음은 생겨나기 이전 우리가 존재하던 세상이고 그곳이 이상향일지도 모름에도 불구하고 사람들은 한사코 죽기를 싫어하며 이 삶에만 집착한다는 것이다. 장자가 이 말을 통해 드러내고자 하는 의미는, 사람들이 자신의 한계 속에 갇힌 채 그 세계만이 유일하고 진실한 것인 양 착각하며 집착하고, 그 한계 밖에 있는 세계('죽음'이라는 말이 상징)의 참된 모습을 보려 하지 않는다는 것이다. 그래서 자신의 관점과 견해가 잘못된 것일 수도 있다는 것을 추호도 의심하지 않으며 양보하지 않고 집착하다가 보면 필연코 남들과 시비 분란을 일으킨다는 것이다.

륜과 물리(物理)를 깡그리 내팽개치는 사설(邪說)은 발붙이지 못할 것이다. 그러나 비록 이렇게 한다고 할지라도, 아직 천지 만물의 비롯함의 바탕이 되는 '으뜸 됨'을 말하기에는 미치지 못한다.

是故合成敗·齊得失以爲宗, 釋氏'緣起'之旨也. 執成敗·據得失以爲本, 法家'名實'之論也. 執其固然, 忘其所以然, 而天下之大本不足以立; 以成爲始, 以得爲德, 而生生之仁不著. 吾懼夫執此說者之始於義而終於利矣.

역문 이러한 관점에서 볼 적에, 이룸[成]과 허물어짐[壞]을 합치고, 얻음[得]과 잃음[失]을 동일하게 봄을 종지로 하는 것이, 석씨[석가모니]의 연기설이다. 또 이룸과 허물어짐에 집착하고, 얻음과 잃음을 논거로 삼는 것에 근본을 둔 것이, 법가의 명실론(名實論)이다. 그런데 이들은 이 세계의 겉으로 드러나는 '본디 그러함[固然]'에만 집착할 뿐 그 소이연(所以然)은 망각하기 때문에, 이 세계의 대본(大本)을 세우지 못한다. 그뿐만 아니라 이루어짐을 비롯함으로 보고 얻음을 덕으로 보기 때문에, 이 세계의 모든 것들을 낳고 낳는 인(仁)이 이들의 설에서는 두드러지지 않는다. 나는 이 설들에 집착하다가 보면, 의로움[義]에서 시작하였다가는 이로움[利]으로 끝나 버리지나 않을까 두렵다.

夫功於天下, 利於民物, 亦仁者之所有事. 而以爲資始之大用即此在焉, 則 "享其利者爲有德"; 亦且不知君子正誼明道之志, 未嘗擯失與敗而以爲非道之存, 況天之育萬物而非以爲功者哉! '元'者仁也, '善之長'也, 君子之以長人者也. 成敗得失, 又莫足論之有!

역문 이 세계에 공을 세우고 백성과 생명체[物]들을 이롭게 하는 것 또한 어진 [仁] 존재가 하는 일이다. 만물에게 그 비롯함의 바탕이 되어 주는 위대한 작용도 바로 여기에 있다. 그렇다면 "이로움을 누리는 놈이 덕이 있는 것이다."[38]라고 하는 것은 군자의 뜻함을 올바로 알지 못하는 것이다. 군자는 옳음을 구별하고 도를 밝히는 데 뜻을 둔 사람이니, 결코 실패하였다고 하여 내치며 도(道)가 존재하지 않는다고 여기지 않는다. 하물며 하늘은 만물을 길러 주면서도 스스로 공이 있다고 여기지 않는데야! '으뜸 됨'은 인 (仁)이고 '선(善)의 우두머리'다. 바로 이러하므로 군자가 사람들에게 어른이 되는 것이다. 이룸[成]과 허물어짐[壞], 얻음[得]과 잃음[失] 등이 어찌 군자에게서 논할 만한 것이 되리오!

---

38 사마천(司馬遷)의 『사기』에 나오는 말이다. 이는 사마천이, 인류의 역사는 공명정대하게 이루어지는 것이 아니고, 역사의 승리자가 꼭 유가에서 강조하는 도덕군자나 어진 사람도 아니라는 것을 풍자하며 인용한 세속의 말 가운데 일부다. 사마천은 순(舜), 이윤(伊尹), 부열(傅說), 강태공(姜太公), 관중(管仲), 백리해(百里奚), 공자(孔子) 등이 역사적으로 고초를 겪은 예들을 열거한 뒤, "누가 어진 사람인지 누가 의로운 사람인지 어떻게 알 수 있으리오. 이미 그 이로움을 누리는 놈이 덕이 있는 것이다."라는 속인들의 말을 인용하고 있다. 나아가 "그러므로 백이(伯夷)는 주(周)나라에서 벼슬하는 것을 부끄러워하여 수양산에서 굶어 죽었는데, 문·무왕은 그가 그렇게 굶어 죽게 하였다고 하여 '왕'이 아니라고 폄하되지 않는다. 희대의 도적인 도척(盜跖)과 장교(莊蹻)는 포악하기가 이루 말할 수 없었지만, 그 무리는 대대로 의로운 사람들이라고 칭송받는다. 이러한 관점에서 볼 적에, '낫 한 자루 훔친 놈은 죽임을 당하고 나라를 훔친 놈은 제후가 된다. 제후의 문에 어짊[仁]도 의로움[義]도 존재한다.'라는 말은 빈말이 아니다."라고 하였다.(司馬遷, 『史記』卷124, 「游俠列傳」64: 鄙人有言曰, "何知仁義? 已嚮其利者爲有德"/史公曰, "昔者, 虞舜窘於井廩, 伊尹負於鼎俎, 傅說匿於傅險, 呂尙困於棘津, 夷吾桎梏, 百里飯牛, 仲尼畏匡菜色陳蔡, 此皆學士所謂有道仁人也, 猶然遭此菑, 況以中材而涉亂世之末流乎! 其遇害, 何可勝道哉! 鄙人有言曰: '何知仁義? 已嚮其利者爲有德.' 故伯夷醜周餓死首陽山, 而文武不以其故貶王; 跖蹻暴戾, 其徒誦義无窮. 由此觀之, 竊鉤者誅, 竊國者侯, '侯之門, 仁義存', 非虛言也.") 여기에서 사마천이 인용한 "낫 한 자루 훔친 놈은 죽임을 당하고 나라를 훔친 놈은 제후가 된다. 제후의 문에 인의(仁義)가 존재한다."라는 말은 원래 장자(莊子)가 한 말이다.(『莊子』, 「胠篋」: 彼竊鉤者誅, 竊國者爲諸侯. 諸侯之門, 而仁義存焉.)

四

『易』之有位也, 有同異而後有貴賤, 有應感而後有從違. 若夫 '乾', 則
六陽均而成象者也. 合六如一, 不見其異, 六均一致, 不相爲感, 故
曰, "大明終始". 終始不殊, 六龍皆御矣.

역문 『주역』 괘의 위(位)들에는 같음[同]과 다름[異]이 있고, 그에 따라 귀함[貴]
과 천함[賤]이 있다. 그리고 응함[應]·느낌[感]이 있고, 그에 따라 순종함[從]
과 거스름[違]이 있다. 그런데 건괘☰의 경우에는 여섯 양(陽)이 고르게 상
(象)을 이루고 있다. 즉 여섯 위(位)가 마치 하나처럼 합치하고 있으며, 다
름을 보이지 않는다. 이렇게 여섯 위가 고르며 일치하기 때문에, 이질적인
것들 사이에서나 갖는 느낌 따위를 서로 간에 갖지 않는 것이다. 그러므로
"위대한 밝음이 처음과 끝을 관통한다."라고 한 것이다. 처음과 끝이 다르
지 않고, 여섯 용이 모두 하나의 체계 속으로 들어오는 것이다.

惟既已成乎卦也, 則亦有其序也. 不名之爲貴賤, 而名之曰先後. 先
後者時也, 故曰, "六位時成". 君子之安其序也, 必因其時. 先時不
爭, 後時不失, 盡道時中以俟命也.

역문 오직 이미 괘를 이루고 있으므로 거기에는 또한 순서가 있다. 그런데 이
것을 '귀함'·'천함'이라 이름을 붙이지 않고 '앞'·'뒤'라 이름 붙이고 있다.
앞·뒤란 시간을 말한다. 그러므로 "여섯 위(位)가 시(時)에 의해 이루어진
다."라고 말한 것이다. 군자는 그 순서에 편안해하며 반드시 그 때[時]로 말
미암는다. 때에 앞서 다투지 않고 때에 뒤처져 잃어버리지 않는다. 오로지

자신의 도(道)를 다하고 때에 알맞게 행동하면서 하늘의 명(命)을 기다린다.

乃均之爲龍德, 則固不可得而貴賤之. 初者, 時之'潛'也; 二者, 時之
'見'也; 三者, 時之'惕'也; 四者, 時之'躍'也; 五者, 時之'飛'也; 上者,
時之'亢'也. 一代之運, 有建·有成·有守; 一王之 德, 有遵養·有變
伐·有耆定; 一德之修, 有適道·有立·有權; 推而大之天地之數,
有子半·有午中·有嚮晦; 近而取之夫人之身, 有方剛·有既壯·
有已衰; 皆'乾'之六位也. 故『象』曰, "君子以自強不息", 勉以乘時也.

역문 건괘▓의 여섯 위(位)는 모두 용의 덕을 지니고 있다. 그래서 본디 어떤
것은 귀하고 어떤 것은 천한 것이 될 수가 없다. 초효의 위(位)는 때[時]로
보면 '(물속에) 잠김'이다. 2효의 위는 때로 보면 '(밭에) 드러남'이다. 3효의
위는 때로 보면 '두려워함'이다. 4효의 위는 때로 보면 '비약함'이다. 5효의
위는 때로 보면 '(하늘을) 낢'이다. 상효의 위는 때로 보면 '목을 뻣뻣이 세
우고 젠체함'이다.

　일대(一代)의 운에는 '세움[建]'이 있고, '성취함[成]'이 있으며, '지켜 나아
감[守]'이 있다. 한 왕조의 덕에도 '시세와 환경에 순종하며 조용히 힘을 길
러 나아감'이 있고, '다른 이들과 협동하여 정벌함'이 있으며, '평정하고 달
성함'이 있다. 하나의 덕을 닦음에도 '올바른 길로 들어섬'이 있고, '올바른
길 위에 우뚝 서 있음'이 있으며, '변화무쌍한 세상에서 상황을 판단하여
대응함'이 있다.[39] 이를 가져다 하늘·땅의 수(數)에 적용해 보면, 자정이

---

[39] 공자의 말을 원용한 것이다. 공자는 "함께 공부할 수 있는 사람이라 하더라도 꼭 뜻이 맞아
　함께 올바른 길로 들어설 수 있는 사람이라 할 수는 없고, 뜻이 맞아 함께 올바른 길로 들
　어설 수 있는 사람이라 하더라도 꼭 함께 올바른 길 위에 서 있을 수 사람이라 할 수는 없
　으며, 함께 올바른 길 위에 서 있을 수 있는 사람이라 하더라도 변화무쌍한 세상에서 함께

있고, 정오가 있고, 해 질 녘이 있다. 또 이를 가까이 사람의 몸에 적용하면, 한창 튼튼함이 있고, 이미 장년에 접어듦이 있으며, 이미 노쇠에 접어듦이 있다. 이것들은 모두 건괘䷀의 여섯 위(位)에 해당한다. 그러므로『상전』에서 "군자는 이를 본받아 자신을 튼튼하게 하며 쉬지 않는다."라고 말한 것이다. 이는 때에 맞게 힘쓰라는 의미다.

然則初之'潛龍', 其異於'蠱'之'高尚'·'遯'之'肥'明矣. 太王翦商以前,
公劉遷豳以後, 周之'潛'也. 十三年之侯服, 武之'潛'也. 而不特此, 禮
所自制, 樂所自作, 治所自敷, 敎所自立, 未有事而基命於宥密, 終
日有其'潛'焉. 有其'潛', 所以效其'見'也.

역문 그렇다면 건괘䷀ 초구효의 위(位)는 '물속에 잠긴 용'으로서 고괘(蠱卦)䷑ 상구효의 위(位)가 '높이고 숭상함'인 것이나 둔괘(遯卦)䷠ 상구효의 위(位)가 '살이 돋음'인 것과 다름이 분명할 것이다. 공유(公劉)[40]가 빈(豳)으로 거주지를 옮긴 뒤로부터 태왕(太王)[41]이 상(商)나라를 멸망시키기 이전[42] 시기

　　상황을 판단하여 대응할 수 있는 사람이라 할 수는 없다."라고 하였다.(『論語』,「子罕」: 子
　　曰, "可與共學, 未可與適道; 可與適道, 未可與立; 可與立, 未可與權.") 이처럼 공자는 원래
　　우리가 살아가면서 함께할 수 있는 사람의 편차가 다양함을 역설하였는데, 왕부지는 여기
　　에서 이를 덕을 닦는 과정에 적용하여 말하고 있다.

40　공유는 주나라에서 처음으로 '공(公)'이라는 칭호를 쓴 수령이다. 그의 시기에 주나라는 늘
　　변방의 부족들[戎·狄]로부터 침략받았고 거주하던 곳의 자연환경도 좋지 않았다. 이에 공
　　유는 주나라 백성들을 이끌고 '빈(豳)'으로 거주지를 옮겼다. 그 이후 이제 새로 정착한 곳
　　에서 주나라는 역법을 제정하고 군대를 정비하였으며, 황무지를 개간하여 적극적으로 농
　　업을 발전시켰다. 그 결과 주나라는 점점 번영의 조짐을 띠기 시작하였고, 주변의 부족들
　　이 귀속해 왔다. 이에 주나라 귀족들이 그를 나라의 임금으로 추대하였다.

41　주(周)나라의 태왕을 가리킨다. 성은 희(姬)씨, 이름은 '단보(亶父)', 또는 '고공단보(古公亶
　　父)'라 부른다. 그는 조상 공유(公劉) 이래 빈(豳)에 거주하고 있던 주나라 백성들을 이끌고
　　기산(岐山)의 남쪽으로 거주지를 옮겼다. 그리고 나라 이름을 '주(周)'라 하였다. 나아가 어
　　진 정치를 널리 베풀자, 주변의 크고 작은 나라들이 이 주나라에 귀속해 왔다고 한다. 주나

는 주나라의 '물속에 잠김'의 시기다. 그리고 무왕이 13년 동안 은나라의
제후국으로서 후복(侯服)[43]에 머물렀던 것은 무왕의 '물속에 잠김' 시기에
해당한다. 그뿐만이 아니다. 예(禮)를 스스로 제정하고, 악(樂)을 스스로 짓
고, 다스림을 스스로 펴고, 가르침을 스스로 세우는 등, 아직 구체적인 일
이 있기도 전에 심원하고 은밀한 가운데 천명(天命) 실현의 터전을 닦으
며[44] 종일토록 매진한 것이 이 '물속에 잠김'이다. 이렇듯 무왕은 그 '물속

에 잠김'이 있었기 때문에 '밭에 드러남'의 효과를 거둘 수 있었던 것이다.

若秦之王也, 繆·康以來, 獻·武以降, 汲汲於用以速其飛, 而早已
自處於'亢'. 當其'潛'而不能以'潛'養之, 則非龍德矣. 非龍德而尸其
位, 豈有幸哉! 故初之'勿用', 天所以敦其化, 人所以深其息. 故曰,
"君子以成德爲行, 日可見之行", 此之謂也.

역문 그런데 진(秦)의 왕들은 이와 달랐다. 무공(繆公; 穆公)·강공(康公) 이래, 또 헌공(獻公)·도무왕(悼武王) 이후에, 쓰여서 속히 '(하늘을) 낢'에 급급해 한 나머지, 일찌감치 스스로 '목을 뻣뻣이 세우고 젠체함'의 상황을 초래하고 말았다.[45] 마땅히 '물속에 잠김'을 수행하고 있어야 함에도 이들은 물속에 잠겨 자신의 덕을 함양할 줄 몰랐던 것인데, 이는 용의 덕이 아니다. 이처럼 이들은 용의 덕을 지니지 않은 채 그 위(位)를 차지하고 있었으니, 어찌 가당하겠는가! 그러므로 초구효사에서 말하는 "쓰지 마라!"로써 하늘은 그 지어냄[造化]을 돈독히 하고 사람은 깊이 숨 고르기를 하는 것이다. 그러므로 "군자가 덕을 이루어 행하니, 그 행위를 날마다 볼 수가 있다."[46]는 말은 바로 여기에 해당한다.

아들인 '성왕'의 고유명사로 보고 풀이하는 이들도 있다.

45 '목을 뻣뻣이 세우고 젠체함'은 건괘▤의 상구효사인 "너무 높이 올라간 용은 후회함이 있다.(亢龍有悔.)"를 적시하는 것이다. 여기에서 '너무 높이 올라간 용'은 도와주는 신하도, 다스릴 백성도 없는 임금을 상징한다. 한갓 지위만 있는 왕을 의미한다. 진나라의 이 왕들이 당시 진나라의 상황으로서는 자신들을 드러내거나 더욱이 하늘을 나는 용으로서 행세할 수가 없는 처지인데도 그렇게 나댔으니 '너무 높이 올라간 용'의 처지로 전락하고 말았다는 것이다.

46 「문언전」, 건괘▤에 나오는 말이다.

天以不遠物爲化, 聖人以不遠物爲德, 故天仁愛而聖人忠恕. 未有
其德, 不能无歉於物; 有其德者, 无所復歉於己. 初之爲潛, 龍德成
矣. 龍德成而有絶類於愚賤之憂, 則大而化者二之功, 遍而察者將
无爲二之所不用也? 雖然, 彼龍者, 豈離田以自伐其善哉! 故曰, "見
龍在田".

역문 하늘은 '생명체[物]들을 멀리하지 않음'으로써 만물을 지어내고, 성인은
'생명체[物]들을 멀리하지 않음'으로써 덕을 이룬다. 그러므로 하늘은 어질
고 사랑하며, 성인은 자기의 진실함을 다하는 속에서 남들을 자기처럼 여
기며 대한다. 이러한 덕이 없으면, 외물에 대해 성에 차지 않게 여기며 끝
간 데 없이 추구하지 않을 수 없다. 반대로 이러한 덕을 지닌 이는 자신에
게 돌이켜 성에 차지 않아 함이란 없다.

　초효의 위(位)에서 '물속에 잠김'이 된 것은 용(龍)의 덕이 이루어진 것이
다. 이렇게 용의 덕이 이루어졌기 때문에, 어리석고 천한 이들의 부류로
떨어질 근심 따위에서는 완전히 벗어난다.[47] 크게 지어내는[造化] 것은 구

---

[47]　이는 『중용』에 나오는 '어리석은 이[愚]'·'천한 이[賤]'의 행태를 전제로 한 것으로 보인다.
『중용』에서는, 어리석은 이는 자신만이 옳다고 하며[自用], 천한 이는 남의 의견이나 충고
를 전혀 받아들이지 않고 제 고집대로만 한다[自專]고 하고 있다. 나아가 천자만이 예(禮)
를 따지고 제도를 만들며 이전의 지식들을 고찰할 수 있을 뿐, 지위는 있지만 덕이 없는 사
람이나 덕은 있지만 지위가 없는 사람은 감히 예와 악을 제정해서는 안 된다고 하고 있다.
(『중용』 제28장: 子曰, "愚而好自用, 賤而好自專. 生乎今之世, 反古之道, 如此者, 災及其身
者也. 非天子不議禮, 不制度, 不考文. 今天下車同軌, 書同文, 行同倫. 雖有其位, 苟无其德,
不敢作禮樂焉; 雖有其德, 苟无其位, 亦不敢作禮樂焉.") 여기에서 말하는 '지위는 있지만 덕
이 없는 사람'과 '덕은 있지만 지위가 없는 사람'이 각각 어리석은 이와 천한 이를 가리킨다

이효의 공(功)인데, 이를 가까이서 살피는 이로서는 장차 구이효에게 기용되지 않음이 없으리로다! 비록 그렇다고는 하지만 저 용이라는 것이 어찌 자신의 활동무대인 밭을 떠나서 스스로 그 훌륭함을 자랑하리오! 그러므로 "드러난 용이 밭에 있다."라고 한 것이다.

王道始於耕桑, 君子愼於袺襘. 尸愚賤之勞, 文王所以服康田也. 修愚賤之節, 衛武所以勤灑掃也. 故天下'蒙'其德施, 言行詳其辨聚, 坦然寬以容物, 溫然仁以聚衆, 非君德誰能當此哉! 位正中而體居下, 龍於其時, 有此德矣. 然則馳情於玄恍, 傲物以高明者, 天下豈'利見'有此'大人'乎!

역문 왕도는 농경과 길쌈에서부터 시작되고,[48] 군자는 옷깃을 왼쪽으로 여미

고 한다. 따라서 용(龍)의 덕을 이루었다면 이러한 부류의 사람들과는 완전하게 격을 달리하기 때문에 이들이 갖는 근심으로부터도 벗어나 있다고 할 수 있다.

48 이는 맹자의 왕도정치 사상을 근거로 한 것으로 보인다. '왕도(王道)'라는 말을 직접 쓰며, 중요한 철학 개념으로 삼은 사람이 바로 맹자다. 맹자는, "산 사람을 부양하고 죽은 사람을 장사 지내는 데서 유감스러움이 없게 하는 것이 왕도의 시작이다. 다섯 마지기의 농사를 짓는 집에서 뽕나무를 심으면 그 집의 50세 된 사람이 비단옷을 입을 수가 있다. 닭, 돼지, 개 등을 기르며 때를 놓치지 않게 하면 그 집의 70세 된 사람이 고기를 먹을 수가 있다. 100마지기의 농사를 짓는 집에서 농사철을 놓치지 않게 하면 여러 가족들이 굶주리지 않을 수 있다.(『孟子』, 「梁惠王 上」: 養生喪死无憾, 王道之始也. 五畝之宅, 樹之以桑, 五十者可以衣帛矣. 雞豚狗彘之畜, 无失其時, 七十者可以食肉矣. 百畝之田, 勿奪其時, 數口之家可以无飢矣.)"라고 함으로써, 훌륭한 정치인 왕도의 근간이 백성들에게 최소의 생존 조건을 충족시켜 주는 것임을 강조하였다. 아울러 보통 사람들로서는 이 최소한의 생존 조건인 '항산(恒産)'이 갖추어져야만 사람다움을 유지하는 마음인 '항심(恒心)'이 갖추어지고, 그래서 사람으로서의 됨됨이[性]를 실현할 수 있다고 하였다. 그렇지 않고 그들에게 항산이 갖추어지지 않으면 그로 말미암아서 그들에게서는 항심도 없어지고 마니 못할 짓이 없게 된다고 하였다. 이렇게 항산을 갖추어 주지 않은 채 방치하였다가 백성들이 정작 죄를 짓게 된 뒤에 그들을 형벌로 다스리고자 하면, 이는 백성들에게 투망질을 하는 것과 같다고 하였다. 이는 어진 사람이 임금 자리에 있으면서 결코 할 짓이 아니라는 것이다. 그보다는 "현명한 군주가 백성들에게 항산을 갖추어 주어 그들로 하여금 부모를 충분히 봉양할 수

느냐 오른쪽에 여미느냐에 신중을 기한다.[49] 어리석고 천한 이들이 하는 노동을 주관하기에, 문왕은 강전(康田)을 손수 경작하였다.[50] 또 어리석고 천한 이들이 할 일로써 됨됨이를 닦았기에, 위(衛)나라의 무공(武公)[51]은 손수 물 뿌리고 비질하는 데도 부지런히 애썼다.[52] 그러므로 세상 사람들이 이들의 덕화(德化)를 입었고, 말과 행동은 상세하게 분별하며 사람들을 끌어모았다. 툭 터진 마음으로 남을 포용하고, 따뜻한 마음으로 어짊을 베풀어 다중을 끌어모은 것이다. 임금의 덕을 지닌 이가 아니고서야 그 뉘라서 이렇게 할 수 있으리오!

있고 처자식을 먹여 살릴 수 있도록 한다면, 그들로서는 풍년에는 자연 수명을 다하도록 배불리 먹을 수 있을 것이고, 흉년이라 해도 굶어 죽는 것으로부터 벗어날 수 있을 것이다. 이렇게 한 뒤에 백성들로 하여금 선한 행위를 하도록 이끌어 가기 때문에 백성들로서는 임금을 따르는 것이 가벼운 것이다."라고 하였다.(『孟子』,「梁惠王 上」: 无'恒'産而有'恒'心者, 惟士爲能. 若民, 則无'恒'産, 因无'恒'心. 苟无'恒'心, 放辟邪侈, 无不爲已. 及陷於罪, 然後從而刑之, 是罔民也. 焉有仁人在位罔民而可爲也? 是故明君制民之産, 必使仰足以事父母, 俯足以畜妻子, 樂歲終身飽, 凶年免於死亡. 然後驅而之善, 故民之從之也輕.) 이렇듯 맹자의 왕도정치 사상에는, 짐승과 구별되는 존재로서의 사람이 차원 높고 빛나는 사람 세상을 이루어 그 속에서 사람답게 살아가고자 한다면, 이 항산을 갖춤이 필수불가결하다고 함이 담겨 있다. 이렇게 보면, 왕부지의 이 구절에는 맹자의 왕도정치 사상이 전제되어 있음을 알 수 있을 것이다.

49 '옷깃을 왼쪽으로 여미는 것[左袵]'은 고대 중국 변방 민족들의 복식이었고, '옷깃을 오른쪽으로 여미는 것[右袵]'은 중원을 차지하고 있던 주나라의 복식이었다. 그런데 공자는 "관중(管仲)이 아니었으면 나도 산발하고 옷깃을 왼쪽으로 여미었을 것이다."라고 하여(『論語』,「憲問」: 微管仲, 吾其被髮左衽矣), 주나라 민족에 비해 열등한 주변 민족들을 비하하는 의미로 이 구분을 사용하고 있다.

50 이에 대해서는 『서경』에 그 근거 자료가 있다.(『書經』,「無逸」: 文王卑服, 即康功田功.)

51 위나라 무공(B.C.852~B.C.758)은 시호가 예성무공(睿聖武公)이다. 재위 기간이 55년으로서 매우 훌륭한 통치를 펼친 것으로 전해진다. 서주(西周) 공화(共和) 시기의 '공백화(共伯和)'를 이 무공이라 여기는 학자들도 있다. 그의 재위 42년에 견융(犬戎)이 주나라를 침략하여 유왕(幽王)을 살해한 일이 벌어졌는데, 이때 그는 평왕(平王)을 보좌하여 견융을 평정하였다. 이 공로를 높이 사서 평왕은 그를 공작(公爵)으로 승격시켰다.

52 이에 대해서는 『시경』에 그 근거 자료가 있다.(『詩經』,「大雅」, '抑': 夙興夜寐, 灑掃廷內, 維民之章.)

이들은 위(位)가 올바르면서도 득중한 채 몸소 낮은 곳으로 임하였으니, 바로 이러한 때에라야 용은 이러한 덕을 지니는 것이다. 이러한 관점에서 볼 때, 대인이랍시고 현묘한 황홀(恍惚)⁵³로 마음을 치달리며 자신이 높고 밝다는 차원에서 외물(外物)에게 오만하게 대한다면, 세상 사람들로서는 어찌 이러한 '대인'을 '만남이 이롭다'라고 하겠는가!

六

九四之躍, 時勸之也; 九五之飛, 時協之也; 上九之亢, 時窮之也. 若
其德之爲龍, 則均也. 夫'乾'盡於四月而'姤'起焉, 造化者豈以陽之健
行而怙其終哉? 時之窮, 窮則災矣. 然而先天而勿違, 則有以消其窮;
後天而奉時者, 則有以善其災. 故曰, "擇禍莫若輕". 知擇禍者, 悔而
不失其正之謂也.

역문 건괘▤ 구사효의 '도약함[躍]'은 때[時]가 그렇게 하도록 권하기 때문이고, 구오효의 '낢[飛]'은 때[時]가 공동체의 구성원들이 모두 화합하며 함께 어울리도록 하기 때문이다. 그리고 상구효의 '너무 높이 올라가 버림[亢]'은 때

---

53 이는 특히 『노자』가 강조하는 것이다. 『노자』에서는 사람의 인식능력을 벗어나 있는 것으로서 이 세상의 궁극적인 근원을 이 '玄(현)'이나 '惚(홀)'이라는 말로 표현하고 있다.(제1장: 道可道非常道, 名可名非常名. 无名天地之始, 有名萬物之母. 故常无欲以觀其妙, 常有欲以觀其徼. 此兩者同出, 而異名, 同謂之玄. 玄之又玄, 衆妙之門. /제14장: 視之不見, 名曰夷; 聽之不聞, 名曰希; 搏之不得, 名曰微. 此三者, 不可致詰, 故混而爲一. 其上不皦, 其下不昧, 繩繩兮不可名, 復歸於无物. 是謂无狀之狀, 无物之狀, 是謂恍惚. 迎之不見其首, 隨之不見其後. 執古之道, 以御今之有, 能知古始, 是謂道紀.) 따라서 인간의 관점에서는 '없음[無]'이라고도 할 수 있다. 왕부지는 이 세상의 궁극적 근원에 이러한 것을 설정하는 노자의 패러다임을 극력 비판하였다.

가 이제 다하였기 때문이다. 그러나 이들이 모두 용의 덕이라는 점에서는
같다.

건괘☰의 덕은 4월에 다하며, 구괘(姤卦)☴의 덕은 바로 여기에서 일어
난다. 그런데 우주의 지어냄[造化]에서 이 양(陽)의 씩씩한 운행이 어찌 끝
났다고 하여 그 끝남에 내맡긴 채 물러나리오! 그저 때[時]의 다함일 뿐이
니, 다하면 재앙이 되는 것이다. 그러나 이 건괘☰의 덕은 하늘에 앞서더
라도 뒤에 오는 하늘이 어기지 않기에 그 다함을 사라지게 하고, 하늘에
뒤서더라도 자신의 때에 벌어지는 상황을 그대로 받들기에 그 재앙을 좋
게 한다.[54] 그러므로 "화(禍) 중에서 택해야 한다면 그 가운데 가벼운 것이
가장 낫다."[55]라고 한다. 이 의미는, 화를 택할 줄 아는 이는 후회하면서도
그 올바름을 잃어버리지 않는다는 것이다.

朱·均之不肖, 堯·舜之窮也; 桀·紂之喪師, 禹·湯之窮也. 堯·
舜不待其窮, 而先傳之賢以消其窮, 災不得而犯焉. 禹·湯之持其窮
也, 建親賢, 崇忠質. 不能使天下无湯·武, 而非湯·武則夏·商不

---

54 건괘의 「문언전」을 인용하며 하는 말이다. 건괘의 「문언전」에서는 대인의 덕을 칭송하여
    "대인이란 그 덕이 하늘·땅과 합치하고, 그 밝음은 해·달과 합치한다. 그 순서대로 함은
    사계절과 합치하고, 길함과 흉함에서는 귀신과 합치한다. 하늘보다 앞서더라도 하늘이 그
    와 어긋나지 않고, 하늘에 뒤서더라도 하늘의 때를 받든다. 이렇듯 하늘도 그와 어긋나지
    않는데 하물며 사람에게서랴! 하물며 귀신에게서랴!(夫大人者, 與天地合其德, 與日月合其
    明, 與四時合其序, 與鬼神合其吉凶, 先天而天弗違, 後天而奉天時. 天且弗違, 而況於人乎!
    況於鬼神乎!)라 하고 있다. 이는 대인을 빌려 천인합일(天人合一)의 경지를 예찬한 말이다.
55 『국어(國語)』, 「진어(晉語)」에 나오는 말이다. 당장에 몇 개의 화란(禍亂)이 닥쳐 피할 수
    가 없을 때는 그 가운데 가벼운 것을 택하여 피해를 최소화해야 한다는 의미다. 원문에는
    "복 중에서 택해야 한다면 그 가운데 무거운 것이 가장 낫고, 화 중에서 택해야 한다면 그
    가운데 가벼운 것이 가장 낫다. 복에서 가벼운 것은 쓸모가 없고, 화에서 무거운 것은 쓸모
    가 없기 때문이다.(『國語』, 「晉語」: 范文子曰, "擇福莫若重, 擇禍莫若輕. 福无所用輕, 禍无
    所用重.")"로 되어 있다.

亡, 終不喪於夷狄·盜賊之手. 景亳之命, 宗周之步, 猶禹·湯晉諸
廷而授之矣.

역문 주(朱)와 균(均)의 불초함은[56] 이들의 아버지인 요·순에게는 궁색함이
다. 그리고 걸(桀)과 주(紂)의 민심을 잃어버림은 이들의 시조인 우(禹)·탕
(湯)에게는 궁색함이다.[57] 그런데 요·순은 그 궁색함을 그대로 기다리지
않고 먼저 현명한 이들에게 왕위를 물려주어 그 궁색함을 해소하였다. 그
래서 그 재앙이 이들에게 침범할 수가 없었다.

　우·탕왕이 그 궁색함에서 부지(扶持)하기 위해 했던 것을 보면, 피붙이
와 현인(賢人)들을 제후로 세우고, 마음이 진실하고 본바탕이 된 사람들을
높이 받드는 것이었다. 그러나 이 세상에는 이 탕·무왕 같은 인물들이 없
게 할 수가 없다. 그리고 탕·무왕이 아니었던들 하·상나라는 망하지 않
았을 것이고, 끝내 이민족이나 도적들의 손에 잃어버리지도 않았을 것이
다. '경박의 명[景亳之命]'[58]과 '호경(鎬京)으로부터의 출발'[59]은, 마치 우·탕

56　'주'는 요(堯)임금의 아들이고, '균'은 순(舜)임금의 아들이다. '주'는 나중에 '단(丹)'이라는
　　곳에 봉해졌기 때문에 '단주(丹朱)'라 하고, '균'은 '상(商)'이라는 곳에 봉해졌기 때문에 '상
　　균(商均)'이라고도 한다. 이들은 됨됨이가 못 되었기[不肖] 때문에, 요·순이 이들에게 왕
　　위를 물려주지 않고 각기 훌륭한 신하인 순과 우(禹)에게 왕위를 물려주었다. 이를 인류 역
　　사상 최초의 평화적 정권 교체인 '선양(禪讓)'이라 한다.
57　걸(桀)은 우(禹)임금이 순(舜)임금으로부터 나라를 선양받아 세운 하(夏)나라의 마지막 왕
　　이다. 걸은 폭정을 하며 백성들을 도탄에 빠지게 하다가 탕(湯) 임금에게 축출당하였는데,
　　이로써 하나라는 멸망하였다. 주(紂)는 탕(湯)이 하나라를 무너뜨리고 세운 은나라(殷; 商
　　나라가 나중에 도읍을 은허로 옮기고는 국호를 '은'이라 함)의 마지막 왕이다. 주왕(紂王)
　　또한 폭정을 함으로써 백성을 도탄에 빠지게 한 나머지 무왕(武王)에게 죽임을 당하였고,
　　이에 따라 은나라도 멸망하였다. 따라서 하나라든 상은나라든, 시작은 유가에서 성인들
　　로 추앙하는 인물들에 비롯되어 치세를 이루었지만, 마지막 왕들에게 가서는 망하지 않으
　　면 안 될 국면을 초래하였다. 왕부지가 여기에서 '궁색함'이라 규정함에는 이러한 의미가
　　들어 있다.
58　'경박의 명[景亳之命]'은 탕왕이 군대를 경박(景亳; 지금의 중국 하남성 偃師市 서쪽에 위

왕이 이들 조정에다 진상하여 준 것과 같다.[60]

三代以下, 忌窮而悔, 所以處'亢'者失其正也. 而莫災於秦·宋之季. 秦祚短於再傳, 宋寶淪於非類. 彼蓋詹詹然日喪亡之爲憂, 而罷諸侯, 削兵柄, 自弱其輔, 以延夷狄盜賊而使乘吾之短垣. 逮其末也, 欲悔而不得, 則抑可爲大哀也已! 嗚呼! 龍德成矣, 而不能不亢, 亢而不能不災. 君子於'乾'之終, 知'姤'之始, 亦勿俾嬴豕之蹢躅交於中國哉!

역문 삼대[61] 이후로는 '궁색함'에 대해 꺼리고 후회할 일로 여겼기 때문에 항룡(亢龍)의 단계에 처한 사람들은 그 상황에서 해야 할 올바름을 잃어버렸다. 이 가운데서도 특히 진(秦)나라와 송(宋)나라 말기에 가장 심했다. 진나라는 채 두 대(代)를 가지 못했고, 송나라는 이민족에게 나라를 넘겨주

치)에 주둔한 채 각 곳에서 온 제후들과 함께 연 대회 이름을 말한다. 여기에서 탕왕은 백성들을 걸왕의 폭정으로부터 구하기 위해 자신이 하늘의 뜻을 받들어 하(夏)나라의 걸왕을 정벌하겠다는 뜻을 밝혔다. 이후 탕왕은 3천에 이르는 제후들의 옹호를 받아 당시 중원 전체가 떠받드는 군주의 지위에 올랐으며, 걸왕을 축출하고 새로운 나라인 상(商)나라를 세웠다.

59 강왕(康王) 12년 6월 3일(음) 아침, 강왕이 당시 주나라의 도읍이던 호경(鎬京; 지금의 陝西省 西安)에서 출발하여 풍(豊; 오늘날의 陝西省 西安市 서남쪽에 위치)으로 가서, 주나라의 백성들을 모아 놓고 필공(畢公)에게 동쪽 교외 지역을 다스려 달라고 명했던 사건을 가리킨다.(『書經』,「周書·畢命」: 惟十有二年六月庚午朏越三日壬申, 王朝步自宗周至於豊. 以成周之衆, 命畢公保釐東郊.)

60 하나라의 시조인 우왕이 상나라의 시조인 탕왕에게, 그리고 이 탕왕은 다시 주나라에게 나라를 갖다 바친 꼴이라는 것이다. 이들은 각기 새로운 나라를 건설하여 훌륭한 나라로 만듦으로써 당시로서는 시대적인 소명을 다하였지만, 이것이 영원할 수는 없고, 결국 나라의 명운이 다하여[窮] 이러한 결과를 초래했다는 것이다.

61 하(夏)·상(商)·주(周) 세 나라를 가리킴. 여기에서 상나라는 나중에 은허(殷墟)로 천도한 뒤에 국호를 '은(殷)'으로 바꾸었다.

고 말았다. 이들은 날로 쇠미해져 감을 우려하며 논의만 무성하게 하던 나머지, 봉건제도를 폐지하고[62] 군대를 줄여[63] 스스로 국방력을 약하게 해 버렸다. 그 결과 이민족과 도적들에게[64] 길을 터 주어서 그들이 중국의 허약한 담을 타고 넘도록 하였다. 끝에 가서는 후회하며 바로잡아 보려고 해도 불가능했으니 너무나도 크다 할 슬픔이었다.

오호라! 건괘䷀의 상구효는 용(龍)의 덕이 이루어지기는 하였지만, 항룡(亢龍)이 되지 않을 수 없다. 그리고 이 항룡으로서는 재앙을 초래하지 않을 수 없다. 군자는 건괘䷀의 덕이 끝남에서 구괘(姤卦)䷫의 덕이 시작된다는 것을 안다. 그러나 그들로서도 역시 굶주려서 파리한 돼지가 바스대며 중국을 유린하는[65] 것을 어찌지 못했던 것이로다!

七

天積日以爲歲功, 歲功相積而德行乎其中. 然期三百六旬之中, 擅一日以爲之始, 則萬物聽命於此一日, 德以有繫而不富矣! 且一日

---

62 진나라는 그 이전까지 유지되던 봉건제를 폐지하고 중국 역사상 최초로 군현제를 실시하였다.

63 송나라 태조 조광윤(趙匡胤)은 문치를 펼치고자 하며 상대적으로 국방력을 약화시켰다.

64 진나라의 멸망은 진승(陳勝, ?~B.C.209)과 오광(吳廣; ?~B.C.208)이 주도하여 일으킨 농민기의군의 반란으로부터 비롯되었다.

65 구괘(姤卦)䷫의 초육효사를 인용한 말이다. 이 초육효사에서는 "굶주려서 파리한 돼지가 딱 돼지 그대로 바스대며 잠시도 가만히 있지 못함이다.(羸豕孚蹢躅.)"라 하고 있다. 이 초육효의 즈음에서는 이제 건괘䷀의 덕이 사라지고 구괘䷫의 덕이 지배하는 세상이 되었다고 할 수 있다.
그러나 이는 어디까지나 왕부지가 중국을 위주로 하여서 하는 말에 지나지 않는다고 할 수 있다. 중원을 이민족이 지배하면서도 한족 못지않게 잘 다스리던 왕조도 있기 때문이다.

主之, 餘日畔之, 一日勤之, 餘日逸之, 其爲曠德, 可勝言哉!

역문 하늘은 하루하루를 누적하여 한 해의 공효를 이루고, 한 해의 공효들이 서로 누적하는 속에서 하늘의 덕은 행한다. 그런데 1년 360일 속에서 딱 어느 하루만을 떼어 내서 시작으로 삼는다면, 만물은 이 하루에만 명(命)을 좇을 것이다. 그렇다면 하늘의 덕은 이것에만 얽매인 나머지 풍부하게 행사되지 않을 것이로다! 또한 이날 하루만 주관하고 다른 날들은 제멋대로일 것이며, 이날 하루만 열심히 일하고 다른 날들은 안일(安逸)에 빠질 것이다. 그렇다면 그것이 헛된 덕이 되고 말리라는 것을 이루 다 말로 할 수 없으리로다!

夫'用九'者, 天行之健, 不得不極, 故其策二百一十有六, 自冬至子初授一策, 以極於大暑後之四日, 夏功成, 火德伏, 而後天之施乃訖焉. 則前乎此者, 雖夏至當上九之亢, 而'乾'行固未息也. 故'坤'不逮期之半, 而'乾'行過之. 其剛健粹精, 自强不息者, 六爻交任其勞而不讓, 二百一十六策合致其能而不相先. 群龍皆有首出之能, 而无專一之主, 故曰, "天德不可爲首", 明非一爻一策之制命以相役也.

역문 '용구(用九)'[66]란 하늘 운행의 씩씩함이 궁극에 이르지 않을 수 없음을 상

---

66 '용구'는 시초점을 쳐서 여섯 효 모두가 노양(老陽)인 경우를 지칭한다. 노양·노음(老陰)은 변효(變爻)다. 따라서 용구의 경우는 여섯 효가 모두 변효라 할 수 있다. 그런데 주역점에서는 일반적으로 여섯 효가 모두 변효면 다른 괘로 변한다. 가령 준괘(屯卦)䷂가 나왔는데 이들 여섯 효가 모두 노양·노음으로서 변효라면 각각의 효들이 변하니 정괘(鼎卦)䷱가된다. 이때 원래의 괘인 준괘를 '본괘(本卦)', 또는 '경괘(經卦)'라 하고, 변한 다른 괘인 정괘를 '변괘(變卦)', 또는 '지괘(之卦)'라 한다. 그리고 점(占)은 변·지괘의 괘사로써 친다. 즉 시초점을 치면서 물은 일에 대한 답을 변·지괘의 괘사로써 확인하는 것이다. 그 속에

징한다. 그러므로 과설지책(過揲之策) 216개를 동지의 자시(子時) 초부터 하루에 한 개씩 줄여 나아간다면, 대서(大暑) 뒤의 4일째에 그 궁극에 이르며 과설지책이 다 없어진다.[67] 여기에서 여름의 공(功)이 완성되고, 화(火)의 덕은 잠복하게 되며, 후천의 베풂이 끝난다.[68] 이 앞에 있는 날로서 비록 하지가 상구(上九)의 '항(亢)'에 해당하기는 하지만, '건(乾)'의 운행은 본디 이 단계에서 아직 꺼지지 않는 것이다.[69] 그러므로 '곤(坤)'의 운행은 1년의 절반에 미치지 못하는 것이고, 그만큼 '건(乾)'의 운행이 더 많은 것이다.

점쳐 물은 일에 대한 하늘의 답이 있다고 보는 것이다. 그래서 이 경우에는 정괘(貞卦)의 괘사로써 점을 친다. 그런데 여섯 효 모두가 노양인 경우나 노음인 경우, 즉 건괘䷀나 곤괘䷁의 여섯 효가 모두 노양·노음으로서 변효인 경우에는, 변·지괘의 괘사로써 점을 치는 것이 아니라 용구(用九)·용육(用六)의 효사로써 점을 친다. 왕부지는 지금 여기에서 이 용구의 철학적 함의를 논함으로써 이 점법에 타당성을 부여하려 하고 있다.

[67] 즉 동지로부터 대서 뒤 4일째 되는 날까지가 216일이라는 의미다.

[68] '과설지책'은 시초점을 치는 데서 4개씩 헤아린 시책을 말한다. 이는 49개의 시책에서 걸고[掛] 우수리로 돌린[扐] 시책들을 뺀 시책들이다. 이에 비해 걸고 우수리로 돌린 시책들은 '괘륵지책(掛扐之策)'이라 한다. 효(爻)가 노양이 되려면 괘륵지책은 13개여야 하니 그 과설지책은 36개가 되고[49-13=36], 노음이 되려면 괘륵지책은 25개여야 하니 그 과설지책은 24개가 된다[49-25=24]. 또 소음이 되려면 괘륵지책은 17개여야 하니 그 과설지책은 32개이고[49-17=32], 소양이 되려면 괘륵지책은 21개여야 하니 그 과설지책은 28개가 된다[49-21=28]. 따라서 노양의 과설지책이 가장 많고 노음의 과설지책이 가장 적으며, 소음·소양의 과설지책이 이들 사이에 자리 잡고 있음을 알 수 있다.
　용구의 경우는 여섯 효가 모두 양효(一)로 이루어진 데다 이들이 모두 노양으로 이루어져 있으니, 『주역』 64괘 중에서 가장 많은 과설지책으로 이루어져 있다. 그래서 용구는 '하늘 운행의 씩씩함', 즉 '건(乾)'의 운행이 이제 궁극에 이르렀음을 상징한다. 구체적으로는 대서(大暑) 뒤의 4일째에 되는 날에 해당한다는 것이다. 이후에는 하늘 운행이 돌이켜 용육이 상징하는 날들로 가는데, 이 과정의 하늘 운행은 '곤(坤)'이 맡는다. 그리고 하늘 운행이 이 용육에 이르면 '곤'의 운행은 이제 잠복하고, 다시 '건'의 운행이 맡아 돌이켜서 용구에로 간다. 이렇게 하늘 운행은 용구와 용육 사이를 반복 왕래하며 무한한 순환을 한다는 것이다. 그리고 노양 여섯 효 전체의 과설지책 수는 '36×6'으로서 216이 된다. 이에 비해 용육의 과설지책은 24×6으로서 144개가 된다. 이 둘을 합하면 360으로서 1년의 날 수가 된다.

[69] 그래서 '건(乾)'의 운행이 건괘䷀의 상구효가 상징하는 하지에서 끝나지 않고, 용구가 상징하는 대서 뒤의 4일째 되는 날까지 지속된다는 것이다.

'건(乾)'의 운행은 굳세고 씩씩하며 순수하고 정심(精深)하다. 그리고 스스로 튼튼하며 쉬지 않는다. 건괘䷀의 여섯 효들은 그 수고로움을 번갈아 맡으며 다른 것들에게 양보하지 않는다. 216개의 시책이 함께 그 공(功)을 이루며 서로 간에 어느 것이 앞서지 않는다. 그래서 무리를 이룬 용들이 모두 맨 처음으로 나올 능력들이 있지만, 이들 사이에서는 오로지 하나인 주인은 없다. 그러므로 "하늘의 덕은 머리가 될 수 없다."[70]고 하는 것이다. 이는 어느 하나의 효나 어느 하나의 시책이 명(命)을 제정하여서 다른 것들을 부리지 않음을 분명히 드러낸다.

然則一元之化, 一代之治, 一人之生, 一善之集, 一日之修, 一念之起, 相續相積, 何有非自強之時, 可曰, "得其要而不勞, 擇其勝而咸利"乎? 故論必定於蓋棺, 德必馴於至極, 治必臻於累仁. 用九之吉, 吉以此爾.

역문 그렇다면 1원(元)[71] 동안의 지어냄[造化], 1대(代)[72]의 안정된 다스림, 한 사람의 삶, 하나의 선(善)의 모임, 하루의 수양, 한 생각의 일어남 등은 서로 이어지고 서로 누적하는 것인데, 어찌 스스로 튼튼히 하지 않는 때가 있을 것이며, "그 요령을 얻어서 수고롭지 않고, 그 승리만을 택하여 다 이

---

70 건괘䷀의 「문언전」에 나오는 말이다.

71 여기에서 말하는 '원(元)'은 과거 동아시아에서 사용하던 시간 단위다. 우주의 순환이 오행의 상생 순서, 즉 '목—화—토—금—수'로 한 바퀴 돌고 다시 시작하는 것을 '원(元)'이라 한다. 한 바퀴 도는 데 소요되는 햇수는 4,617년이라 한다. 따라서 1원은 4,617년이 된다. 혹 설에서는 4,560년이라고도 한다. 이와는 별도로 송대의 소옹(邵雍)은 우주의 순환 단위를 원(元)·회(會)·운(運)·세(世)·연(年)으로 구분하였으며, 1원을 129,600년이라 하였다.

72 여기에서 말하는 '대(代)'는 하나의 조대(朝代), 즉 한 왕조의 통치 기간을 의미한다. 이 밖에도 '대(代)'는 부모를 자식들이 잇는 것을 말한다. '세(世)'와 같은 것으로서 대개 30년으로 본다. 합해서 '세대'라고도 한다.

롭다."라고 말할 수 있겠는가?[73] 그러므로 어떤 사람에 대한 논의는 그가 죽어 관 뚜껑을 닫는 데서 확정되고, 덕은 반드시 지극함에서 길들어지며, 다스림은 반드시 어짊[仁]을 쌓고 있는 데로 이른다. '용구'에서 말하는 길함은 바로 이러한 까닭에 길할 따름이다.

自老氏之學以居錞處後, 玩物變而乘其衰, 言『易』者惑焉. 乃曰, "陽剛不可爲物先". 夫雷出而蓁榮, 氣升而灰動, 神龍不爲首而誰爲首乎? 德不先剛, 則去欲不淨; 治不先剛, 則遠佞不速. 婦乘夫, 臣干君, 夷凌夏, 皆陽退聽以讓陰柔之害也. 況足以語天德乎!

역문 그런데 노씨[老子]의 학문이 창[戈]의 고달[錞]처럼 창대의 끝자리를 차지할 것을 내세우며 생명체[物]들의 변함[變]을 완미하고 그 쇠미함을 치켜세우자,[74] 이로부터 『주역』을 말하는 이들이 여기에 그만 미혹되고 말았다.

---

73 반어법이다. 이러한 때란 없고, 요령을 얻어서 수고롭지 않게 해낸다거나 승리만을 택해서 다 이룹게 함이란 없다는 것이다. 꾸준히 스스로 튼튼히 해야 한다는 것이다.

74 이는 노자가 '감히 천하의 선구가 되지 않음'을 보배로 여긴 것에 대해 비판적 관점을 드러내는 것이라 할 수 있다. 노자는 '감히 천하의 선구가 되지 않음', 즉 '천하에 뒤섬[後]'을 자신이 지닌 세 가지 보배 중의 하나라고 하면서, 생명체[物]들이 이렇게 할 적에 자신이 지닌 장점을 다 이루어 낼 수 있다[能成器長]고 하였다. 이에 비해 천하의 뒷자리를 차지하지 않고 선구가 되면 곧 죽게 되리라고 경고하고 있다.(『노자』, 제67장: 天下皆謂我道大, 似不肖. 夫唯大, 故似不肖, 若肖, 久矣其細也夫. 我有三寶, 持而保之. 一曰慈, 二曰儉, 三曰不敢爲天下先. 慈故能勇, 儉故能廣; 不敢爲天下先, 故能成器長. 今舍慈且勇, 舍儉且廣, 舍後且先, 死矣. 夫慈以戰則勝, 以守則固. 天將救之, 以慈衛之.)
　　왕부지는 노자 철학이 지닌 이러한 면을 소극적인 것으로 보아 '창의 고달과 같은 끝자리를 차지함[居錞處後]'이라 표현하며 이렇게 조롱하는 것이다. 왕부지는 그의 철학 전반에 걸쳐 노자 철학에 대해 극도로 비판적인 태도를 보이고 있다.
　　사실 이 말의 출전은 『회남자』, 「원도훈」에 있다. 거기에서는, "앞서가는 이는 뒤따라가는 이에게 화살의 표적으로서 화살받이가 되어 준다. 이는 마치 창[戈]의 고달[錞]과 날[刃]의 관계와도 같다. 창의 날은 위난(危難)을 맞닥뜨리고 있는데도 창의 고달이 아무 걱정이 없는 까닭은 무엇이겠는가? 고달은 창의 뒤에 자리 잡고 있기 때문이다.(先者則後者之弓

그리하여 마침내 "양의 굳셈[剛]은 생명체[物]들의 선봉이 될 수 없다."[75]라고 말하기에 이르렀다.

그러나 우레가 쳐야 꽃들이 피어나고 기(氣)가 올라가야 재[灰]가 나부끼는데, 신령스러운 용이 머리가 되지 않고 그 어떤 것이 머리가 되겠는가! 덕이 굳셈[剛]을 앞세우지 않는다면 욕구를 제거한다 해도 깨끗해지지 않는다. 그리고 다스림에서 굳셈을 앞세우지 않는다면 간사함을 멀리하고자 해도 신속하지가 않다. 오히려 지어미가 지아비를 올라타고, 신하가 임금을 범하며, 변방의 오랑캐들이 중원의 하화(夏華) 족을 침략한다. 이들 모두는 양(陽)들이 뒤로 물러나서 음(陰)의 부드러움[柔]의 명(命)을 받들며 양보하는 데서 초래하는 폐해다. 그런데 하물며 이를 하늘의 덕(德)에 대고 말할 수 있겠는가!

八

"知至至之, 知終終之", 大哉! 『易』不言中而中可擇矣. 夫離'田'而上即'天'也, 離'天'而下即'田'也. 出於田, 未入乎天, 此何位乎? 抑何時乎? 析之不容毫髮, 而充之則肆其彌亘. 保合之爲太和, 不保不合則

矢質的也, 猶錞之與刃. 刃犯難而錞無患者, 何也? 以其托於後位也.)"라고 하고 있다. 창의 '물미', 또는 '고달'은 깃대나 창대 따위의 끝에 끼우는 끝이 뾰족한 쇠로서, 깃대나 창대 따위를 땅에 꽂거나 잘 버티게 하는 데에 쓴다고 한다.(『표준국어대사전』.)

75 주자가 『주역본의』에서 한 말이다. 즉, 건괘䷀ 『상전』에서 용구 효사에 대해 "하늘의 덕이 머리가 될 수 없음을 나타내고 있다.(用九, 天德不可爲首也.)"라고 풀이하였는데, 주자는 이에 대해 다시, "양(陽)의 굳셈[剛]이 생명체[物]들의 선봉이 될 수 없음을 말한 것이다.(言陽剛不可爲物先.)"라고 풀이하고 있다. 여기에서도 일단이 드러나듯이 왕부지는 주자의 역학에 대해 상당히 비판적인 자세를 취하고 있다.

間氣乘而有餘不足起矣. 乘而下退, 息於田而爲不足; 乘而上進, 與
於天而爲有餘. 不足則不可與幾, 有餘則不可與存義. 勉其不足之
謂文, 裁其有餘之謂節. 節文具而禮樂行, 禮樂行而中和之極建. 是
故幾者所必及也, 義者所必制也. 人爲之必盡, 一間未達而功較密
也. 天化之无方, 出位以思而反失其素也. 舍愚不肖之偸, 而絕賢智
之妄, 日夕焉於斯, 擇之執之, 惡容不'乾乾''惕若'哉!

역문 "이를 것임을 알아서 이르고, 끝날 것임을 알아서 끝마친다."[76]라고 하
니, 위대하도다! 『주역』에서 '중(中)'을 말하고 있지는 않지만, 『주역』으로
부터 이 '중'을 연역할 수는 있다.[77] '밭'을 벗어나서 위로 올라가면 바로 '하
늘'이고, '하늘'을 벗어나서 아래로 내려오면 바로 '밭'이다. 그런데 밭에서
나가 아직 하늘에 들어가지 않은 것이 어느 위치이겠는가? 또 어느 때이겠
는가?[78] 그래서 쪼개더라도 털끝만 한 것조차 허용하지 않지만,[79] 채워 넣

---

76 건괘䷀「문언전」의 "이를 것임을 알아서 이르니 막 싹터 나오는 낌새[幾]에 함께할 수 있
    고, 끝날 것임을 알아서 끝마치니 더불어 의로움을 간직할 수 있다.(知至至之, 可與幾也;
    知終終之, 可與存義也.)"를 인용하는 말이다. 이 말은 「문언전」에서 건괘 구삼 효사를 풀
    이하며 하는 말이다.

77 악록서사(嶽麓書社) 본에서 이 구절은 원래 "『주역』에서 '중(中)'을 말하고 있지는 않지만,
    (『주역』을 통해서) 이 '중'을 선택할 수는 있다.(『易』不言中而中可擇矣.)"로 되어 있다. 그
    런데 악록서사 본의 각주에서도 밝히고 있듯이, 수유경서옥(守遺經書屋)본·금릉(金陵)
    본·(前·後)중화서국본 등에는 모두 이 구절의 '擇(택)'자가 '繹(역)'자로 되어 있다. 역자
    가 보기에, 이 구절에서는 '擇'자보다는 '繹'자로 보는 것이 문맥상 더 순조로워서 '繹'자로
    보고 이렇게 번역하였다.

78 이 구절은 건괘䷀의 구삼효를 가리키는 말이다. 건괘䷀의 구이효사는 "드러난 용이 밭에
    있다.(見龍在田.)"이다. 그리고 건괘䷀의 외괘(外卦), 즉 회괘(悔卦)는 건괘☰로서 역시 하
    늘을 상징한다. 건괘䷀의 구삼효는 이 구이효와 외괘의 사이에 자리 잡고 있다. 그리고 건
    괘䷀의 6획 전체(䷀)로 볼 때, 3·4효는 가운데를 차지하고 있는 효들로서 '사람'을 상징하
    고 '중(中)'을 상징한다. 그런데 건괘䷀ꞏ 구삼효사는 "군자가 종일토록 씩씩하고 씩씩하게
    일하고, 저녁에는 '오늘 혹시라도 잘못이 없었을까' 하고 두려움에 젖어 하루의 일과를 돌

으면 한없이 펼쳐진다.[80]

사람과 하늘은 서로 보호하고 함께하여서 거대한 조화[太和]를 이루는데, 서로 보호하지도 않고 함께하지도 않는다고 할 것 같으면 쓸모없는 기[閑氣]가 끼어들어 남거나 부족함이 발생할 것이다. 즉 이것이 끼어들어 아래로 물러난다면 밭에서 쉬어 부족함이 될 것이고, 이것이 끼어들어 위로 나아간다면 하늘과 함께하여 남음이 될 것이다. 그래서 부족하면 막 싹터 나오는 낌새[幾]의 비롯함에 함께할 수 없을 것이고, 남으면 의로움을 간직하는 끝남에 함께할 수 없을 것이다.[81]

이에 그 부족함을 보완하기 위해 애쓰는 것을 '문(文)'이라 하고, 그 남는 것을 잘라 냄을 '절(節)'이라 한다. 이러한 절과 문이 갖추어져서 예(禮)와 악(樂)이 행해지고, 예와 악이 행해져서 중화(中和)의 표준이 세워진다. 그러므로 비롯함의 낌새[幾]에 반드시 미치게 되고, 의로움은 반드시 절제된

아본다면, 위태롭기는 하나 허물이 없다.(君子終日乾乾, 夕惕若, 厲无咎.)"로 되어 있다. 이는 역시 사람의 역할과 할일을 강조하는 것이라 할 수 있다. 왕부지가 여기에서 강조하고 있는 것은 바로 이러한 의미들이다.

79 밭과 하늘은 딱 붙어 있다는 의미다.

80 성인과 같은 사람이 사람의 역할을 발휘하면, 그 공효(功效)는 무궁무진하다는 의미다.

81 이는 공자가 건괘▉ 구삼효사에 대해, 군자의 덕을 칭송한 것을 전제로 하여서 하는 말이다. 즉 공자는, "군자는 덕을 증진시키고 사업을 가다듬는데, 충심에서 우러나와 믿음직스럽게 하기에 덕을 증진시키고, 말을 가다듬어 그 정성스러움을 확립하기에 사업을 벌여 나아간다. 이를 것임을 알아서 이르니 막 싹터 나오는 낌새[幾]에 함께할 수 있고, 끝날 것임을 알아서 끝마치니 더불어 의로움을 간직할 수 있다."(乾卦,「文言傳」: 九三曰, "君子終日乾乾, 夕惕若, 厲无咎", 何謂也? 子曰: 君子進德修業, 忠信, 所以進德也; 修辭立其誠, 所以居業也. 知至至之, 可與幾也; 知終終之, 可與存義也.)라고 하였다. 건괘▉ 구삼효사는 "군자가 종일토록 씩씩하고 씩씩하게 일하고 저녁에는 오늘 혹시라도 잘못이 없었을까 하고 두려움에 젖어 일과를 되돌아본다면 위태롭기는 하나 허물이 없다.(君子終日乾乾, 夕惕若, 厲无咎.)"로 되어 있다. 그런데 왕부지는 여기에서 이 세상의 운행에서 쓸모없는 군더더기인 한기(閑氣)가 끼어들게 되면, 부족함이나 남음이 발생하여 밭을 상징하는 구이효의 위(位)로 떨어지거나 하늘을 상징하는 건괘의 상괘(上卦)로 올라가니, 이는 군자의 덕에 충실하지 못한 결과를 초래한다고 보고 이렇게 말한 것이다.

다. 이렇듯 구삼효의 위(位)에서는 사람으로서의 할 일을 반드시 다하기에, 아직 하늘에 한 칸은 도달하지 못했지만, 이 구삼효가 발휘하는 공(功)은 더욱 주밀(周密)하다.

하늘의 지어냄[造化]은 특정한 곳에 한정됨이 없으니, 제 위치를 벗어나 생각하여서는 도리어 그 본바탕을 잃어버리게 된다.[82] 어리석은 사람들의 교활함을 내던진 채, 또 현명하고 지혜로운 이들의 망령됨을 끊어 버린 채, 이 구삼효의 위(位)에서는 날마다 하루의 일과를 다한 저녁에 가려서 굳게 지키는[83] 것이다. 그러니 어찌 '씩씩하고 씩씩하게 일하고', '오늘 혹시라도 잘못이 없었을까 하고 하루의 일과를 두려움에 젖어 돌아보지' 않겠는가!

夫九三者功用之終, 過此則行乎其位矣. 功用者我之所可知, 而位者我之所不可知也. 功用者太和必至之德, 位者太和必至之化也. 德者人, 化者天. 人者我之所能, 天者我之所不能也. 君子亦日夕於所知能, 而兢兢焉有餘不足之爲憂, 安能役心之察察, 強數之冥冥者哉! 此九三之德, 以固執其中, 盡人而俟天也.

역문 구삼효의 위(位)는 사람으로서 공효(功效)를 발휘해야 함의 끝자리에 해

<hr />

82 이는 "군자는 자신의 위치에서 벗어나지 않을 것을 생각한다.(君子以思不出其位.)"는 간괘 ䷳「대상전」을 전제로 하여서 한 말이다.

83 이는 『중용』에서 보통 사람의 행위 원리와 방법으로서 강조하는 성실하려 함, 즉 선(善)을 가려서 굳게 지킴이다. 『중용』에서는 이를 군자의 천인합일(天人合一) 방법이자 원리로 제시하고 있다. 즉 "성실함은 하늘의 운행 원리와 방법이요, 성실하려 함은 사람의 행위 원리와 방법이다. 자체로 성실한 것은, 애쓰지 않더라도 알맞고, 생각지 않더라도 터득하니 조용히 도(道)에 맞게 한다. 성인이 바로 이러하다. 성실하려 함은 선(善)을 가려서 굳게 지키는 것이다.(誠者, 天之道也; 誠之者, 人之道也. 誠者, 不勉而中, 不思而得, 從容中道, 聖人也; 誠之者, 擇善而固執之者也.)"라 하는 것이 그것이다.

당한다. 이를 지난 위(位)들[84]에서는 그 위(位)에서 그저 행하는 것이다. 공효는 우리로서 알 수 있는 범위 안에 있지만, 위(位)는 우리로서 알 수 없는 차원의 것이다. 공효는 거대한 조화[太和]가 반드시 이르게 하는 덕이고, 위(位)는 거대한 조화[太和]가 반드시 이르게 하는 지어냄[造化]이다. 덕은 사람이 하는 것이고, 지어냄은 하늘이 하는 것이다. 사람이 하는 것은 우리의 능력 안에 있는 것이지만, 하늘이 하는 것은 우리의 능력 밖에 있는 것이다. 군자도 아는 것 · 능한 것으로써 하루를 보내고서, 저녁이 되어서는 하루의 일과에 넘침과 부족함이 있지나 않았는지 두려움에 떨며 반성하는 것이다.[85] 그런데 어찌 애써 마음만을 살피고 살피며, 인간으로서는 알 수 없는 고원함을 억지로 추구하겠는가![86] 그보다 이 구삼위의 덕은 그 중(中)을 굳게 지키며 사람의 할 일을 다하고서는 하늘을 기다리는 것이다.

若釋氏之敎, 以現在爲不可得, 使與過去 · 未來同銷歸於幻妄, 則至者未至, 而終者杳不知其終矣. 君子服膺於『易』, 執中以自健, 舍九三其孰與歸!

---

84   건괘☰의 회괘(悔卦)에 있는 위(位)들을 가리킨다. 왕부지는 여기에서 이것이 하늘을 상징하는 것으로 보고 있다. 이들 세 획이 소성괘로서 건괘☰를 이루기 때문이다.

85   여기에서는 『시경』의 시를 인용하며 의미를 보다 분명히 하고 있다. 『시경』,「소아(小雅)」편의 '소민(小旻)'이라는 시가 그것이다. 이 시에서는 당시의 군주들이 포악한 정치를 하여 백성들을 도탄에 빠트리고는 하던 것에 대해, 이러함이 자신의 정권 기반을 유지하는 데서 얼마나 위험한 일인지를 은유적으로 표현하고 있다. 즉 사람들은 맨손으로 호랑이를 잡는 일과 맨몸으로 강을 건너가는 것이 불가능하다는 것을 잘 알아 감히 시도하지 않지만, 사실 백성을 대함에서는 물이 깊은 연못가에 있는 것처럼, 얇은 얼음을 밟는 것처럼, 두려워하며 삼가야 한다는 것이다.(『詩』,「小雅」, '節南山之什 · 小旻': 不敢暴虎, 不敢馮河. 人知其一, 莫知其他. 戰戰兢兢, 如臨深淵, 如履薄冰.)

86   이는 각기 불가의 좌선(坐禪)과 도가의 수양론을 비판한 것이다.

역문 그런데 석씨[석가모니]의 가르침에서는 현재를 어찌해 볼 수 없는 것이라 여기며 과거 · 미래와 함께 녹여 허깨비와 같은 것으로 돌려 버린다. 그래서 이르러야 할 것이 이르지 못하고 끝나야 할 것도 묘연(杳然)하여 언제 끝날지 알 수가 없다. 이러하니, 군자가 『주역』을 가슴에 품고서 중(中)을 지키며 자신을 튼튼히 한다고 할 적에, 이 구삼효의 위에 있는 효(爻)들[87] 이 발휘하는 덕을 제쳐 두고 그 어떤 것과 함께하리오!

---

87 건괘☰의 구사 · 구오 · 상구효들을 지칭한다. 앞서도 말했듯이 왕부지는 이들이 소성괘로 서 건괘☰를 이루고, 이는 '하늘'을 상징하는 것으로 본다.

곤괘

䷁坤

一

太極動而生陽, 靜而生陰. 動者至, 靜者不至. 故‘乾’二十四營而皆
得九, 九者數之至也; ‘坤’二十四營而皆得六, 六者數之未至也. 數至
者德亦至, 數未至者德有待矣. 德已至, 則不疾不速而行固健; 德有
待, 則待勸待勉而行乃无疆. 固健者不戒而行, 調其節而善之, 御之
事也. 无疆者從所御而馳焉, 馬之功也. 天以氣而地以形, 氣流而不
倦於施, 形累而不捷於往矣. 陽以樂而陰以憂, 樂可以忘其屬而進,
憂足以迷其方而退矣. 則‘坤’且凝滯褭回, 而幾无以荷承天之職也.
故『易』之贊‘坤’, 必贊其行焉.

역문 태극이 움직여서는 양을 낳고, 고요하여서는 음을 낳는다. 움직이는 것
은 지극하고, 고요한 것은 지극하지 않다. 그러므로 건괘䷀는 24영(營)[88]을

---

88 여기서 말하는 ‘24영(營)’이 구체적으로 무엇을 의미하는 것인지 분명하지 않다. 「계사상
전(繫辭上傳)」 제9장에 “4영(營)을 통해 역(易)을 이루고, 18변(變)을 통해 괘를 이룬다.
(四營而成易, 十有八變而成卦.)”라는 말은 있다. 그런데 이 말은, 4영(營)이 1변(變)이 되고
3변을 통해 1효(爻)를 얻는바, 『주역』의 낱낱 괘들은 6효이기 때문에 3변×6=18변으로써 1

통해 모두 '9'를 얻는데, 이 '9'는 '지극함[至]'의 수(數)를 상징한다. 이에 비해 곤괘☷는 24영(營)을 통해 모두 '6'을 얻는데, 이 '6'은 '지극하지 않음[未至]'의 수를 상징한다. 수가 지극한 것은 그 특성[德]도 지극하고, 수가 지극하지 않은 것은 그 특성[德]에도 타자에 기댐이 있다.

건괘☰는 그 특성[德]이 이미 지극하기에 빨리하지 않고 속히 하지 않더라도[89] 그 행함이 본디 씩씩하다. 이에 비해 곤괘☷의 특성[德]에는 타자에 기댐이 있기에 타자의 권면(勸勉)에 기대야만 끝없이 갈 수 있다. 본디 씩씩한 것은 그 무엇도 경계하지 않으면서 가고, 딱딱 들어맞게 조절하며 훌륭하게 이를 수행해 낸다. 이를 비유하자면 말[馬]을 부리는 이, 즉 마부에 해당한다. 이에 비해 끝없이 가는 것은 이 부림에 순종하여 치닫는 것인데, 이는 말[馬]의 공능에 해당한다.

하늘은 기(氣)로써 하고, 땅은 형(形)으로써 한다. 기는 무형한 것이기 때문에 널리 보편으로 행하며, 베풂에서도 게으르지 않다. 이에 비해 형은 체적을 지닌 것이어서 장애를 받으므로, 가는 데서 민첩하지 않다. 또 양(陽)은 즐거움으로써 하고, 음(陰)은 우려함으로써 한다. 즐거움으로써 하기에 위태로움 따위는 잊은 채 나아갈 수 있고, 우려함으로써 하기에 방향을 잊어버렸다고 하면 얼마든지 물러날 수가 있다. 그런데 이렇게 곤괘☷

괘를 얻는다는 의미다. 그리고 영(營)으로서는, 4영×3번×6효로서 72영(營)을 통해 1괘를 얻음을 의미한다. 원대(元代)의 오징(吳澄; 1249~1333)은 그의 「서의(筮儀)」에서 이 18번·72영에 대해서 자세하게 설명하고 있다.(『易纂言外翼』권7, 「變例」제10.) 이 밖에 『주역』과 관련하여 딱히 '24영'이라는 말이 없고, 왕부지 역학 내에서도 이를 가리키는 말은 없다. 따라서 역자로서는 이 '24영'이라는 말이 무엇을 의미하는지 알 수가 없다.

[89] 원래 『주역』, 「계사상전」 제10장에 나오는 말로서 『주역』의 덕을 찬미한 것이다. 『주역』이라는 것이 신묘하므로, 굳이 빨리하지 않는다[不疾] 할지라도 신속하게 곧바로 '점쳐 묻는 일[命]'을 밝히고, 굳이 가지 않는다[不行] 할지라도 곧바로 이른다는 의미다. 그런데 왕부지는 여기서 건괘☰의 덕을 찬미하는 것으로서 이 말들을 사용하고 있다.

가 응체하고 배회함에서는 하늘을 받드는 직책을 거의 감당해 내지 못한다. 그러므로 『주역』에서 곤괘䷁의 특성[德]을 찬미함에서는 반드시 그 끝없이 감을 찬미한다.

夫'坤'何爲而不健於行也? 流連其類而爲所繫也. 西南者, '坤'之都也, 墮山峻巇之區也. 據中國言之. 君子之言, 言其可知者而已. '坤'安其都而莫能遷矣. 自然不能遷 且'乾'氣之施左旋, 自'坎'·'艮'·'震'以至於'離', 火化西流以養子而土受其富, 則'坤'又靜處而得隕天之福矣. 其隨天行以終八位而與天合者, '兌'之一舍而已, 又祇以養其子也. 土生金. 天下有仰給於彼, 自保其朋, 飮食恩育, 不出門庭而享其宴安者, 足以成配天之大業者哉?

역문 곤괘䷁의 특성[德]은 어째서 다니는 데서 씩씩하지 않을까? 그것은 자기들끼리 어울려 다니며 얽매이기 때문이다. 그리고 서남쪽은 곤괘䷁의 도읍으로서[90] 험준한 산악 지구다.[91] 곤괘䷁는 이러한 도읍에 안주하여 옮겨 갈 수가 없다.[92]

---

90 이는 「설괘전」의 서술을 근거로 한 것이다. 「설괘전」에서는 하늘의 운행이 동쪽의 진괘☳에서 시작하여 손괘☴(東南)→리괘☲(正南)→곤괘☷(西南)→태괘☱(正西)→건괘☰(西北)→감괘☵(正北)→간괘☶(東北)를 거쳐 다시 동쪽의 진괘로 돌아오는 것으로 서술하고 있다.(帝出乎震, 齊乎巽, 相見乎離, 致役乎'坤', 說言乎'兌', 戰乎'乾', 勞乎'坎', 成言乎'艮'. 萬物出乎震; 震, 東方也. 齊乎巽: 巽, 東南也; 齊也者, 言萬物之絜齊也. 離也者, 明也, 萬物皆相見, 南方之卦也; 聖人南面而聽天下, 嚮明而治, 蓋取諸此也. '坤'也者, 地也, 萬物皆致養焉, 故曰致役乎'坤'. '兌', 正秋也, 萬物之所說也, 故曰說言乎'兌'. 戰乎'乾': '乾', 西北之卦也, 言陰陽相薄也. '坎'者水也, 正北方之卦也, 勞卦也, 萬物之所歸也, 故曰勞乎'坎'. '艮', 東北之卦也, 萬物之所成終而所成始也, 故曰成言乎'艮'.) 이를 도해한 것이 「문왕후천팔괘도」다.

91 **저자 자주:** 중국의 지리를 근거로 하는 말이다. 군자의 말은 그가 알 수 있는 것만을 말할 따름이다.

92 **저자 자주:** 저절로 그러하여 옮겨 갈 수가 없다.

건괘☰의 기(氣)는 왼쪽으로 돈다. 그래서 이것이 감괘☵로부터 간괘☶·진괘☳를 거쳐 리괘☲에 이르는데, 여기에서는 화(火)의 화함[93]이 되어 서쪽으로 베풀어져서 자식을 기른다. 그리고 토(土)가 그 풍부함을 받는다.[94] 그래서 곤괘☷는 고요한 곳에 있으면서 하늘로부터 떨어지는 복[95]을 얻는 것이다. 이렇게 하늘이 운행함을 따라가며 여덟 개의 위(位)를 끝내고 보면, 하늘과 합치하는 것은 태괘☱라는 한 집만 해당할 따름이다. 그래서 곤괘☷는 단지 이 자식만을 기른다.[96] 이 세상 그 어떤 것이, 다른 존

---

93 이 역시 이른바「문왕후천팔괘도」를 전제로 한 말이다. 이 도에서는 정남(正南)에 리괘☲가 있다. 이 리괘가 상징하는 것이 화(火)다.

94 「문왕후천팔괘도」에서 곤괘☷는 서남쪽에 자리 잡고 있다. 그리고 이 곤괘☷는 오행에서 토(土)를 상징한다. 오행상생설에서는 "화는 토를 낳는다.(火生土.)"라고 한다. 그래서 이 구절에서 이렇게 말하는 것으로 보인다.

95 구괘(姤卦)☰의 구오효사 가운데 "有隕自天(하늘로부터 떨어지는 것이 있음)"이라는 말을 인용한 것이다.

96 저자 자주: 토(土)가 금(金)을 낳는다. /역자 주: 이 구절 역시「설괘전」의 서술을 기반으로 하고 있다. 이 구절에서 왕부지가「설괘전」에서 말하는 팔괘의 방위와 오행상생설에 입각하여 건괘☰의 기(氣) 운행을 논하고 있기 때문이다. 서북쪽에 자리 잡고 있는 건괘의 기(氣)가 왼쪽으로 돌며 정북(正北)의 감괘☵→동북(東北)의 간괘☶→정동(正東)의 진괘☳를 거쳐 정남(正南)의 리괘☲에 이른다고 한 것이나, 이것이 다시 서남쪽의 곤괘☷를 거쳐 정서(正西)의 태괘☱에서 끝마친다고 하는 것들이 모두 그러하다. 그런데 여기서 왕부지는 곤괘☷가 고요한 곳에 자리 잡고 있으면서 자식들을 길러 주며 하늘에서 떨어지는 복을 받는다고 함으로써, 곤괘☷의 특성[德]이 건괘☰의 특성과 대대(對待)의 짝을 이루기는 하지만 다니는 데서 씩씩하지 않다는 것을 강조하고 있다. 즉 곤괘☷는 자신의 특성처럼 어떤 일도 하지 않으면서, 겨우 남쪽과 서쪽 사이에 자리 잡은 채로 그냥 화(火)가 특성을 베풀며 지나가도록만 하고 있다. 그런데도 바로 이러한 까닭에 애써 노력하지 않더라도 하늘의 복을 받는 처지가 되어 있다는 것이다. 그리고 이 곤괘☷가 서북쪽에 있는 건괘☰를 만나 함께 가고자 하여 그에게로 가다 보면, 이제 서쪽에 있는 태괘☱의 위(位)를 지나게 되어 있다. 그런데 이 태괘☱는 금(金)을 주관한다. 그러므로 곤괘☷로서는 여기를 지나다 보면 자식을 낳는 이익을 얻는다는 것이다.[土生金.] 그리고 건괘☰에 도달하여 그와 함께 가게 되어서는, 이제 곤괘☷는 건괘☰가 그와 짝을 이루어 자신을 단련시키는 것을 주동적으로 받아들인다. 그리하여 이 둘은 가슴의 흉허물을 털어놓는 사이가 된다. 그 결과 자신 속에 간직하고 있던 사사로움이랑 모두 버리고서 군세고 씩씩한 건괘☰와 함께 갈 수 있게 된다는 것이다. 이는 곤괘☷ 괘사 가운데 '동북쪽에서는 벗을 잃음[東北喪朋]'의 의미를 풀이한

재가 자기에게 주기만을 우러러 바라보며 자기는 그 우정이나 지키되, 마시고 먹고 사랑하고 기르고 하며 전혀 집 밖일랑 나가지 않은 채 잔치와 편안함을 누리면서, 하늘의 위대한 사업에 족히 짝이 되겠는가?

是故君子之體'坤'也, '乾'化旋而左, 則逆施而右以承之. 其都不戀, 其朋不私, 其子不恤, 反之於'離'以養其母, 凡四舍而至於東北之 '艮'. '艮'者, 一陽上止, 閑陰而不使遂者也. '坤'至是欲不棄其懷來而 不得矣.

역문 그러므로 군자가 곤괘≣≣의 덕을 체득하여서는, 건괘≣의 특성[德]이 지어냄을 일으키며 왼쪽으로 돎에 자신은 오른쪽으로 돌아서 이 베풂을 정면으로 맞이하며 받든다. 그래서 자신의 도읍에 연연하지 않고, 그 우정을 사사로이 하지 않으며, 그 자식만을 근심하지 않는다. 반대로 이 군자가 리괘☲로 거슬러가서는 그 어머니를 봉양하고, 무릇 네 집을 거쳐서 동북쪽의 간괘☶에 이른다.[97] 이 간괘☶는 하나의 양효가 위에 머물면서 아래 음들을 막아서 이들이 완수하지 못하도록 한다.[98] 그러므로 곤괘☷의 덕을

것이라 할 수 있다.

[97] 앞에서 인용한 「설괘전」 구절을 바탕으로 하는 말이다. 이를 도해한 「문왕후천팔괘도」에 입각해 보면, 군자가 서남쪽에 자리 잡은 곤괘☷의 덕을 체득하여, 왼쪽으로 돌고 있는 건괘의 운행을 맞이하기 위해 자신은 오른쪽으로 돌아 이를 정면으로 받든다는 것이다. 그래서 첫 번째로 만나는 괘가 리괘☲인데 왕부지는 여기서 이를 '어머니를 봉양함'으로 서술하고 있다. 앞에서도 말했듯이 오행상생설에서 '화생토(火生土)'라 하니, 이를 이 「문왕후천도」에 적용해서 보면, 화(火)를 상징하는 리괘☲가 토(土)를 상징하는 곤괘☷를 낳았다는 것이다. 그래서 '어머니'라고 말하는 것이다.

　그다음으로 곤괘☷의 덕을 지닌 군자가 손괘☴→진괘☳를 차례대로 거슬러 가서 간괘☶에 이른다는 것인데, 이렇게 보면 군자가 지나는 것이 모두 4개의 괘가 된다. 그래서 '네 집[四舍]'이라 한 것이다.

[98] 간괘의 상(☶)을 두고서 하는 말이다. 이 간괘☶는 하나의 양효(━)가 아래로 두 음효(⚏)

지닌 군자로서는 이 간괘☶의 집에 이르러서는 가슴속에 품고 오던 것들을 버리지 않으려 해도 안 될 일이다.

夫陽之左旋也, '艮'抑陰而止之, '震'襲陰而主之, '離'閑陰而室之, 將若不利於陰, 而陰且苦其相遇而不勝. 然閑之使正, 襲之使動, 抑之使養其有餘, 則亦終大造於陰. 故隕天之福爲陰慶者, 非陰所期也, 而實甘苦倚伏之自然. 使陰憚於行而懷土眷私, 僅隨天以西施於'兌', 亦安能承此慶於天哉? 則'坤'之'利牝馬'者, 利其行也; 君子之以'喪朋'爲慶者, 慶其行也.

역문 양(陽)은 왼쪽으로 돈다. 그래서 간괘☶에서는 음(☷)들을 억눌러서 그치게 하고, 진괘☳에서는 음(☷)들을 엄습하여 그들의 주인이 되며, 리괘☲에서는 음(--)을 위·아래로 막아서 가운데다 가두어 놓는다. 이렇게 하는 것들이 음(--)들에게 불리한 것처럼 보일 테지만, 이러하더라도 음(--)들로서는 양(—)과 만난 것을 괴로워할 뿐 도대체 이러한 양(—)을 이길 수가 없다. 그러나 양(—)이 음(--)들을 막아서 올바르게 하고, 이들에게 엄습하여 움직이게 하며, 억눌러서 그 여유로움을 길러 주게 하면, 이러함들이 마침내 음(--)들에게는 크나큰 은덕이 된다. 그러므로 하늘에서 떨어지는 복이 음(--)들에게 경사가 되는 것이다. 그러나 음(--)들이 본래 이렇게 되기를 기대하여 이런 결과를 얻는 것은 아니고, 사실은 좋은 상황과 나쁜 상황이 서로 유기적으로 맞물려서 돌아가며 빚어내는 우주 운행의 저절로 그러함이 이러한 것이다.

들을 억누르고 있는 모양을 이루고 있다.

그런데 양이 음(--)들로 하여금 다니는 것을 꺼려서 지금 있는 곳에서 안주하게 하고 사사로운 것들에나 사랑을 쏟게 한다면, 그래서 겨우 하늘을 따라가다가 서쪽의 태괘☱에서나 베풀게 한다면, 또한 어찌 하늘로부터 이러한 경사를 받들 수 있겠는가? 그러므로 곤괘䷁의 '암말에 이롭다'라는 것은 그 다님을 이롭게 한다는 것이다. 그리고 군자가 '벗을 잃어버림'을 경사로 여긴다는 것은, 다름 아니라 자신만의 곳에 웅크리고 있음에서 떨쳐 나와 돌아다님을 경사롭게 여긴다는 것이다.[99]

夫地道有轉, 承天之施, 以健爲順, 蓋亦'坤'德之固然. 而『易』猶申之以戒者, 爲 "君子攸行"言之也. 六三之 "或從王事", 義猶此爾. 內卦體具而'坤'德成矣, 猶'乾'德之成於乾乾, '至'至此而'終'終此也. 四以上, '坤'之時位矣.

역문 땅의 원리에는 돎[轉]이 있기 때문에 하늘의 베풂을 받들며 그 씩씩함에 순종한다. 아마 이는 곤괘䷁의 덕이 본디 가지고 있는 것으로 보인다. 그런데도 『주역』에서 이를 경계하는 의미로 부연하고 있는 것은, "군자에게 갈 일이 있다."라는 말을 하기 위해서다. 곤괘䷁의 육삼효사에서 "어쩌다 왕의 일에 종사하다."라 하고 있는 것도 그 연관된 의미는 이와 비슷하다. 이 육삼효에 의해 곤괘䷁ 내괘(內卦)의 몸[☷]이 갖추어져서 곤괘䷁의 덕이

---

99 이는 곤괘䷁의 괘사를 바탕으로 한 말이다. 곤괘의 괘사에서는, "'坤'. 元亨, 利牝馬之貞. 君子有攸往, 先迷後得主, 利. 西南得朋, 東北喪朋. 安貞吉.(곤괘: 으뜸 되고 형통하며, 암말의 올곧음에 이롭다. 군자에게 갈 일이 있는데 먼저는 미혹되었다가 뒤에 주인을 얻는다. 이롭다. 서남쪽에서는 벗을 얻을 것이요 동북쪽에서는 벗을 잃을 것이다. 편안히 올곧게 함이 길하다.)"라 하고 있다. 이를 근거로 할 때, '벗을 잃어버림'이란 간괘☶의 방위인 동북쪽으로 가는 것으로서, 이는 곤괘의 방위와 정반대되는 곳이다. 그래서 '벗을 잃어버림'이라 하고 있다.

이루어진다. 이는 건괘☰의 덕이 그 구삼효의 '씩씩하고 씩씩함'에서 이루어지는 것과 같다. '이름[至]'이란 바로 이에 이름이고, '마침[終]'이란 바로 이를 마침이다.[100] 그리고 육사효 이상은 곤괘☷의 시(時)·위(位)를 말하는 것들이다.

二

氣數非有召而至, 陰陽不偏廢而成. 然則『易』曰'履霜', 而聖人曰'辨之不早', 使早辨之, 可令无霜而冰乃不堅乎? 則可令大化之有陽而无陰乎?

역문 천지의 기(氣) 운행에 의한 변화는 사람이 부른다고 해서 이르지 않으며, 음·양은 어느 한쪽을 중시하고 다른 한쪽은 홀시하는 방식으로 치우치게 이루어지지 않는다. 그러므로 『주역』에서 "서리를 밟다."라는 말로

---

100 「문언전」의 곤괘☷, 육삼효사에 대한 풀이 속에 나오는 '이름[至]'과 '마침[終]'을 가리키는 말이다. 참고로 「문언전」의 육삼효사 풀이를 보면 다음과 같다. 즉 "군자가 종일토록 씩씩하고 씩씩하게 일하고, 저녁에는 '오늘 혹시라도 잘못이 없었을까' 하고 두려움에 젖어 하루의 일과를 돌아본다면, 위태롭기는 하나 허물이 없다고 한 것은 무슨 의미입니까?"라고 묻자, 이에 대해 공자는, "군자는 덕을 증진시키고 사업을 가다듬는데, 충심에서 우러나와 믿음직스럽게 하기에 덕을 증진시킨다. 또 말을 가다듬어 그 정성스러움을 확립하기에 사업을 벌여 나아간다. 이를 것임을 알아서 이르니 막 싹터 나오는 낌새[幾]에 함께할 수 있고, 끝날 것임을 알아서 끝마치니 더불어 의로움을 간직할 수 있다. 그러므로 윗자리에 있으면서도 교만하지 않고, 아랫자리에 있으면서도 우려하지 않는다. 또 씩씩하고 씩씩하게 그 시기에 맞추어 행하되 혹시라도 잘못이 없을까 두려움에 젖어 자신을 돌아보니, 비록 위태로운 처지에 있다 하더라도 허물이 없다."라고 하였다.("'君子終日乾乾, 夕惕若, 厲无咎.', 何謂也?" 子曰, "君子進德脩業, 忠信, 所以進德也; 脩辭立其誠, 所以居業也. 知至至之, 可與幾也; 知終終之, 可與存義也. 是故居上位而不驕, 在下位而不憂, 故乾乾因其時而惕, 雖危无咎矣.")

써, 또 성인께서는 "점점 진행되어 왔음에도 불구하고 이 지경에 이르도록 일찍 알아차리지 못했기 때문에 빚어지는 참혹한 결과다."라는 말로써, 우리에게 일찌감치 알아차리도록 하고 있다. 그러나 그렇다고 하여, 서리가 내리지 않았는데도 그 전에 얼음이 얼어서 그것이 두껍지 않게 할 수 있고, 저 크나큰 천지의 지어냄[造化]에 양(陽)만 있고 음(陰)은 없게 할 수 있겠는가?[101]

曰: 霜者露之凝也, 冰者水之凝也, 皆出乎地上而天化之攸行也. 涸

---

[101] 이는 곤괘䷁의 초육효사인 "서리를 밟았으니 이제 곧 두꺼운 얼음이 닥치리라."와 이에 대한 「문언전」의 풀이를 전제로 한 말이다. 즉 「문언전」에서는 이 초육효사를 두고서 "선을 쌓는 가문에는 반드시 넘치고도 남는 경사가 있고, 불선을 쌓는 가문에는 반드시 넘치고도 남는 재앙이 있다. 신하가 임금을 시해하거나 자식이 부모를 시해하는 극악무도한 일이 벌어지는 것도, 그 원인이 결코 하루아침·하룻저녁에 비롯된 것이 아니다. 이 지경에 이르도록 점점 진행되어 왔음에도 불구하고 일찍 알아차리지 못했기 때문에 빚어지는 참혹한 결과다. 그래서 『주역』에서는 '서리를 밟았으니 이제 곧 두꺼운 얼음이 닥치리라.'라고 한다. 이는 무슨 일이든 '순차적임'을 말한 것이다.(積善之家, 必有餘慶; 積不善之家, 必有餘殃. 臣弑其君, 子弑其父, 非一朝一夕之故, 其所由來者漸矣, 由辨之不早辨也. 『易』曰: '履霜堅冰至.', 蓋言順也.)"라는 의미를 부여하고 있다.

　그런데 왕부지는 여기서 성인의 이러한 가르침은 사람에게 미리 알아차려서 이에 대비하거나 사람의 일이 이 지경에 이르지 않도록 방비하는 정도지, 천지의 기(氣) 운행에 의한 변화 자체에 사람이 간여한다거나, 음·양이 아울러서 지어냄을 이루어 내는 데 사람이 간여하여 어느 한쪽으로 치우치게 이루어지도록 할 수 있는 것은 아니라 하고 있다. 즉 두꺼운 얼음이 어는 혹독한 겨울을 싫어하여서, 서리가 내리기 이전에 벌써 얼음이 얼게 하면, 얼음이 두껍지 않고 추위도 혹독하지 않으리라 여겨, 미리 얼게 하는 방식으로 천지의 기(氣) 운행에 의한 변화를 자신에게 맞게 조정할 수 있느냐 하면, 그렇지는 않다는 것이다. 또 양은 어짊[仁]과 사랑[愛]으로써 만물을 생장(生長)시켜 주고 음은 의로움[義]과 죽임[肅殺]으로써 만물을 죽이니, 양만 있고 음은 없게 할 수 있느냐 하면 그렇지는 않다는 것이다.

　왕부지의 이러한 풀이 속에는, 만주족의 청나라에 의해서 한족의 명나라가 멸망함이, 하늘의 운행 속에 이미 들어 있었기 때문에 사람으로서는 어찌할 수 없는 노릇이라 함이 깔려 있다. 즉 천지의 운행과 음양의 조화는 사람으로서 아무리 막아 보려 노력한다고 하더라도 될 수 없는 일이라는 것이다. 이러한 풀이는, 항청(抗淸) 운동을 접고 이제 『주역』 연구에 평생을 바치려고 하는 자신의 소행을 정당하게 여기는 것처럼 보인다.

陰沍寒, 刑殺萬物, 而在地中者, 水泉不改其流, 艸木之根不替其生, 蟄蟲不傷其性, 亦可以驗地之不成乎殺矣. 天心仁愛, 陽德施生, 則將必於此有重拂其性情者. 乃遜於空霄之上, 潛於重淵之下, 擧其所以潤洽百昌者聽命於陰, 而惟其所制, 爲霜爲冰, 以戕品彙, 則陽反代陰而尸刑害之怨. 使非假之冰以益其威, 則開闔之草木, 雖至今存可也. 治亂相尋, 雖曰氣數之自然, 亦孰非有以致之哉! 故陰非有罪而陽則以怨, 聖人所以專其責於陽也.

역문 이에 대해 나는 이렇게 본다. 즉 서리는 이슬이 엉긴 것이고, 얼음은 물이 엉긴 것이다. 이들 모두가 땅 위에 출현한 것이기는 하지만, 사실은 하늘의 지어냄[造化]이 행해진 결과다.[102] 그런데 모든 것을 얼어붙게 하는 혹독한 추위가 몰아쳐서 만물을 죽인다고 할지라도, 땅속에 있다고 할 것 같으면, 강이나 샘이 그 흐름을 바꾸지 않고,[103] 초목의 뿌리도 그 생명을 교체하지 않으며,[104] 칩거하고 있는 벌레들은 그 본성이 손상되지 않는다.[105] 이를 통해서 우리는 또한 땅[陰]이 만물을 죽이는 것이 아님을 알 수 있다.

---

102 서리와 얼음을 음(陰)으로 보아서 땅에 배당할 수 있지만, 사실 이것들은 양(陽)으로서의 하늘이 그 공능을 행한 결과라는 말이다. 이는 왕부지의 독특한 풀이가 돋보이는 대목이다.
103 땅속에 있다고 할 것 같으면 강이나 샘이 얼지 않기 때문에 원래의 흐름을 그대로 유지할 수 있다는 의미다.
104 초목들이 해마다 그 생명을 달리하는 것은 그 생명을 유지하기 위한 방법의 일환이다. 예컨대 한해살이 식물들이 그러하다. 그런데 땅속에 있는 것들은 죽지 않는다. 그래서 그 생명을 교체하지 않는다는 것이다.
105 땅속에 칩거하고 있는 생명체들, 예컨대 개구리·뱀·악어·맹꽁이 등은 땅 위의 조건이 생명 유지에 맞지 않으면, 예컨대 가물어서 물이 없다든지 추위가 닥쳐서 견딜 수 없는 상황이 되면, 땅속으로 들어가서 그 생명을 보전한다는 의미다. 그랬다가 땅 위의 조건이 다시 생명 유지에 알맞은 상황이 되면, 이들은 땅속에서 땅위로 그 모습을 드러낸다. 그리고 번식 활동을 한다.

하늘의 마음은 어질고 사랑하며, 양(陽)의 덕은 생명을 베푼다. 그런데 이렇게만 하면, 자신의 본성[性]과 그 발현[情]을 지나칠 정도로 어기는 것들이 반드시 있게 된다. 이에 아득히 하늘 저 멀리에서, 그리고 아스라이 저 깊은 물속에서, 살아가는 온갖 생명체들에게 스며들어 가 윤택하게 하고 번성하게 하는 것들[陽]이 모두 음(陰)에게서 명령을 듣고 오직 그 통제를 받게 된다. 그 결과 서리가 되고 얼음이 되어 온갖 생명들을 죽이니, 이는 양이 반대로 음을 대신하여 그 죽임에서 올 원망을 도맡아서 함이다. 양이 이렇게 하면서 얼음을 빌려 그 위세를 더하지 않았더라면, 천지개벽 당시에 존재하던 초목들이 비록 오늘날이라 할지라도 여전히 존재할 수 있을 것이다.[106] 치(治)와 난(亂)이 서로 꼬리를 물고 이어 가는 것이 비록 천지의 기(氣) 운행이 빚는 저절로 그러함이라고는 하지만, 치 · 난 가운데 그 어느 것인들 하늘이 초래하지 않은 것이겠는가! 그러므로 음(陰)에게 죄가 있는 것이 아니라 양(陽)에게 허물이 있는 것이다. 그래서 성인께서는 오로지 그 책임을 양에게로만 돌린 것이다.[107]

先期不聽於子羽, 則鍾巫不弑. 爵祿不偏於宋公, 則子罕不僭. 宮中无'二聖'之稱, 則武曌不能移唐. 燕 · 雲无借師之約, 則完顏 · 蒙古不能蝕宋. 陰之干陽, 何有不自陽假之哉! 辨之早者, 自明於夫婦 · 君臣 · 夷夏之分數, 自盡焉而不相爲假也.

---

106 양이 음의 위세를 빌려 얼음과 혹독한 추위로 멸절시키지 않으면, 이 세상에 한 번 출현한 것은 영원히 죽지 않고 그 생명을 유지하리니, 오늘날에도 여전히 존재할 것이라는 의미다.
107 얼음과 혹독한 추위로 멸절시킴이 겉으로 보기에는 음(陰)의 소행처럼 보이지만, 실제로는 이것이 음의 위세를 빌려 양(陽)이 하는 것이기 때문에, 천지 운행의 전체적이고 포괄적인 책임은 양에게 있다는 의미다.

역문 사단이 벌어지기 전에 자우(子羽)의 말 자체를 아예 듣지 않았더라면, 종무(鍾巫)의 묘우(廟宇)에서 시해당하지 않았을 것이다.[108] 송(宋)나라 임금이

---

[108] 노(魯)나라 은공(隱公)에 관한 일이다. 그는 혜공(惠公)의 아들이었다. 혜공이 죽을 당시 세자인 궤(軌)가 아직 어렸다. 그래서 중신들이 논의한 결과, 이 세자의 배다른 형으로 하여금 세자가 성장하여 왕 노릇을 할 수 있을 때까지 잠정적으로 왕 노릇을 하게 하였다. 그가 바로 이 은공(隱公)이다.

그런데 당시 궤에게는 자우(子羽; 이름은 翬, 字는 羽父)라는 또 하나의 배다른 형이 있었다. 이 자우의 됨됨이는 매우 간교하였고 탐욕스러웠으며 악독하였다. 이 자우가 '태재(太宰)'의 지위를 노리고 은공을 꼬드겼다. 자신이 궤를 죽임으로써 은공이 종신토록 왕 노릇을 할 수 있게 해 주겠다는 것이다. 이렇게 되면 은공이 그 보답으로 자신에게 '태재' 자리를 주리라는 속셈에서였다.

자우의 이 말을 들은 은공은 화를 벌컥 내며, "궤는 선왕의 세자다. 내가 왕위를 계승한 것은 그가 아직 어렸기 때문이다. 이제 그가 장성하게 되면 왕위를 그에게 물려주려고 한다. 나는 늙을 때 물러나 살 곳으로서 이미 또 다른 궁궐을 짓고 있다."라고 하였다. 이에 치욕과 두려움을 동시에 느낀 자우는 그대로 있을 수가 없었다. 자신의 본심이 드러났으니 무사할 수 없다고 여긴 것이다.

궁궐을 나온 자우는 그 밤을 타고 곧바로 다시 세자 궤를 찾아가, "네가 장성하여 자신의 왕위를 빼앗을까 두려워한 나머지, 임금이 오늘 밤 나를 궁궐로 불러들여 너를 죽이라고 했다."라고 모함하면서, 은공을 죽여야 한다고 꼬드겼다. 그리고 그 계책으로 제시한 것이, 은공이 종무(鍾巫)에게 제사 지내기 위해 위씨(寪氏; 일설에는 尹氏라고도 함)에게로 갈 텐데 그때를 이용하여 죽이겠다는 것이다.

자우가 이렇게 말한 배경은 이러하다. 즉 은공이 공자(公子)일 적에 정(鄭)나라와 싸우다 패하여 포로로 잡혔는데, 이때 정나라에서는 그를 위씨의 집에 가두었다. 이 위씨는 종무(鍾巫)를 주신으로 모시는 무당이었다. 그런데 은공은 오히려 위씨에게 뇌물을 써서, 위씨로 하여금 종무(鍾巫)에게 자신을 살려 주도록 빌게 하였다. 이에 위씨가 응하여 종무에게 빌어 주었고, 그 뒤로 은공은 살아나서 노나라로 돌아왔다. 그리고 이제 임금까지 되었으니, 은공은 종무를 노나라의 주신(主神)으로 모시고 11월이면 위씨에게로 가서 그에게 제사 지내는 것을 관례로 삼고 있었던 것이다.

이해에도 은공은 종무에게 제사 지내러 갔다. 이에 궤와 내통하여 그 내락을 얻은 자우는 이곳에 사람을 매복시켜 놓았다가 종무가 잠든 틈을 타서 살해하였다. 그리하여 궤는 왕위에 올라 환공(桓公)이 되었고, 자우는 태재(太宰)의 자리에 오르게 되었다. 그리고 그 희생양으로서 위씨(寪氏)를 토죄(討罪)하였다.(이상은 『春秋左氏傳』, 魯隱公 11년 조의 내용을 바탕으로 한 것임.)

여기에서 거론한 자우의 소행은 음(陰)의 행위로서 악독하기 그지없다고 할 수 있다. 그런데 애당초 은공이 그의 말을 아예 듣지를 않았더라면 이러한 사단 자체가 벌어지지 않았을 것이라고 함이, 여기에서 왕부지가 말하고 있는 의미다. 즉 은공이 자우의 말을 들은 것

벼슬을 주고 녹봉을 주는 것만을 치우치게 갖고 있지 않았더라면, 자한(子罕)은 제 분수에 어긋나는 짓을 하지 않았을 것이다.[109] 당나라의 궁중에

이 이 모든 사단의 시초니, 은공의 입장에서 자우의 말에 아예 귀 기울이지 않음으로써 이 시초 자체가 있지 않게 해야 했다는 것이다. 그랬더라면 그 종국으로서 자신이 비극적 죽음을 맞이함도 없었을 것이라는 의미다.

이는 곤괘▤, 「문언전」의 "선을 쌓는 가문에는 반드시 넘치고도 남는 경사가 있고, 불선을 쌓는 가문에는 반드시 넘치고도 남는 재앙이 있다. 신하가 임금을 시해하거나 자식이 부모를 시해하는 극악무도한 일이 벌어지는 것도, 그 원인이 결코 하루아침·하룻저녁에 비롯된 것이 아니다. 이 지경에 이르도록 점점 진행됐음에도 불구하고 일찍 알아차리지 못했기 때문에 빚어지는 참혹한 결과다. 그래서 『주역』에서는 '서리를 밟았으니 이제 곧 두꺼운 얼음이 닥치리라!'고 한다. 이는 무슨 일이든 '순차적임'을 말한 것이다.(積善之家, 必有餘慶; 積不善之家, 必有餘殃. 臣弑其君, 子弑其父, 非一朝一夕之故, 其所由來者漸矣, 由辨之不早辨也. 『易』曰: '履霜堅冰至.' 蓋言順也.)"라는 구절의 의미에 대해 왕부지의 입장에서 구체적인 역사적 사례를 들어서 풀이한 것이다.

109 사성(司城) 자한(子罕)과 당시 송나라 임금 사이에 있었던 사실(史實)을 말하는 것이다. 한비자가 그의 저서 『한비자(韓非子)』의 「이병(二柄)」·「외저설우하(外儲說右下)」 두 편에서 논하고 있고, 사마천이 『사기』에서 이사(李斯)의 입을 빌려 이를 논하고 있다. 한비자는, 임금이 원활하게 나라를 다스리기 위해서는 형(刑)과 덕(德)이라는 두 개의 칼자루를 자신이 다 쥐고 있어야지, 이 둘 중의 어느 하나든지 둘 모두를 신하의 손에 넘겨주면 임금의 처지가 위태로워진다고 하면서, 이 사실을 거론하고 있다. 한비자는 이를 호랑이의 발톱과 이빨에 비유하며 호랑이에게는 이것들이 있기에 개를 굴복시키는데, 만약에 이 둘을 호랑이가 놓아 버리고 개에게 사용하게 한다면, 오히려 호랑이가 개에게 굴복을 당할 것이라는 사실을 들어, 그 설득력을 높이고 있다.

이와 관련하여 한비자는 두 가지 사실(史實)을 든다. 한비자는 먼저 제(齊)나라에서 전상(田常)이 간공(簡公)에게서 덕을 베푸는 권한을 위임받아 조정의 신하들과 아랫사람들에게 자기 이름으로 베풀어 이들의 환심을 산 나머지, 제나라의 세를 자기 쪽으로 돌리고 힘을 얻어 간공을 시해한 사건을 들고 있다. 제나라는 이후로 여상(呂尙; 姜太公)의 후예들인 여씨가 다스리던 나라[呂齊·姜齊]에서 전씨들이 다스리는 나라[田齊]가 되고 말았다.

또 하나는 바로 여기에서 왕부지가 거론하고 있는 사실이다. 송나라의 자한이 그 임금에게, "덕을 베푸는 것은 백성들이 모두 좋아하는 일이니 임금께서 직접 하시고, 살육과 형벌은 백성들이 모두 싫어하는 일이니 내가 맡아서 하겠습니다."라고 하여 그 허락을 받아 자한이 실행하였는데, 살육과 형벌이라는 칼자루를 쥔 자한의 무서움이 온 나라 사람들을 떨게 하며 그에게로 복속게 하였다. 그러자 이제 송공(宋公)은 그만 자한에게 위협을 당하는 처지가 되었고, 결국은 그에게 시해당하고 말았다. 여기에서도 왕부지는 음(陰)의 소행이라 할 자한(子罕)의 잔악한 행위가, 송공(宋公)이 자한에게 살육·형벌의 권한을 위임한 것에서부터 비롯된 것임을 논하고 있다.

'이성(二聖)'이라는 칭호가 없었던들 측천무후(則天武后)가 당(唐)나라를 요
동하지는 못했을 것이다.[110] 연(燕)·운(雲) 16주를 돌려받는 조건으로 금

---

[110] 측천무후(624~705)는 세계 역사상 최초로 군권(君權)을 장악하여 여황제로 군림하였던 인
물이다. 당나라 고종 때 황후(皇后)가 되어 '천후(天后)'로 불렸는데, 이때 고종과 더불어
'이성(二聖)'으로 불렸다(655~683). 여기에서 '성(聖)'은 임금을 뜻한다. 그런데 그녀가 이
렇게 '이성'으로 불렸다는 것에는 고종과 함께 실질적으로 당나라를 통치했다는 의미가 담
겨 있다. 그러나 보다 엄밀하게 말하면 당시 당나라 통치의 실권은 사실상 그녀에게 있었
고, 고종은 그저 허수아비·꼭두각시와 같은 존재에 불과하였다. 그가 늘 병에 시달리는
처지여서 그녀에게 전적으로 의존하며 조종되는 '산 송장' 같은 상태였기 때문이다. 이러한
고종이 죽자 그녀의 아들들이 차례로 황위를 계승하였는데[中宗·睿宗, 683~690], 이 기간
에 그녀는 '황태후(皇太后)'로서 실질적으로 당나라를 통치하였다. 그리고 이름을 '무조(武
曌, 또는 武瞾, 武照)'로 바꾸었다. 그러다가 690년에 자의 반 타의 반으로 '황제'의 지위에
올라 국호도 '주(周)'로 바꾸었다. 이때 그녀의 나이가 67세였기 때문에 중국 역사에서는
물론 세계의 역사에서도 가장 늦은 나이에 황제에 등극한 사람으로 꼽힌다. 이후 15년간
통치하다가 82세가 되던 나이에 강제로 퇴위당하였다. 퇴위당한 뒤로는 '측천대성황제(則
天大聖皇帝)'라고 존칭되었는데, 다만 그녀가 '제(帝)'라는 존호를 없애는 제도를 시행하였
기 때문에 '측천대성황후(則天大聖皇后)'라 불렸다. 그리고 그해 겨울에 82세를 일기로 죽
었다. 따라서 또한 세계의 역사상 가장 수명이 길었던 황제의 한 사람으로도 꼽힌다.
　　측천무후에 대한 역대 평가는 긍정과 부정으로 극명하게 갈린다. 다만 유학자들의 평가
는 대체로 부정적이다. 사마광이 『자치통감(資治通鑑)』에서 매우 신랄하게 그녀를 비판한
이래, 원대 이후 관학이 된 정주성리학자들의 관점도 이에서 크게 벗어나지 않았다. 마침
내 왕부지에 이르러서는 그녀를 단지 '무씨(武氏)'라는 호칭으로 부르며 극도로 비판하게
된다. 즉 그가 "무씨는 그 악독함이 온 세상에 넘쳐흐르고, 당나라 황실의 근본을 무너뜨린
것 등 그 악독함이 벌써 극에 이르렀으니, 귀신도 사람도 그녀에 대한 원망이 벌써 가득 찼
다."(王夫之, 『讀通鑑論』 권21, 「唐中宗(僞周武氏附於內)」: 若武氏, 則雖毒流天下, 殲戮唐
宗, 惡已極, 神人之怨已盈.), "무씨는 살인을 즐긴 음탕한 할망구의 노회함으로써 사람들을
이처럼 성대하게 끌어모았다."(王夫之, 『讀通鑑論』 권21, 「唐中宗(僞周武氏附於內)」: 武
氏以嗜殺之淫嫗, 而得人之盛如此.), "무씨의 악행은 위씨(韋氏; 당 중종의 정비로서 측천무
후에게는 며느리에 해당한다.)의 그것을 훨씬 뛰어넘는 것이어서 귀신들이 받아들이지 않
았을 뿐만 아니라 신하와 백성들이 모두 원망하였다. 영원히 그녀에 대한 악성(惡聲)은 끊
이지 않을 것이다."(王夫之, 『讀通鑑論』 권21, 「唐中宗(僞周武氏附於內)」: 武氏之惡, 浮於
韋氏多矣, 鬼神之所不容, 臣民之所共怨, 萬世聞其腥聞.)라고 함으로써 그 부정적인 평가의
극치를 보여 준다.
　　여기에서 말하는 '위씨'는 측천무후에게 중종이 1차로 폐위되었을 동안에는 함께 극도로
박해받았으며, 그녀의 일가친척이 거의 몰살당하는 참화를 입었다. 그러나 중종이 복위한
뒤로 황후가 되어 이 위씨 역시 매우 악독한 짓을 일삼았다. 중종을 독살한 뒤 상제(殤帝)

나라와 조약을 맺지 않았더라면, 금나라와 몽골은 송나라를 먹을 수 없었을 것이다.[111]

음(陰)이 양(陽)을 침범함에 어찌 양 스스로 이를 초래함이 없으리오! 일

를 황제 자리에 앉히고, 이 위씨는 황태후가 되어 정권을 농단하다가 임치왕(臨淄王)과 태평공주(太平公主)의 연합군에게 피살당했다. 임치왕은 나중에 현종이 되었다.

이 『주역외전』의 구절에는 왕부지의 이러한 관점이 전제되어 있다. 그리고 측천무후가 이렇게 당나라를 어지럽히게 된 빌미는 고종이 그녀에게 정권 참여를 허락하며 한 궁실에 '이성(二聖)'을 용인하던 데서 비롯되었다고 하고 있다.

111 1120년에 금나라와 북송 사이에 맺은 조약을 일컫는다. 당시 북송의 입장에서는 북방에서 200년 가까이 자신들을 핍박하며 괴롭히고 있던 요(遼)나라의 위협을 없앰과 아울러 빼앗겼던 땅을 되찾고 싶은 바람이 있었다. 그리고 이제 막 일어나기 시작하던 금나라로서는 자신을 지배하고 있던 요나라를 무너뜨리고 자신의 나라를 세워야 한다는 목표가 있었다. 그래서 서로 이해가 맞아떨어졌기에 두 나라는 조약을 맺게 되었다. 대륙을 점거하고 있던 요나라를 피해 두 나라가 발해(渤海)를 오가며 이 조약이 이루어졌기 때문에 이를 '해상조약[海上之盟]'이라 부른다.

그 대체적인 내용은 금나라가 요나라의 상경(上京)·중경(中京)을 공격하여 탈취하고, 북송은 요나라의 남경과 서경을 공격하여 탈취하는 것으로 되어 있었다. 아울러 요나라가 이렇게 해서 멸망한 뒤에는 북송이 원래 요나라에 바치고 있는 세폐(歲幣)를 금나라에 바치는 조건으로 금나라가 연운(燕雲)16주를 북송에 돌려주기로 하였다.

연운16주는 오늘날의 베이징(北京), 톈진(天津) 및 산시(山西), 허베이(河北) 등을 포괄하는 지역으로서, 동서 600km, 남북 200km로, 전체 면적 12만k㎡에 이르는 지역을 일컫는다. 연주(燕州)와 운주(雲州)는 이전에 연계절도사(燕薊節度使)와 하동절도사(河東節度使)가 각기 통할하던 지역을 대표하는 주들이다. 이 지역은, 후진(後晉)의 황제 석경당(石敬瑭)이 당나라로부터 독립하면서 이를 도와준 거란에게 떼어 준 것이었다.(938년.)

이후 당·북송은 힘이 약해서 이를 수복하지 못하고 있던 차에 북송으로서는 이 조약을 통해 수복할 수 있으리라고 여겼다. 즉 북송으로서는 오랜 세월 자신을 괴롭히던 북방의 위협 요소를 제거함과 아울러 잃어버린 땅을 되찾을 수 있기 때문에 '일거양득(一擧兩得)'이라고 내심 쾌재를 불렀다. 그러나 그 결과는 금나라와 자신들 사이에서 방패막이하던 지역이 없어지므로 말미암아 오히려 북송이 금나라의 침입에 의해 일거에 멸망하는 '순망치한(脣亡齒寒)'의 파국을 낳고 말았다.

여기에서 왕부지가 지적하는 것은 바로 이것이다. 왕부지는 자신이 '정강(靖康)의 치욕'이라 표현하던 북송의 멸망, 그 뒤 남송과 금나라로 남북이 양분되어 대치하다가 끝내 몽골에 의해 중국 전체가 멸망하는 파국으로 이어지는 사변의 빌미가, 바로 이 조약에 있다고 보는 것이다. 그리고 하화족의 입장에서 볼 때 치욕이라 할 이 일련의 사변을 놓고, 그는 능멸적 변방민족관이라 할 그의 이하지변(夷夏之辨)을 더욱 굳히게 되었다.

찌감치 알아차려야 할 것이란, 지아비와 지어미, 임금과 신하, 하화족과 이민족으로서 각자의 몫과 역할이 무엇인지 등이다. 이들에 대해 스스로 훤히 알고 제 할 일을 다한다면, 서로 간에 침범하는 일일랑은 결코 없을 것이다.

三

'乾'之九五, '乾'之位也; '坤'之六五, '坤'之位也. '坤'(五)[112]位正而'坤' 道盛·地化光, 故'乾'言'造'而'坤'言'美', 皆極其盛而言之也.

역문 건괘☰의 구오효는 건괘의 위(位)를 대표하고, 곤괘☷의 육오효는 곤괘 의 위(位)를 대표한다. 곤괘☷ 오효의 위(位)는 올바르며 거기에 드러난 곤 괘☷의 도(道)는 융성하고 땅의 변화도 광채가 난다. 그러므로 건괘☰에서 는 '지어내다[造]'라고 함에 비해, 곤괘☷에서는 '아름답다[美]'라고 한다. 이 들은 모두 그 융성함을 극대화하여 말한 것들이다.

何以效之? "'乾'知大始, '坤'作成物." 因乎有者不名'始', 因乎无者不 名'成'. 因乎无而始之, 事近武, 非天下之至健, 不能特有所造; 因乎 有而成之, 事近文, 非天下之至順, 不能利導其美. 夫'坤'之爲美, 利 導之而已矣. 利導之而不躁雜乎陽以自飾, 至於履位已正, 而遂成

---

112 1992년 간행된 악록서사(嶽麓書社)본의 편집자는 수유경서옥(守遺經書屋)본, 금릉(金陵) 본, (전·후)중화서국(中華書局)본에는 이 자리에 모두 '五'자가 있다고 하고 있다. 그러면 서도 이 판본에서는 정작 이곳에서 이 '五'자를 생략하고 있다. 역자는 '五'로 보는 것이 다 음의 문장들과 잘 들어맞는다고 본다. 그래서 이렇게 번역하였다.

乎章也, 則蚑者・蝡者・芽者・蓁者, 五味具, 五色鮮, 五音發, 殊文辨采, 陸離斒斕, 以成萬物之美.

역문 그럼 이를 어떻게 드러내는가. "'건(乾)'은 위대한 시작을 알고, '곤(坤)'은 만물을 만들어 낸다"[113]라고 함이 그것이다. 있는 것으로부터 말미암음에 대해서는 '시작하다[始]'라고 하지 않고, 없는 것으로부터 말미암음에 대해서는 '이룬다[成]'라고 하지 않는다.

없는 것으로부터 말미암아 시작하는 것은, 그 하는 일이 '무(武)'에 가깝다. 그래서 이 세상의 '지극한 굳셈[至健]'이 아니고서는 이렇게 함에서 특별히 이루어 낼 수가 없다. 이에 비해 있는 것으로부터 말미암아 이루어 내는 것은 그 일이 '문(文)'에 가깝다. 그래서 이 세상의 '지극한 순종[至順]'이 아니고서는 그 아름다움을 이롭게 도출할 수가 없다.

곤괘䷁의 덕이 아름다운 까닭은 이롭게 도출하기 때문이다. 이롭게 도출하면서도 양(陽)에게 짓밟히거나 휩쓸리지 않은 채 스스로 아름답게 하니, 이것이 제 자리를 찾아 이미 올바름에 이르게 되어서는 마침내 그 아름다움을 이루어 내는 것이다. 그리하여 기어다니는 것들, 굼틀굼틀하는 것들, 싹을 틔우는 것들, 꽃을 피우는 것들이 생겨나, 다섯 가지 맛[五味]이 갖추어지고 다섯 가지 색깔[五色]이 선명해지며 다섯 가지 음[五音][114]이 발

---

113 「계사상전」 제1장에 나오는 말이다.

114 여기에서 말하는 '다섯 가지 맛[五味]', '다섯 가지 색깔[五色]', '다섯 가지 음[五音]' 등은 동아시아의 오행 사상을 반영하고 있다. 오행 사상에서는 '다섯 가지 요소[五行]'가 상생(相生)・상극(相剋)이라는 유기적인 작용을 통해 이 세상을 이루어 나아간다고 본다. 그래서 이 '다섯 가지 요소'는 다름의 총체를 지칭한다. 말하자면 여섯 가지 이상도 있는 데서 다섯 가지를 지칭하는 것이 아니라, 이 세상의 다름을 다섯 가지로 대별한다는 것이다. 그래서 맛에서는 모든 맛을 매운맛[辛], 단맛[甘], 신맛[酸], 짠맛[鹹], 쓴맛[苦] 등 다섯 가지로 대별하고, 색깔에서도 모든 색깔을 푸른색[靑], 붉은색[赤], 누런색[黃], 흰색[白], 검은색[黑] 등

현한다. 이렇게 다양한 문채들이 드러나서는, 복잡다단하고 기기묘묘한 다양성을 통해 이 세상 만물의 아름다움을 이루게 되는 것이다.

雖然, 凡此者, 皆出乎地上以歸功於天矣. 若其未出乎中, 而天不得分其美者, '坤'自含其光以爲黃. 玄色沖而黃色實, 玄色遠而黃色近. 實者至足者也, 近者利人者也, '含萬物'者在此矣. 若是者謂之至美. 以其儷乎玄而无惠也, 故言乎'黃'; 以其不炫乎表以充美也, 故言乎'裳'. 順道也, 實道也, 陰位之正也. 聖人體之, 故述而不作, 以興禮樂而成文章, 則承以順而美有實, 亦可以承天而履非位之位矣. 六五

陰不當位.

역문 비록 그렇기는 하지만 무릇 이러한 것들이 모두 땅 위로 나오게 되어서는 그 공(功)이 하늘에게로 돌아간다. 그리고 아직 땅속에서 나오지 못한 것들은 하늘이 그 아름다움을 나누어 줄 수 없으므로, 곤괘▤▤의 덕 스스로가 그 빛을 머금고서 누런 색깔을 띠고 있다.[115] 검은색은 텅 비어 있는 것[하늘]의 색깔이고, 누런색은 가득 차 있는 것[땅]의 색깔이다. 검은색은 멀리 있는 하늘의 색깔이고, 누런색은 가까이 있는 땅의 색깔이다. 꽉 채우고 있는 것은 지극히 충족한 것이고, 가까운 것은 사람들을 이롭게 한다. '만물을 함유하다'[116]라는 말의 의미는 바로 여기에 있다. 이와 같으므로

다섯 가지로 대별하며, 소리에서도 모든 색깔을 궁(宮), 상(商), 각(角), 치(徵), 우(羽) 등 다섯 가지로 대별한다. 따라서 왕부지가 여기에서 말하는 다섯 가지 맛, 다섯 가지 색깔, 다섯 가지 음들은 맛, 색깔, 음 등의 많은 것들 가운데 그저 '다섯 가지'를 의미하는 것이 아니라, 다양한 다름 모두를 아울러 지칭하는 것들이라 할 수 있다.

115 이 구절에서 논하는 것은 곤괘▤▤ 육오효와 그 효사, "누런 치마니 원래 길하다.(黃裳元吉.)"를 전제로 하고 있다.

116 곤괘▤▤ 「문언전」에 나오는 말이다. 이를 이어받아 「천자문(千字文)」에서는 "하늘은 검고

'지극히 아름답다[至美]'라고 하는 것이다.

하늘의 검은색과 짝을 이루면서도 부끄러워할 것이 없기에 '누렇다'고 한다. 또 겉으로 과시하지 않으면서도 아름다움을 꽉 채우고 있기 때문에 '치마'라고 한다. 이것들은 '순종'의 원리, '채움'의 원리를 드러내고 있는데, 이는 음(陰)의 위(位)를 차지하고 있는 것들의 올바름이다.

성인(聖人)들은 이를 체현하고 있다. 그러므로 서술하기는 하되 창작하지는 않으며, 이렇게 함으로써 공동체에 예악을 일으키고 아름다운 사람 세상을 이룬다. 순종하며 받들고 아름다우면서도 꽉 채우고 있으니, 하늘도 받들 수 있지만, 제 자리가 아닌 위(位)를 차지하고 있다.[117]

然則黃者言乎文也, 裳者言乎中也. <small>不在上而當人中.</small> 以黃爲中, 是地與青·赤·黑·白爭文, 而不足以配天. 以裳爲下, 是五與初·二·三·四齊秩, 而不足以居正. 子服椒因事偶占, 不足據爲典要也.

역문 그래서 '누렇다'는 것은 드러나는 색깔을 말하는 것이고, '치마'는 가운데 있음을 말한 것이다.[118] 이렇게 누런색을 가운데로 여김은, 땅이 푸른색·붉은색·검은색·흰색 등과 다투는 또 하나의 색깔일 뿐[119] 하늘과 짝하기에는 부족함을 의미한다. 그리고 치마를 아래로 여기는 것은, 이 곤괘☷☷의

땅은 누렇다.[天地玄黃.]"라 하고 있다.

117 **저자 자주**: 곤괘☷☷ 육오효의 음은 마땅치 않은 위(位)를 차지하고 있기 때문이다. /**역자 주**: 여기에서 말하는 '성인'은 공자를 지칭하는 것으로 보이는데, 공자는 소왕(素王)으로서 내성(內聖)은 갖추었으되, 외왕(外王)은 아니었다. 따라서 그 위((位)가 '마땅치 않은 위[不當位]'다.

118 **저자 자주**: 치마는 위에 있는 것이 아니라 사람의 가운데에 해당하기 때문이다.

119 누런색은 푸른색·붉은색·흰색·검은색 등과 함께 땅의 다섯 방위를 나타낸다. 즉 푸른색은 동쪽, 붉은색은 남쪽, 흰색은 서쪽, 검은색은 북쪽을 나타내며, 누런색은 중앙을 나타낸다. 이들이 이른바 '오방색(五方色)'이다.

육오효가 초육·육이·육삼·육사효 등과 함께 나란히 어울리며 차례로 쌓아 나아간 하나의 단계를 차지하고 있을 뿐 가운데를 차지할 수 없다는 것을 의미한다. 그러므로 자복초(子服椒; ?~?)[120]의 『주역』점 풀이 예를 일정불변한 틀로 여겨 모든 경우에 적용하려 해서는 안 된다.[121]

---

120 자복초는 자복혜백(子服惠伯)을 가리킨다. 자복추(子服湫) 또는 맹초(孟椒)라고도 한다. 중국의 춘추시대 노(魯)나라의 대부를 지낸 사람이다.

121 『춘추좌씨전』, 소공(昭公) 12년 조에 나오는 예를 바탕으로 하는 말이다. 이는 계손씨(季孫氏)가 관할하던 비읍(費邑)의 재상 남괴(南蒯)가 계손씨에게 불만을 품고 반란을 일으키려 하며 점을 친 일과 관련이 있다. 남괴는 계평자(季平子)가 즉위하여 자신에 대한 대우를 소홀히 하자 이 비읍을 근거로 삼아 결국 반란을 일으켰다. 이에 계평자는 숙궁(叔弓)으로 하여금 이 비읍을 공격하게 하였으나, 성공하지 못했다. 그러자 계평자는 비읍 주민들을 후대(厚待)함으로써 그들이 남괴에게 반기를 들게 하였다. 남괴는 이를 견디지 못하고 결국 제(齊)나라로 도망하고 말았다. 반란이 실패로 돌아간 것이다.

원래 반란을 앞두고서 남괴는 『주역』 시초점을 쳐서 이 곤괘䷁ 육오효를 얻었다. 이 효사는 "누런 치마니, 으뜸으로 길하다.(黃裳元吉.)"로 되어 있다. 이에 남괴는 매우 기뻐하였다. 자신이 일으킬 반란의 성공을 예언한 것으로 여겼기 때문이다.

남괴는 기쁨에 겨운 나머지 이를 자복초(子服椒; 子服惠伯)에게 보여 주었다. 그런데 이에 대해 자복초는, "내가 일찍이 이에 대해서 공부한 적이 있습니다. 이 점괘는 충성스럽고 믿음성이 있는 사람의 일에는 적용할 수 있지만, 그렇지 않은 사람의 경우에게라면 반드시 잘못되게 되어 있습니다. … '누런 치마니, 으뜸으로 길하다.'라고 하지만, 여기에서 '누런색'은 가운데를 나타내는 색깔이고, '치마'는 아랫도리에 입는 것입니다. 그리고 '으뜸[元]'이라는 것은 모든 선함의 우두머리입니다. 그래서 마음 가운데가 충성스럽지 않아서는 이 누런색을 얻을 수가 없고, 아랫사람으로서 공손하지 않아서는 이 아름다움을 자기 것으로 할 수가 없으며, 하는 일이 착하지 않아서는 그 궁극의 의미를 얻을 수가 없습니다. 사람들과 어울리되 주창하는 이가 있으면 이에 화답하는 것이 충성스러움이고, 믿음성 있게 일을 행하는 것이 공손함입니다. 이 충성스러움·믿음성·공손함 등의 세 가지 덕으로 공양하는 것이 착함인데, 이 세 가지 덕이 없는 사람이어서는 이 점괘가 맞아떨어지지 않은 것입니다. 또한 『주역』 점으로써 위험한 일을 점쳐서는 안 됩니다. 이러할진대 이 점괘가 나왔다 하여 무슨 일을 할 수 있겠습니까? 또한 무엇을 꾸밀 수가 있겠습니까? 가운데가 아름다워야 누런색이 될 수 있고, 위가 아름다워야 으뜸이 되며, 아래가 아름다우면 치마가 되니, 이 세 가지가 구비되어야 『주역』 점을 칠 수가 있는 것입니다. 만약에 이 중에 빠진 것이 있다고 할 것 같으면 『주역』 점은 비록 길하다고 할지라도 실제에 있어서는 그렇지 않은 것입니다.(南蒯枚筮之, 遇坤䷁之比䷇曰, "黃裳元吉, 以爲大吉也. 示子服惠伯, 曰, "卽欲有事, 何如?"惠伯曰, "吾嘗學此矣, 忠信之事則可, 不然, 必敗. … 故曰'黃裳元吉'. 黃, 中之色也; 裳, 下之飾也; 元, 善之長也. 中不忠, 不得其色; 下不共, 不得其飾; 事不善, 不得其極. 外

內倡和爲忠, 率事以信爲共, 供養三德爲善, 非此三者弗當. 且夫『易』, 不可以占險, 將何事也? 且可飾乎? 中美能黃, 上美爲元, 下美則裳, 參成可筮. 猶有闕也, 筮雖吉, 未也.)"라고 하며 반란에 착수해서는 안 된다고 하였다. 『주역』 점을 친 사람에게 덕이 있어야만 그 점괘가 유효하다는 것이다.

　그런데 왕부지는 자복추의 이러한 곤괘▤▤ 육오효사 풀이, 즉 "여기에서 '누런색'은 가운데를 나타내는 색깔이고, '치마'는 아랫도리에 입는 것이며, '으뜸[元]'이라는 것은 모든 선함의 우두머리다", "가운데가 아름다워야 누런색이 될 수 있고, 위가 아름다워야 으뜸이 되며, 아래가 아름다우면 치마가 된다."라는 것이 지금 자신이 여기에서 풀이하고 있는 "누렇다는 것은 드러나는 색깔을 말하는 것이고, 치마는 가운데 있음을 말한 것이다."와 일치하지 않음을 지적하고 있다. 따라서 『주역』 점 풀이는 어느 하나를 일정불변하는 틀[典要]로 삼아서는 안 된다는 것이다.[不可爲典要.]

준괘

☲☷屯

一

夫有其性者有其情, 有其用者有其變. 極陰陽之情, 盡九·六·七·
八之變, 則存乎其交矣. 剛柔之始交, '震'☳也; 再交, '坎'☵也. 一再
交而卦興, 陽生之序也, 故'屯'☲次'乾'☰'坤'☷. 於其始交, 以剛交柔,
不以柔交剛, 何也?

역문 성(性)을 지닌 것들에게는 모두 그 정(情)이 있고,[122] 작용하는 것들에게

---

122 장재(張載)의 "성이 발하여 정이 된다.(性發爲情.)"는 패러다임을 따르는 말이다. '성(性)'
은 존재하는 것들의 본성으로서 그것들의 '다움'을 결정한다. 그래서 예컨대 '견성(犬性)'이
라 하면 개를 개답게 하는 개의 본성을 의미하고, '우성(牛性)'이라 하면 소를 소답게 하는
소의 본성을 의미하며, '마성(馬性)'이라 하면 말을 말답게 하는 말의 본성을 의미한다. 마
찬가지로 '인성(人性)'은 사람을 사람답게 하는 사람의 본성을 의미한다. 맹자는 이것을 가
리켜서 착하다고 하였다. 즉 사람의 착함이 다른 존재들과 사람을 구별해 주는, 사람의 사
람다움을 결정한다는 것이다.
　성리학에서는 이 성(性)이 발현하기 위해서는 사람의 또 다른 구성요소인 '형기(形氣)'를
통해야만 한다고 본다. 성은 순 관념성의 존재이기 때문에 동작을 일으킬 수 없으니, 그 부
림을 받는 형기를 통해 드러난다는 것이다. 이렇게 형기를 통해 드러난 성을 '정(情)'이라
한다. 이것이 "성이 발하여 정이 된다."라는 말의 함의다.
　다만 정(情)에서는 형기가 성(性)을 잘 실현했느냐 그렇지 못했느냐의 문제가 발생한다.

는 모두 그 변함[變]이 있다. 음·양의 정(情)이 극에 이르러 9·6·7·8의 변함[變]을 다하게 하는 것이 그 사귐에 존재한다.[123] 굳셈[剛]과 부드러움[柔]이[124] 막 사귀기 시작함은 진괘☳가 드러내고 있다. 재차 사귐은 감괘☵가 드러내고 있다. 이 한 번·두 번의 사귐에 의해 괘가 일어남은 양(陽)이 생겨나는 순서다.[125] 그러므로 『주역』에서는 준괘䷂가 건괘䷀·곤괘䷁의 뒤를 잇고 있다.[126]

그런데 음·양이 막 사귀기 시작함에서는 이렇게 굳셈[剛; ─]이 부드러움[柔; --]들 속에 들어가 사귀지, 부드러움[--]이 굳셈[─]들 속에 들어가 사귀지 않는다. 그 까닭은 무엇일까?

형기 자체도 욕구와 본능을 갖고 있는바, 이것이 나대게 되면 성의 발현을 방해하고 왜곡하기 때문에, 성이 발현한 것으로서의 정(情)에 좋고 나쁨이 드러나게 된다는 것이다. 즉 성에는 없던 악함이 이렇게 하여 정에서는 출현하게 된다고 한다. 따라서 정이 나쁘게 발현하는 것을 방지하기 위해 성리학에서는 수양을 통해 형기의 나댐을 다잡으라고 하였다.

123 음과 양이 그 정(情)을 발휘하게 되면 서로 사귀게 되어 있고, 이 음·양의 사귐에 의해 무수히 다양한 현상, 즉 변함[變]들이 드러나게 되는데, 이를 수로 나타낸 것이 9·6·7·8이라는 의미다.

124 여기에서 굳셈[剛]이라 한 것은 양(陽)의 성능과 덕을 지칭하는 것인데, 『주역』에서는 '─'로 표시한다. 그리고 부드러움[柔]이라 한 것은 음(陰)의 성능과 덕을 지칭하는 것인데, 『주역』에서는 이를 '--'로 표시한다. 굳셈[剛]과 부드러움[柔]은 대대(對待)하는 짝이다.

125 순양(純陽)을 상징하는 것은 건괘☰·䷀이고, 순음(純陰)을 상징하는 것은 곤괘☷·䷁다. 이 둘이 막 사귀기 시작했다는 것은 건괘䷀의 한 효(─)가 곤괘䷁의 속으로 들어갔다는 의미다. 이는 곤괘☷의 초효(--)를 건괘☰의 2효(─)가 대체했다는 것이다. 이를 표방하고 있는 것이 진괘☳다. 그리고 재차 사귐은 마찬가지로 곤괘☷의 2효(--)를 건괘☰의 효(─)가 대체했다는 것이다. 이를 표방하고 있는 것이 감괘☵다. 이처럼 괘의 변화는 초효→2효→3효→4효→5효→상효로 진행되는데, 진괘☳와 감괘☵는 음·양이 한 번·두 번 사귐을 표방하고 있다는 것이다. 이것을 왕부지는 여기에서 '양이 생겨난 순서'라 하고 있다.

126 준괘䷂는 아래 소성괘[貞卦; 下卦]가 진괘☳·위 소성괘[悔卦; 上卦]가 감괘☵로 되어 있다. 그래서 아래 소성괘는 음과 양이 막 사귀기 시작함을, 위 소성괘는 이들이 재차 사귐을 드러냄과 동시에, 전체적으로는 양이 생겨난 순서를 드러내고 있다는 것이다. 따라서 64괘의 순서상 『주역』 전체의 본체[體]를 표방하는 순양의 건괘䷀와 순음의 곤괘䷁의 뒤에 이 준괘䷂가 옴으로써, 음·양 서로 사귄다는 것과 그 변화가 막 시작되었음을 표방하고 있다는 것이다.

陰陽之生萬物, 父爲之化, 母爲之基. 基立而化施, 化至而基凝, 基
不求化而化无虛施. 所以然者: 陰虛也, 而致用實, 形之精也; 陽實
也, 而致用虛, 性之神也. 形之所成斯有性, 性之所顯惟其形. 故曰,
"形色, 天性也, 惟聖人然後可以踐形"陽方來而致功, 陰受化而成用.
故'乾'言'造', '坤'言'正位'. 造者動, 正位者靜. 動繼而善, 靜成而性.
故曰, "人生而靜, 天之性也"由此言之, 動而虛者必凝於形氣之靜實.
陽方來而交陰, 爲天地之初幾, 萬物之始兆, 而'屯'紹'乾''坤'以始建,
信矣.

역문 음·양이 사귀어 만물을 낳음에서, 아버지는 되게 하고, 어머니는 그 터
전을 제공한다. 그래서 터전이 서고 거기에 '되게 함'이 베풀어지는데, 되
게 함이 이르면 터전은 엉긴다. 그리고 터전은 굳이 '되게 함'을 구하지 않
고, '되게 함'은 텅 빈 것에다 베풀지 않는다.

그 까닭은 이러하다. 음은 텅 빈 것이기는 하지만, 그 작용을 이룸은 실
답다. 이는 존재하는 것들의 형체[形]를 이루는 정수(精髓; 精)다. 이에 비해
양은 실다운 것이기는 하지만, 그 작용을 이룸은 텅 빈 모습이다. 이는 존
재하는 것들의 본성[性]을 이루는 신묘함[神]이다. 형체가 이루어진 것에는
본성이 있고, 본성은 오직 그 형체를 통해서 드러난다. 그러므로 "겉으로
드러나는 몸뚱이에는 태어날 적에 부여받은 본성이 들어 있다. 다만 오직
성인(聖人)이라야 이 몸뚱이를 통해 본성을 다 실현할 수 있다."[127]라고 한

---

127 『맹자』, 「고자 상」 편에 나오는 맹자의 말이다. 이 말은 유가의 종지를 가장 잘 드러내는
말 중의 하나로 평가받는다. 사람이라면 몸뚱이를 통해 사람다움으로서의 본성을 실현해
야 한다는 의미다. 즉 우리가 사람으로 태어날 적에 부여받아 몸뚱이 속에 싣고 있는 본성
을 그 실마리로 하여 인·의·예·지라는 네 덕을 몸소 실천함으로써, 사람 세상을 운용해
야 한다는 것이다. 이렇게 함에서 자신의 생존 지평도 확보할 수 있고, 남과의 더불어 삶도

것이다.

양이 바야흐로 와서 그 공능을 발휘하기 시작하면 음은 그 '되게 함'을 받아서 작용을 이루어 낸다. 그러므로 건괘☰에서는 '지어내다[造]'라 하고, 곤괘☷에서는 '자리를 올바르게 하다[正位]'라고 한다. 지어내는 것은 움직이고, 자리를 올바르게 하는 것은 고요하다. 움직이는 것은 계승하여 착함이 되고, 고요한 것은 이루어서 본성이 된다.[128] 그러므로 "사람이 생겨나 고요함은 하늘이 부여한 본성이다."[129]라고 한다.

이상을 요약하자면, 움직이되 텅 빈 모습인 것[陽]이, 고요하되 실다운 형기[陰] 속에서 반드시 엉긴다는 것이다. 양이 바야흐로 와서 음과 사귐은 하늘·땅이 처음으로 지어내는 낌새[幾]이며 만물이며 비롯되는 징조다. 그러므로 준괘☳가 건괘☰·곤괘☷를 이어받아 시초를 세움은 진실한 것이다.

乃爲玄之言者, 謂陰不盡不生; 爲釋之言者, 謂之六陰區宇而欲轉之. 則浮寄其孤陽之明, 銷歸其已成之實, 於[130]人物之所生, 而別有其生. 玄謂之 "刀圭入口", 釋謂之 "意生身". 搏陽爲基, 使陽[131]入而

가능해진다고 유가는 보았다.

128 『주역』, 「계사상전」 제5장에 나오는 말을 전제로 한 것이다. 거기에서 "한 번은 음이 되었다 한 번은 양이 되었다 함을 '도'라 한다. 이를 이어지게 하는 것은 선이고, 이를 이룬 것은 본성이다.(一陰一陽之謂道, 繼之者善也, 成之者性也.)"라 하고 있기 때문이다. 그런데 왕부지는 여기에서 음·양의 사귐에 의해 사람이 생겨나는데, 그 속에서 양은 착함을 이루고 음은 본성을 이룬다고 함으로써, 사람의 생겨남이 음·양의 사귐이라는 유기적 작용에 의한 것이라고 풀이하고 있다.

129 『예기(禮記)』, 「악기(樂記)」 편에 나오는 말이다.

130 1992년 간행된 악록서사(嶽麓書社)본의 편집자는 수유경서옥(守遺經書屋)본, 금릉(金陵)본, (전·후)중화서국(中華書局)본 등에 모두 이 '於'자가 '珍'자로 되어 있다고 하고 있다.

131 악록서사본의 편집자는 수유경서옥본, 금릉본, (전·후)중화서국본에 모두 이 '陽'자가 '陰'

受化, 逆天甚矣.

역문 도교에서는, 음(陰)은 결코 없어지지도 않고 생겨나지도 않는다고 말한다. 또 불교에서는, 육음(六陰)의 구우(區宇)[132]를 말하며, 이들에 대한 식(識)을 돌이켜서 지혜를 이루려고 한다. 그래서 외로운 양(陽)의 밝음에는 의탁하지 않으며, 이미 이루어 놓은 실질을 죄다 사라져 버리게 하고는, 사람과 생명체[物]들이 생겨난 곳에서 따로 그 생명을 받게 한다. 도교에서

자로 되어 있다고 하고 있다.

132 엄밀하게 말하면 불교에도 이 '육음(六陰)'이라는 말은 없다. '오온(五蘊)'과 '오음(五陰)'이라는 말이 있을 뿐이다. 그래서 '육음'은 원래 유명무실(有名無實)하다고 한다. '오온'은 색(色)·수(受)·상(想)·행(行)·식(識)을 가리키는 말로서, 사람이 살아가는 데 필요한 다섯 가지 요소를 말한다. '온(蘊)'은 산스크리트어 'skandha'를 의역한 것으로서 '쌓다', '누적하다'라는 뜻을 가지고 있는데, 이것을 '음(陰)'이라고 번역하며 '오온'을 '오음'이라고도 하는 것이다. '음(陰)'이란 '덮여 있음'·'가려 있음'을 함의한다. 이것들이 사람을 존재하게 하는 것임과 동시에 국한시키는 것이라는 의미다. 그러나 불교에서는 이것들이 '공(空)하다'고 한다. 『반야심경』의 '오온개공(五蘊皆空)'이란 참다운 실체가 아니어서 집착할 것이 없다는 의미다. 또 『마하지관(摩訶止觀)』(권5)과 『종경록(宗鏡錄)』(권76) 등에서는 육음(六陰)·오음(五陰)을 화가가 그려 낸 흑(黑), 청(靑)·적(赤)·백(白)·백백(白白) 등의 무늬[綵]에 비유하며, 우리의 마음이나 의식이 빚어낸 것으로서 실체가 없는 것이라 하고 있다.

그런데 수행을 하지 않으면 그만이지만, 수행하여 어느 정도의 경지에 이르게 되면, 마치 물이 끓을 때 필연코 증기가 발생하는 것처럼 수행자에게 반드시 장애가 나타난다. 즉 그 수행자를 하나의 구우(區宇)에 국한시키고 더 높은 차원을 보지 못하게 하는 장애다. 이 중에 맨 먼저 다가오는 것이, 오온 가운데 색(色)의 장애다. 이를 '색음구우(色陰區宇)'라고 한다. '색음(色陰·色蘊)에 국한된 세상차원·경지'라는 의미다. 여기에서는 '색'이 그 수행자를 가두기 때문에 참다운 깨달음과 진리를 얻을 수 없다. 그런데 이를 극복하고 또 계속 수행하여 더 높은 경지에 이르면, 또 장애가 찾아온다. 이것이 '수음구우(受陰區宇)'다. 이것 역시 '수음(受蘊)에 국한된 세상[차원, 경지]'이라는 의미다. 이를 극복하고 다시 수행을 계속하면 또다시 장애가 찾아오는데, 이것이 '상음구우(想陰區宇)'다. 이를 극복하고 계속 수행해 나아가면 다시 차례로 '행음구우(行陰區宇)'·'식음구우(識陰)'가 차례로 나타나서, 참 진리와 깨달음을 얻지 못하게 방해한다.(이상 『능엄경』 참고.) 그런데 왕부지는 여기에서 오음(五陰)에서 더 나아간 것으로서, 유명무실하다고 하는 '육음(六陰)'을 거론하며, 이것에 국한된 세상으로서의 '육음구우'를 말하고 있다. 이것 역시 미망과 집착을 벗어나지 못하는 경지다.

는 "단약을 구해서 한 도규(刀圭)큼만 입에 넣으면 된다."[133]라고 하고, 불교에서는 "의식작용이 몸을 만들어 낸다.[意生身.]"[134]라고 한다. 이들은 이처럼 양(陽)을 둥글둥글하게 빚어 기초로 삼고 양으로 하여금 음에게로 들어가서 화함을 받아들이게 하니, 하늘의 원리를 거스름이 심하다.[135]

---

133 '도규(刀圭)'는 도교에서 금단(金丹)이라는 약물을 재는 단위를 가리킨다. 오늘날로 치면 0.2g, 즉 반 숟가락 정도에 해당하는 작은 양이다. 아울러 금단 자체를 가리키기도 한다. 진(晉)나라 때 갈홍(葛洪; 283~343)이 지은 『포박자(抱朴子)』에서 이미 이를 언급하고 있다. 신단(神丹)을 조제하여 100일 동안 먹으면 신선이 되고, 3도규를 먹으면 우리 몸을 병들게 하는 삼시(三尸)와 구충(九蟲)이 즉시 없어진다고 하고 있다.(第二之丹，名曰神丹，亦曰神符．服之百日，僊也．行度水火，以此丹塗足下，步行水上，服之三刀圭，三尸·九蟲皆即消壞，百病皆愈也．) 또 당(唐)나라 때 오균(吳筠)이 지은 『종현집(宗玄集)』, 「형신가고론(形神可固論)」에서는 "수은을 잘 조제하여 금단(金丹)을 만들어서 한 도규만큼만 입에 넣으면 천지와 똑같이 장수할 수 있고, 지적 능력이 훤해진다.(制伏水銀而爲金丹，刀圭入口，天地齊年，悟則明矣．)"라고 하고 있다.

134 의식작용이 만들어 낸 몸이라는 의미에서의 '의생신(意生身)'은 불교의 『잡아함경(雜阿含經)』, 『중아함경(中阿含經)』, 『성유식론(成唯識論)』, 『불성론(佛性論)』 등에 나오는 말이다. 보통 사람에게서는 의식작용이 만들어 내는 환상을 의미한다. 이것이 외부의 장애에 구애받지 않으며 아무런 거리낌이 없이 존재하고, 왔다 갔다 하기에 '의생(意生)'이라 한다. 의식작용에 의해서 생겨났다는 의미. 사람들의 이전 경험이 기억으로 바뀌고, 이 기억이 우리의 의식작용 속에서 끊임없이 이어지며 환상을 낳는 것이다.

사람의 의식은 본래가 형체도 없고 질도 없기에, 우리 몸뚱이에 구애되지 않으면서 우리 몸을 주재한다. 그래서 이 '의생신'은 외부의 장애를 받지 않는 것이다. 즉 벽이 있다고 해도 거침없이 다니고, 특정한 곳에 국한되지도 않으며 시간에도 구애받지 않는 것이다. 그런데 이것은 보통 사람의 경우다. 따라서 '의생신'이라 해도 환상에 지나지 않는다.

수행의 경지가 높은 보살들에게서는 이 '의생신'이 보통 사람들의 이러한 환상과는 달리, 순식간에도 일체의 신통한 묘용을 발휘할 수 있다. 물론 보통 사람들의 의식작용에서와 마찬가지로 보살들의 이 '의생신'역시 일체의 장애를 받지 않고, 자신의 본래 원력(願力)이 기억하는 경계를 따라다니며 일체의 중생을 구제해 낼 수 있다. 이는 여덟째 보살지(菩薩地; 보살의 경지)에 오른 보살들이 발휘할 수 있는 공능으로서, 심(心)·의(意)·식(識)·5법(五法)·3자성(三自性)·2무아상(二無我相) 등을 여의어야 비로소 이 '의생신'의 공능을 얻을 수 있다고 한다.

135 왕부지의 철학에서 이 세계의 본체는 '태화인온지기(太和絪縕之氣)'다. 즉 거대한 조화체를 이룬 채 인(絪)·온(縕) 운동을 하고 있는 기운(氣)을, 왕부지는 이 세계의 궁극적 근원으로 본다는 의미다. 여기에서 인(絪)은 음기가, 온(縕)은 양기가 하는 운동 양상이다. 왕부지는 본체기라 할지라도 이처럼 철저하게 음·양기를 그 궁극의 존재로 보고 있다. 즉

夫陽主性, 陰主形. 理自性生, 欲以形開. 其或冀夫欲盡而理乃孤行,
亦似矣. 然而天理人欲同行異情. 異情者異以變化之幾, 同行者同
於形色之實, 則非彼所能知也. 在天爲理, 而理之未麗於實則爲神,
理之己返於虛則爲鬼. 陽无時而不在, 陰有時而消. 居陽以致陰, 則
鬼神而已矣, 既已爲人而得乎哉? 故'屯'者人道也, 二氏之說鬼道也.
以'屯'紹'乾''坤'之生, 『易』之以立人道也.

역문 이 세상의 생명체[物]들을 이루는 데서 양(陽)은 성(性; 다움)을 맡고 음
(陰)은 형(形; 몸)을 맡는다. 그리고 하늘의 리(理)는 성(性)에서 생기고, 사
람의 욕구는 형(形)을 통해서 전개된다. 그런데 도·불은 사람의 욕구를
완전히 제거해 버리고 하늘의 리(理)만으로 행동하고 싶어 한다. 어떻게
보면, 이 또한 그럴듯하다고는 할 수 있겠다. 그러나 하늘의 리와 사람의
욕구는 함께 행하면서도 각기 그 실질을 달리한다. 실질을 달리함이란 변
화의 체제[幾; 機]를 달리한다는 것이고, 함께 행함이란 몸뚱이를 이루는 형
(形)과 색(色)에 함께한다는 것이다. 그런데 저들이 어찌 이를 알리오.

하늘에 있는 것이 리(理)인데, 이 리가 아직 실질에 들러붙지 않으면 신
(神)이고, 들러붙었다가 벌써 태허로 돌아가 버렸다면 귀(鬼)가 된다. 양은
어느 때라 할 것 없이 존재하지 않음이 없음에 비해, 음은 시간의 구애를
받기에 때로는 소멸함이 있다. 따라서 양에서 살면서 음을 이루게 하는 것

음기·양기 두 기[陰陽二氣]가 이 세계의 본체라는 것이다. 이 세상에 존재하는 것들은 모
두 이 태화인온지기로부터 생겨난 것들이라는 의미다.

따라서 그에게서 '태극(太極)'은 실재하는 실체가 아니라 이들 음·양의 본체기가 인·온
운동을 하며 합동으로 조화를 이루고 있는 상태를 지칭한다. 이것이 정주(程朱)의 철학과
다른 면이다. 이러한 관점에서 왕부지는 도(道)·불(佛)이 양을 도외시한 채 음만을 이 세
계의 궁극적인 존재로 설정하고 있음에 대해 여기에서 비판하는 것이다.

은, 이들 귀·신일 따름이다. 그런데 양이든 음이든 이미 사람의 몸에 들어와 사람을 이루고 있다면 이 귀·신의 작용이 가능하겠는가? 그러므로 준괘▦는 사람 세상의 작동 원리를 담고 있음에 비해,[136] 불가·도가의 설은 귀(鬼)의 작동 원리를 담고 있는 것이다. 그리고 순서상 준괘▦가 건괘☰·곤괘☷의 생함을 이어받게 한 것은, 『주역』이 사람 세상의 작동 원리를 세우고 있음을 드러내는 것이다.

二

當'屯'之世, 欲達其'屯', 則陰之聽命乎陽必矣. 而誰與命之? 將以其位, 則五處天位, 而初者其所建之侯也. 將以其才, 則'震'之一陽, 威任起物, 而五處險中, 藏固而不足以有爲也. 然則爲之陰者, 雖欲不'乘馬班如'而不得矣.

역문 준괘▦의 세상을 만나서 이 준괘의 원리를 이루고자 한다면, 음이 양으로부터 명을 받듦이 필수적이다. 그렇다면 누가 그 명(命)을 음에게 내리겠는가. 이 준괘▦의 초구·구오 두 양효들 가운데 그 위(位)를 가지고 말한다면, 구오효가 하늘의 위(位)에 자리 잡고 있고, 초구효는 이 구오효가 세운 제후에 해당한다. 그런데 그 재질을 가지고 말한다면, 진괘☳의 한 양[초구효]은 위엄으로써 공동체 구성원들을 일으키는 임무를 맡고 있음에 비해, 구오효는 감괘☵의 험난함 속에 자리 잡고 있다. 따라서 구오효로서

---

136 준괘▦는 리괘☲와 진괘☳의 조합으로 이루어져 있다. 이들은 건괘☰·곤괘☷에 비해 음·양이 사람 세상에 이미 들어와 있음을 상징한다.

는 저장하는 것이나 견고하게 할 뿐, 무슨 일을 하기에는 부족하다. 그렇다면 음들로서는 비록 '네 마리의 말이 끄는 수레가 무리를 떠나서 오는 듯'하지 않으려 해도, 그렇게 되지 않는다.[137]

嗚呼! 聖人之以'得民'予初也, 豈得已哉! 五之剛健中正者, 其位是也, 其德是也, 而時則非也. 處泥中而犯霄露, 酌名義以爲去留, 二雖正而違時, 四雖吉而近利矣. 違時者以難告, 近利者以智聞. 挾'震'主之威者, 乃引天時, 徵人事, 曰, "識時務者在乎俊傑", "從吾遊者, 吾能尊顯之", 則二安得不以頑民獨處其後耶? 此子家羈所以消心於返國, 司空圖所以僅託於巖棲也.

역문 오호라, 『주역』을 만든 성인[138]께서는 '백성들을 얻음'의 의미를 초구효

---

137 준괘䷂ 효사들에 나오는 말이다. 준괘에서는 육이·육사·상육 등 세 효사에 걸쳐 이 말이 나온다. 왕부지는 이 준괘의 네 음효들을 각기 말[馬]로 보아서, 그 효사들에서 '네 마리가 함께 끄는 말[乘馬]'이라 하는 것으로 보는 것 같다. 그런데 왕부지는 '네 마리의 말이 끄는 수레가 무리를 떠나서 오는 듯[乘馬班如]'이라 함에 대해서는, 음효들이 양효들을 받아들이지 않으려 함으로 풀이하고 있다. 특히 육이효[陰]가 초구효[陽]의 일어남에 대해 그 위에서 억누르며 나아가지 못하게 하는 것으로 본다. 그러나 음들로서는 결국 양을 받아들일 수밖에 없으며 그래서 혼인을 하는 것으로 본다. 거역하려 해도 안 될 일이라는 것이다.
　참고로 왕부지가 『주역내전』에서 이 육이효사에 대해서 풀이한 것을 보면, "준괘에서는 초구효의 양이 진동하며 나오려 하지만 육이효가 음으로서 그 위에 자리를 잡고서 그를 억누르며 나아가지 못하게 하니, 초구효와 뜻이 다르다. 마치 네 마리의 말이 끄는 마차를 타고 가다 서로 함께 가지 않고 갈림길에서 각기 다른 길로 가는 것과 같다. 이는 아마 초구효가 자신에게 도적이 아닐까 의심해서인 듯하다. 그러나 양이 음과 교접하여 생명체[物]를 낳는 공을 이루고자 하는 것이 어찌 서로에게 도적이 되겠는가! 서로 함께 혼인을 맺고자 함일 따름이다. 그런데도 육이효는 자신이 득중(得中)하였음을 으스대며 초구효와 교접하지 않으니, 마치 여자가 이미 나이가 다 차서 마땅히 임신해서 아이를 낳아야 함에도, 뜻만 고고히 세운 채 도무지 그에 동의하지 않는 것과 같다. 그러나 구오효의 경우는 초구효와는 달리 양이 이미 존귀한 위(位)를 차지하고 있으면서 아래로 육이효와 서로 응하니 육이효로서는 어쩔 수 없어 그에 순종한다."라 하고 있다.
138 왕부지의 관점에서 볼 때, 이 '성인'은 효사를 만든 주공(周公)을 가리킨다고 할 수 있다.

에게 주었건만,[139] 초구효로서는 어찌 이를 순조롭게 완수해 낼 수 있으리오! 이 준괘䷂의 구오효는 굳세고 씩씩함[剛健]으로써 가운데 자리를 올바르게 차지하고 있는데, 이것이 지위로서도 딱 들어맞고 지닌 덕으로 보더라도 딱 들어맞는다. 그러나 때만은 지금 제때가 아니다. 그래서 이 구오효는 진흙탕에 빠진 채 벗어나기 위해 온갖 고행을 무릅쓰며, 다른 이들에게 명분과 도의에 따라가게도 하고 머무르게도 한다.

그런데 육이효는 비록 올바름을 얻고는 있다고 할지라도 때가 어긋나고, 육사효는 비록 길하기는 하지만 이로움을 가까이한다. 그리고 때를 어긴 이는 '어렵다'는 것으로써 알리고, 이로움을 가까이하는 이는 지금 '지혜롭다'는 것으로써 이름을 날리고 있다. 이에 구오효는 하괘(下卦)인 진괘䷲의 주인[초구효]이 지닌 위엄을 빌려서 하늘의 때를 끌어오고 사람의 일을 바로잡으려 한다. 그리고는 "시대의 흐름을 알고 그 시기에 꼭 해야 할 일을 할 수 있는 사람은 영웅호걸이다",[140] "나를 따라 함께 이 세상을 바르게 하는 데 나선 사람이라면, 나로서도 그를 존귀한 사람으로서 세상에 드러나게 할 수 있다."[141]라고 한다. 그러니 이들 두 음효는 어찌 완민(頑民)을

---

139 이 준괘䷂의 괘사와 초구효사에서 '제후로 세움[建侯]'이라 한 것을 왕부지는 이러한 관점에서 보는 것이다.

140 배송지(裴松之; 372~451)가 진수(陳壽; 233~297)의 『삼국지(三國志)』를 보충하여 주해하는 가운데 제갈량(諸葛亮; 181~234)과 방통(龐統; 179~214)에 대해 한 말이다. 원래 진수는 여기에서 제갈량의 인물 됨됨이를 서술하고 있는데, 배송지는 습착치(習鑿齒; ?~383)의 「양양기(襄陽記)」를 인용하여 제갈량과 방통 둘의 인물됨을 이 말 속에 담아 포괄적으로 평고 있다.(陳壽著, 裴松之注, 『三國志』, 「蜀志」, 「諸葛亮傳」:『襄陽記』曰, "劉備訪世事於司馬德操. 德操曰: '儒生·俗士豈識時務! 識時務者, 在乎俊傑. 此間自有伏龍·鳳雛.' 備問爲誰. 曰: '諸葛孔明·龐士, 元也.'")

141 한 고조 유방(劉邦; B.C.256~B.C.195)이 제위에 오른 지 11년 되던 해에 내린 '현인을 구하는 조서[求賢詔]'에서 한 말이다. 반고(班固)가 지은 『전한서(前漢書)』, 「고제기(高帝記)」 11년 조에 실려 있다.

자처하며 그 뒤로 물러서서 쓸쓸하게 살아가지 않겠는가! 이러한 맥락에서 자가기(子家羈)[142]는 고국으로 돌아갈 마음을 깨끗이 씻었던 것이고, 사공도(司空圖)[143]는 바위 밑에 의탁한 채 겨우겨우 살아갔던 것이다.[144]

---

142 자가기는 중국 춘추시대에 노(魯)나라의 정치가다. 자가의백(子家懿伯), 자가자(子家子)라고도 부른다. 노나라 장공(莊公)의 현손이다. 그는 노나라의 대부로서, 당시의 임금인 소공(昭公)에게 여러 차례 왕실의 권위를 떨쳐 세워서 삼환(三桓) 세력으로부터 실권을 찾아와야 한다고 간하였는데, 소공은 이를 듣지 않았다. 그러다가 소공 25년(B.C.517)에 후소백(郈昭伯)의 꼬드김을 받은 소공은 삼환세력을 치려 들었다.

　　이에 자가기는 소공에게 거사를 너무 서두르지 말라고 간언하였다. 그러나 자가기의 간언을 귀담아 듣지 않고 거사를 벌인 소공은 결국 참담한 실패를 맛보게 된다. 그리고는 노나라와 제(齊)나라의 접경지역인 운지(鄆地)와 간후(幹侯)로 도망을 가게 되었다.

　　자가기는 이러한 소공을 수행하여 그가 망명지에서 죽기까지 7년을 섬겼다. 소공이 죽은 이듬해에 숙손성자(叔孫成子)가 소공의 주검을 맞아들여 장사를 지냈으나, 자가기는 그와의 만남을 거절한 채 망명지에 남았다. 왕부지가 여기에서 준괘의 육사효에 빗대며 '완고하게 교화를 받아들이지 않는 이로서', '고국으로 돌아갈 마음을 깨끗이 씻었다'라고 하는 것은, 바로 자가기의 이러한 면을 지적하는 것으로 보인다.

143 사공도(837~908)는 당나라 말년의 시인 겸 문장가다. 오늘날의 산서성(山西省) 출신이다. 그는 33세 되던 해에 진사에 급제하였다. 그리고 광록시(光祿寺) 주부(主簿)를 역임하였다. 44세 되던 당(唐) 희종(僖宗) 때(880) 황소(黃巢)의 군대가 장안으로 쳐들어 와 그를 불렀으나 거절하고, 희종이 머물던 봉상(鳳翔)으로 도망가서 그 몸을 의탁하였다. 이 희종의 조정에서 사공도는 지제고(知制誥), 중서사인(中書舍人) 등에 차례로 임명되었다. 이듬해 희종이 보계(寶雞)로 옮겨 갔으나 그는 따라가지 않고 고향으로 돌아가 중조산(中條山) 왕관곡(王官谷)에 은거하였다. 나중에 소종(昭宗)과 그의 재상 주온(朱溫; 852~912. '朱全忠'이라는 이름으로 불린다.)이 시랑(侍郎)과 상서(尙書) 등의 벼슬로 그를 불렀으나 다 거절하였다. 마지막으로 재상 류찬(柳璨)의 요구에 의해 벼슬에 나아갔으나 짐짓 자신이 노쇠하여 아무런 쓸모가 없음을 거짓으로 시현해 보였다. 이에 물러감을 허락받고 돌아와 중조산에서 계속 은거하였다. 이후 주온이 당(唐)의 애제를 폐위한 뒤 후량(後梁)을 세우고 이듬해 애제를 죽이자, 사공도는 먹기를 거절한 채 굶어 죽었다.

144 왕부지는 여기에서 자가기(子家羈)를 준괘☶의 육사효에, 사공도(司空圖)를 육이효에 비유하면서, 제갈량(諸葛亮)을 그 초구효에 해당하는 것으로 보아, 초구효가 '제후로 세움[建侯]'을 상징하는 것으로 보고 있다. 즉 자가기는 그 지혜를 가지고 '이로움'의 관점에서 처세를 결정한 것으로, 사공도는 '어렵다'는 관점에서 함께하기를 거부한 채 은거한 것으로 보고 있는 것이다. "완민(頑民)을 자처하며 그 뒤로 물러서서 쓸쓸하게 살아가지 않겠는가!"는 말은 바로 이를 두고 하는 말이다. 따라서 이들은 '제후로 세움[建侯]'에 해당할 수 없고, 제갈량이 이에 해당한다는 것이다.

三

'畜'之極, '亨'也; '否'之極, '傾'也; '賁'之極, '白'也; '剝'之極, '不食'也;
'睽'之極, '遇雨'也. 然則'屯'極而雷雨盈, 雷雨盈而草昧啟. 上六曰,
"乘馬班如, 泣血漣如", '屯'將無出難之望乎? 曰: 時可以長者, 上也;
不可長者, 上六之自爲之也.

역문 대축괘䷙의 극은 '형통함[亨]'이고,[145] 비괘(否卦)䷋의 극은 '미끄러지게 함
[傾]'이며,[146] 또 다른 비괘(賁卦)䷕의 극은 '본바탕 그대로'를 의미하는 '백
(白)'이다.[147] 박괘(剝卦)䷖의 극은 '먹히지 않음'을 의미하는 '불식(不食)'이
고,[148] 규괘(睽卦)䷥의 극은 '비를 만남[遇雨]'이다.[149]

---

145 여기에서 '극(極)'이라 한 것은 낱낱 괘들의 맨 위 효, 즉 '상효(上爻)'를 지칭한다. 왕부지는
『주역』의 낱낱 괘들이 맨 아래의 초효로부터 생겨나서 위로 차츰차츰 진전한 뒤, 맨 위효
인 상효를 끝으로 하여 다른 괘로 바뀌어 간다[轉化]고 보고 있다. 그래서 상효를 '극(極)'이
라 표현하는 것이다. 그런데 이 대축괘䷙의 상효는 양효로 되어 있다. 그리고 그 효사는
"하늘의 사통팔달(四通八達)함을 짊어지고 있음이니, 형통하다.(何天之衢, 亨.)"로 되어 있
다. 왕부지는 이 대축괘가 회괘(悔卦)인 간괘☶에 의해 멈추어서 덕을 함양하는 의미로 보
는데, 이 상구효에 이르러서는 이제 사통팔달한 형통함을 의미하니 대축괘의 의미가 바야
흐로 상반되는 쪽으로 바뀌어 감[轉化] 상황에 있다는 것이다. 왕부지가 여기에서 지적하
는 것이 바로 이것이다.

146 비괘(否卦)䷋의 상구효사는 "꽉 틀어 막힌 비색함을 미끄러지게 함이라, 앞서는 비색하지
만 뒤에는 기쁘다.(傾否, 先否後喜.)"로 되어 있다. 그래서 왕부지는 상구효에 이르러서 이
제 이 비괘의 비색함이 해소될 상황으로 바뀌어 간다고 보는 것이다.

147 이 비괘(賁卦)䷕의 상구효사는 "본바탕 그대로 광채를 냄이니 허물이 없다.(白賁, 无咎.)"
로 되어 있다. 이 비괘는 '아름답게 꾸며 준다'는 의미를 지니고 있다. 그런데 이 상구효에 이
르러서는 이렇게 바뀌어서 비괘의 의미가 상반되는 쪽으로 바뀌어 갈 상황에 놓인 것이다.

148 박괘(剝卦)䷖의 상구효사는 "큰 과일이 먹히지 않음이니, 군자는 탈것을 얻지만, 소인은 거
처를 박탈당한다.(碩果不食, 君子得輿, 小人剝廬.)"로 되어 있다. 이 박괘는 아래 다섯 음
효들에 의해 상구효가 박탈당하는 짜임새를 이루고 있다. 그리하여 이제 상구효에 이르러
서는 그 의미가 상반되는 쪽으로 바뀌어 갈 상황에 이르렀기 때문에, '먹히지 않음'의 의미

이렇듯 상효에서 그 의미가 상반되는 쪽으로 뒤바뀌어 가는[轉化] 것이 일반적이라면, 준괘䷂에서도 극에 이르러서는 우레와 비가 가득하고, 우레와 비가 가득하여서는 가녀린 싹들이 엄동을 지나 막 동토를 뚫고 나와야 할 것이다.[150] 그런데 이 준괘䷂의 상육효사에서는 "네 마리의 말이 끄는 수레가 무리를 떠나서 오는 듯한데, 피눈물이 줄줄 흘러내리는 듯하다."라 하고 있다. 이렇게 보면, 준괘䷂에는 장차 어려움에서 벗어날 수 있는 희망이 없다는 것일까. 시간의 관점에서 볼 때는 준괘䷂에서도 상효

를 띠게 되었다는 것이다.

149 규괘䷥의 상구효사는 "괴리된 채 고독함이요, 돼지가 등에 잔뜩 진흙을 묻히고 있음을 보고서 수레 한가득 귀신을 싣고 오는 것으로 여겨 먼저는 활시위를 당겼다가 나중에는 당기던 활시위를 슬그머니 놓는다. 도적이 아니며 혼인을 청하러 온 사람이다. 가다가 비를 만나면 길하다.(睽孤, 見豕負塗, 載鬼一車, 先張之弧, 後說之弧, 匪寇, 婚媾, 往遇雨則吉.)"로 되어 있다. 이 규괘에 대해 『단전』에서는 "규괘는 불이 움직이며 위로 올라가고 연못은 움직이며 아래로 내려옴이라, 두 여인이 함께 거처하는데 그 뜻함은 함께 가지 않는다.(睽, 火動而上, 澤動而下, 二女同居, 其志不同行.)"라 하고 있고, 『대상전(大象傳)』에서는 "위는 불 아래는 연못으로 이루어진 것이 규괘니, 군자는 이를 본받아 같으면서도 다르다.(上火下澤, 睽, 君子以同而異.)"라 하고 있다. 함께 있는 이들이 서로 잘 어울리지 못함을 의미한다. 여기에는 서로에 대한 의심이 있음도 물론이다. 그런데 이 상구효에 이르러서는 그 의미가 반전(反轉)하고 있는 것이다. 그래서 길할 수 있고, 그 조건으로서 '비를 만남'을 말하고 있다. 이것이 이곳에서 왕부지가 말하고자 하는 것이다.

150 이는 준괘䷂에 대한 『단전』의 풀이를 근거로 하는 말로 보인다. 준괘䷂의 『단전』에서는 "험함 속에서 떨치며 움직이니 올곧음에 크게 형통하고, 우레와 비의 움직임이 가득하도다. 하늘이 이제 막 세상을 열어 혼돈의 상태인데 가녀린 싹들이 엄동을 지나 막 동토를 뚫고 나온 것과 같으니, 마땅히 제후를 세워야 하고 평안하지가 않다.(動乎險中, 大亨貞, 雷雨之動滿盈. 天造草昧, 宜建侯而不寧.)"라 하고 있다.

여기에서 '우레'는 준괘䷂를 구성하고 있는 하괘[貞卦]가 진괘☳로 이루어졌기 때문에 취상설의 관점에서 이렇게 말하는 것이고, '비'는 준괘의 상괘[悔卦]가 감괘☵로 이루어졌기 때문에 역시 취상설의 관점에서 이렇게 말하는 것이다. 왕부지는 전형적인 의리역학을 펼쳤음에도 불구하고 이처럼 각 괘들이 가지고 있는 상(象)에 대해서도 중시하였다. 그는 "괘의 상을 떠나서는 괘·효사가 없다.(『周易內傳』, 「繫辭上傳」 제1장: 無象外之辭.)"라고 보았기 때문이다. 기(氣)가 구체 세계를 만들어 내는 것에 첫째가는 의미를 두었던 기철학자로서의 면모가 이러한 점에도 잘 드러나 있다.

(--)는 준괘가 지닌 의미와는 상반되는 쪽으로 뒤바뀌어 가서 자라날 수가 있다. 그런데도 지금 이것이 자라날 수 없는 까닭은, 상육효 스스로가 그렇게 하기 때문이다.

且夫'屯'雖交而難生, 然物生之始, 則其固有而不得辭者矣. 一陽動於下, 地中之陽也. 自是而出'震'入'坎'之交, 物且冒土而求達. 乃離乎地中, 出乎地上者无幾也. 水體陽而用陰, 以包地外, 物之出也必涉焉. 出而暢矣, 則千章之緜條, 无所禁其長矣. 出而猶豫裵回以自阻也, 則夭折而不可長. 故方春之旦, 雷發聲, 蟄蟲啟, 百昌將出, 必有迅風·疾雨·驟寒以抑勒之, 物之摧折消阻者亦不可勝道. 非資乎剛健, 見險而不朒者, 固不足以堪此.

역문 한편 준괘☷에서는 비록 사귄다고 할지라도 어려움이 생김을 드러내고 있다. 생명체[物]들에게는 그 생겨나는 시초에 본디 이러한 어려움이 꼭 있는 것으로서 결코 이를 물리칠 수가 없다. 이 준괘☷에서 하나의 양(—)이 아래에서 움직임[151]은 땅속의 양을 상징한다. 이렇게 움직임으로 말미암아 이 양은 진괘☳를 벗어나 감괘☵로 들어가는 사귐을 갖게 된다. 이는 뭇 생명체[物]들이 흙을 뚫고 나와 그 창달을 추구함과 같다.

그러나 막상 땅속으로부터 벗어나서 땅 위로 나오는 것은 거의 얼마 안 된다. 물[水][152]은, 몸은 양으로 되어 있지만 그 작용은 음으로 하는데, 이러한 방식으로 물이 땅의 밖을 휩싸고 있다.[153] 이러하기에 뭇 생명체[物]들이

---

151 준괘☷의 하괘[貞卦]가 진괘☳로 이루어져 있는데, 이 진괘☳의 양효를 가리켜서 하는 말이다.

152 이 준괘☷의 회괘(悔卦; 상괘)인 감괘☵를 가리키는 말이다. 감괘가 취상설에서는 물[水]을 상징하기 때문이다.

땅속으로부터 나오면서는 반드시 이 물[水]을 지나치게 되어 있다. 그리고 땅속에서 나와 창달하게 되면 천 길이나 되는 거대한 수목을 이루기까지라도 그 자라남을 막을 것이 없다. 하지만 땅속에서 나와서도 오히려 머뭇거리고 배회하며 자신을 막게 되면, 요절하고 자라날 수가 없다.

그러므로 봄이 막 시작될 무렵 뇌성이 치면 한겨울 땅속에서 칩거하던 것들이 깨어나고 온갖 생명들이 튀어나오게 되는데, 반드시 이즈음에는 세찬 바람이 불고 폭우가 내리며 갑자기 혹한이 몰아닥쳐 이들에게 엄혹한 시련을 가하게 된다. 이에 생명체들 중에서는 그 생명 활동이 꺾이며 좌절하고 사라져 버리는 것들이 이루 헤아릴 수 없이 많게 된다. 이때 굳세고 씩씩하여 험난함을 당하더라도 움츠러들지 않는 이에게 도움을 입지 않는다고 할 것 같으면, 이제 막 생겨 나온 생명체들로서는 진실로 이러한 시련을 감당해 내기 어렵다.

上六與'坎'爲體, 與五爲比, 借五之尊, 資陽之力, 誰足以禁其長者? 而柔不知決, 其"乘馬班如", 猶二‧四也, 於是而不能出, 則竟不出矣. 猶乎發土而遇寒雨, 乃更反而就暖於地中之陽, 首鼠狐疑, 楚囚對泣, 將欲誰怨而可哉!

역문 이 준괘䷂의 상육효는 감괘☵와 한 몸을 이루고 있고, 구오효와는 '나란히 함께함[比]'을 이루고 있다. 그래서 상육효는 구오효에게 그 존귀함을 빌리고서는 그 양의 힘에 도움을 받고 있다. 이러한데 뉘라서 이 상육효의 자라남을 금할 수 있겠는가. 그럼에도 불구하고 이 상육효는 우유부단하

---

153 물이 땅 위를 흐르거나 땅 위에 저장되어 있거나, 또는 증발하여 구름이 되고 다시 비를 내리는 등의 방식으로 땅을 덮고 있음을 두고서 하는 말이다.

여 결단할 줄을 모르니, "네 마리의 말이 끄는 수레가 무리를 떠나서 오는 듯"함을 이루고 있다. 이 점에서 상육효는 육이·육사효와 다를 바가 없다. 이렇게 하여 상육효가 위로 나올 수 없으니, 끝내 나오지 못하고 마는 것이다.

이는 땅을 뚫고 나왔다가 혹한과 폭우를 만나자 되돌아 다시 땅속의 양에게로 따뜻함을 찾아가는 것과도 같다. 마치 쥐새끼가 고개만 두리번거리며 앞으로도 뒤로도 나아가지 않는 모습이거나, 여우가 심하게 의심을 내며 망설이는 모습이다. 이는 한갓 포로로 잡혀 노예생활을 하는 채 서로 마주 보며 무력하게 눈물이나 흘릴 뿐인 초나라 죄수들과도 같은 격[154]이니, 장차 그 누구를 원망하고자 한들 가하겠는가!

嗚呼! 二·四之馬首不決於所從者, 在'坎'中而畏險, 人情之常也. 上

---

154 여기에서 말하는 초나라 죄수에 관한 이야기는 원래 『춘추좌씨전(春秋左氏傳)』, 성공(成公) 9년 조에 나온다. 그리고 이 말은 '꽉 막힌 처지에 놓인 채 상황을 타개할 수 있는 것이라고는 아무것도 없는 이'를 의미한다. 나중에 『세설신어(世說新語)』에서는 이를 인용하여, 승상(丞相) 왕도(王導)가 서진(西晉)의 귀족들을 꾸짖으며 "마땅히 죽을힘을 다해 왕실을 보호하고 빼앗긴 중원 땅을 회복하는 데 진력해야 하거늘, 어찌 한갓 초나라 죄수들처럼 서로 바라보며 눈물이나 흘린단 말인가!"라고 한 데서 다시 한번 강조되었다.

　이때(서기 316년) 사마씨(司馬氏)의 서진 왕조는 후조(後趙)의 제5대 황제 유요(劉曜; ?~328년)의 군대에 의해 멸망하였다. 그래서 일군의 귀족들과 함께 양자강을 건너 도망을 간 사마예(司馬睿)가 왕도(王導)의 옹호에 힘입어 동진(東晉)을 세웠다. 그리고 무력감에 빠진 귀족들은 매일 청량한 날씨를 맞아 건강성(建康城) 밖에 있는 신정(新亭)에 올라 풀밭 위에서 술 마시는 것으로 소일하였다. 그러던 중 무성후(武城侯) 주의(周顗)가 홀연 "풍광은 다를 바 없는데, 정작 산하(山河)는 옛 우리의 그곳이 아니로구나!"라고 감성에 젖어 눈물을 흘렸다. 그러자 일행 모두가 서로 바라보며 눈물을 흘리는데, 오직 왕도(王導)만이 얼굴빛을 바꾸고 정색을 하며 일행을 이렇게 꾸짖었던 것이다.

　왕부지는 여기에서 준괘▤▤ 상육효가 바로 무력감에 젖은 채 서로 바라보며 한갓 눈물이나 흘리는 초나라 죄수들과 같은 의미를 지닌 것으로 논하고 있다. 그리고 계급모순보다 민족모순을 더 질곡으로 여겼던 왕부지는 준괘 상육효와 같은 이러함에 대해 매우 못마땅해하였다.

出乎險而遠乎初矣, 然且棲遲迷留, 頓策於歧路, 夫何爲者? 甚哉,
初九淫威孔福之動人也! '震'主而疑天下之心, 五雖欲光其施, 豈可
得哉! 唐文·周墀所爲灑涕於一堂也. 周衰而萇弘誅, 漢亡而北海
死. 雖壯馬難拯, 而弱淚不揮, 非所望於懍夫之激已.

역문 오호라! 이 준괘☳의 육이·육사효 등이 어디로 말머리를 돌려서 가야
할지 갈피를 잡지 못함은 감괘☵가 상징하는 험난함 속에 빠져 두려워하
기 때문이다. 이는 보통 사람이라면 누구에게나 늘 있는 것이다. 이들에
비해 상육효는 험난함으로부터도 벗어났고 초구효로부터도 멀리 떨어져
있다. 그런데도 이 상육효는 갈 길을 잃은 채 머뭇거리며 갈림길에서 지팡
이만을 두드리고 있다. 그러니 도대체 무엇을 할 수 있겠는가?

심하도다, 초구효의 성대한 덕과 큰 복으로써 사람들을 움직임이여! 진
괘☳의 주체로서 세상을 움직이며 이렇게 사람들의 마음에 의심을 불러일
으키니, 구오효가 비록 온 세상에 환히 그 덕을 베풀고자 한들, 이 어찌 가
능하리오! 그래서 당나라 문종과 주지(周墀; 793~851)가 같은 당(堂)에 함께
앉아 하염없이 눈물을 흘렸던 것이다.[155] 그리고 주(周)나라가 쇠하자 장홍

---

[155] 『신당서(新唐書)』에서는 다음과 같이 그때의 상황을 생생하게 묘사하고 있다. 개성(開成)
4(839년), 당시 당나라 문종(809~840년)이 중풍으로 고생하던 중에 좀 낫자 낮에 연영전
(延英殿)에서 재상들을 불러 조회를 보고, 밤에는 사정전(思政殿)에서 휴식을 취하며 당직
을 서던 주지(周墀)를 불러 대화를 나누게 되었다. 문종이 "지금의 상황으로 보건대, 그대
는 내가 어떤 임금이라 생각하는가?"라고 물었다. 이에 주지는 재배를 한 뒤에 "신이 어찌
알겠습니까만, 세상 사람들은 폐하를 요·순과 같은 임금이라고들 합니다."라고 대답하였
다. 그러자 문종은 "내가 그대에게 물은 것은 나를 주(周)나라의 난왕(赧王; ?~B.C.256, 재
위 B.C.314~B.C.256)·한(漢)나라의 헌제(獻帝; 181~234, 재위 189~220)와 비교하여 누
가 더 나은가 하는 것이다."라고 자신의 질문 의도를 더욱 정확히 하였다. 이에 주지는 깜
짝 놀라 몸 둘 바를 모르며, "폐하의 덕이라면 주나라의 성왕(成王)과 강왕(康王)으로서도
미치지 못할 것이거늘 어찌 이렇게 스스로 망국의 두 임금에 비기시오니까?"라고 하였다.

(萇弘)이 주살당하고,[156] 한(漢)나라가 망하자 공융(孔融)이 죽임을 당했던 것이다.[157] 비록 아무리 튼튼한 말을 가졌다고 한들, 구하기 어려운 상황인

그러자 문종은 "난왕과 헌왕은 오히려 당시 강력하던 신하들에게서나 압제를 받았지만 지금 나는 한갓 가노(家奴)에 불과한 환관들에게 압제를 당하고 있지 않은가. 그러니 내 스스로 보기에도 난왕과 헌제에도 미치지 못한다고 하는 것일세."라고 말하며 쓸쓸히 눈물을 흘렸다. 이에 주지도 땅에 엎드려 하염없이 눈물을 흘렸다. 그 뒤로 문종은 다시는 조회를 보지 않았고, 이듬해 승하하였다. 향년 32세의 젊은 나이로 비극적인 생애를 마감한 것이다.(『資治通鑑』권246,「唐紀62, 文宗元聖昭獻孝皇帝下」: 乙亥, 上疾少間, 坐思政殿, 召當直學士周墀, 賜之酒. 因問曰, "朕可方前代何主?" 對曰, "陛下, 堯舜之主也." 上曰, "朕豈敢比堯舜. 所以問卿者, 何如周赧·漢獻耳." 墀驚曰, "彼亡國之主, 豈可比聖德?" 上曰, "赧·獻受制于彊諸侯, 今朕受制于家奴. 以此言之, 朕殆不如." 因泣下霑襟. 墀伏地流涕. 自是不復視朝.)

문종은 환관들이 경종(敬宗)을 죽이고 옹립한 황제로서, 치세하는 동안 줄곧 환관들에 의해 꼼짝없이 제압을 당하며 꼭두각시처럼 지내 온 임금이었다. 특히 환관들의 전횡에 견디다 못한 문종이 대신(大臣) 이훈(李訓)·정주(鄭注) 등과 밀모하여 환관들의 일망타진을 꾀하다 오히려 이들에 의해 제압당하고 만 감로지변(甘露之變; 835년) 이후로는 이들에게 핍박을 당하며 굴욕에 찬 삶을 살았던 것이다. 그런데 문종은 이 주지(周墀)를 대단히 총애하였다. 그래서 이렇게 둘이 함께 가슴속 깊은 소회를 털어놓았던 것으로 보인다. 왕부지는 여기에서 당 문종이 치세하는 동안 치렀던 이러한 비극적 상황과 그 죽음을 가지고 이 준괘䷋의 구오효의 무력함을 풀이하고 있다.

156 장홍(?~B.C.492)은 장숙(萇叔)이라고도 한다. 동주(東周) 시기 촉(蜀; 지금의 四川省 資中縣) 출신이다. 동주의 저명한 학자요, 정치가다. 소년시절부터 책읽기를 좋아하여 천문과 역수(曆數), 음률과 악리(樂理)에 정통하였다. 주(周)나라 경왕(敬王; B.C.496~B.C.495) 재위 연간에 공자가 악(樂)에 대해 묻기 위해 그를 탐방하였다고 한다. 그 정도로 장홍의 학식은 뛰어났다. 그런데 장홍이 재임하는 동안 주나라는 이미 쇠망의 길로 들어서고 있었다. B.C.492년, 진(晉)나라에서 대부 범길사(范吉射)와 중행인(中行寅)의 반란 사건이 일어났을 때 장홍은 진(晉)의 세력을 약화시키고 주(周) 왕실에 도움이 되게 하기 위해 범길사를 도왔다. 이 때문에 장홍은 당시 진(晉)의 실권자요 이들 반란의 대상이던 조씨(趙氏)로부터 분노를 사게 되었다. 내란이 평정된 뒤에 진(晉)의 실권자이던 조앙(趙鞅)이 이를 구실로 주나라 천자인 경왕(敬王)을 핍박하였다. 진(晉)나라의 지지로 주나라 천자의 지위에 올랐던 경왕은 빨리 사건을 무마하고 민심을 안정시키기 위해 영(令)을 내려 장홍을 죽여 버리고 말았다. 만고에 빛나는 장홍의 충심이 결국 그가 충성을 다 바친 사람에 의해 죽게 되는 것으로 막을 내린 것이다.
왕부지가 여기서 예로 들고자 한 것은 바로 이 점이다. 이 준괘䷋에서 주나라와 그 황제를 상징하는 구오효가 험난함 속에 빠져 있는 나머지 제 역할을 하지 못함으로써, 초구효가 상징하는 장홍과 같은 인물이 비극적 죽임을 당하게 하였다는 것이다.

지라, 그저 나약한 존재로서 하염없이 눈물이나 흘릴 뿐이니, 무기력한 인물의 격한 감정에 기대는 정도로는 결코 해결될 수 없을 따름이로다.

157 '북해(北海)'는 공융(孔融; 153~208)을 가리킨다. 그가 북해의 상(相)으로 재직하는 동안 황건적을 물리치는 등 치세에서 훌륭한 업적을 이루었기에 이렇게 불린다. 공융은 동한 말의 문인이다. 노(魯)나라의 곡부(曲阜) 출신으로서 공자의 20세손이다. 낙양에서 호분중랑장(虎賁中郎將)으로 재직할 적에는 동탁(董卓)이 한나라의 소제(少帝)를 폐하고 헌제(獻帝)를 옹립한 것에 대해 반대하며 입바른 소리를 한 나머지 동탁의 미움을 사게 되었다. 그래서 동탁은 당시 황건적이 가장 많이 창궐하던 북해의 상(相)으로 공융을 파견해 버렸다. 북해의 상으로 재직하는 동안 공융은 유비(劉備)와 인연을 맺기도 했다. 한나라 헌제(獻帝)가 허창(許昌)으로 천도하자 공융도 함께 갔다. 그래서 공융은 장작대장(將作大匠)에 임명되었다가 소부(少府)에 임명되었다. 그리고 태중대부(太中大夫)에 봉해졌다.
　그런데 그의 됨됨이는 자질구레한 규범에 구애받지 않고 자신의 재주를 너무 믿어 다른 사람들과 마찰을 자주 빚는 타입이었다. 특히 굳세고 올바른 성품이어서 남에게 전혀 아첨할 줄을 몰랐다. 동탁에게 그랬던 것처럼 허창에서도 공융은 사사건건 조조(曹操)에 반대하며 그와 부딪혔다. 예컨대 조조가 육형(肉刑)을 되살리는 것, 조조의 아들 조비(曹丕)가 원술의 며느리를 아내로 맞이하는 것, 금주령을 내린 것 등에 반대하였다. 그리고 오환(烏桓)을 정벌하는 것에 대해서는 조롱하기까지 하였다.
　무엇보다 공융은 한나라 황실에 대해 충성을 다 바쳤다. 그래서 한나라 황실의 세력 증강을 꾀하는 상소를 올렸는데, 이것이 결정적으로 조조의 격노를 샀다. 조조 자신의 통치 원칙에 입각한 정책 시행을 불가능하게 하였기 때문이다. 그래서 조조는 공융에게 조정을 비방한다는 등의 죄목을 씌워 죽여 버리고 말았다. 그 일가족도 함께 몰살하였다.
　이때 조조가 공융에게 보인 격노한 감정과 씌운 죄명이 너무나 엄중했기에 이후에는 공융에 대해 거론하는 것조차 금기시되었다. 심지어 조조를 존숭하여 그를 위주로 『삼국지』를 쓴 진수(陳壽)조차 감히 공융에 대한 전(傳)을 쓰지 못할 정도였다. 공융의 인물됨에 비해 이러한 면들은 가혹한 것이라 아니 할 수 없다. 다만 조조의 아들인 조비(曹丕)가 대권을 잡아 본격적으로 위(魏)나라를 출범한 뒤에 공융의 문학적 성취와 그 취향을 높이 사서 공융을 '건안칠자(建安七子)'의 으뜸으로 분류하였다.
　왕부지는 여기에서 공융의 이러한 비극적 죽음을 가지고 준괘䷂가 가진 의미를 풀이하고 있다. 한나라와 그 황제를 상징하는 구오효가 험난함 속에 빠져 있는 나머지 제 역할을 하지 못함으로써, 초구효가 상징하는 공융과 같은 인물이 이렇듯 비극적 죽임을 당하게 된다는 것이다.

몽괘

䷃蒙

一

‘震’·‘坎’·‘艮’皆因乎地以起陽者也. 初陽動乎地下, 五陽次進而入乎地中, 故‘乾’坤’始交而‘屯’. 綜而爲‘蒙’之象: 陽自初而進二, 自五而進上, 則‘屯’進而爲‘蒙’, 天造之草昧成矣. 天包地外, 地在水中. 離乎地, 未卽乎天, 故‘屯’止於‘坎’; 沐乎水, 卽隮乎山, 故‘蒙’成於‘艮’也.

역문 진괘☳, 감괘☵, 간괘☶ 등은 모두 땅으로 말미암아서 양을 일으키는 괘들이다.[158] 최초의 양이 땅속에서 움직이고 다섯 번째의 양이 다음으로 나아가 땅속으로 들어갔기 때문에 건괘☰와 곤괘☷가 맨 처음 사귀어서 준

---

158 이들 괘들은 괘 전체로 볼 때, 모두 양(陽)에 속하는 괘들이다. 『주역』의 괘들에서는 일반적으로 구성하고 있는 음효와 양효 가운데 적게 있는 효가 그 괘의 음·양을 결정한다. 이들 세 괘는 모두 1양·2음으로 되어 있다. 따라서 양의 효들이 적기 때문에 양의 괘들로 분류하는 것이다. 그리고 이들 모두가 "땅으로 말미암아서 양을 일으키는 괘들이다."라는 의미는, 이들 괘들이 모두 땅을 상징하는 곤괘☷로부터 비롯된다는 의미다. 즉 곤괘의 초효에 양이 들어가면 진괘☳가 되는데, 왕부지는 이에 대해 여기에서 '땅속에서 움직인다'라하고 있다. 진괘의 의미가 '움직임'이고, 그 양효는 땅을 상징하는 곤괘☷의 맨 밑에 자리잡고 있기 때문이다. 같은 논리로 곤괘☷의 2효에 양(陽)이 들어가면 감괘☵가 되고, 3효가양이 들어가면 간괘☶가 된다.

괘䷗가 된 것이다.[159] 이것이 종(綜)으로는 몽괘䷃의 상이 된다.[160] 이 몽괘䷃는 준괘䷂와 비교해 볼 적에, 양(陽)인 초효가 2효로 나아갔으며, 또 5효는 상효로 올라갔다. 그래서 준괘䷂가 나아가 몽괘䷃가 되었으니, 이는 '하늘이 이제 막 세상을 연 혼돈의 상황 속에 가녀린 싹들이 엄동을 지나 막 동토를 뚫고 나온'[161] 모습이 이루어진 것이다.

원래 이 세계는 하늘이 땅을 밖에서 휩싸고 있고, 땅 위를 물이 덮고 있

---

159 준괘䷂는 회괘(悔卦; 上卦)가 감괘☵로 되어 있고, 정괘(貞卦; 下卦)가 진괘☳로 되어 있다. 그리고 생겨 나온 순서는 밑에서부터 위로 가기 때문에 진괘가 먼저 생겨 나오고, 감괘가 나중에 생겨 나온 것이 된다. 그래서 진괘의 양효가 최초의 양이 되고, 감괘의 양효는 다섯 번째의 양이 된다고 하는 것이다. 그리고 이 준괘의 회괘(悔卦)를 이루고 있는 감괘☵는 음효들 속에 양효가 있는 상(象)이기 때문에, 왕부지는 여기에서 양이 다음으로 나아가 땅속으로 들어갔다고 하고 있다.

160 '종(綜)'이라는 말은 '착(錯)'이라는 말과 함께 왕부지의 『주역』풀이에서 특징적인 용어다. 왕부지는 이를 『주역』 64괘의 구성 원리와 이들의 유기적 관계를 설명하면서 구사하고 있다. 왕부지는 『주역』의 64괘·32짝이 착(錯) 아니면 종(綜)의 관계를 이루고 있다 본다. 물론 이 설은 왕부지의 독창이 아니고 명대의 상수학자 래지덕(來知德)이 주창한 것을 왕부지가 그대로 수용한 것이다. 그런데 왕부지는 『주역』이 이 세계가 변역함을 보여 주는 것이기 때문에, 착(錯)이 아닌 종(綜)의 관계를 위주로 하여 괘들을 배열하고 있다고 본다. 이 종(綜)의 관계를 이루고 있는 괘들은 위·아래를 거꾸로 하면, 즉 도치(倒置)하면, 서로 이웃하고 있는 괘가 된다. 예컨대 준괘䷂·몽괘䷃ㅤ짝, 수괘(需卦)䷄와 송괘䷅ㅤ짝 등을 보면 이를 알 수 있다. 다시 말해서 준괘䷂를 도치하면[綜] 몽괘䷃가 되고 그 역도 마찬가지며, 수괘䷄를 도치하면[綜] 역시 송괘䷅가 되는데 그 역도 마찬가지라는 것이다. 『주역』에서는 56개의 괘가 각기 이웃하고 있는 괘들끼리 이 종(綜)의 관계를 이루고 있으니, 이는 짝으로 하면 28짝이 된다. 이 종(綜)의 관계를 이루는 짝들은 도치하면 두 괘가 하나의 상(象)을 이룬다. 그래서 왕부지는 이를 28상이라 한다. 이에 비해 착(錯)의 관계에 있는 괘들은 그렇지 않다. 즉, 64괘에서 이들 56괘를 제외한 나머지 8괘, 예컨대 건괘䷀와 곤괘䷁, 감괘䷜와 리괘䷝, 이괘(頤卦)䷚와 대과괘䷛, 중부괘䷼와 소과괘䷽ㅤ등은 위·아래를 거꾸로 해도 짝을 이루고 있는 상대방의 괘가 되는 것이 아니라 도로 자신의 상(象)이 되고 만다. 따라서 이들 여덟 괘에서는 종(綜)의 관계가 성립될 수 없다. 그래서 두 괘가 1상을 이루는 것이 아니라 여덟 괘가 각각 하나의 상을 이룬다. 이들은 모두 8상이 되는 것이다. 그리하여 상의 측면에서는 64괘가 36상(28상+8상)을 이룬다고 하는 것이다. 그리고 이 착(錯)의 관계에 있는 괘들은 서로 대대(對待)의 관계를 이루고 있다. 이것이 왕부지의 '착종'설이다.

161 이 말은 준괘 『단전』에 나오는 말이다.

기 때문에, 땅은 물속에 있다고 할 수 있다. 그런데 하늘과 땅이 사귀며 유기적으로 작용하기 시작함에 따라 땅속에서 움직임이 일어 땅으로부터 벗어나게 되는데, 그렇다고 하여 곧바로 하늘에 이르는 것이 아니다. 그래서 준괘䷂는 감괘☵에 멈추어 있다.[162] 그리고 땅을 덮고 있는 물에 목욕을 하고 나서 산에 오르는 것이기 때문에 몽괘䷃는 간괘☶에서 이루어진다.

當其爲'屯', 不能自保其必生, 故憂生方亟, 求於陽者, 草昧之造也; 而有生以後, 堅脆良楛, 有不暇計者焉. 逮其爲'蒙', 能自保其生矣, 則所憂者, 成材致用之美惡, 求於陽者, 養正之功也; 姑息之愛, 呴沫之恩, 非所望矣.

역문 준괘䷂의 상황에서는 이제 막 생겨난 것들이 꼭 살아날 수 있다는 것을 스스로도 보장할 수 없다. 그러므로 이 상황에서는 생존을 우려하는 것이 매우 긴급하다. 이 준괘䷂에서는 양(陽)에게 할 일로 요구하는 것이 이제 막 세상을 연 혼돈의 상황 속에서 가녀린 싹들을 지어냄이다. 그러므로 이 상황에서는 생존한다고 하더라도 이후 튼튼한 것이 될지 아니면 연약한

---

162 이는 통행본 『주역』의 순서가 건괘䷀와 곤괘䷁로부터 비롯하여 준괘䷂로 이어짐을 두고 하는 말이다. 왕부지는 건괘와 곤괘가 이 세계를 운용하는 양대 공능을 상징하는 것들이고, 이들이 서로 사귀며 유기적 관계를 이루는 속에 나머지 62괘로 변환하며 전개된다고 본다. 이를 위에서 설명한 '착종'설(錯綜說)과 함께 놓고 보면, 62괘가 모두 건괘·곤괘 두 괘의 변용(變容)으로서 결국은 건괘·곤괘로 환원된다. 여기에서 건괘·곤괘는 하늘과 땅을 상징하고 나머지 62괘는 만사(萬事)·만물(萬物)을 상징한다. 왕부지의 이러한 『주역』 풀이 틀은 곧 하늘과 땅이라는 양대 공능이 사귀며 유기적으로 작용하는 속에 이 세계 만물이 생겨난다고 보는 것이다. 이것이 왕부지의 유명한 건곤병건설(乾坤竝建說)이다. 그리고 준괘는 이들 두 괘의 사귐과 유기적 작용 속에 만들어진 최초의 괘로서, 하늘이 이제 막 세상을 연 혼돈의 상황 속에 가녀린 싹들이 엄동을 지나 막 동토를 뚫고 나옴을 상징한다고 보고 있다.

것이 될지, 또는 질 좋은 것이 될지 아니면 질 나쁜 것이 될지에 대해, 어느 겨를에 이를 따져 볼 수가 없다.

몽괘䷃의 상황에 이르러서라야 생명체들은 스스로 그 생명을 보전할 수 있다. 이 상황에서는 단지 우려할 것이란 이룬 재질과 쓸모가 좋은가 나쁜가이다. 그래서 이 몽괘䷃에서는 양에게 할 일로 요구하는 것도 올바름을 길러 주는 공(功)이다. 그저 견식이 짧은 사람들이 구차하고 원칙 없는 관용을 베푸는 사랑이랄지,[163] 물 밖으로 던져진 물고기들이 서로 살린답시고 겨우 입으로 물방울을 불어 주는 은혜 따위[164]는 양에게서 결코 바라지 않는다.

夫以生求人者, 待命於人, 而得膏粱焉. 以養正求益者, 待命於人, 而得藥石焉. 其待命於人均也, 而所得則別. 求膏粱者, 於生爲急, 而急則或墮其廉恥; 求藥石者, 於生若緩, 而緩則自深其疢疾. 聖人以愚賤之廉恥爲憂, 而深恤其疢疾, 故'屯'以愼於所求爲貞, 而'蒙'以

---

163 『예기(禮記)』, 「단궁(檀弓)」 편에 나오는 말이다. 거기에서는 군자가 사람을 사랑하는 것과 견식이 짧은 사람들이 사람을 사랑하는 것을 비교하면서 이렇게 말하고 있다. 군자는 덕으로써 사람을 사랑하고, 견식이 짧은 사람들은 구차하고 원칙 없는 관용으로써 사람을 사랑한다는 것이다.(君子之愛人也以德, 細人之愛人也以姑息.)

164 『장자(莊子)』, 「대종사(大宗師)」 편에 나오는 말이다. 장자가 여기에서 말하고자 하는 것은, 물고기들이 살아가던 곳에서 물이 말라 버리면 그 물고기들이 함께 물으로 노출되어 버리는 상황이 벌어지는데, 이때 물고기들이 서로를 살린답시고 입으로 습기를 불어 주고 물방울로써 적셔 주는 은혜를 서로에게 베푼다 한들 이게 근본적인 해결책이 되겠느냐 하는 것이다. 이보다는 강이나 호수 속 충족된 삶의 환경 속에서 살아가면서 아예 이러한 은혜로움을 베푸는 것 따위는 잊어버린 채 살아가는 것이 근본적인 해결책이라는 의미다. 이는 유가에서 인의(仁義) 도덕으로 공동체를 꾸려 가며 그 속에서 사람들의 생존을 꾀하는 것을 장자가 비판하기 위해 설정한 은유다. 장자는 아예 이러한 인의 도덕이 의미를 잃어 버려 해체되어 버린 상황에서 살아가는 것이 이상적이라 본 것이다. 강이나 호수는 장자가 그리는 이런 삶의 상황을 은유하는 것들이다.(泉涸, 魚相與處於陸, 相呴以濕, 相濡以沫, 不如相忘於江湖, 與其譽堯而非桀也, 不如兩忘而化其道.)

遠於所求爲困.

역문 남에게서 생존을 구하는 이들은, 그 남으로부터 명령을 받고 그것을 수행하여, 살진 고기나 맛있는 먹을 것을 얻는다. 이에 비해 사람으로서의 올바름을 기름으로써 보탬이 됨을 구하는 이들은, 그 남으로부터 명령을 받고 그것을 수행하여 자신의 잘못됨을 치료하는 데 도움이 될 약이나 돌침을 얻는다.

이들이 남으로부터 명령을 받고 그것을 수행한다는 점에서는 같지만, 얻는 결과는 다르다. 살진 고기나 맛있는 음식을 구하는 이들은 생존을 긴급한 것으로 여긴다. 그래서 이렇게 긴급하게 여기다 보면, 마땅히 지켜야 할 염치 따위는 내팽개치는 경우도 있다. 이에 비해 약이나 돌침을 구하는 이들은 생존에 대해서는 느슨해하는 듯하다. 그래서 이렇게 느슨해하다 보면 스스로 그 질병을 더욱 키우기까지 한다.

성인들께서는 어리석은 이들이 염치를 버림에 대해서도 염려하였고, 그 질병에 대해서도 깊이 마음을 썼다. 그래서 준괘≡≡에서는 구하는 것에 대해 신중히 함을 올곧음으로 여겼고, 몽괘≡≡에서는 자기에게 필요한 것을 구하는 것에 대해 멀리함을 곤궁함으로 여겼다.

且以膏粱養人者, 市恩之事; 以藥石正物者, 司教之尊. 恩出自下, 則上失其位; 教行於下, 必上假其權. 懼‘屯’五入險而失位, 故授之以建侯之柄; 幸‘蒙’五順陽而假權, 故告之以尊師之宜. 聖人之於『易』, 操之縱之·節之宣之, 以平陰陽之權, 善人物之生者, 至矣哉!

역문 또한 살진 고기와 맛있는 먹을 것으로써 남을 기르는 것은 사사로운 은혜를 베풀어 남의 환심을 사는 일에 속한다. 이에 비해 약과 돌침으로써 생명체[物]들을 올바르게 하는 일은 스승과 같은 존엄에 속한다. 아랫사람이 세상 사람들에게 은혜를 베풀면 윗사람은 그 지위를 잃어버리게 되고, 아랫사람이 가르침을 행하면 반드시 윗사람은 그 권위를 빌려주게 된다.

『주역』을 만든 성인께서는 준괘䷂에서 구오효가 험난함 속에 들어가서 지위를 잃어버림을 두려워하기 때문에, 구오효에게 초구효를 제후로 세우는 권세를 주었다. 그리고 몽괘䷃에서는 육오효가 양[陽; 구이효]에게 순종하며 권위를 빌려줄 것을 바라기 때문에, 그 육오효에게 존경스러운 스승에 어울린다는 것으로써 말해 주고 있다. 성인께서는 『주역』에 대해 이처럼 상황에 알맞게 조종하고 딱 들어맞게 펼쳐 냄으로써, 음·양의 권세를 고르게 하며, 사람과 다른 생명체[物]들이 잘 생존하도록 하고 있다. 지극하도다!

二

六陰六陽備, 而天地之變乃盡; 六位具, 而卦之體已成. 故卦中有陰陽, 爻外有吉凶, 而卦與爻受之. '蒙'之上九, 象爲'擊蒙', 豈俯而擊下乎? 方蒙而擊之, 是'爲寇', 非'禦寇'也. 四陰爲'蒙', 二陽爲養'蒙'之主, 上將何所擊哉?

역문 여섯 양과 여섯 음이 갖추어져야 하늘과 땅의 변화를 다 드러낼 수 있다. 그리고 여섯 위(位)가 갖추어져야 괘의 몸이 완성된다. 그러므로 괘들의 속에는 음·양이 있고, 효(爻)의 밖에는 길·흉이 있는데, 괘와 효는 이들을 받아들인다. 몽괘☷☶의 상구효는 그 상(象)이 '어리고 가녀린 이를 내리침'이기는 하다. 그런데 그렇다고 어찌 제 몸을 굽혀 아랫것들을 내리치겠는가? 바야흐로 어리고 가녀린 이들을 내리친다는 것은 '경계를 넘어 들어가 공격함'이지 '쳐들어오는 공격을 막아 냄'[165]이 아니다. 이 몽괘☷☶의 네 음효들은 어리고 가녀린 이들을 상징하고, 두 양효는 이 어리고 가녀린 이들을 잘 가르쳐 올바름으로 이끄는 존재들로서 이 몽괘☷☶의 주체들이다. 그러니 상구효가 어찌 내리침이 있겠는가?

物之用陰陽也, 有過·不及. 不及於陰, 則過於陽; 不及於陽, 則過於陰. 所過者不戰, 而傷其不及者, 如是者寇生於內. 陰陽之行, 不爲一物而設, 德於此者刑於彼, 故薺麥喜霜而靡艸忌夏, 況其數之有盈虛, 成乎氣之有乖沴, 如是者寇生乎外. 寇生於內者, 恤其蒙而調之, 道在於養, 二之以'包'爲德也. 寇生於外者, 捍其賊蒙者而保蒙, 道在於禦, 上之以'擊'爲功也.

역문 생명체[物]들이 음·양을 사용함에는 지나침도 있고 모자람도 있다. 음을 사용함에서 모자라면 양을 사용함에서는 지나치고, 반대로 양을 사용함에서 모자라면 음을 사용함에서는 지나치게 된다. 그런데 이들 음·양 가운데 지나친 것들은 그것을 거두어들이지 않고 그대로 모자란 상대방에 상해를 입히는 경우가 있다. 이러한 경우에는 도적이 안에서 생긴다.[166]

음·양의 운행은 특정한 어떤 생명체[物]만을 위해서 베풀어지는 것이

---

165 '爲寇(위구)'와 '禦寇(어구)'를 이렇게 '경계를 넘어 들어가 공격함'과 '쳐들어오는 공격을 막아 냄'으로 번역한 것은, 왕부지의 『주역내전』 풀이에 따른 것이다.
166 음·양의 부조화로 말미암아 자체 내에서 잘못됨이 생긴다는 의미다.

아니어서, 이것에게 이로움이 되는 것이 저것에게는 해로움이 된다. 그러므로 냉이나 보리 따위는 서리를 즐거워하는데, 이와 같은 부류에 속하는 것들로서 잎이 가느다란 풀들은 여름을 싫어한다. 하물며 이들 음·양의 수는 찼다가 비웠다가 하며[盈虛] 기(氣)의 어그러짐을 이루니 이러한 경우에는 도적이 밖에서 생긴다. 이에 비해 도적이 안에서 생긴 경우에는 그 어리고 가녀린 이를 마음써 주며 조리(調理)해 주면 된다. 그 방법은 조양(調養)에 있다.

몽괘䷃의 구이효가 바로 '감싸 안음'으로써 이 덕을 발휘하고 있다. 도적이 밖에서 생긴 경우에는 어리고 가녀린 이를 해치는 적을 가로막아서 어리고 가녀린 이를 보호해야 한다. 그 방법은 막아 냄에 있다. 몽괘䷃의 상구효가 '내리침'으로써 그 공(功)을 이루고 있다.

夫陰陽之刑害, 日與恩德竝行於天壤, 而物之壯者, 或遇之而不傷, 物之蒙者, 乍嬰之而卽折矣. 是故難起於鼎革之初寧, 寒酷於春和之始復, 欲盛於血氣之未定, 則非擊不能禦, 非禦不能包, 二之中, 上之亢, 亦相資以利用矣. 不知擊者, 索寇於內而誅求之迫, 斯贏政之以猜忍速亡, 而入苙之招, 激而使之復歸於邪也, 蒙何賴焉!

역문 음·양의 운행이 뭇 생명체[物]들에게 미치는 형(刑)·해(害)[167]는 날마다

---

[167] 이 '형해(刑害)'는 동아시아에서 천문 현상을 근간으로 하여 세계를 설명하는 틀 가운데 나오는 용어로서, '삼형(三刑)'과 '육형(六刑)'을 아울러서 칭하는 말이다. 그 근거는 12지(支)와 5행(行)을 동·서·남·북 사방과 중앙에 배당하고서는, 상생과 상극의 원리로서 의미를 읽어 내는 것이다. 삼형은 자(子)·묘(卯)를 1형(刑), 인(寅)·사(巳)·신(申)을 2형(刑), 축(丑)·술(戌)·미(未)를 3형이라 한다. 일반적으로 이 삼형을 만나면 흉하다고 한다. 육해는 6합(合)과 상충(相沖)하는 일진(日辰)을 말한다. 예컨대 정월의 월건(月建; 干支)이 '인(寅)'일 경우 해(亥)와 합하는데, 사(巳)가 이와 상충(相沖)하기 때문에 인(寅)과 사(巳)

은덕(恩德)과 더불어 하늘과 땅 사이에서 펼쳐진다. 그런데 생명체들 가운데 건장(健壯)한 것들은 이 형해를 만나더라도 상해를 입지 않지만, 어리고 가녀린 것들은 이 형·해를 만나자마자 곧 꺾여 버리고 만다.

이러한 까닭에, 험난함은 옛것이 가고 새로운 것이 막 시작되는 초기의 평안함에서 일어나며, 추위는 봄의 온화함이 이제 막 새로이 시작될 적에 혹독한 법이다. 그리고 사람의 욕구도 혈기가 아직 정해지지 않은 어릴 적에 왕성하다. 그러니 이러한 상태에서 내리치지 않으면 막아 낼 수가 없고, 막아 내지 않는다면 감싸 안을 수가 없다. 이 몽괘䷃에서 구이효는 가운데 자리를 차지하고 있고 상구효는 맨 윗자리를 차지하고 있는데, 그러면서도 서로 도움을 주며 이롭게 이용하고 있다.

그런데 이 '내리침'의 참다운 의미를 알지 못하는 이는 안에서 도적을 색출하면서 급박하게 요구하며 구성원들을 다그친다. 영정(贏政)[168]이 바로 이렇게 하였다. 그는 사람들을 믿지 못하여 의심하며 잔인하게 다그쳤기 때문에 속히 망하고 말았던 것이다. 다른 이들을 추종하여 갔던 이들이 자신에게로 돌아왔다면 그대로 받아들이면 될 일이다. 그런데 도망간 돼지가 돌아와서 우리 안으로 들어갔는데도 불구하고, 다시는 도망가지 못하게 한답시고 기어코 그 우리 안으로까지 들어가서 돼지의 다리를 묶어 놓

가 해(害)를 미친다고 한다. 또 2월의 월건이 묘(卯)일 경우에 술(戌)과 합하며 진(辰)과 상충(相沖)하기 때문에 묘(卯)와 진(辰)은 해(害)를 입힌다고 하는 따위다. 6합은 월건과 일진의 지지(地支)가 서로 합치하는 날을 길일로 보는 것이다. 여섯 가지가 있다. 즉 자(子)와 축(丑)의 합(合), 인(寅)과 해(亥)의 합, 묘(卯)와 술(戌)의 합, 진(辰)과 유(酉)의 합, 사(巳)와 신(申)의 합, 오(午)와 미(未)의 합 등이 그것이다. 부연하면, 월건이 자(子)인 달에 일진이 축(丑)일인 경우 서로 합치하기 때문에 길일이 된다는 것이다. 그런데 이들 합과 상충하는 일진은 오히려 해(害)를 입히기 때문에 '해(害)'라 하는 것이며, 여섯 가지이기 때문에 '육해'라 하는 것이다.
168 진시황(B.C.259~B.C.210)을 가리킨다. 영(贏)은 성(姓)이고 정(政)은 이름이다.

는다면,[169] 이는 어리석은 짓이다. 자신에게 돌아온 이들을 격분시켜 다시 사악한 쪽으로 돌아가게 하는 것이다. 어리고 가녀린 이들에게 이러한 내 리침이 어찌 의지할 수 있는 것이 되겠는가!

169 『맹자』, 「진심(盡心) 하」에 나오는 말이다. 당시 사상계가 유가(儒家)·묵가(墨家)·양주 (楊朱)로 삼분되어 있던 상황에서 맹자가 묵가와 양주를 비판하면서 든 비유다. 맹자는 우 선 유가를 떠나 묵가로 간 이들은 반드시 양주(楊朱)에게로 돌아가고, 양주에게서 도망한 이들은 반드시 유가로 돌아오게 되어 있음을 지적한다. 그리고는 돌아오면 그대로 받아들 이면 그만일 것을 양주와 묵가에서는 그렇지 않아서, 마치 도망간 돼지를 쫓아갔는데 그 돼지가 돌아와서 우리 안으로 벌써 들어갔음에도 불구하고, 다시는 도망가지 못하게 한답 시고 기어코 그 우리 안으로까지 들어가서 돼지의 다리를 묶어 놓는 식으로 하고 있다고 그 어리석음을 비난하고 있다.(孟子曰, "逃墨必歸於楊; 逃楊必歸於儒. 歸, 斯受之而已矣. 今之與楊·墨辯者, 如追放豚, 旣入其苙, 又從而招之.")

수괘

☷☰需

一

‘需’之爲體, 六來居四, 自‘大壯’來. 以尼‘乾’行, 三陽聚升, 欲遂不果, 雖
有積剛至健之才, 遇險而不能不有以待之也. 顧待之以‘往涉大川’
乎? 行險阻之中而行之未順也; 將待之以‘飮食宴樂’乎? 介將雨之際
而幾恐或失也. 以往涉爲功者, 需而不需, 束溼苟且以求其成可, 爲
申·商之術. 以宴樂爲務者, 需以爲需, 守雌處鏏而侯其徐淸, 爲
老·莊之旨矣. 象·『象』義殊而適從无定, 異端互託而學術以歧. 君
子之於‘需’, 將何所取哉?

역문 수괘䷄의 괘체를 보면, 6(--)이 와서 4효의 위(位)를 차지하고서는[170] 건
괘☰[171]의 가는 길을 막고 있다.[172] 그래서 이 건괘☰는 세 양(陽)이 모여서

---

170 **저자 자주:** 이 6(--; 육사효)은 대장괘(大壯卦)䷡로부터 왔다.

171 이 건괘☰는 수괘䷄의 정괘(貞卦)를 가리킨다.

172 이 수괘에서는 육사효(--)가 정괘(貞卦)인 건괘☰의 세 음효들이 모여서 함께 위로 올라가
는 것을 저지하고 있다는 의미다. 그런데 이 육사효는 대장괘䷡의 육오효가 온 것이라 하
고 있다.

위로 올라가는 중인데, 그 이루고자 하는 것의 결과를 내지 못하고 있다. 이 건괘가 비록 굳셈[剛]들을 누적하여 지극히 씩씩한 재질을 갖고는 있지만, 지금은 험난함을 만나서[173] 기다리지 않으면 안 되는 상황에 처해 있는 것이다.

그런데 오히려 '가서 큰 하천을 건넘'[174]을 기다림으로 여겨야 할까? 그렇다면 험난한 속을 가는 것이어서 가는 것이 순조롭지 않을 것이다. 그렇다고 곧이곧대로 받아들여 '잔치를 베풀어 먹고 마시고 즐거워하며' 기다려야 할까? 그렇다면 곧 비가 내릴 상황을 앞에 두고서 잔치를 베푸는 격이니 아마 거의 기회를 잃어버리게 될 것이다. 가서 큰 하천을 건너는 것을 공(功)으로 삼는 이들은 기다려야 함에도 기다리지 않는 것이다. 이는 곤궁함에 내몰린 상황에서 구차하게시리 무언가를 이루려 하는 것이다.

신불해(申不害; B.C.385~B.C.337)[175]와 상앙(商鞅; B.C.390~B.C.338)[176]의 술

---

173 여기에서 '험난함'이란 수괘䷄의 회괘(悔卦)를 이루고 있는 감괘☵를 두고서 하는 말이다. 이 감괘가 '험난함'을 상징하기 때문이다.

174 『주역』 경문(經文)에는 '이섭대천(利涉大川)', 즉 '큰 하천을 건넘이 이롭다'로 되어 있는데, 왕부지는 이곳에서 이렇게 풀이하고 있다. 생각건대, 왕부지는 이 수괘䷄에서 정괘(貞卦)를 이루고 있는 건괘☰가 양 획 삼효로 이루어져 있는 것에 대해, 이들이 '떼를 지어 가고 있는 것'으로 보고 이렇게 '가다[往]'에 초점을 두어 풀이한 것으로 보인다.

175 신불해는 '신자(申子)'라고도 불리며 정(鄭)나라 출신이다. 중국의 전국 시대에 법가 사상을 창시한 주요 인물 가운데 한 사람이다. 법가는 '법'·'세(勢)'·'술(術)' 세 가지를 임금이 주요한 통치 수단으로 장악해야 한다고 역설하였는데, 신불해는 이 가운데서도 특히 '술'이 중요함을 부르짖은 인물이다. 한(韓)나라가 그의 모국 정나라를 멸망시키고 그를 제후에 기용하자, 그는 재임 15년 동안 한나라가 법치와 술치를 시행하도록 적극 보필하였다. 그 결과 한나라의 군주제가 반석에 올라 정국은 안정되고 귀족들의 특권은 점점 축소되었으며 그에 반비례하여 백성들의 생활은 윤택해짐으로써, 한(韓)나라의 전성기를 이루게 하였다. 그의 철학은 그의 저서 『신자(申子)』에 집약되어 있다.

176 상앙은 중국 전국 시대의 정치가, 통치자, 사상가다. 이름은 앙(鞅)이다. 그의 사상은 법가인데, 특히 '법'·'세'·'술' 가운데서도 그는 '법'을 중시하였다. 그의 성(姓)은 희(姬)씨였지만, 위(衛)나라 군주의 후예였기 때문에 '위앙(衛鞅)', 또는 '공손앙(公孫鞅)'으로도 불린다. 나중에 하서(河西)의 전투에서 공을 세워 상(商)의 15읍(邑)을 봉지로 받아 통치하였기 때

(術)이 바로 이러하였다.

이에 비해 '잔치를 베풀어 먹고 마시며 즐거워함'을 제 할 일로 여겼던 이들은 기다림을 기다림으로만 여긴 나머지, 암컷의 미덕을 지키고[177] 창의 고달처럼 뾰족한 끝자리에 처한 채 서서히 맑아지기를 기다리라 하였다. 노(老)·장(莊)의 취지가 바로 이러하였다. 이 수괘䷄에서처럼 괘사를 풀이한 『단전』과 효사를 풀이한 『상전』의 의미가 다른 경우에는 무엇을 따라야 할지 그 의미가 확정적이지 않다. 이에 이단들은 자신들의 취지에 맞는 쪽에 의탁하였으니, 그 결과 학술은 곁가지로 빠지고 만 것이다. 그렇다면 군자는 이 수괘䷄에서 어떤 의미를 취해야만 할까.

문에 '상군(商君)'으로 존칭되었고, 이로 말미암아 '상앙(商鞅)'이라 불리게 되었다.

그는 어려서부터 법가와 병가, 잡가 사상을 두루 섭렵하였는데, 진(秦)나라의 임금 효공(孝公)이 구현령(求賢令)을 반포하여 널리 인재를 구하자 이에 응해 진나라로 들어갔다. 그리하여 진나라 임금들에 의해 중용되던 상앙은 그 나라 통치 시스템을 근본적으로 개혁하는 변법(變法)을 통해, 서쪽 변방의 낙후한 나라에 지나지 않던 진나라를 일약 부국강병한 나라로 탈바꿈시켰다. 그래서 역사에서는 이를 '상앙의 변법'이라 칭한다. 이 변법을 통한 개혁 과정 속에서 상앙은 엄격한 형법을 제정하여 기득권 세력인 귀족들을 억눌렀다. 이렇게 해야 군권이 반석 위에 오르고, 백성들의 형편은 나아질 수 있었기 때문이다.

그런데 이로 말미암아 기득권을 빼앗긴 귀족들에게 상앙은 극도의 원한을 불러일으켰고, 마침내 이들에 의해 보복을 당하는 처지가 되어 도망자 신세로 전락하고 말았다. 도망하다가는 그 자신이 제정한 법망에 걸려서 죽임을 당하고 말았다. 여기에서 우리는 하나의 역설(逆說)을 발견할 수 있다. 그러나 그의 언행과 사상은 나중에 『상군서(商君書)』로 엮여 후대에 지대한 영향을 미쳤다. 그 영향력을 높이 산 때문인지 사마천은 그의 저서 『사기』에서 상앙에 대해서는 『상군열전(商君列傳)』이라는 독립된 지면을 할애하여 서술하고 있다.

177 이는 『노자』, 제28장에서 "수컷의 됨됨이를 알고 암컷의 미덕을 지키면 천하의 골짜기가 된다. 천하의 골짜기가 되면 항상된 덕을 여의지 않아 영아(嬰兒)로 돌아간다.(知其雄, 守其雌, 爲天下谿. 爲天下谿, 常德不離, 復歸於嬰兒.)"라고 하였던 것을 가리킨다. 왕부지는 노자의 이러한 철학에서는 적극적이고 진취적인 것을 이끌어 낼 수 없다고 보며 비판적 견해를 여기에서 피력하고 있는 것이다.

則爲之釋曰: 險易者事也, 勞逸者勢爲之也. 險有以爲險, 易有以爲易, 勞有所爲勞, 逸有所爲逸. 其能順行而弗失者, 恃有爲之主者存也. 無爲之主, 則進以逢咎, 退以失幾. 主之者存, 則犯波濤而不驚, 坐鳴琴而不廢.

역문 이에 대해 풀이하자면 이러하다. 즉, '험난함'과 '쉬움'은 일에서의 구분이고, '수고로움'과 '안일함'은 추세에 의해 나뉜다. '험난함'에는 험난하다고 할 수 있는 것이 있고, '쉬움'에는 쉽다고 할 수 있는 것이 있다. 또 '수고로움'에는 수고롭다고 할 수 있는 것이 있고, '안일함'에는 안일하다고 할 수 있는 것이 있다. 이들 각기 상황에 따라서 행하며 그것을 잃어버리지 않을 수 있는 이에게는 믿어서 주인이 되는 것이 존재한다. 만약에 주인이 되는 것이 없다면, 나아가서는 허물을 만나게 되고, 물러나더라도 기회를 잃어버리게 될 것이다. 이에 비해 주인 되는 것이 존재한다고 할 것 같으면, 세파(世波)를 만나서도 결코 놀라지 않을 것이고, 앉아서 거문고를 탄다고 할지라도 제 할 일을 폐기(廢棄)하지 않을 것이다.

'需'所恃者何也? 自'大壯'而往, 九進處乎天位也. 三陽之興也, 淳然莫禦其上行之勢, 遇四而非其類, 則乍駭而阻矣. 驟而視之則陰也, 遍而察之則險也. 故三以倉卒而入泥, 初以逡巡而遠難. 然陰雖來成其險, 而不覺自失其尊; 陽雖往離其朋, 而遂以誕登其位. 夫方以類聚, 氣以同求. 五卽與四·上爲體乎? 然其所永好以同功者, 三陽其凤侶也. 入其中, 履其位, 操彼之生死 而招我之儔伍, 則孚可任而貞可'恒', 五之足恃以爲主, 決矣.

역문 그럼 이 수괘☵에서 믿음의 대상이 되는 것은 무엇이겠는가. 이는 다름 아니라 구오효다. 이 구오효는 대장괘䷡에서 온 것으로서, 그 구사효이던 것이 나아가서 지금 구오효가 되어 하늘의 자리를 차지하고 있는 것이다. 그리고 아래 건괘☰를 이루고 있는 세 양(陽)들이 떨쳐 일어나 결코 막을 수 없는 왕성한 추세로 위로 올라가다가, 육사효를 만나서는 이것이 자신들과 같은 부류가 아닌지라 얼핏 놀라며 앞으로 나아가지 못하고 있다. 이에 세 양들이 재빨리 육사효를 바라보니 음(陰)이요, 두루 살펴보니 이것이 험난함을 이루고 있다. 그러므로 구삼효는 창졸간에 수렁에 빠지고 말았고, 초구효는 따라오던 대오로부터 뒷걸음질 쳐서 험난함으로부터 멀리 있다. 그런데 이 육사효의 음은 비록 대장괘䷡ 육오의 자리로부터 와서 지금 이 험난함을 이루고는 있지만, 스스로 그 존엄을 잃어버렸음을 깨닫지 못하고 있다. 그리고 구오효의 양은 비록 지금은 가서 그 벗들로부터 떠나 있다고는 하더라도,[178] 마침내 올라가서 그 자리를 차지하고 있는 것이다. 그런데 같은 부류들끼리 모이고,[179] 기운[氣]은 같음[同]으로써 서로 끌리는 법이다.[180]

물론 이 구오효가 이 육사효와 지금 이 수괘☵의 회괘(悔卦)를 이루면서 한 몸을 이루고는 있다. 그러나 이 구오효가 같은 공능을 가진 것들로서 영원히 좋아하는 것들은 아래 세 양들이다. 그리고 이들은 일찍부터 반려를 이루던 것들이다. 그래서 구오효는 회괘 속으로 들어가서 하늘의 지위

---

178 대장괘䷡일 적에는 이 수괘☵의 구오효도 구사효로서 아래 네 양효들과 한 무리를 이루며 벗의 관계를 이루고 있었다. 그러나 지금은 그로부터 나아가서 구오효의 자리를 차지하는 바람에 이들과 떨어져 있다는 의미다.

179 이 '같은 부류들끼리 모이고[方以類聚]'는 『주역』, 『계사상전』 제1장에 나오는 말이다.

180 이는 『주역』, 「문언전」, '건괘'의 "같은 기운끼리는 서로 끌린다.[同氣相求.]"는 구절을 전제로 하는 말이다.

를 차지한 채, 저 세 양들의 생살여탈권을 움켜쥐고서는 자신의 짝이자 대오로 이들을 불러들이고 있는 것이다. 상황이 이러하기 때문에 이들 세 양들이 믿음을 줄 수 있고 올곧음을 영원히 유지할 수 있다는 면에서, 구오효가 족히 믿기며 주인이 된다는 것은 결정적이다.

故二'有言'而'終吉', 三'寇至'而'不敗', 得主而行於險, 猶不險也. 可以勞, 勞則收涉川之功; 可以逸, 逸則遂宴樂之好. 舟附水而利, 雲依天以遊, 此所爲'光亨'而'貞吉'者爾. 彼貿然无主而以'需'道行之, 夫不曰需者事之賊乎? 而以之飮食宴樂, 則叢臺·阿房所以速亡其國, 劉伶·阮籍所以疾人於狂也.

역문 그러므로 구이효는 '이러쿵저러쿵 소소하게 입방아들을 찧어 대지만' '끝내는 길하다'라고 한 것이다. 그리고 구삼효는 '경계를 넘어와 공격하는 이를 불러들이지만' '패하지는 않는다'라고 한 것이다. 이들 입장에서는 주인을 얻었기 때문에, 비록 험난한 속을 간다고 하더라도 오히려 험난하지 않은 것이다. 이들은 수고롭다 하더라도 그 수고로움을 다한다면 큰 하천을 건너는 공을 거둘 것이요, 안일하다 하더라도 안일함을 통해 잔치를 베풀어 먹고 마시며 즐거워하는 호사를 이루게 된다. 배는 물 위에 떠야 이로운데, 이 수괘䷄에서는 지금 하늘에 의거하여 떠다니고 있다. 이것이 바로 수괘䷄가 '빛나게 형통하며' '올곧음을 유지하여 길한'[181] 까닭이다.

그런데 앞에서 말한 저들은 경솔하게 주인도 없이 이 수괘䷄의 원리로써 행동하였으니, 이렇게 해서 드러난 결과로 볼진대, "기다림이란 일을

---

181   이는 이 수괘䷄의 『단전』에 나오는 말들이다.

해치는 것이다."라 하지 않을 수 있겠는가. 그렇다고 하여 수괘의 원리에

따라 기다린답시고 잔치를 베풀어 먹고 마시며 즐거워할 것 같으면 어떻

게 될까. 총대(叢臺)[182]와 아방궁[183]이 축조한 그 나라들을 속히 망하게 한

까닭과 유령(劉伶; 약221~300)[184]과 완적(阮籍; 210~263)[185]이 그다지도 빨리

---

182 이 '총대'는 중국의 전국시대에 조(趙)나라에서 만든 것으로서, 오늘날 하북성(河北省)의
한단성(邯鄲城) 안에 있었다. 무령왕(武寧王)의 재세시기(B.C.325~B.C.299)에 만들었기
때문에 '무령총대(武靈叢臺)'라고도 한다. 원래 조나라 왕들이 군대를 사열하고 가무를 즐
기기 위한 목적으로 만든 것이다. 대(臺)의 건물이 하나가 아니라 여러 개가 한꺼번에 연결
되어 있기 때문에 '총대(叢臺)'라 부른다. 대(臺) 위에는 원래 구름다리, 설동(雪洞), 꽃밭,
누각 등이 있었다고 한다. 구조가 잘 짜인 아름다운 건축물로서 당시 여러 나라에 이름이
높았다고 한다. 이 '총대'는 조나라의 수도의 역사를 입증하는 조형물이며, 한단(邯鄲)의
상징이기도 하다.

183 일반적으로 '아방궁'은 진시황이 6국을 통일한 뒤 위수(渭水) 남쪽에 건립한 호화로운 궁전
으로 알려져 있다. 당시 진나라의 수도이던 함양(咸陽)의 상림원(上林苑) 안에 그 유지가
있다. 이를 축조하는 데 동원된 인력이 무려 70만 명이라고 한다. 그리고 사마천의『사기』
와 당(唐)나라 때 두목(杜牧)이 쓴『아방궁부(阿房宮賦)』의 서술에 의해 항우(項羽)가
이를 불태운 것으로 알려져 있다. 이 불길은 무려 3개월이나 꺼지지 않고 지속되었다고
한다.

그러나 2007년부터 무려 5년간에 걸쳐 이루어진 중국 당국의 조사에 의하면, 이 궁전은
미처 기반조차 다 닦이지 않은 채 미완으로 끝난 것이 아닌가 하는 의심을 불러일으키고
있다. 이 거대한 건축물 공사에 착수한 지 겨우 2년 7개월 만에, 중국의 동쪽 지역을 순무
(巡撫)하던 도중 진시황이 병사하고 말았기 때문이다. 물론 그 뒤로도 공사는 지속되었다
고 하지만, 이 중국 당국의 발굴 조사를 놓고 보더라도 이것이 미완으로 끝났다고 보는 것
이 더 합리적이라 할 것이다. 그래서 항우가 불태웠다고 하는 것이 사실은 이 아방궁이 아
니라 역대 진나라 왕들이 기거하던 함양궁이라는 설이 제기되고 있다.

어쨌든 진시황이 이 아방궁을 축조한 것에서는 '폭군'이라는 이미지가, 항우가 이를 불태
웠다고 하는 것에는 '잔인무도'함이 그 이미지로 덧씌워져 있다. 그다지도 무리를 해 가
면서 축조를 감행한 것과 또 이것을 불태웠다고 함에 각기 이러한 이미지가 배어 있는 것
이다.

184 유령은 중국의 위진(魏晉) 시기에 활동하였던 '죽림칠현'의 한 사람으로 꼽히는 인물이다.
역시 '죽림칠현'으로 꼽히는 완적(阮籍)·혜강(嵇康) 등과 교분이 두터웠다. 일찍이 진(晉)
나라에서 건위참군(建威參軍)의 벼슬을 지냈는데, 당시 무제(武帝)에게 책문(策問)을 올리
며 무위(無爲)에 의한 통치를 강변하다가 무능한 인물로 낙인 찍혀 파면당하였다. 그는 유
가가 공동체를 꾸리고 유지하기 위해 설정한 예교(禮敎)에 대해 사람을 옭죄는 것으로 여
겨 비판하며, 세계의 저절로 그러함에 내맡길 것[越名敎而任自然]을 주창하였다. 술을 좋

미치광이가 되게 한 까닭에서 이를 발견할 수 있다.

아하고 노장철학을 신봉하며 이들에 의한 삶을 살다가 갔다. 『주덕송(酒德頌)』을 지었다.

185 완적은 중국의 삼국시기 위(魏)나라의 철인이자 시인이다. '죽림칠현'의 하나로 꼽힌다. 일
찍이 보병교위(步兵校尉)를 지냈기 때문에 '완보병(阮步兵)'으로도 불렸다. 아버지 완우(阮
瑀)가 조조 때 문관으로서 '건안칠자(建安七子)'로 불릴 만큼 유명하였다. 그러나 완적은
어려서 이 아버지를 잃고 불우한 환경에서 자라났는데, 열심히 공부하여 『시경』, 『서경』
등 동양 고전에 통달하였다. 이 실력에 의해 산기상시(散騎常侍)·보병교위(步兵校尉) 등
의 벼슬을 역임하였다. 이 당시에는 완적도 유학에 심취한 나머지 장자 철학에 대해서는
비판적인 태도를 취하였다.
　그러다가 사마의(司馬懿)·사마소(司馬昭) 부자가 정권을 농락하며 잔혹상을 보이던 상
황에서 비운의 시기를 맞이하고 있던 완적은, 점차 노장 철학으로 관심이 기울어져 갔다.
유학에 의해 세상을 바로잡으려 하던 이들이, 이들 부자 무리에 막혀서 뜻을 이루지 못함
에서 그치지 않고 심지어는 죽임까지 당하는 엄혹한 실정을 목도하며, 완적은 유학에의 미
련을 접고 노장 철학에 의지하게 된 것으로 보인다. 혜강(嵇康)과 더불어 '혜완(嵇阮)'으로
불리며 당시 현학(玄學) 조류에 자못 큰 영향을 미쳤다. 『대인선생전(大人先生傳)』·『달
장론(達莊論)』 등의 저술을 남겼다.

송괘

䷅訟

天之位乎上者, 大正之道也, 然而未嘗不下濟也. 雷·火·風·澤之氣麗乎地, 而時隮以應乎天. 惟水不然, 以下爲性, 比地而必於不升, 處天地之中以與天爭權, 則天將施於地而水競其功, 天即欲不與俱'違行'而不得. 是'訟'之自成, 水實致之, 而二何以得爲'有孚'哉!

역문 하늘이 이 세계에서 위에 있다는 것은 크고도 올바른 이치다. 그런데도 이 하늘은 아래 있는 것들을 구제하지 않음이 없다. 우레·불·바람·연못 등은 땅과 짝을 짓는 것들이기는 하지만, 때로는 올라가서 하늘에 응하기도 한다. 그런데 오직 물만은 그러하지 않아서 아래로 내려감을 그 본성으로 한다. 그러므로 이 물이 땅보다도 더욱 더 올라가지 못한다는 것은 필연의 이치다.[186] 그럼에도 불구하고 물이 하늘과 땅 사이에 있으면서 하늘과 권력을 다투니, 하늘이 땅에게 베푸는 것에 대해서조차 물은 그 공

---

186 여기에 나오는 하늘, 땅, 우레, 불, 바람, 연못, 물 등은 팔괘 가운데 땅을 상징하는 곤괘☷를 제외하고 나머지 일곱 괘를 취상설에 입각하여 거론한 것들이다. 건괘☰는 하늘을, 곤괘☷는 땅을, 진괘☳는 우레를, 리괘☲는 불을, 손괘☴는 바람을, 태괘☱는 연못을, 그리고 감괘☵는 바람을 각기 상징한다.

(功)을 다툰다. 이러하기 때문에 하늘은 곧 이 물과 '어긋나게 행하려' 하지 않더라도 그렇게 안 된다. 이는 이 송괘䷅가 저절로 이루고 있는 것이기는 하지만 실제로는 물이 불러오는 것이다. 그러니 이 물을 이루는 주효로서 구이효가[187] 어찌 '믿음이 있음'을 이루리오!

嘗論之: 以无情而誣上者, 逆也, 非訟也, 訟則有可言之情矣. 氣數自然之爭, 豈猶夫告密投匭之小人, 得已而不已者與? 二之所執以爲言者, 陰長而己窒其中也. 勞而自矜, 已而怨曰, "我之有功於天也, 天其德我哉? 我不來 自'邇'來, 三來居二. 而天且偕以邇. 我來而抑不我應, 五不應二. 則是我'窒惕'之勞, 漠不相知, 而不平之鳴惡容已耶?" 怨自此興, 而訟亦自此長, 元咺之所以終於逋亡而不恤也. 由是言之, 直在'坎'而屈在'乾', 明矣.

역문 나는 이 까닭에 대해 다음과 같이 논하고 싶다. 사실로 뒷받침할 수 있는 것이란 전혀 없는 그 무엇을 가지고 윗사람을 무함(誣陷)하는 것은 거역함이지 송사가 아니다. 송사를 벌인다면 거기에는 무엇인가 말로 할 수 있는 실제 사실이 있는 것이다. 기(氣) 체계가 스스로의 이치에 의해 자연스럽게 돌아가는 속에서 드러나는 다툼이라면, 어찌 남들의 비밀을 투궤(投匭)[188]에 고변하는 따위의 소인배들이 스스로가 원해서 벌이고서는 그만두

---

187 이 송괘䷅를 이루는 하괘[貞卦]가 감괘☵로서 물을 상징한다. 그리고 이 괘의 주효는 가운데 양효[—]다. 이것이 송괘䷅ 전체에서는 구이효가 된다.

188 이 투궤는 측천무후가 지배하던 중국 당나라에서 백성들로부터 고변(告變)을 받기 위한 목적으로 만들어서 배치하였던 궤들로서, 황제에게 토로하는 일종의 소원 수리 제도를 반영한 것이라고 할 수 있다. 모양은 사각형 육면체였고 재질은 구리였는데, 일반인들이 고변하는 상서를 집어넣을 수는 있어도 꺼낼 수는 없도록 되어 있었다. 동서남북 네 방위를 나타내는 각각의 색깔로 4개를 제작하여 각기 방위에 따라 배치하였다. 그래서 동쪽에는 푸

지 못하는 송사와 같을까 보냐!

이 송괘의 구이효가 고집스레 하는 말이란, 음이 번성하여서 자신은 그 속에서 질식할 정도라는 것이다. 그래서 수고를 다하면서도 스스로 긍지를 갖고 있다가, 이제 그만두고서 원망스레 하는 말이, "내가 하늘에 공이 있는 것은 하늘이 그 덕을 나에게 주었기 때문이로다! 내가 오지 않을 적에는[189] 하늘도 나와 함께 은둔하고 있었다. 그런데 지금은 내가 왔는데도 나에게 응하지 않기 때문에,[190] 나에게 '꽉 막혀 두려워함'[191]의 수고를 야기하는 것이고, 아득하여 서로 간에 알아보지 못하는 것이다. 그런데도 내가 어찌 불평불만에서 오는 외침을 그만둘 수 있겠는가?"라고 한다. 그의 원망은 바로 이러함에서 일어난 것이고, 송사도 바로 이러함으로부터 커진 것이다.

원훤(元咺; ?~B.C.630)[192]이 바로 이러하였기 때문에 도망하였던 것이며,

른색으로 된 투궤를 그 두었는데 그 이름을 '연은(延恩)'이라 하였다. 이 궤에는 백성들이 먹고 살아가는 데서 필요한 것들의 수급상황과 권농(勸農)에 관한 고변을 넣도록 하였다. 남쪽에는 붉은색으로 된 투궤를 두었는데, 그 이름을 '초간(招諫)'이라 하였다. 여기에는 시정(時政)의 득실에 관한 고변을 넣도록 하였다. 서쪽에는 흰색으로 된 투궤를 두었는데, 그 이름을 '신원(伸寃)'이라 하였다. 여기에는 백성들이 당한 억울한 일에 관한 고변을 넣도록 하였다. 북쪽에는 검은색으로 된 투궤를 두었는데, 그 이름을 '통현(通玄)'이라 하였다. 여기에는 천문(天文)과 비밀모의에 관한 고변을 넣도록 하였다. 왕부지는 이들 투궤에 고변하는 것이 소인이나 할 짓으로 보고 이렇게 표현하는 것 같다.

189 **저자 자주**: 이 송괘☰☷는 둔괘☰☷로부터 왔는데, 둔괘☰☷의 구삼효(一)가 2효의 자리로 와서 자리 잡음으로써 이 송괘☰☷가 이루어진 것이다.

190 **저자 자주**: 이 송괘☰☷의 구오효는 이 구이효와 응하지 않는다. **역자 주**: 이 송괘☰☷의 구오효와 구이효는 모두 양효(一)로 이루어져 있기 때문에 서로 응하지 않는 것이다. 『주역』에서 '응'은 두 효가 서로 상반되는 경우에서 일어난다고 본다.

191 이 송괘의 괘사에 나오는 말이다.

192 원훤은 중국의 춘추시대에 위(衛)나라의 대부였다. B.C.632년 성복(城濮)의 싸움에서 진(晉)나라가 초나라에 대승을 거두고 끝났는데, 이 싸움의 결과로 진(晉)나라는 일약 강국으로 떠올랐다. 그리고 진문공(晉文公)은 천토(踐土)에서 주(周)나라 양왕(襄王)을 끼고서 회맹(會盟)하여, 중원의 패자(霸者)가 되었다.

자신의 주군이었던 위나라의 성공에게 전혀 동정함이란 없이 송사를 벌였던 것이다. 바로 이러한 관점에서 말하자면, 이 송괘에서 올곧음은 하괘[貞卦]인 감괘☵에 있고, 굴욕은 상괘[悔卦]인 건괘☰에 있음이 분명하다고 할 것이다.

君子則曰: 與其爲'訟'也, 不如其爲'逃'也. 干我者吾避之, 勞於我者

───

이 싸움이 막 벌어지기 시작하는 즈음에, 이 진나라가 초나라에게 포위된 동맹국 송나라를 돕고 아울러 조(曹)나라를 치러 가기 위해 그 길목에 있는 위(衛)나라에게 길을 빌려 달라고 한 적이 있다. 그러나 당시 위나라는 초나라와 동맹 관계에 있었기 때문에 위(衛)나라의 임금 성공(成公)은 이를 거절하였다. 그런데 이제 진문공이 이 성복의 싸움에서 대승을 거두고 중원의 패자로 부상하는지라, 위성공은 자신의 소행으로 말미암은 앙화가 두려워서 진(陳)나라로 피신하였다.

피신하면서 성공은 자신의 동생 숙무(叔武)와 이 원훤에게 자신을 대신하여 정사를 돌보도록 하였다. 아울러 천토(踐土)에서 거행하는 회맹(會盟)에 참가하여 진문공에게 자신의 속죄하는 뜻을 전하며 위나라도 이 회맹에 끼워 달라고 간청하게 하였다. 그런데 진(陳)나라 피신해 있던 성공에게 천견(歂犬)이, "원훤이 지금 성공이 망명하고 있는 틈을 타서 숙무를 임금으로 내세우려고 한다."라고 참언(讒言)하였다. 성공은 이 참언에 넘어갔다. 그리고 천토의 회맹에서 맹주의 뜻을 이룬 진문공이 이제 성공의 사죄를 받아들임으로써, 성공은 귀국할 수 있게 되었다. 그러자 천견은 자신의 참언이 탄로날까 두려워 한 발 먼저 귀국하여 숙무를 사살(射殺)해 버렸다.

이 소식을 들은 원훤은 재빨리 진(晉)나라로 도망쳤다. 그리고는 진문공의 위세를 빌려, 숙무를 죽인 일을 걸어서 성공과 송사를 벌이게 되었다. 다만 원훤의 지위가 그 배신(陪臣)으로서 제후인 성공과 걸맞지 않았으므로 영무자(寧武子) 등이 성공을 대리하여 이 송사에 참여하였다. 진문공의 주도로 당시 10개국의 제후들이 온(溫)이라는 곳에 모여서 주양왕(周襄王)에게 조례하고 이 재판을 진행하였다. 그 결과 성공은 이 송사에서 패하였고, 진문공에 의해 당시 주(周)나라의 수도였던 낙읍(洛邑)의 감옥에 수감되었다.

원훤은 이 송사에 성공하고 진(晉)나라의 위세를 등에 업은 채 위나라로 귀국하였다. 그리고 이제 성공의 동생인 공자 하(公子瑕)를 임금으로 내세웠다. 2년 뒤 노나라 희공(僖公)의 주선으로 주양왕이 진문공의 마음을 돌려세웠다. 이에 진문공이 성공을 사면하여 석방함으로써 성공은 위나라로 귀국할 수 있게 되었다. 그러자 성공의 귀국과 복위를 끝내 반대하던 원훤은 얼마 지나지 않아 정변을 맞아서 주천(周歂)과 야근(冶廑)에 의해 피살당했다. 그리고 성공은 귀국하여 복위하였다. 이에 겨우 1년 남짓 임금 자리에 있던 공자 하도 이웃나라로 도망을 가는 신세로 전락하고 말았다.

吾所應得. 屈於不知己而伸於知己, 越石父且以告絕於晏嬰, 況其
在君臣父子之間乎! 故五正中位, 不撓於'訟'而得'元吉', 所謂 "大居
正而不懟"也. 唯夫上九也者, 可以致勝於'坎'者力盡而不止, 故衛鄭
再歸而見絕於『春秋』, '訟'上錫帶而三褫於『大易』.

역문 군자라면 이렇게 말할 것이다. 송사를 벌이기보다는 차라리 은둔을 택
하라고. 나를 범하는 이라면 내가 피하면 되고, 나에게 수고를 끼치는 이
라면 내가 거기에 응하면 된다. 누가 자기에게 무례하게 굴 때 모르는 사
람이라면 속으로 참으며 받아들이지만, 아는 사람이 그런다면 도저히 받
아들일 수 없어 표현하지 않을 수 없다고 한다.[193] 그래서 월석보(越石父)는
안영(晏嬰; ?~B.C.500)[194]에게 절교를 고했거늘,[195] 하물며 이들보다 훨씬 더

---

193 이는 사마천의 『사기』, 「관안열전(管晏列傳)」에 나오는 말이다.

194 안영은 중국 춘추시대 때 제(齊)나라의 명재상이다. 자는 중(仲), 시호는 평(平)이다. 제
나라에서도 영공(靈公), 장공(莊公), 경공(景公) 등 3대를 섬긴 재상인데, 그는 이러한 재상
의 신분이면서도 식탁에 거의 고기반찬이 오르지 않을 정도로 검소하고 소박하게 생활한
것으로 유명하다. 또한 자신이 모시는 군주들에게 거리낌 없이 직언으로 간언함으로써 그
임금들로 하여금 안정된 통치를 이루게 하기도 하였다. 그래서 '안평중(晏平仲)', 또는 '안
자(晏子)'라는 존칭으로도 불린다.

　이 안영은 각국에 사신으로 다니면서도 빼어난 활약을 하였다. '우두마육(牛頭馬肉)', 또
는 '양두구육(羊頭狗肉)'이라는 말과 '남귤북지(南橘北枳)', 또는 '귤화위지(橘化爲枳)'라는
말은 모두 그가 관련된 일화에서 비롯된 것들이다. 특히 경공을 보필하여서는 춘추오패의
하나로 꼽히는 제환공의 시대에 버금가는 융성을 이루게 하였다. 그래서 그의 죽음이 임박
하였다는 말을 듣자, 치수(淄水)에 나들이 나가 있던 경공은 급한 마음에 마부에게서 수레
를 빼앗아 들어 직접 몰기도 하였고, 그래도 성에 안 차서 말에서 내려서 뛰다가 다시 말을
탔다가 하기를 세 번에 걸쳐서 하였다. 이 정도로 경공은 안영을 아끼고 존경하였다고 한다.

195 월석보는 중국의 춘추시대 때 제(齊)나라의 현자다. 안자(晏子; 晏嬰)가 진(晉)나라에 사신
으로 다녀오는 길에, 누추한 차림으로 풀을 베어 지고 가다가 잠시 쉬고 있는 이 월석보를
만났다. 원래는 지배계급에 속했던 월석보는 당시 제나라 사람에 의해 노비로 전락해 있었
던 것이다. 그런데 비록 이러한 차림 속에서일지언정 월석보의 인물됨이 비범함을 알아차
린 안자는 월석보의 처지를 의아하게 여겨 물었다. 월석보는 굶어 죽지 않고 얼어 죽지 않

가까워야 할 임금과 신하, 부모와 자식 사이에서랴! 그러므로 구오효는 이 송괘에서 중위(中位)를 차지한 채 송사에 꺾이지 않고 '으뜸으로 길함'을 얻고 있으니, 이른바 "정도(正道)를 굳게 지킴을 높이 치면서 부끄러워하지 않는다."라고 함이다.[196] 그런데 오직 상구효만은 하괘[貞卦]인 감괘☵에게서 승리를 거둘 수 있다고 보고 이 송사에 온 힘을 다하며 거두지를 않고 있다. 그러므로 위나라의 성공(成公) 재차 돌아왔지만 『춘추』에서 다시는 언급되지 않고 있고, 송괘의 상구효는 요대를 하사받지만 『주역』에서는 세 번이나 빼앗긴다고 하고 있다.

嗚呼! 人事之險阻出於怨望, 怨望出於恩德. 知恩德爲時位之當然而无功名之可恃, 則險阻平於心而恩怨消於世. 六三舍中位以消遯,

---

기 위해 이렇게 남의 집에서 노비로 연명하고 있다고 그 속내를 밝혔다. 이에 안자는 자신의 수레를 끌던 왼쪽 말 한 필을 팔아서 속전(贖錢)으로 삼아 월석보를 면천해 주고, 그 수레에 태워 제나라 집으로 데리고 돌아왔다.

그런데 안자가 수레에서 내려 집안으로 들어가면서 월석보에게 한마디 말도 건네지 않은 것이 문제였다. 이러한 안자에게 굉장한 모욕감을 느낀 월석보는 화가 단단히 나서 안자와 절교를 선언하였다. 이에 깜짝 놀란 안자가 "내가 내 수레를 끄는 말까지 팔아서 그대를 면천해 주었거늘, 그대는 도대체 무엇 때문에 이렇게까지 화를 내는가?"라고 하며 그 연유를 물었다. 이에 월석보는, "누가 자기에게 무례하게 굴 때 모르는 사람이라면 속으로 참으며 받아들이지만, 아는 사람이 그런다면 도저히 받아들일 수 없어 표현하지 않을 수 없는 것이다."라고 석명(釋明)하였다. 한 수레를 타고 집까지 왔으니, 이제 우리는 아는 사이여서 이러한 무례를 절대 그대로 받아들일 수 없다는 의미다. 이에 안자는 재빨리 자신의 잘못을 깨닫고 사과하며 월석보를 상객으로 모셨다고 한다. 왕부지가 여기에서 인용하고 있는 것은 바로 월석보가 안자에게 했던 이 말이다.

196 구오효와 구이효는 군주와 신하, 부모와 자식의 관계에 있다고 할 수 있다. 따라서 구이효의 입장에서는 구오효가 자신을 섭접하게 함에 대해 곧바로 표현할 수 있다는 것이다. 처음 만나서 알음알이를 맺었던 월석보가 안영에게 했던 것과 비교해 보면, 이들의 관계는 더욱 짙은 관계이니 의당 그러할 수 있다는 것이다. 따라서 이 송괘에서 구이효가 구오효에게 송사를 걸 수도 있는 것이지만, 구오효로서는 이에 꺾이지 않고 굳게 정도를 지키며 의연하게 받아 주고 있다. 그래서 '으뜸으로 길함'을 얻게 된다는 것이다.

柔以承天, 善世而不伐也, 斯足尚乎!

역문 오호라! 사람일의 험난함과 꽉 막힘은 원망에서 나오고, 그 원망은 은덕에서 나온다. 한 괘에서 효들이 지닌 시위(時位)로 볼 적에 당연히 은덕을 입을 것이지만 실제로는 그것을 뒷받침할 만한 공명(功名)이 없다는 것을 안다면, 설사 자신이 지금 험난함과 꽉 막힘을 당하고 있다고 할지라도 마음속에서 평온해질 것이며, 은덕과 원망도 세상에서 사라질 것이다. 이 송괘의 육삼효는 이전 둔괘에서 차지하고 있던 중앙의 위를 버리고서 사라지며 은둔하는 상황에 있다. 그리고 부드러움으로써 하늘을 받들고 세상을 좋게 하면서도 이를 자랑하지 않는다. 그러니 이것이 높이 받들 만한 것이겠는가!

사괘

≣師

自軒轅用兵以征不服, 迄乎有扈之役, 帥師者皆君也. 追夫太康失御而後胤侯徂征, 則弗躬弗親, 而兵柄移下.『易』, 衰世之事也, 故二以陽爲群陰之主, 而『象』爲師修命將之典. 因王霸之命討, 以治堯・禹之天下, 蓋弗能違已. 然授三錫之命, 行開國之賞, 令行於師中, 功論於宗廟, 上爲宗廟. 威福之權自一也.

역문 헌원(軒轅) 황제(黃帝)가 군대를 거느리고 자신에게 굴복하지 않은 무리들을 정벌한 것[197]으로부터 하(夏)나라 우왕의 아들인 계(啓)가 유호씨(有扈

---

197 헌원씨는 황제(黃帝)를 가리킨다. 이 사람은 아득한 옛날 중국 신화 속의 인물인데, 사마천의 『사기』에서는 오제(五帝)의 첫 번째 인물로 그리고 있다. 그의 본래 성은 공손(公孫)씨였지만, 헌원(軒轅)의 구릉지[오늘날 중국 河南省의 新鄭市 일대가 여기에 속한다.]에서 오래 살았기 때문에 '헌원씨'라 부른다. 또 그가 희수(姬水)가에서 오래 살다 보니 나중에는 '희(姬)'씨로 개칭하였다. 이 희씨 성은 중국 주(周)나라의 조상이기도 하다. 그리고 나라를 유웅(有熊; 오늘날의 중국 河南省의 新鄭市)에 세웠기 때문에 '유웅(有熊)씨'라고도 불린다.

이 황제(黃帝)는 염제(炎帝)와 함께 오늘날 중국인의 조상으로 여겨지며, 중국인들은 자신들을 '염황의 자손'이라 한다. 일설에 이 둘은 배다른 형제라고도 하고, 그 시절 부락연맹을 함께 다스리던 공동의 우두머리들이라고도 한다.

나중에 이 둘 사이에는 알력이 생겨 싸움을 벌였는데, 황제는 친히 군대를 거느리고 나가 3차에 걸쳐 벌어진 판천(阪泉)의 싸움에서 염제의 군대를 물리쳤다. 그후 치우(蚩尤)가

氏)를 치기까지에는[198] 직접 군대를 통솔하고 싸움에 나아간 이들이 모두 임금 자신들이었다. 그러다 태강(太康)이 그 통수권을 잃어버림에 이르러,[199] 윤(胤)나라의 제후가 왕명[200]을 받들고 나아가서 희(羲)·화(和)의 타락을 정벌한 것은,[201] 공동체의 우두머리인 임금이 군 통수권을 친히 행사

염제의 무리를 다시 규합하여 황제에게 덤비자, 황제는 다시 거느리고 나아가 탁록(涿鹿; 오늘날의 河北省 涿鹿縣)의 싸움에서 치우의 군대를 격파했다고 한다. 이 싸움의 결과 제후들이 이 훤원 황제를 천자(天子)로 받들었다고 한다. 그래서 이 황제는 신농(神農)씨에 이어서 중원을 지배하게 되었다고 한다.

198 유호씨는 하(夏)나라 초기에 발흥한 부족으로서 하나라와 같은 사(姒)씨였다. 동이족의 하나인 소호(少昊)족의 구호(九扈) 부락이 바로 이들이 거주하던 지역이라는 설도 있다. 하나라의 개국 군주인 우(禹)왕이 죽은 뒤에 본래는 요(堯)→순(舜)→우(禹) 사이에 이루어진 전통대로 선양(禪讓) 제도에 따라 그 현신(賢臣)인 백익(伯益)이 왕위를 계승하게 되어 있었다. 그러나 우왕의 아들인 계(啓)가 이 선양 제도를 파괴하고는 스스로 왕위를 계승하였다.
　이에 유호씨(有扈氏)가 불복하였다. 즉 "요·순은 현신에게 물려주었는데 우왕만 자식에게 주었다."는 것에 반대하는 명분을 내걸고 계의 통치에 반기를 든 것이다. 그러자 계는 군대를 거느리고 유호씨 토벌에 나섰는데, 감(甘; 오늘날의 洛陽 부근)에서 유호씨와 큰 싸움을 벌였다. 전쟁에 임하기 전에 계는 「감서(甘誓)」를 지어 이 싸움의 정당성을 알렸다. 즉 "유호씨가 오행을 모욕하고, 삼정(三正)을 게을리하였다. 이에 하느님께서 이들에 대한 명(命)을 끊으시니, 내가 오직 이 하느님의 벌하심을 받들어 행하겠노라!"는 것이다.
　이 싸움의 결과 유호씨는 패하여 괴멸하였고, 그 백성들은 노예로 전락하였다. 그리고 다른 부락에서 다시는 계가 그의 아버지 우왕의 자리를 계승하였다는 것에 이의를 제기하지 않음으로써 그의 통치는 공고해졌다고 한다. 그래서 세습제가 선양제를 대체하게 되었는데, 중국 역사에서 다시는 이 선양제를 보기 어려워지고 말았다. 왕부지가 여기에서 거론하는 것은 우왕의 아들 계가 자신의 왕위 계승에 대해 불복하는 유호씨를 정벌하였다는 사실이다.

199 태강은 계(啓)왕의 아들로서 하나라의 세 번째의 임금이다. 그의 재위 기간은 29년이다. 이 태강은 사냥 취미에 푹 빠진 나머지 정사를 아예 돌보지 않았다고 한다. 보통 한 번 사냥을 나가면 100일이나 돌아오지 않을 정도였다. 그 결과 백성들이 도탄에 빠진 나머지 참을 수 없는 상황에 이르렀다. 그러던 어느 날 태강이 낙수 북쪽으로 사냥을 나갔는데, 유궁씨(有窮氏) 부족의 우두머리인 후예가 이를 알아채고 쫓게 되었다. 태강은 이에 막혀 하나라로 돌아가지 못한 채 양하(陽夏; 지금의 河南省 太康縣 서쪽 지역에 해당함)에서 10년 동안 머물다가 병사했다. 그리고 후예는 그의 동생인 중강(中康)을 내세워 하나라의 왕위를 계승하게 하였다. 이에 관한 간략한 기록이 『서경(書經)』, 「하서(夏書), 오자지가(五子之歌)」편에 나온다.

200 이 왕은 태강을 계승하여 왕위에 오른 중강(中康)이다.

하지 못한 것이며, 병권이 아랫사람에게로 넘어간 것이라 할 수 있다.

『주역』에서는 쇠퇴해 가는 시대의 일을 다루고 있다. 그러므로 이 사괘 ䷆의 육이효는 양(陽)으로서 뭇 음들의 주인 노릇을 하는 것이며, 그『상전(象傳)』에서는 장수(將帥)가 공동체 우두머리로부터 토벌 명령을 받들어 행하는 전형(典型)을 제시하고 있다.[202] 말하자면 왕자(王者)와 패자(霸者)의 토벌 명령에 의거하여 요(堯)와 우(禹)가 일군 나라를 징치(懲治)하는 것이니, 어길 수가 없을 따름인 것이다. 그런데 이 육이효에게 세 번씩이나 명을 제수(除授)하는 것, 나라를 열었다고 상을 내리는 것, 명령이 군대 속에서 행해지고 세운 공을 종묘에서 논하는[203] 것 등은, 벌(罰)과 복(福)을 내리는 권한이 다름 아니라 '하나'라는 것에서 오기 때문이다.

乃夫一陽受鉞, 所帥者皆陰也. 捐墳墓, 棄妻子, 爭生死於原野, 以貿金錢·牛酒之頒, 其非孝子順孫而爲貪欲慘忍之細人, 亦明矣. 故不律有戒焉, 无功有戒焉, 弟子有戒焉, 小人有戒焉. 凡凶者, 皆以陰柔而戒也.

역문 이에 이 사괘에서 저 구이효는 하나의 양으로서 출정에 앞서 왕으로부터 부절(符節)과 도끼[斧鉞]를 부여받았는데, 그가 통솔하는 것들은 모두 음효들이다. 이들은 조상들의 분묘도 버리고 처자도 버려둔 채, 전장에서 생

---

201 이에 관해서는 『서경(書經)』, 「하서(夏書), 윤정(胤征)」에 그 기록이 나와 있다.
202 참고로 그 상사(象辭)를 보면 "'군사를 운용함에서 중도를 지키고 길함'은 황제의 총애를 받기 때문이다. '왕이 세 번 명을 내림'은 온 세상을 가슴에 품음이다.('在師中吉', 承天寵也. '王三錫命', 懷萬邦也.)"로 되어 있다. 이는 그 구이효사 "군사를 운용함에서 중도를 지키고 길하며, 허물이 없다. 왕이 세 번 명을 내린다.(在師中吉, 无咎. 王三錫命.)"를 풀이한 것이다.
203 **저자 자주:** 상육효가 종묘(宗廟)가 된다.

사를 다투며 위에서 내려 주는 금전과 고기·술을 산다. 그러므로 이들이 효자도 아니고 순손(順孫)도 아니며, 그저 탐욕에 찌들어서 참혹하고 잔인한 행동조차 서슴지 않고 해대는 소인들임이 또한 분명하다고 할 것이다. 따라서 이들에게는 군율을 어기지 않아야 한다는 것으로써 경계해야 하고,[204] 공을 세우지 못했다는 것으로써 징계해야 하며,[205] 동생들이라는 것으로써 경계해야 한다.[206] 또 소인이라는 것으로써 경계해야 한다.[207] 이 사괘에서 무릇 '흉하다'라 하고 있는 것들은, 모두 음유(陰柔)함으로 말미암아 초래할 수 있는 것을 미연에 경계하는 말이다.

陰之爲道, 蘊毒而不洩, 耽欲而不厭, 投危地而不前, 處成功而善妒. 此四者, 皆不利於師, 而其害相因. 溺於利, 則義不奮矣. 競於私爭, 則公戰怯矣. 媚以居功, 則撏敗不恥矣. 兵剛事, 而用柔, 則吉一而

---

204 이는 이 사괘▉▉의 초육효에 대해 경계함을 드러내는 말이다. 초육효사는 "군대가 기율로써 출정하는 것인데, 그렇지 않고 기율을 불선으로 여기니 흉하다.(師出以律, 否臧凶.)"로 되어 있다.

205 이는 육삼효에 대해 경계함을 드러내는 말이다. 이 육삼효사는 "군대가 어쩌면 수레 가득 시체를 싣고 돌아올 수 있다. 흉하다.(師或輿尸, 凶.)"로 되어 있는데, 그 상사(象辭)에서는 "'군대가 어쩌면 수레 가득 시체를 싣고 돌아올 수 있다'는 것은, 큰 사람에게 공이 없음이다.('師或輿尸', 大无功也.)"로 되어 있기 때문이다.

206 이는 육오효에 대해 경계함을 드러내는 말이다. 육오효사에서는 "아들이 군대를 통솔하는데, 그 동생들을 또 보내면 수레 가득 시체를 싣고 돌아오게 되니, 올곧더라도 흉하다.(長子師師, 弟子輿尸, 貞凶.)"라 하고 있는데, 그 상사에서는 "'맏아들이 군대를 통솔함'은 중위(中位)를 차지하고 있기 때문이다. '그 동생들을 또 보내면 수레 가득 시체를 싣고 돌아오게 된다'는 것은 동생들을 내보낸 처사가 부당하기 때문이다.('長子帥師', 以中行也. '弟子輿尸', 使不當也.)"라 하고 있기 때문이다.

207 이는 상육효에 대해 경계함을 드러내는 말이다. 상육효사에서는 "대군에게서 명이 있으니 나라를 열고 가문을 일으킨다. 소인에게는 쓰지 마라!(大君有命, 開國承家, 小人勿用.)"라 하고 있는데, 이에 대해 그 상사에서는 "'대군에게서 명이 있으니'는 공을 올바르게 평가하여 시행함이요, '소인에게는 쓰지 마라!'는 틀림없이 나라를 혼란에 빠뜨리기 때문이다.('大君有命', 以正功也, '小人勿用', 必亂邦也.)"라 하기 때문이다.

凶三, 豈不危哉!

역문 음이 하는 짓을 보면, 독을 쌓기만 한 채 전혀 해소하지 않고, 욕구를 즐기기만 할 뿐 이에 싫증내지 않으며, 위험한 곳에 던져져서는 전혀 앞으로 나아가려 하지 않고, 자신이 공을 이룬 처지에서도 자연스레 다른 공 이룬 이들에게 질투를 한다. 이들 네 가지는 모두 군대를 운용하는 데서 결코 이롭지 않을 뿐만 아니라, 이들이 상승작용을 일으키게 되면 문제 상황을 더욱 악화시키기도 한다. 그리하여 이로움에 함닉되어 있다면 의로움을 위한 일이라 하더라도 떨쳐 일어나지 않는다. 또 사사로운 다툼에 말려 들어가게 되면 공동체 전체를 위한 전쟁에 나아가서는 겁을 집어 먹는다. 그리고 윗사람들에게 잘 보여서 공을 차지하여서는 자신의 실패를 가리면서 전혀 부끄러워하지 않는다. 군대는 강건함을 운용 원리로 삼는 조직이다. 그런데도 음유함을 쓴다면, 그 결과에서는 길(吉)이 하나라면 흉(凶)은 셋이나 될 터이다. 그러니 어찌 위태롭다 하지 않겠는가!

雖然, 又豈能舍此而別慕君子之軍邪? 然則如之何? 其惟'容畜'於居平而致果於臨敵乎! 以其容畜, 獎其致果, 則小人之勇可使也. 以其致果, 用其容畜, 則君子之怒已亂也. 班仲升曰, "水至淸則无魚, 人至察則无徒", 可謂知容畜矣. 以三十六人攻匈奴之使, 何其果也! 此千古行師之要, 授受在心. 蓋參陰陽之用, 酌健順之宜, 而不至學古兵法之區區也.

역문 비록 그렇다고는 하더라도 또한 어찌 이 음이 상징하는 이들을 제쳐 두고서 따로 군자들만으로 이루어진 군대를 모집할 수 있겠는가. 이는 불가능할 것이다. 그래서 음이 상징하는 이들로써 군대를 조직할 수밖에 없음이 필연이라면, 여기에서 초래하는 문제점을 어떻게 하면 해소할 수 있을까. 그것은 다름 아니라 오직 평상시에 '포용하고 길러 줌'[208]으로써 유사시 적과 마주쳤을 때 그 효과를 발휘하도록 하는 것일 테다! 즉 백성들을 포용하고 길러 줌으로써 좋은 성과를 내도록 장려한다면, 소인들의 용기라 할지라도 부릴 수가 있을 것이며, 좋은 성과를 내는 것으로써 포용하고 길러 줌을 쓴다면, 군자의 노여움으로 혼란을 잠재울 것이다.[209] 반초(班超)가 말하기를, "물이 너무나 맑으면 사는 물고기가 없고, 사람이 너무나 살피면 따르는 이가 없다."[210]고 하는데, 이 사람이야말로 포용하고 길러 줌에

---

208 이는 이 사괘䷲의 『대상전』에 나오는 말이다.

209 이는 『시경』에 나오는 '교언(巧言)'이라는 시의 한 구절을 바탕에 두고 하는 말로 보인다. 그 시에서는 "군자가 화를 내서는 혼란을 재빨리 막을 것이요, 군자가 즐거워서는 혼란을 재빨리 잠재울 것이다.(『詩經』, 「小雅·節南山之什」, '巧言': 君子如怒, 乱庶遄沮; 君子如祉, 乱庶遄已.)"라 하고 있다. 군자가 평상시에 소인들을 '포용하고 길러 줌'의 미덕으로써 대한다면 이들에게서 쉽게 충심을 끌어낼 수 있을 것이니, 혼란한 상황을 다하여 한 번의 노여움으로써 간단히 그 상황을 잠재울 수 있다는 의미다.

　　송대(宋代)의 소식(蘇軾; 1037~ 1101)이 벌써 이러한 관점에서 논하고 있다. 그는 이 시를 인용하며, "군자가 혼란을 잠재울 수 있는 데서 어찌 별다른 기술이 있을까!"라고 한 뒤, 단지 기뻐함과 노여워함이 시의적절하여 어짊(仁)으로부터 벗어나지 않는 데 있을 따름이라 하고 있다. 그리고 『춘추』에서 드러내고 있는 의로움을 잘 살려 법을 세우는 데서는 엄정함을 귀하게 여겨야 하지만, 소인들의 잘못을 따질 적에는 관대함을 귀하게 여기라 하고 있다. 아울러 포폄(襃貶)의 옳음을 바탕으로 하여 상벌을 제정하는 것이 이들로부터 충성심을 가장 두텁게 이끌어 낼 수 있는 방법이라 하고 있다.(『東坡全集』卷四十, 「論十二首」, '省試刑賞忠厚之至論':『詩』曰: '君子如祉, 亂庶遄已; 君子如怒, 亂庶遄沮.'夫君子之已亂, 豈有異術哉! 時其喜怒而無失乎仁而已矣. 『春秋』之義, 立法貴嚴, 而責人貴寬. 因其襃貶之義, 以制賞罰, 亦忠厚之至也.)

210 이 말은 원래 『공자가어(孔子家語)』의 「입관(入官)」과 『대대례기(大戴禮記)』, 「자장문입관(子張問入官)」 등에 실려 있다. 공자의 제자인 자장이 관직에 오르게 되어, 어떻게 하면 그 직책을 잘 수행할 수 있을까를 물은 데 대해서 공자가 답하는 가운데 나오는 말이다. 이 말이 의미가 있다고 보아서인지, 중국의 역대 문헌에서는 수십 군데서 이를 인용하고 있다. 이곳도 그 한 예다.

대해서 알았다고 할 수 있을 것이다. 그렇지 않고서야 병사 겨우 36인으로 흉노의 사신들을 공격하여 어찌 그리 혁혁한 결과를 낼 수 있었겠는가![211] 이러한 태도야말로 아득한 옛날부터 내려오는 군대 운용의 요체(要諦)로서, 지휘관과 부하들 사이에 주고받음이 바로 마음에 있다는 것이다. 내가

---

[211] 반초(32~102)는 자(字)가 '중승(仲升)'이며, 한족이다. 이 사람은 동한(東漢) 때 활약하였던 유명한 군인이며 외교가다. 뛰어난 역사학자였던 반표(班彪; 3~54)의 아들인데, 그의 형 반고(班固; 32~92)와 함께 '삼반(三班)'으로 불릴 정도로 유명하다. 반표와 반고 부자는 한(漢)나라의 역사책인 『한서(漢書)』를 집필하였다. 반표가 미처 끝내지 못하고 죽은 것을 그의 장남인 반고가 이어받아서 끝낸 것이다. 반초의 여동생 반소(班昭; 약45~약117)도 역사학자다. 이렇듯 이 집안은 가족 구성원들 대부분이 역사에서도 드문 역사학자들이었다. 그런데 반초는 나름대로 큰 뜻이 있어서 이들과는 달리 학문에의 길을 접고 군문(軍門)에 귀의하였다. 그래서 당시 후한을 괴롭히던 흉노와의 싸움에서 여러 차례 승리하고 나아가 한나라가 서쪽으로 강역을 넓히는 데서 혁혁한 공을 세웠다.

　여기에서 왕부지가 거론하고 있는 사건은 그의 42세 되던 후한(後漢) 영평(永平) 16년(서기 73년)에 일어난 일이다. 당시 후한은 선선국(鄯善國; 오늘날의 위구르 동남쪽 지역에 있던 작은 나라)을 놓고 흉노와 각축을 벌였는데, 반초가 이 나라에 이르렀을 때 선선국왕의 융숭한 대접을 받아서 상당히 인상적이었다. 그런데 며칠 지나자 이 나라 왕의 반초 일행을 대하는 태도가 싸늘하게 변했다. 이에 반초는 흉노의 사신이 이 나라에 왔고, 그래서 이 나라와 흉노의 사신 사이에 묵계가 있었음을 알게 되었다. 즉 이 선선국왕이 자신들을 흉노의 사신들에게 주어서 흉노로 데리고 가게 하는 것으로 되어 있었던 것이다. 흉노에 끌려가게 된다면 물론 반초 일행은 당연히 죽음을 맞을 것이다. 이에 위기감을 느낀 반초는 일행 36인과 함께 이 난국을 타개할 방법을 모의하였다. 이때 반초는 "호랑이굴에 들어가지 않고서 어찌 호랑이 새끼를 잡을 수 있겠는가!(不入虎穴, 焉得虎子)"는 유명한 말로써 이들의 마음을 움직였다. 반초 일행은 모의한 대로 밤을 틈타 흉노의 사신 일행을 화공(火攻)으로 기습하여 대승을 거두었다. 반초 자신도 세 사람을 때려 죽였고, 수하들은 30여 명을 참살(斬殺)하였으며, 흉노의 사신 일행 가운데 나머지 100명 남짓한 인원은 불로 태워 죽였다. 이 일로 크게 겁을 먹은 선선국왕은 후한에게 귀순하게 되었다.

　그런데 왕부지는, 반초가 이들 36인을 마치 한 몸인 양 움직여서 자신들에게 닥친 위기를 일거에 해결할 수 있었던 까닭이, 반초가 이들을 평상시에 이 사괘(師卦)䷆의 『상전』에서 강조하는 '포용하고 길러 줌'으로써 대했기 때문이라 보고 있는 것이다. 반초의 평상시 부하들을 대하는 태도가 이러하였다는 것이다. 그리고 이것이 군대를 통솔하는 지휘관의 태도로서 올바른 모습이라는 것이다. 반초는 그의 후반생 40여 년을 이 서역 땅에 머물면서 후한의 강역을 대대적으로 넓혔다. 왕부지는 이 반초를 사괘의 구이효에 빗대고 있는 것이다.

보건대, 이는 음·양의 작용을 참고한 것이고 아울러 이들의 특성인 씩씩함[健]·따름[順] 적실함[宜]을 참작하여 활용한 것일 뿐, 구태여 구차하게 옛 병법을 배우는 데까지 가지도 않은 것이다.

俗儒之言兵也, 貴其'左次', 則'无咎'而已. 常僅不失, 而變无以御. 宋以之亡而不悟, 乃曰, "君无 失德, 民不知兵", 以乞命於天下而辭其咎, 則豈不哀哉!

역문 그런데 세속 유학자들은 병법을 논하면서 그 '주둔하고 있으니 허물이 없다'는 것을 귀하게 여길 따름이다.[212] 그러나 이렇게 해서는 늘 지속되는 일정한 것이나 겨우 잃지 않을 뿐 변화 양상에 대해서는 전혀 통제할 수 없다. 송나라가 바로 이러하였기 때문에 망하였는데도 그들은 그 원인을 깨닫지 못했다. 그래서 "임금은 덕을 잃어버림이 없었는데, 백성들이 군대를 몰랐다."라고 하면서 세상 사람들에게 목숨을 구걸하고 그 허물을 자신들의 것으로 하려 하지 않는다. 그러니 어찌 슬프다 하지 않겠는가![213]

---

212 여기에서 '주둔하고 있음'이나 '허물이 없음'은 이 사괘▤의 육사효사에 나오는 말이다.
213 왕부지는 이러한 관점에서 조광윤(趙匡胤)이 세운 송나라(960~1279)를 유유(劉裕)가 세운 남북조 시기의 송나라(420~479)와 비교한다. 즉 유송(劉宋)은 나라를 보전하기 위해 대치하고 있던 북위(北魏)와 강화(講和)를 함으로써 싸움을 멈추었는데, 조송(趙宋)은 오로지 전쟁을 벌이지 않겠다는 목적에서 금(金)나라와 강화를 했다는 것이다. 그러므로 유송은 북위와 싸움을 멈추면서도 안으로는 늘 외침에 대비함을 게을리하지 않은 결과 나라를 보전하였지만, 조송은 강한 군대를 유지해야 함에 대해서는 소홀히 한 채 임금이든 신하들이든 오로지 자신의 세력이 약해지는 것만을 근심하며 골몰한 나머지 나라가 멸망하게 되었으니, 결국은 그것마저도 유지할 수가 없게 되었다는 것이다. 그런데도 망하게 된 원인을 두고서 그들이 "임금은 덕을 잃어버림이 없었는데, 백성들이 군대를 몰랐다."라고 하지만, 이에 대해서는 연민의 정만을 느낄 따름이라는 것이다.(王夫之, 『讀通鑑論』 권15, 「宋文帝」: 劉宋以和而罷兵, 趙宋欲罷兵而講和, 趙宋尤憊矣. 以和而弭兵者, 志不在弭兵, 弭於外末忘於內, 故劉宋猶可不亡. 以弭兵而和者, 唯恐己之不弱也, 故趙宋君臣竄死於海濱而莫能救. 且曰, "君無失德, 民不知兵"可勝悼哉!)

비괘

䷇比

當'比'之時, 群方咸附, 五之得衆, 蓋莫盛焉. 水潤以下, 因地奠居, 在澮成澮, 因川成川, 清者與爲化光, 濁者與爲流惡, 地皆受之, 未嘗有所擇而致其寵矣. 乃群陰之比於五也, 豈无所效哉! 小人樂得其欲, 報以奔走; 君子樂得其道, 報以忠貞. 而二以柔得位, 與五爲應, 則五所懷集, 莫有先焉. 是大海之有江·漢也, 泰山之有云·亭也, 夾輔之有周·召, 列侯之有晉·鄭也. 若其失一德之咸, 而但依末光, 挹餘潤, 以擬於思媚之細人, 則將何以酬'顯比'之知乎?

역문 이 비괘(比卦)䷇가 상징하는 시기에는 무리들이 바야흐로 다 친근하게 몰려들게 되어 있다. 그러므로 이 비괘의 주효(主爻)로서 구오효에 해당하는 인물이 민중을 얻는 것을 보면, 그 어떤 것도 이보다 더 성대할 수가 없다. 물은 적시면서 아래로 흐르는데, 지형에 따라서 머물 곳을 정한다. 그래서 봇도랑의 지형에서는 봇도랑을 이루고, 냇물에 이르러서는 냇물을 이룬다. 그리고 맑은 물이라면 덕화의 빛남을 이루고, 흐린 물이라면 흘러서 나쁜 것이 된다.

그런데 땅은 이 모두를 받아들일 뿐, 일찍이 가려서 그 어떤 것만을 총애함이란 결코 없다. 그러므로 이 비괘의 뭇 음효들 모두가 단 하나의 양효(─)인 구오효에게 딱 달라붙어서 친하게 지낸다 한들, 어찌 아무런 효과 없겠는가! 소인이라면 이 구오효와 친히 지냄을 통해 즐겁게 그 욕구를 채울 수가 있으니 여기저기 뛰어다니며 그 보답을 하려 들 것이고, 군자라면 이 구오효와 친히 지냄을 통해 즐겁게 자신의 도(道)를 실현할 수 있으니 충정(忠貞)으로써 보답하려 들 것이다.

특히 육이효는 부드러움[柔]으로써 제 자리를 알맞게 차지하여 구오효와 제대로 응함의 관계를 이루고 있으니, 구오효가 효들을 품고 불러 모으는 데서 이보다 더 앞설 것이 없다. 이는 큰 바다를 이루는 것에 여러 물줄기들이 있지만 양자강·황하만 한 것이 없고, 태산(泰山)을 이루고 있는 것에 여러 산봉우리들이 있지만 운운산(云云山)·정정산(亭亭山)만 한 것이 없음과도 같다.[214] 또 주(周)나라 천자를 도운 이들이 많기는 하지만 그중에서도 주공(周公)·소공(召公)만 한 이들이 없는 것과도 같으며, 주나라가 봉(封)한 여러 제후국들 속에서도 진(晉)나라·정(鄭)나라만 한 나라가 없음과도[215] 같다. 그렇지 않고 만약에 모든 이들을 감싸 안아 하나로 하는 덕을 잃어버린 채 그저 끄트머리 광채에나 의존하며 찌꺼기나 적셔서 끌어당긴다고 할 것 같으면, 이는 총애를 받고자 아양을 떨어 대는 소인배에나

---

214 운운산과 정정산은 둘 다 태산을 이루는 봉우리들인데, 이들은 예부터 황제들이 봉선(封禪)을 하던 곳으로 유명하다. 그래서 왕부지가 여기에서 이렇게 말하는 것 같다.

215 B.C.771, 주나라가 신후(申后)와 견융의 연합군에 의해 침입을 받아 유왕(幽王)이 죽임을 당하고 사직이 위태로운 상황에 빠졌다. 이때 진(晉)나라와 정(鄭)나라의 임금들이 유왕의 아들인 평왕(平王)을 옹립하고 수도를 낙양(洛陽)으로 옮기게 하였다. 그래서 주나라의 명맥은 겨우 유지될 수 있었다. 왕부지는 이들 두 나라 임금의 이러한 공을 높이 사서 여기에서 이렇게 서술한 것으로 보인다. 다만 이후의 주나라는 '동주(東周)'라 불리는데, 주나라왕이 실권을 행사하지 못하고, 제후들이 실권을 행사하였다. 역사에서는 이를 '춘추·전국시대'라 부른다.

비길 수 있는 것이리니, 어찌 '함께 어울림을 밝게 드러내는' 저 구오효의 지혜로움과 사귐을 갖겠는가!

夫上之我暱, 非可恃者也. 我之可親, 可恃者也. 以恃我往者, 親而无懟; 以恃彼往者, 暱而逢厭. 上不厭我於報施, 而天下厭我於容悅, 則適以成五量之大, 而又適以累五德之偏. 然則二以正應, 爲責備之歸, 豈不甚與? 而六二固无憂也. 寵至而矜, 繼之以驕, 二與群陰同其柔以上附, 而无自詫殊異之心, 則承寵雖盛, 不喪其故吾. 若夫位與五相爲好仇, 德與五相爲唱和, 亦其分爾. 五无私, 則二亦不有私人之嫌. 无嫌, 而又何嫌之有乎!

역문 윗사람이 나를 친근하게 대한다고 하여 그것이 의지할 수 있는 것이냐 하면 그렇지 않다. 나의 입장에서 친하게 지낼 수 있어야만 믿을 수 있는 것이다. 또 내 쪽에서 쏠림을 의지한다면 친하게 지내더라도 부끄러울 것이 없다. 그러나 저쪽에 의지하여 가서는 친밀하게 지낸다 할지라도 싫어함에 봉착하게 된다. 윗사람으로서는 내가 그의 시혜에 대해 보답함을 싫어하지 않을 테지만, 그러나 세상 사람들은 나의 이러한 행위에 대해 아첨한다고 보아 싫어한다. 그러므로 이렇게 하여서는 다섯 되들이의 크기를 이루는 데나 알맞고, 또한 오덕을 가진 이에게 누를 끼쳐 치우치게 베풀도록 함에나 알맞다. 이러한 관점에서 보자면 육이효가 구오효와 제대로 응함의 관계를 이룬다고 하여 그에게 완전무결해야 한다는 책임을 지우며 그렇게 요구하는 것이 어찌 심하다고 하지 않겠는가?

그런데 이 육이효에게는 본디 우려함이란 없다. 윗사람의 총애가 이르면 자랑스럽게 여기고, 그것이 이어지면 교만해진다. 그래서 이 육이효와 나머지 음들이 똑같이 그 부드러움[柔]으로써 윗사람에게 들러붙고 있는 상황이기는 하지만, 이 육이효는 스스로가 다른 이들과 다른 마음을 품고 있다는 것을 속이지 않는다. 그래서 윗사람으로부터 총애를 받음이 비록 왕성하다고 할지라도, 그 옛 모습을 잃어버리지는 않는다. 위(位)의 측면에서 구오효와 서로 잘 어울리는 짝을 이루고, 덕의 측면에서 서로 부르고 응하면 어울리는 것 또한 육이효의 몫일 따름이다. 구오효에게 전혀 사사로움이 없기 때문에 육이효에게도 누구와 사사로이 친하게 지낸다는 혐의가 없다. 그리하여 혐의를 둘 것이 없는데, 또한 어찌 무슨 혐의가 있을쏜가!

嗚呼! 寵祿之於人甚矣, 況渥之以恩禮哉! 賢者自失於功名之際, 中人自失於福澤之加, 非當位中正, 和於群而不矜獨遇如六二者, 能勿波靡而風披, 蓋亦鮮矣. 光武无猜, 而嚴光且以要領之絕戒侯霸也, 又況在不寧初來之世也哉!

역문 오호라! 총애와 복록이 다른 것들보다 심하다고 한들, 이것이 윗사람이 아랫사람을 예우하여 두텁게 내리는 것임에랴! 남보다 똑똑하다는 사람은 공명(功名) 앞에서 제 모습을 잃게 마련이고, 보통 사람들은 복택(福澤)이 더해지는 데서 제 모습을 잃게 마련이다. 그런데 당위(當位)로서 중정(中正)하지 않은 채로 군중들과 어울리며 자기만이 육이효처럼 좋은 혜택을 받고 있다는 것을 자랑하지 않을 수는 있다. 그러나 이러하면서도 풍파에 휩쓸리기까지 않을 수 있는 이는 아마도 매우 드물 것이다. 광무제에게는 결코 시기하는 마음이 없었음에도 불구하고 엄광은 또한 요령이 있는 거절로써 후패(侯霸)[216]에게 경계하였거늘, 하물며 처음 도래하여 아직 안정되지 아니한 세상에서랴![217]

216 후패(?~37)는 후한 초기에 대신으로 활약한 인물이다. 그는 사람됨이 엄숙하였고, 격식을 차리는 인물이었다. 학문에 온 마음을 쏟았는데, 『춘추곡량전』에 자못 조예가 깊었다. 광무제의 건무(建武) 4년(28년)에 상서령에 임명되었다. 그는 전한(前漢)의 옛 제도에 밝아, 전해지는 그 시기의 정부 문건들을 모아 광무제에게 올림으로써, 전한 시대의 법령과 제도들이 후한에서도 이어지게 하는 데서 큰 공을 세웠다. 이듬해에는 대사도(大司徒)가 되었고, 관내후(關內侯)에 봉해졌다. 죽은 뒤에는 향애후(鄕哀侯)라는 시호를 받았다.

217 엄광은 생몰 연대가 미상이다. 원래 이름은 장광(莊光)이었는데 나중에 장제(莊帝)의 휘(諱)를 피하고자 '엄광(嚴光)'으로 이름을 바꾸었다. 자는 자릉(子陵)이다. 동한 초기의 인물로서 회계(會稽)의 여조(餘姚), 지금의 浙江省 餘姚 출신이다. 소년 시절에는 유수(劉秀; B.C.5~57A.D., 재위 25~57)와 함께 공부하였는데, 이 유수는 나중에 신(新)나라 이후 중국의 분열 상황을 극복하고 전한(前漢)의 명맥을 잇는 후한(後漢)을 건립한 인물이다. 엄광은 장성한 뒤에 또 유수가 이렇게 거병(擧兵)하여 성공하는 데 큰 도움을 주었다. 그러나 서기 25년, 유수가 황제가 되어 모든 것을 손에 넣자 엄광은 이제 자신은 그에게 더 이상 필요 없다고 여긴 나머지 이름을 숨기고 부춘산(富春山)에 은거하며 농사와 낚시로 세월을 보냈다.

광무제가 그의 은혜와 현명함을 그리워하며 그를 초빙하였으나 그는 아예 종적을 감추었다. 겨우 그를 찾아내어 세 번째로 초빙하였을 적에 엄광은 마지못해 그에 응하였다. 엄광이 수도로 오는 길에 역관(驛館)에 이르렀는데, 엄광의 또 하나의 옛 친구인 사도(司徒) 후패(侯霸; ?~37)가 사자를 보내 곧 그를 찾아가겠다는 글을 먼저 보냈다. 그러나 엄광은, 광무제가 세 번을 부르기에 오는 길인데, 정작 부른 군주는 나타나지 않고 그 신하가 온다는 것이어서 이를 매우 못마땅하게 여기고는 그 사자에게 심한 모욕을 주었다. 후패를 조롱하는 글을 자신이 구술하고 그 사자가 쓰게 하여 그에게 보낸 것이다.

이 사실을 보고받은 광무제는 자신이 나서지 않으면 안 된다고 판단하고 친히 역관에 나아가 그를 마중하기로 하였다. 이처럼 두 사람의 사이는 돈독하였다. 역관에 도착한 광무제가 오랜만에 그를 상봉할 마음에 너무나 들뜬 나머지 바로 그의 방을 찾아갔으나 그는 자리에서 일어나지도 않고 눈조차 떠 보지도 않았다. 광무제는 누워 있는 그의 배를 쓰다듬으며, "자릉, 다시 한번 나를 도와주지 않을래?" 하고 간청하였다. 그러나 그는 묵묵부답이었다. 한참이 지난 뒤 엄광은 "사람마다 각기 뜻한 바가 있는 것입니다. 어찌 꼭 나를 불러서 쓰려고 하십니까!" 하고는 눈을 감은 채 다시는 대꾸조차 하지 않았다. 너무나 실망한 광무제는, "자릉, 그다지도 나의 신하가 되는 것이 마땅치 않은가?"라고 탄식하였다. 광무제는 결국 자신의 바람을 이루지 못한 채 그곳을 떠날 수밖에 없었다.(이상, 『後漢書』, 「嚴光傳」 등 참고.) 왕부지가 여기서 지적하는 엄광의 문제점이 바로 이 장면에 있는 것 같다. 즉 '사귐이 없어 해로움'의 허물을 초래한 원인이 엄광에게 있다는 것이다.

엄광의 이러한 고절(高節)은 훗날 송나라의 범중엄(范仲淹)에 의해 높이 평가받는다. 범중엄은 또 광무제의 국량에 대해서도 높이 평가하였다. 엄광이 은거하던 부춘산에 엄광을 기리는 사당이 있었는데, 범중엄은 이것을 중수하고 그 「기(記)」에서, "선생의 마음은 해와 달보다도 높았고, 광무제의 국량은 세상을 밖에서 휩쌀 정도였네!(范仲淹, 『嚴先生祠堂記』: 蓋先生之心, 出乎日月之上; 光武之量, 包乎天地之外.)"라고 묘사하였다.

소축괘

☴☰小畜

'小畜', '巽'畜也. '大畜', '艮'畜也. '巽'體陰而用多陽, '艮'體陽而用多
陰. 體者其情也, 用者其名也. 以名召我, 而情固止之, 甚矣哉, '巽'
之柔而陰鷙也!

역문 이 소축괘☴☰는 손괘☴가 길러 줌이고, 대축괘☶☰는 간괘☶가 길러 줌이
다.[218] 손괘는 몸은 음(陰)이지만 그 작용함에서는 양(陽)을 많이 쓴다. 그리
고 간괘는 몸은 양이지만 그 작용함에서는 음(陰)을 많이 쓴다.[219] 몸은 이
괘들의 실정을 이루고, 작용은 그 명칭에 반영되어 있다. 그래서 명칭으로
써 우리는 부른다지만 이 괘들의 실정은 본디 멈추게 함이니, 심하도다,

---

218 이들 두 괘는 각기 그 회괘(悔卦)를 이루고 있는 손괘☴와 간괘☶가 모두 그 정괘(貞卦)로
서 아래에 세 양으로 이루어진 건괘☰를 두고 있다. 그런데 왕부지는 이에 대해 윗괘들이
아랫괘인 건괘를 '길러 줌[畜]'으로 풀이하고 있는 것이다. 즉 손괘가 아래로 건괘의 세 양
들을 길러 주고, 간괘가 아래로 건괘의 세 양들을 길러 주는 것이 각각 소축괘☴와 대축괘
☶라는 것이다.

219 손괘☴는 음효 하나에 양효 둘로 이루어져 있고, 간괘☶는 이와 반대로 양효 하나에 음효
둘로 이루어져 있다. 그런데 이들 괘의 음·양을 결정짓는 것은 둘 중에 소수의 효이다. 그
러므로 손괘는 음의 괘가 되고 간괘는 양의 괘가 된다. 이것이 여기에서 말하는 '몸'이다.
그리고 손괘에는 양효가 많으므로 그 작용에는 양이 많다고 한 것이고, 간괘에는 음효가
많으므로 그 작용에는 음이 많다고 한 것이다.

손괘의 음이면서도 사나움이여!

夫畜有養道焉. 陽任治, 陰任養. 天下不以養始者, 終不能止. 飫以
所需, 則情留而息. 自有人事以來, 壯夫危行而郤步於陰柔者, 皆養
爲之膠飴, 而孰能軼此以徑行哉! 夫養陽者陰之職, 雖蹈其機, 難辭
其奉, 聖人亦且因而成之. 陽固已郤步焉, 而猶安之以時數者, 亦曰
其職也.

역문 '축(畜)'에는 길러 줌의 원리가 있다. 원래 양은 다스림을 맡고 음은 길러
줌을 맡는다. 이 세상에 처음에 길러 주지 않은 사람은 끝에 가서 멈추게
할 수가 없다. 필요한 것들을 충족하게 되니 마음도 머무르고자 하며 편안
해지는 것이다. 사람들이 공동체를 꾸리며 삶을 영유해 온 이래 씩씩한 사
나이들이라 하더라도 음(陰)의 부드러움이 지배하는 상황에서는 위태롭게
여겨 걸으며 뒤로 물러선다. 그 까닭은 모두 길러 줌이 붙들어 맨 채 주기
때문이다. 이러한 상황인데 그 누구라서 이를 앞지르며 지름길로 갈 수 있
겠는가! 양을 길러 주는 것은 음의 직책이기 때문에 양으로서는 비록 이러
한 체제(體制)에 들어간다고 할지라도 그 받듦을 거절하기가 어렵다. 성인
(聖人)도 이로 말미암아서 이루어지는 것이다. 이러한 상황에서는 양이 진
실로 벌써 뒷걸음질 치면서도 오히려 이를 운명의 일환이라 여긴 채 편안
해한다. 그래서 또한 '직책'이라 부른다.

雖然, 其養之也, 則又有厚薄之不齊矣. 山之養也, 出雲升霧以應天
者, 且合天於蒸歆之氣. 若夫風之爲體, 旁行解散, 致養已薄, 而徒
用其柔, 密爲之止, 則 "密雲不雨"之勢已成, 而五·上之陽, 方且從

彼黨而致其用. 五矜富力, 上載德色. 孰知夫周旋不舍者, 因長塞其
入求三陽之遷, 且受轉於陰而爲之役, 則五・上亦愚矣. 甚矣哉, 六
四之坐取群情而柔之於袵席也!

역문 비록 이러하다고는 하여도 그 길러 줌에는 또한 두텁고 엷음으로 다름
이 있다. 산의 길러 줌은 구름이 일게 하고 안개를 피워 올림으로써 하늘
에 응한다. 이는 김처럼 피워 올리는 기운[氣]이라는 측면에서 하늘과 합치
한다. 그런데 이 소축괘☴☰에서는 바람이 몸을 이루어서 주변으로 흩어지
기 때문에, 길러 줌을 이룬다는 측면에서 볼 적에 벌써 엷을 뿐만 아니라,
한갓 그 부드러움만을 사용하며 빽빽하게 하여서 아래에서 올라오는 양들
을 멈추게 하고 있다. 그리하여 '두껍게 낀 구름이 비로는 내리지 않음'의
형세를 이미 이루고 있는데, 5효와 상효의 양(陽)들은 한창 자기들끼리 당
파를 이루고 서로 좇으며 그 쓰임새를 이루고 있다. 그리고 구오효는 그
부유함과 힘을 뽐내고 있고, 상구효는 덕색(德色)질을 하고 있다.

　아, 그 뉘라서 알리오, 쉼 없이 여러 가지로 힘을 쏟으면서도 오래도록
그 입구를 틀어막은 채 세 양들이 지름길로 가려는 것을 막아서 이들이 음
의 길러 줌을 받아들이도록 역할을 하는 이를! 이러한 관점에서 보면 구오
효와 상구효는 역시 어리석은 것이다. 심하도다, 육사효가 앉은 채로 뭇
양들의 마음을 그러모아서 그 자리에서 부드러움으로 감싸는 것이!

夫薄養而固止之, '巽'无禮, 而'乾'亦不光矣. 則夫受止者, 失得吉凶
之數亦有辨. 三, 爭其止者也. 二, 靜於止者也. 初, 受其止者也. 三
進故爭, 二中故靜, 初應故受. 以爭往者入其機, 而'巽'始以機鳴得
意, 月德之望, '反目'之激矣. 以靜俟者保其健, 而初・三各效其功,

彼以鄰爲富, 我以牽爲援矣. 以退受者老其敵, 而四亦以不測自危, '血惕'之亡, 四僅免焉. 咎責之來, 初自信不疑而任之矣. '何其咎', 言負何其咎也. 俗以'負何'字加草作荷, 遂訓此作誰何之義. 其唯初乎! 陽受其止, 而密制其機. 任譏非於當世, 而移易其陰鷙之心, 故出入於危疑而光明不疚, 其吉也, 義固許之矣.

역문 이 소축괘는 길러 줌이 엷으면서도 본디 아래에서 올라오는 양(陽)들을 멈추게 하고 있다. 회괘(悔卦)인 손괘☴는 무례하고, 정괘(貞卦)인 건괘☰도 빛이 나지 않는다. 그래서 그 멈춤을 받아들이는 양(陽)들로서도 잃음[失]과 얻음[德], 길함과 흉함을 초래하는 수(數)들이 서로 다르다. 즉 구삼효는 육사효의 멈추게 함과 싸움을 벌이는 이고, 구이효는 멈춤에서 고요히 있는 이며, 초구효는 그 멈추게 함을 받아들이는 이다. 구삼효는 나아가기 때문에 다투고, 구이효는 가운데 자리를 차지하고 있으므로 고요하며, 초구효는 육사효와 제대로 응함[正應]의 관계를 이루고 있기 때문에 그 멈추게 함을 받아들이는 것이다.

세 양효들 가운데 다투기 위해 가는 구삼효가 그 윗괘인 손괘☴의 체제에 들어가려 하면, 손괘는 맨 먼저 그 체제의 경보를 울림으로써 자신의 의도대로 그를 막아서 멈추게 한다. 그리고 이때 구삼효는 달의 덕이 보름달에 이른 것[220]과 서로 '반목'하는 격렬한 양상을 낳게 된다. 이에 비해 고요하게 기다리는 구이효는 그 씩씩함을 보전하는데, 이때 초구·구삼효 둘이 각기 그 공능을 발휘하며 이웃으로서 함께 부유해진다. 그리고 구이효는 이들을 끌어들여 원군(援軍)으로 삼는다. 아울러 물러남으로써 손괘

---

220 이 소축괘☴의 상구효를 가리킴.

의 머물게 함을 그대로 받아들이는 초구효는 그 적을 노쇠하게 한다. 육사효도 예측할 수 없어서 자신을 위태롭게 하고 '피비린내와 두려워함'의 망함이 있기는 한데, 육사효는 가까스로 이를 면한다.

잘못을 지적하며 나무라는 이가 오더라도 초구효는 자신을 믿어 의심치 않으며 소임을 다한다.[221] 이는 오로지 초구효이기 때문이로다! 초구효는 양이면서도 육사효의 멈추게 함을 받아들이며 은밀하게 손괘☴의 체제를 제어한다. 그리하여 당세에 잘못됨을 나무라는 소임을 맡아서는 그 음(陰)[222]의 사나운 마음을 바꾸어 놓는다. 그러므로 초구효는 육사효가 의심이 나서 불안해하는 위태로운 지경을 드나들더라도, 그 광명이 그 속에서 결코 오래도록 손상된 채로만 있지는 않는다. 이러하기 때문에 초구효는 길하다. 그리고 그 길함은 자신이 행하는 의로움 속에 본디 있는 것이다.

夫如是, 將鬪陰陽而相制以機乎? 曰: 非然也. '小畜'之時, 不數遇也. 止則窮, 窮則變, 故君子以變行權, 而厚用其'密雲'之勢. 非'小畜'之世, 无尚往之才, 而觸物之止, 即用其機, 則細人之術也, 而又何足以云!

역문 대저 이와 같이 하면, 장차 음·양과 싸우면서도 서로 그 체제로써 제어할까? 그 대답은 "그렇지 않다."는 것이다. 이 소축괘☴가 상징하는 시기는 수(數)로 해서, 즉 이 세상의 필연적 운행 속에서 꼭 만나도록 되어 있어서 만나는 것이 아니다. 우리는 보통 멈추게 하면 궁해지고, 궁하면 변한

---

221 **저자 자주:** 초구효사에서 '何其咎'는 '그 허물을 짊어지고 있음'을 의미한다. 그런데 일상의 어법에만 익숙하여 잘 모르는 사람들은 '負何'의 '何'자에 '艹(초두)'를 더하여 '荷'로 쓴다. 그리고는 이곳의 '何'자는 '누구'를 의미하는 것으로 풀이한다.

222 육사효를 지칭함.

다. 그러므로 군자는 이렇게 변함[變]으로써 그때그때에 적합한 방도를 행하며, '두껍게 낀 구름'의 형세를 잘 이용한다.[223] 이에 비해 이 소축괘☴가 상징하는 시대가 아닌 때에 위로 올라가는 재주가 없이 올라가다가 다른 것에 의해 멈춤을 당하자마자 곧 이 손괘☴의 체제를 사용한다는 것은 소인들의 술수다. 그렇다면 어찌 이것이 입에 담을 만하리오!

---

[223] 이 소축괘☴의 『단전』에서는 "'두껍게 낀 구름이 비로는 내리지 않으며'는 위로 올라간다는 의미다.('密雲不雨', 尙往也.)"라 하고 있다.

리괘

≡ 履

一

爲卦之體, 唯一陰而失位以間乎陽, 則天下憂危之都, 莫'履'若也. 君
子以涉於憂危, 而用爲德基, 犯難而不失其常, 亦反求其本而已矣.

역문 이 리괘≡의 모양을 보면, 유일한 음효(⚋)가 자리를 잘못 차지한 채 양
효들 사이에 끼어 있다.[224] 이러한 짜임새는 이 세상의 모든 우려와 위험이
모여 있는 중심지를 상징하는 것으로서, 이 리괘가 제일이라 할 것이다.
그러나 군자는 이와 같은 우려와 위험의 상황에 던져져 있다고 하더라도,
오히려 이를 덕행의 근본으로 이용해야 한다. 이렇듯 군자라면 어려운 상
황 속에서도 한결같음을 잃지 않아야 하니, 또한 자신에게로 돌이켜 그 근
본을 찾아야 할 따름이다.

本者何也? 陽因於陰爲'艮', 陰因乎陽爲'兌'. 因者爲功, 所因者爲地.

---

224 이 리괘≡의 육삼효를 가리키는 말이다. 육삼효는 음효(⚋)인데도 양의 자리인 '3효'의 자
리를 차지하고 있기 때문에 이렇게 말하는 것이다.

'兌'以陽爲地, 以陰爲功. 爻任其功, 卦敦其地. 任其功者功在陰, 陽
與陰爭, 相爭則咥. 敦其地者敦於陽, 內爲外主, 有主則亨. 二陽之
基, '兌'之本也.

역문 그럼 여기에서 말하는 '근본'이란 무엇이겠는가. 양(陽)이 음(陰)들에게
능동적으로 영향을 미치는 괘는 간괘☶이고, 음이 양들에게 능동적으로
영향을 미치는 괘는 태괘☱다. 능동적으로 영향을 미침은 공능(功能)이고,
이 공능으로 말미암아서 이루어지는 것은 바탕[地]이다. 이 리괘(履卦)☰의
정괘(貞卦)를 이루고 있는 태괘☱는, 양들이 바탕을 이루고 있고, 음이 이
들에게 공능을 미치고 있다. 즉 태괘의 제3효(爻; --)는 그 공을 맡아서 하
고, 태괘 전체로는 그 바탕을 돈독하게 하고 있다.[225] 이 경우 공능을 맡아
서 함에서 공능이 음에게 있으니, 양은 음과 다투게 되고, 서로 다투게 되
어서는 호랑이에게 물림을 초래한다. 그 바탕을 돈독히 하는 것은 양들에
의해서 돈독해진다. 그리하여 이 양들(=)이 안에서 밖에 있는 것[226]의 주
인 노릇을 하고 있다. 이 리괘☰에는 이렇게 주인 되는 이가 있으니 형통
한 것이다. 아울러 두 개의 양효가 바탕을 이루고 있음이 태괘☱의 근본이
다.[227]

險阻生於言笑, 德怨報以懷來. 厚其懷來之積, 消其言笑之機, 則物

---

225 이 태괘☱는 상효인 음효 아래 양효가 둘(=)이므로 이렇게 '돈독하다[敦]'고 하는 것으로
보인다.
226 태괘☱의 상효인 음효를 가리킴.
227 이러하기 때문에, 즉 초구·구이효가 바탕으로서 든든하게 지탱하고 있기 때문에, 육삼효
가 상징하는 우려와 위험에도 불구하고 리괘는 형통할 수 있다는 것이다. 이는 군자가 어
려운 상황에서도 자신의 본바탕을 돈독히 함이라 함으로 귀결된다.

之所不驚矣. 初之與二, 无求者也, 无求而情必以實. 在心爲素, 在
道爲坦, 故无求於物者, 物亦不得而驚之.

역문 살아가면서 겪는 험난함·꽉 막힘은 말하고 웃는 데서 생겨나고, 원수
를 은혜로 갚음에서는 많은 사람들이 그 보답으로 자신에게로 돌아옴을
얻게 된다. 이렇게 많은 사람들이 자신에게로 돌아옴을 더욱 두터이 쌓아
나아가며, 말하고 웃는 데서 생기는 험난함·꽉 막힘의 낌새[幾]를 말끔히
해소한다면, 타자들은 그에게 놀라지 않을 것이다. 이 리괘䷋에서 초구·
구이효들은 자신들의 본바탕을 돈독히 할 뿐, 밖으로는 그 무엇도 추구하
지 않는 이들이다. 즉 밖으로는 아무것도 추구하지 않으면서 마음 쓰는 것
은 꼭 실답다. 그래서 마음으로는 소박하고 나아가는 길은 탄탄하므로, 타
자들에게서 아무것도 추구하는 것이 없기 때문에, 타자들도 그에게서 놀
랄 것이 없는 것이다.

行乎不得已而有'履'焉, 時爲之也. 逮乎'履'之旣成, 而溯其所由以不
蹶, 非初·二之剛實而无冀乎物情之應者以爲之基, 則亦惡從致此?
故曰, "其旋元吉". 上序致祥之績, 固不在所應之六三, 而必策勳於
初·二矣. 若徒以三也, 恃言笑之柔, 往試於群剛之林, 外柔中狠,
鬼神瞰之, 而況於虎之以咥人爲道者乎?

역문 살다가 어쩔 수 없이 행하였음에도 불구하고 이 리괘䷊의 상황에 처하
는 경우도 있는데, 이는 그때의 상황이 초래하는 것이다. 이 리괘의 상황
이 다 끝난 뒤, 어째서 이러한 상황에서도 넘어지지 않고 버텨 낼 수 있었
는지의 원인을 거슬러 올라가 보면, 초구·구이효가 굳셈으로서 튼실하며

타자들이 마음으로 응하는 것을 결코 바라지 않았음이 바탕이 되어 있다. 만약에 이들의 덕이 아니라면, 어찌 이러한 결과를 얻을 수 있으리오! 그러므로 그 상구효사에서 "그 돌이킴이 으뜸 되고 길하다."라 하고 있는 것이다.

상구효에서 이렇게 상서로움을 초래한 치적을 서술하고 있는 것은, 본디 이 상구효와 응함의 관계에 있는 육삼효에 있지 않다. 이는 반드시 초구·구이효에 대한 책훈(策勳)인 것이다. 만약 한갓 응함의 관계에 있는 육삼(六三)이라는 관점에서만 보면, 말하고 웃는 것이 부드럽다고 함을 사게 될 것이다. 그러나 이를 뭇 굳셈[剛]들이 우글거리는 곳에 가져다 시험해 본다면 겉으로는 부드러우면서도 속으로는 사나움을 품고 있는 것이다. 이는 귀신이 훤히 보고 있는 것이거늘 하물며 호랑이처럼 사람을 물어 버리는 것을 됨됨이로 하고 있는 이에게야!

二

"履虎尾, 不咥人", 以數馭之乎? 以道消之乎? 以數馭之者, 機變之士, 投試不測而售其術, 君子羞稱之矣. 所謂以道消之者, 非道也, 爲'嬰兒'也, 爲'醉者'也. 虎過其側而不傷, 曰'天和'存焉. 天和者, 无心以爲營, '緣督以爲經', '浮遊'於二氣之間, 而'行不躡地'. 若士之北遊也, 禦寇之禦風也, 絶地而離乎人, 與之漠不相與而自逃其難, 則亦惡在其爲能履虎尾哉!

역문 괘사에서 "호랑이 꼬리를 밟고 나아가는데 사람을 물지 않음이다."라고 하는데, 이는 호랑이를 술수로써 제어하기 때문인가, 아니면 호랑이가 물려고 함을 도(道)로써 사라지게 하기 때문인가? 술수로써 제어하는 이는 계략에 능한 인물인데, 사람들에게 도저히 알아맞히기 어려운 술수를 나타내 보이고는 그것을 팔아먹는 이다. 군자라면 이러한 인물로 불리는 것을 부끄러워할 것이다.

이에 비해 '호랑이가 물려고 함을 도(道)로써 사라지게 하는 이'는, 사실은 도로써 하는 것이 아니고 '영아(嬰兒)'[228]가 되는 것이고, '취한 사람'[229]이

---

228 '영아(嬰兒)'는 '갓난이', 또는 '신생아'를 의미한다. 노자는 이 '영아'를 기(氣) 수련이 완성된, 가장 이상적인 인물을 상징하는 존재로서 강조하였다. 보통 사람들은 모두들 특별한 자기 관점에 의해 특수한 인식을 이루고, 그것에 입각하여 개념을 이루며, 그 개념을 말로 표현하면서 타자와 소통한다. 그러므로 보통 사람들은 이 자기 특수성으로부터 벗어날 수 없고, 그래서 역시 자기 특수성 속에 있는 타자들과 소통하면서 대립·투쟁 등을 일으키며 살아갈 수밖에 없다. 우리 보통 사람들에게는 이것이 삶의 조건으로서 그 숙명이라 할 것이다.
　이에 비해 이 '영아'는 아직 자기 관점이 형성되지 않은 존재다. 노자는 이러한 점에 착안하여 이 '영아'를 보편 차원에 있는 존재로 연결시키는 것이다. 이 '영아'는 보통 사람들과의 소통이 불가능한 존재인데, 노자는 이를 보편의 관점과 특수의 관점 사이에서 발생하는 소통 불가능성으로 보면서, 이러한 문제의 원인을 보통 사람들에게로 돌린다. 그리고 영아에게는 이러한 문제가 전혀 없는 것으로 묘사하며 보통 사람들에게 이 경지, 이 차원에 오를 것을 강조하고 있다. 다만 노자는 이 '영아'의 경지를, 반드시 기(氣) 수련을 통해서 자기의 특수성으로부터 벗어남에 의해 이를 수 있는 것으로서 강조하고 있다. 『노자』에서는 제10장, 제20장, 제28장 등 3회에 걸쳐 이 '영아'를 강조하고 있다.
229 여기에서 말하는 '취한 사람'의 일화는 『장자』, 「달생(達生)」편과 『열자(列子)』, 「황제(黃帝)」편에 나온다. 물론 두 곳의 내용은 같다. 이들에서는 "취한 사람이 마차에서 떨어지면, 비록 그 마차가 빨리 달리는 경우라 할지라도 죽지는 않는다. 그가 골절이 되는 것은 남과 같지만, 피해를 당하는 정도가 남과 다른 것이다. 그 까닭은 정신이 (이를 알아차리지 못해) 온전하기 때문이다. 말하자면 (술에 취한 그는) 달리는 마차에서 떨어진다는 사실도 알아차리지 못하고, 죽고 사는 것은 물론 놀라움과 두려움조차 그의 인식 체계 속에는 들어오지 않기 때문이다. 그러므로 외물이 다가오더라도 두려움이 일지 않는 것이다. 술에 의해 정신이 온전함을 얻은 이도 이러하거늘, 하물며 하늘에 의해 온전함을 얻은 이는 말해 무엇하랴! 성인은 하늘에 자신을 숨기며 드러내지 않기 때문에 그 어떤 것도 해칠 수 없는 것이다.(夫醉者之墜車, 雖疾不死. 骨節與人同而犯害與人異, 其神全也, 乘亦不知也, 墜亦不知也, 死生驚懼不入乎其胸中, 是故遻物而不慴. 彼得全於酒而猶若是, 而況得全於天

되는 것이다. 호랑이는 이들 옆을 지나면서도 물지를 않으니, 여기에는 '하늘의 조화[天和]'라는 것이 존재한다. 이 '하늘의 조화'는 아무런 사심이 없이 이루어 내는 것이다. 이는 '텅 빔을 원칙으로 삼아서 행함을 한결같이 유지함'[230]이고, 하늘과 땅이라는 두 기(氣) 사이에 '떠다니며 노닒'[231]이

乎? 聖人藏於天, 故莫之能傷也.)"라 하고 있다.

　왕부지가 여기에서 강조하고자 하는 것은 '정신의 온전함[神全]'이다. 이를 이 문맥에 따라 풀이해 보자면, 인식 주체로서의 보통 사람들은 외물과 마주할 적에 특수한 자기 관점에 입각하여 반응함으로써 그 온전함을 잃고 특수함만을 드러냄에 비해, 그리고 이것은 늘 문제 양상을 초래함에 비해, 정신이 온전하면 이 특수한 자기 관점이 해소되기 때문에 그 결과도 좋다는 것이다. 이렇듯 노장(老莊)은 궁극적으로 특수한 자기 관점 해소를 강조함이 이들 철학의 핵심을 이룬다.

230　이는 『장자』, 「양생주(養生主)」에 나오는 '緣督以爲經(연독이위경)'을 풀이한 것이다. 이 글귀의 '督(독)'자와 '經(경)'자에 대한 풀이는 역대 제가마다 다양하다. 원래 이 「양생주」 편은 양생(養生)을 말하는 것이다. 이는 '생명을 온전히 함', 또는 '생명을 함양함'으로 풀이할 수 있을 것이다. 즉 인간의 불완전함을 기(氣) 수련에 의해 해소할 수 있다고 보고, 그렇게 강조하는 것이다. 이 글귀는 이 편의 첫 장에 나온다. 그래서 학자에 따라서는 장자 철학을 이해함에서 이 글귀를 대단히 중시한다.

　　이 글귀의 문맥을 보자면, '督'자와 '經'자가 핵심임을 알 수 있다. '督'자는 양생의 방법을 말하는 것이고, '經'자는 그것이 성취되어 유지하는 삶의 태도라 할 수 있다. 여기에서 나는 역대 제가들의 주석을 일별한 뒤, '督'자에 대해서는 '중(中)·허(虛)'의 의미로 풀이하고, '經'자에 대해서는 '常(상)'의 의미로 풀이함이 가장 합리적이라는 결론을 내렸다. '중'·'허'·'중허'는 자기의 특수한 관점을 해소하고, 즉 자기의 관점에서 이룬 인식과 개념에 대한 집착을 해소해 버리고, 보편의 관점으로 초월함을 의미한다고 할 수 있다. 그리고 '常'은 이를 한결같이 유지함을 의미한다. 이러한 관점에서 역자는 이 구절을 이렇게 번역한 것이다. 참고로 이 글귀의 나머지 부분을 보면, "텅 빔을 원칙으로 삼아 행함을 한결같이 유지하면, 자기 자신을 보전할 수 있고, 생명을 온전히 할 수 있으며, 어버이에게서 받은 것을 함양할 수 있고, 자연 수명을 다 누릴 수 있을 것이다.(緣督以爲經, 可以保身, 可以全生, 可以養親, 可以盡年.)"라 하고 있다.

231　여기에서 말한 '노닒[遊]'은, 유한(有限)의 세계에서 설정하고 있는 자기의 특수한 관점을 해소하고 보편의 관점으로 초월하여 살아감을 은유하는 말이다. 따라서 이 '노닒'은 무한의 차원에서 설정되고 있다. 예컨대 "若夫乘天地之正, 而御六氣之辯, 以遊无窮者, 彼且惡乎待哉!/乘雲氣, 御飛龍, 而遊乎四海之外"(『莊子』, 「齊物論」), "乘雲氣, 騎日月, 而遊乎四海之外. 死生無變於己, 而況利害之端乎!"(『莊子』, 「齊物論」), "遊乎塵垢之外"(『莊子』, 「齊物論」), "乘夫莽眇之鳥, 以出六極之外, 而遊無何有之鄕, 以處壙埌之野"(『莊子』, 「應帝王」)라는 말들에서 이를 확인할 수 있다. 이 예문들에서 말하는 '사해(四海)', '진구(塵垢)' 등이 의미하

며, '돌아다니면서도 발이 땅에 닿지 않음'[232]이다. 약사(若士)가 북해에서 노니는 것[233]이라든가, 열어구(列禦寇)가 바람을 부리며 타고 다닌 것[234] 등

는 것은, 유한한 존재들이 발붙이고 살아가면서 타자와 아등바등하는 세상을 은유하는 말이고, '무궁(無窮)'이나 '외(外)', '무하유지향(無何有之鄕)' 등은 특수한 관점들을 해소·초월할 수밖에 없는 세계를 은유한다. 이러한 세계에서 노닐게 되면 유한한 세계에서 살아가며 아등바등하는 문제들이 해소된다는 것이다.

232 이 구절은『장자』,「천하」편에 수록되어 있는 혜시(惠施)의 역설(逆說) 가운데 하나다. 거기에는 원래 "굴러가는 수레바퀴는 땅에 닿지 않는다.(輪不蹍地.)"라고 하여 수레바퀴를 의미하는 '輪(윤)'으로 되어 있는데, 왕부지는 여기에서 사람을 강조하기 위해 '行(행)'자로 바꾸어서 표현하고 있다. 혜시의 이 말에 대한 역대 제가의 해석은 다양하다. 우선 상식적으로 볼 때, 굴러가는 수레바퀴가 땅에 닿지 않을 수가 없다. 땅에 닿지 않고서는 굴러갈 수가 없기 때문이다. 그러나 '수레바퀴'나, '닿음', '땅'등을 고도의 추상성에 입각하여 극단적으로 해석하면 혜시가 주장하는 말을 부정할 수 없게 된다. 그것을 예시하면 다음과 같다.
    1. 수레바퀴 전체 중 땅에 닿는 부분은 무한소(無限小)에 가깝다. 따라서 수레바퀴 전체가 아니다. 이 극히 미세함을 기준으로 하면 '수레바퀴'와 '땅에 닿는 부분'은 일치하지 않는다. 그래서 혜시의 이러한 주장은 반박할 수 없게 된다.
    2. 수레바퀴와 땅은 외연에서 비교할 수가 없다. 수레바퀴는 설령 굴러가는 것이라 할지라도 땅 전체를 굴러가지는 못한다. 이러한 점에서도 혜시의 이 주장은 반박되지 않는다.
    3. 수레바퀴는 원주로 되어 있고, 땅은 평면으로 되어 있다. 따라서 이들은 범주가 다르기 때문에 만난다는 말을 할 수가 없다. 이러한 점에서도 혜시의 이 주장은 반박되지 않는다.
    위에서 인용한 혜시의 이 주장은 상식에 비추어 보면 전혀 말이 되지 않는 것처럼 보이지만, 이렇듯 '명(名)'들이 가지고 있는 극도의 추상성에 입각하여 해석하면 반박될 수 없는 면이 있다. 그래서 '역설(逆說)'이라 할 수 있는 것이다. 물론 당시에 혜시는 '명(名)'이라는 것에 집착하며 '정명(正名)'론을 역설하던 유가(儒家)와, 역시 이러한 '명'을 버리지 않은 채 유가에 반대되는 논리를 펴며 맞서던 묵가(墨家) 사이의 논쟁을 비판하기 위해 이러한 주장을 했다고 볼 수 있다. 그런데 왕부지는 여기에서 불완전함을 해소한, 그래서 문제 상황을 일으키지 않는 '하늘의 조화'에 적용하여 이 명제를 풀이하고 있다. 그리하여 호랑이 꼬리를 밟고 지나가더라도 물지 않아 형통하다고 하는 리괘(履卦)䷉ 괘사의 풀이에 적용하고 있다.

233 『회남자(淮南子)』,「도응훈(道應訓)」편에 나오는 일화다. 일화의 내용은, 노오(盧敖; B.C.275~B.C.195)라는 인물이 북해(北海)로 유람(遊覽)을 나갔다가 선인(仙人) 약사(若士)를 만나서 나눈 대화 및 그로부터 깨달음을 얻은 소감을 술회하는 것으로 이루어져 있다. 노오는 유한한 세계의 뛰어난 인물이기는 하지만, 약사는 이를 초월한 무한 차원의 경지에 있는 인물이어서 비교할 수 없는 것으로 묘사되어 있다.

234 『장자』,「소요유(逍遙遊)」편에 나오는 인물이다. 이 열어구는 바람을 타고 상쾌하게 15일 동안 날아다니다 돌아올 정도로 유한 차원의 존재들 가운데 뛰어난 인물이기는 하다. 그러

도 그러하다. 이들은 땅에 발붙이고 사는 것을 초절(超絶)하고, 유한한 사람들의 차원으로부터는 벗어난 존재들이다. 그래서 이들은 보통 사람들의 인식 범위를 벗어나 있으니 보통 사람들로서는 이들과 어울릴 수가 없고, 이들은 스스로 유한 차원의 보통 사람들이 아등바등하며 일으키는 문제 상황으로부터 도피한다. 그러니 또한 어찌 이들이 호랑이 꼬리를 밟을 수가 있겠는가!235

夫履虎尾者, 則既履之矣. 雖虎尾, 亦素位也. 時窮於天, 事貞於變, 賢者固有不能及之理, 聖人亦有不得盡之功. 不能及者, 勉強及之, 不得盡者, 无或忘之而不相悖害. 然且虎興於前而且將咥我, 尤返而自考曰, "我過矣, 我過矣", 益退而考其近行焉. 天乃祐之, 而物之悍戾者亦惻怛而消其險矣. 故其不咥者, 實自求之祥, 非偶然也.

역문 '호랑이 꼬리를 밟았다'는 것은 이미 밟아 버렸음을 의미한다. 비록 호랑이 꼬리라 할지라도 엄연히 현재의 처지다. 살다 보면 시대적 상황은 천운에 의해 막히지만, 일처리는 변화무쌍한 상황에서도 올곧게 해야 한다. 현자(賢者)라 해도 본디 미칠 수 없는 이치가 있고, 성인(聖人)에게도 다 발휘해 낼 수 없는 공능이 있다. 미칠 수 없는 것이라면 애써 행해서 미칠 수

---

235 나 장자는 그도 역시 바람이라는 것에 의존하지 않을 수 없는[有待] 존재로서, 그 어떤 것에도 의지하지 않는[無待] 완전한 존재들(至人, 神人, 聖人)에는 비교할 수 없다고 하고 있다. 여기에서 보다시피 왕부지는 유학자이면서도, 이 리괘☰ 괘사 "호랑이 꼬리를 밟고 나아가는데 사람을 물지 않음이다. 형통하다."를 도가철학의 핵심을 인용하여 해설하고 있다. 왕부지 스스로 그 철학적 관점을 효과적으로 전달하고자 함에서 노장의 철학적 혜안을 끌어들임을 주저하지 않는 것이다. 여기에서 거유(巨儒)라 할 수 있는 왕부지 철학의 면모를 발견할 수 있다. 이는 노장의 철학을 인용함에 대해 '사문난적(斯門亂賊)'으로 간주하던 우리 조선시대 일군의 유학자들과는 그 양상이 사뭇 다른 것이라 할 수 있다.

있도록 하고, 다 발휘해 낼 수 없는 것은 혹시라도 잊어버려서 서로 간에 폐해를 주는 일이 없도록 해야 한다. 그러나 또한 호랑이가 내 앞에서 일어나 막 나를 물어 버리려는 상황에서도, 더욱 스스로에게로 돌이켜 혹시라도 무엇을 잘못한 일이 없는가를 살피며 "나의 잘못이로다, 나의 잘못이로다!"라 하고, 더욱 한 걸음 물러서며 최근 자신의 행위를 점검해 보아야 한다. 이렇게 하면 하늘이 도와줄 것이요, 외물(外物) 가운데 사납기 그지없는 것들도 측은하게 여길 것이니, 그 험난함은 사라질 것이다. 그러므로 호랑이가 물지 않는다는 것은 실재로는 스스로 얻어 낸 상서로움이지 결코 우연에 의한 것이 아니다.

魚朝恩發郭子儀父墓, 以激其怨望, 而子儀泣對代宗曰, "臣之部曲發人墳墓多矣, 能勿自及乎!" 子儀之言而虛也, 則鬼神瞰之矣, 惟其實也, 斯自反之誠也, 其旋之考也. 若子儀者, 合於君子之道矣, 而又奚疑!

역문 어조은(魚朝恩; 722~770)[236]이 곽자의(郭子儀)의 아버지 묘를 파헤침으로써

---

236 어조은은 당나라 때의 환관이다. 대단히 머리가 좋아서 유학(儒學)에 정통했을 뿐만 아니라 불교에도 조예가 깊었다고 한다. 안사(安史)의 난에 즈음하여 현종(玄宗)을 위기에서 구해 주어 그의 신임을 얻게 되었고, 그다음 대에 투루판의 침입으로 숙종(肅宗)이 위기에 처했을 때 또한 숙종을 구해 주어서 그의 각별한 신임을 얻게 되었다. 이렇게 하여 그는 최고 권력을 손아귀에 쥐게 되었고, 군정권(軍政權)까지 손에 거머쥐고서 조정 대신들은 물론 황제들까지도 마음대로 농락하였다. 이러한 그의 권세는 대종(代宗) 대에 이르기까지 지속되었다. 그는 됨됨이가 사악하고 음험하였는데, 황제들만 자신의 손아귀에 쥐고 있으면 된다는 이치를 깨달았고, 이를 실행에 옮겼던 인물이다. 그러나 대종은 이러한 어조은의 전횡을 더 이상 참지 못하고 위계(危計)를 꾸며 그를 액사(縊死)시켰다. 당년 49세의 나이로 이 희대의 환관은 운명을 달리하게 된 것이다.

그런데 이 어조은으로부터 당나라에는 환관이 전횡(專橫)하며 황제와 조정을 농단하는 폐습이 형성되었다고 한다. 즉 환관들이 여러 황제들을 죽이기도 하고 마음대로 갈아치우

원망을 격발(激發)했음에도 불구하고 곽자의는 대종에게 "신의 부하들이 남의 묘를 파헤친 것이 여러 차례였으니, 제가 지금 똑같은 꼴을 당함을 어찌 막을 수 있었겠습니까!"라고 하였다.[237] 곽자의의 이 말은 사실 빈말

는 현상이 이 어조은으로부터 비롯되었다는 것이다. 이 어조은은 그래서 중국 역사상 가장 나쁜 환관으로 꼽힌다. 결국 이러한 폐해가 당나라의 멸망을 부추기고 말았던 것이다. 공자가 말했던 대로 "이 세상이 도(道)대로 돌아가면 예악(禮樂)과 정벌(征伐)을 제정하고 주도하는 것이 천자(天子)지만, 도대로 돌아가지 않으면 이것들을 제정하고 주도하는 것이 제후다. 이렇게 제후가 제정하고 주도해서는 10세대를 못 가서 대부분 망하고 말 것이다. 더욱 나쁘게 그 아래 계급인 대부들이 이 제정권과 주도권을 쥐고 흔들게 되면 5세대를 못 가서 대부분 망하고 말 것이고, 그보다 낮은 배신(陪臣)들이 쥐고 흔들어서는 3세대를 못 가서 망하지 않는 나라가 드물 것이다.(『論語』,「季氏」: 孔子曰, 天下有道, 則禮樂征伐自天子出; 天下無道, 則禮樂征伐自諸侯出. 自諸侯出, 蓋十世希不失矣; 自大夫出, 五世希不失矣; 陪臣執國命, 三世希不失矣.)"라고 한 말이 정확히 들어맞은 것이다. 사람 세상의 통치 근간을 허물어 버렸기 때문이다.

237 곽자의(697~781)는 곽령공(郭令公)이라고도 부른다. 당(唐)나라의 장군으로서 안사(安史)의 난을 비롯한 여러 반란과 외적의 침입을 물리침으로써 혁혁한 전공을 세운 인물이다. 현(玄)·숙(肅)·대(代)·덕종(德宗) 등 네 황제를 모신 인물이며 분양왕(汾陽王)에 봉해지기도 하였다. 그리고 역대 장원(壯元) 급제 한 인물 가운데 무과의 장원으로 말미암아 관직에 오른 뒤 결국 재상에 오른 유일한 인물이기도 하다. 아울러 역시 역대 무과로 장원 급제한 인물 가운데 최고의 공을 세운 인물로 꼽힌다.
    이 곽자의는 두 번에 걸쳐 환관들에 의해 누명을 쓰고 곤욕을 치렀다. 한 번은 어조은(魚朝恩)에 의해, 또 한 번은 정원진(程元振; ?~764)에 의해. 이들의 농간에 의해 곽자의는 대장으로 임명되어 출병하였다가 병권을 회수당하고 돌아오는 모욕을 차례로 당한 것이다. 이들 둘은 모두 당대 당나라의 조정을 쥐고 흔들던 양대 환관들이다.
    특히 어조은이 수년 동안 수차례에 걸쳐 곽자의를 괴롭혔다. 이 곽자의 아버지 묘 도굴 사건을 일으킨 인물도 어조은이다. 대종(代宗) 때 곽자의가 출병하여 적을 물리치는 동안, 평생 곽자의를 질투하며 앙심을 품고 있던 어조은은 몰래 사람을 시켜 곽자의 아버지 묘를 도굴하는 만행을 저지른 것이다. 곽자의가 전승(戰勝)을 올리고 돌아오자 사람들은 피바람이 일 것이라 예측하며 두려워하였다. 대종도 친히 곽자의를 위문하기에 이르렀다.
    그러나 곽자의는 아버지 묘가 파헤쳐진 이 사실에 대해 통곡을 하면서도, "신은 오랜 세월 군대를 이끌고 전선을 전전하는 동안 부하들이 잔인하게 남들의 묘를 파헤치는 만행을 저질러도 금하지 못하였으니, 지금 다른 사람이 우리 아버지 묘를 도굴한 것은 '하늘의 꾸짖음[天譴]'이지 결코 '사람이 저지른 재난[人患]'이 아닙니다.(『新唐書』,「郭子儀列傳」: 臣久主兵, 不能禁士殘人之墓, 人今發先臣墓, 此天譴非人患也.)"라며 거꾸로 대종을 다독였다. 왕부지가 여기에서 직접 인용하고 있는 말은 사실 『신당서』의 말과는 다르지만 의미는 정확하게 일치한다.

이기는 하지만, 귀신은 알 것이다. 오직 여기에서 사실이라 할 수 있는 것은 이러한 일을 당하고서도 스스로에게 돌이켜 보는 성실함이며, 거기에서 원인을 찾음이다. 곽자의와 같이 해야만 군자의 도리에 합당하다고 할 것이다. 이에 대해 어찌 의심할 수 있으리오![238]

이 결과 곽자의는 대종으로부터 더욱 큰 신임을 얻으며 말년에 권세와 부를 누리게 되었다. 대종을 이은 덕종은 곽자의를 결코 이름으로 부르는 일이 없이 '상부(尙父)'라 칭하며 경외할 정도였다. 85세까지 장수하는 동안 곽자의는 오복(五福)을 누리며 신하로서 얻을 수 있는 최고의 영광을 누렸다. 중국의 역사에서 곽자의는 춘추시기의 안영(晏嬰)과 더불어 신하로서의 전형(典型)으로 꼽는다.

238 왕부지는 곽자의와 같은 행동이 이 리괘(履卦)䷉ 괘사에 부합하는 결과를 가져온다고 보는 것이다. 여기에서 우리는 의리역학의 전형(典型)을 확인할 수 있다.

태괘

䷊泰

一

天位乎上, 地位乎下, 誰爲爲之? 道奠之, 故曰, "一陰一陽之謂道"先
陰後陽者, 數自下生. 降其濁者, 清者自升, 故曰, "天地定位"終古而奠者如
斯, 則道者一成而不可易也. 今以'乾'下'坤'上而目之曰'交', '坤'下'乾'
上而目之曰'不交', 則將易其所奠而別立道以推盪之乎? 曰: 非也.
道行於'乾''坤'之全, 而其用必以人爲依. 不依乎人者, 人不得而用
之, 則耳目所窮, 功效亦廢, 其道可知而不必知. 聖人之所以依人而
建極也.

역문 하늘이 위에 있고 땅이 아래에 있음은 누가 한 것이겠는가? 도(道)가 이
렇게 정한 것이다. 그러므로 "한 번은 음이 되었다 한 번은 양이 되었다 함
을 '도'라 한다."[239]라고 하는 것이다.[240] 그 흐린 것이 내려오기 때문에 맑은

---

239 『주역』, 「계사상전」 제5장에 나오는 말이다.
240 **저자 자주**: 이 말에서 음을 앞세우고 양을 뒤로 돌린 까닭은, 음·양을 이루는 수가 아래로
부터 생기기 때문이다. /**역자 주**: 이 태괘䷊의 괘체를 보면, 음을 상징하는 곤괘☷가 위에
있고, 양을 상징하는 건괘☰가 아래에 있다. 그런데 괘의 효들은 아래에서 위로 생겨난다.

것이 저절로 올라가는 것이다.²⁴¹ 그러므로 "하늘과 땅이 위치를 정한다."²⁴²고 한다. 아득한 예부터 지금에 이르기까지 이 세계는 이러한 방식으로 작동하도록 정해져 있으니, 도(道)는 한 번 이루어지면 바뀔 수가 없는 것이다.

그런데 여기에 주목할 점이 있다. 다름이 아니라, 이 태괘☷☰에서는 건괘☰가 아래에 있고 곤괘☷는 위에 있음에도 불구하고 '(위·아래가 서로) 사귄다'고 하고, (비괘☰☷에서는) 곤괘☷가 아래에 있고 건괘☰는 위에 있음에도 불구하고 '(위·아래가 서로) 사귀지 않는다'고 하는 점이다. 그렇다면 이 『주역』이 그 정해진 것을 뒤바꾸고 새로운 작동 원리를 따로 만들어서 밀치고 흔들어 댄다는 것인가?

그 답은 '그렇지 않다'는 것이다. 도는 건☰·곤☷이 온전히 갖추어진 전체 속에서 운행한다. 다만 그 쓰임은 반드시 사람에게 의존하게 되어 있다. 사람에게 의존하지 않는 것은 사람으로서 쓸 수가 없으니, 사람의 감각 기관이 미칠 수가 없으며, 이로 말미암은 공효(功效)도 폐기된다. 물론 그 도를 알 수 있기는 하지만 꼭 알 필요도 없다. 성인(聖人)은 바로 이러한 원리를 반영하여, 사람에게 의존함을 가지고서 사람 세상의 표준[極]을 세

말하자면 효들이 생겨나오는 순서로 볼 적에, 맨 위에 있는 상효가 가장 먼저 생긴 것이고, 맨 아래에 있는 초효가 가장 늦게 생긴 것이다. 그래서 위에 있는 곤괘☷가 먼저 생겼고, 아래 있는 건괘☰가 나중에 생겼다고 할 수 있다.

241 이 태괘☷☰의 괘체를 보면, 음을 상징하는 곤괘☷가 위에 있고, 양을 상징하는 건괘☰가 아래에 있는데, 곤괘는 흐린 기[濁氣]를 상징하고 건괘는 맑은 기[淸氣]를 상징한다. 그리고 흐린 기는 무겁기 때문에 내려올 수밖에 없고, 그러면 그 빈자리가 생기니 맑은 기가 저절로 올라가서 그 자리를 메우게 된다는 말이다. 그 결과로서 하늘과 땅이 위치를 정하게 된다는 것이다. 이렇게 하늘과 땅이 유기적으로 움직임은 이 세계의 제대로 된 순환, 막힘이 없는 순환을 상징한다. 왕부지는 이 태괘☷☰에 이러함이 담겨 있다고 보고 있는 것이다.

242 『주역』, 「계사상전」 제3장에 나오는 말이다.

운 것이다.

今夫七曜之推移, 人之所見者半, 其所不見者半. 就其所見, 則固以
東爲生, 以西爲沒. 而道无卻行, 方其西沒, 即所不見者之西生矣.
沒者往也, 生者來也. 往者往於所來之舍, 來者來於所往之墟. 其可
見者, 則以昏·旦爲期; 兼其不可見者, 則以子半·午中爲界. 陰陽
之成化於升降也亦然. 著候於寒暑, 成用於生殺. 碧虛之與黃壚, 其
經維相通也, 其運行相次也, 而人之所知者半, 所不知者亦半. 就其
所知, 則春爲我春, 秋爲我秋, 而道无錯序. 不秋於此, 則不可以春
於彼; 有所凝滯, 則亦有所空虛. 其可知者, 則以孟春爲始, 兼其不
可知者, 則以日至爲始.

역문 이제 칠요(七曜)[243]의 추이를 보자. 이들의 운행에서 사람이 볼 수 있는
것이 절반이고, 볼 수 없는 것이 또한 절반이다. 볼 수 있는 것만을 가지고
말하자면, 본디 동쪽에서 생겨서 서쪽으로 진다. 그런데 이들의 운행 원리
에는 뒷걸음질하는 법이 없기 때문에 서쪽으로 지자마자 곧 보이지 않는
것들이 서쪽에서 생겨난다. 그래서 진 것은 가고[往], 생긴 것은 온다[來].
가는 것은 왔던 집으로 가는 것이고, 오는 것은 갔던 곳에서 오는 것이다.
이에 사람이 볼 수 있는 것은 석양과 아침으로 그 주기를 나눈다. 그러나
볼 수 없는 것까지를 합해서 말하자면 자반(子半)과 오중(午中)을 경계로
해야 한다.

　음·양이 오르내리면서 조화(造化)를 이루어 냄도 이와 마찬가지다.

음·양은 추위와 더위를 통해 절후(節候)를 드러내고, 살림[生]과 죽임[殺]을 통해 그 작용을 이룬다. 푸르고 텅 빈 하늘과 누런 대지는 경위(經緯)가 서로 통하고, 그 운행도 서로 꼬리를 물고 이어진다. 이러함에서 사람이 인식할 수 있는 것이 절반이고, 인식할 수 없는 것이 절반이다. 인식할 수 있는 것을 가지고 말하자면, 봄은 우리의 봄이 되고, 가을은 우리의 가을이 된다. 그리고 그 운행 원리에 도착(倒錯)된 순서란 없다. 여기에서 가을이 아니라면 저기에서는 봄일 수가 없고, 어딘가에 응체함이 있으면 어딘가에는 공허함이 있다. 이렇듯 사람이 인식할 수 있는 것을 가지고 말하자면 맹춘(孟春)이 시작이 된다. 그런데 인식할 수 없는 것까지를 겸해서 말하자면 동지·하지가 시작이 된다.

是故'泰'之下'乾'而上'坤'也, '坤'返其舍, 而'乾'即其位也. '坤'之陰有一未離子下, 則'乾'之陽且遲一舍而不得以來. '乾'之陽有一尚滯乎上, 則'坤'之陰且間一舍而不得以往. 往者往而之下, 來者來而之上, 則天地之位, 仍高卑秩然而无所雜也.

역문 그러므로 태괘▤의 아래 괘가 건☰이고 위 괘가 곤☷인 것은, 곤☷이 그 떠났던 곳으로 돌아온 것이고 아울러 건☰은 곤☷이 떠난 그 자리에 즉시 제자리를 잡은 것이다. 이때 만약 곤☷의 세 음 가운데 하나라도 아직 아래에서 벗어나지 못했다면, 그와 연관하여 건☰의 양들 가운데 하나는 그 자리를 떠남이 지체되어서 올 수가 없다. 반대로 건☰의 양들 가운데 하나라도 위에서 응체한 것이 있다면, 곤☷의 음들 중에서도 그만큼 하나는 떠나지 못한 채 사이를 두고 있으리니 갈 수가 없다. 가는 것은 갔다가 보이지 않는 쪽을 돌아 다시 아래로 오고, 온 것은 왔다가 보이는 앞쪽에서 위로 간다. 이렇게 함으로써 하늘과 땅의 위치는 높고 낮게 질서정연함을 이루는데, 여기에는 결코 그 어떤 것도 끼어들 수가 없다.

若是, 則天地之方交, 其象動而未寧, 何以謂之'泰'乎? 則釋之曰: 苟欲求其不動者以爲泰, 是終古而无一日也. 且道行於'乾''坤'之全, 而其用必以人爲依. 夫陰陽各六, 圖轉出入以爲上下, 而可見者六, 不可見者六. 可見之上, 與不可見之下而相際; 可見之下, 與不可見之上而相際. 當'泰'之世, 其可見者, '乾'下'坤'上也; 不可見者, '坤'下'乾'上也. 前乎此者爲'損', 後乎此者爲'恒'. '損'先難而'恒'雜. 其可見之炳然, 顯往來之極盛者, 莫若'泰'焉. 故曰, "小往大來, 亨". 此其所以通於晝夜寒暑, 而建寅以爲人紀, 首攝提以爲天始, 皆莫有易焉. 何也? 以人爲依, 則人極建而天地之位定也.

역문 이와 같다면 하늘과 땅이 유기적으로 바야흐로 사귐에서는 그 모습도 움직이는 것이기만 할 뿐 잠잠히 있지는 않을 터이다. 그런데 어찌하여 이 괘의 이름을 '태(泰)'라 하였을까. 내 나름대로 풀이하자면 이러하다. 즉, 진실로 전혀 움직이지 않음을 기다렸다가 '태'로 여기고자 한다면, 이 세상 다할 때까지라도 이러한 날은 없을 것이다.[244] 그뿐만 아니라 도는 건▤ · 곤▤▤이 온전히 갖추어진 전체 속에서 운행하지만, 그 쓰임은 반드시 사람에 의거한다.[245] 건 · 곤의 온전한 체계에서 음 · 양을 상징하는 각각 6효가 둥글게 돌면서 나왔다 들어갔다 하며 위 · 아래를 이루는데, 이 중에 사람

---

244 '泰(태)'에 태평(泰平) · 태연(泰然)의 의미가 있음을 전제로 하여 자문자답하는 것이다.
245 『주역』의 64괘들은 건▤ · 곤▤▤이 온전히 갖추어진 전체 속에서 운행하고 있고, 이것은 앞의 보이는 앞쪽과 뒤의 안 보이는 뒤쪽으로 이루어져 있지만, 사람은 이 중의 절반으로서 보이는 앞쪽에만 의거한다는 의미다.

에게 보이는 것이 여섯이고 보이지 않는 것이 여섯이다. 보이는 앞쪽의 위에 있는 것들은 보이지 않는 쪽의 아래에 있는 것들과 서로 교접하고, 보이는 앞쪽의 아래에 있는 것들은 보이지 않는 쪽의 위에 있는 것들과 교접하고 있다.

이 태괘▤가 상징하는 세상에서는 사람이 볼 수 있는 쪽을 놓고 볼 때, 아래에 건☰이 있고 위에 곤☷이 있다. 이에 비해 보이지 않는 쪽에서는 아래에 곤☷이 있고, 위에 건☰이 있다. 이 태괘▤에 앞서는 것은 손괘(損卦)▤이고, 이 태괘보다 뒤에 있는 것은 항괘(恒卦)▤다.[246] 손괘는 먼저 어려움이 있음을 상징하고 항괘는 잡됨을 상징한다. 그리고 사람이 볼 수 있는 쪽에서, 환히 빛나며 오고 감이 극성함을 드러내는 것으로는, 이 태괘만 한 것이 없다. 그래서 그 괘사에서 "작은 것이 가고 큰 것이 오니, 형통하다."라고 하는 것이다. 이러하기 때문에 곤☷이 위·건☰이 아래로 확연하게 양분하고 있는 태괘▤는, 밤과 낮, 추위와 더위에 통한다. 이러한 관점에서 사람들은 인월(寅月)을 정월(正月)로 삼아서 사람 세상 시간의 기준으로 삼은 것인데, 이는 목성을 머리로 하여 하늘의 시작을 삼는 것이다.[247] 이에 대해서는 그 어떤 것으로도 바꿀 수가 없다. 그 까닭은 무엇이

---

246 손괘(損卦)▤에서 한 단계가 지나면 효들이 아래에서 위로 밀고 올라가니 상구효는 뒤의 '안 보이는 뒤쪽'으로 가고, 이에 상응하여 그 뒤의 '안 보이는 뒤쪽'에서 양효가 와서 앞의 '보이는 앞쪽'의 초구효로 자리 잡는다. 그래서 바로 이 태괘▤가 된다는 것이다. 그리고 여기에서 다시 한 단계 지나면 이 태괘의 상육효는 뒤의 '안 보이는 뒤쪽'으로 가고, 이에 상응하여 그 뒤의 '안 보이는 뒤쪽'에서 음효가 와서 앞의 '보이는 앞쪽'의 초육효로 자리 잡은 것이 바로 항괘(恒卦)▤라는 것이다. 이는 왕부지의 관점을 반영한 설명이다.

247 고대에는 북두칠성의 자루에 해당하는 3개 별들의 돌아감을 기준으로 하여 월분(月分)을 계산하였다. 그리고 지금 우리가 쓰는 역법은 하(夏)나라 때의 역법을 따른 것이다. 이 하력(夏曆)은 북두칠성의 자루에 해당하는 세 개의 별이 인방(寅方)을 가리킬 때를 정월(正月)로 삼는다. 이때를 기준으로 하여 하늘이 시작하는 것으로 보는 것이다. 이때는 목성이 인방(寅方)에 있는데, 그래서 정월에는 이 별이 동방에서 출현한다. 그래서 새로운 해의 시

겠는가? 사람에게 보이는 것에 의거하면 인극(人極)이 세워지며 하늘과 땅의 위치가 정해지기 때문이다.[248]

二

今欲求天地之際, 豈不微哉! 有罅可入皆天也, 有塵可積皆地也. 其
依附之胈, 相親相比而不可以毫髮間者, 密莫密於此際矣. 然不能
无所承而懸土於空, 无其隙而納空於地. 其分別之限, 必淸必寧而
不可以毫髮雜者, 莫辨於此際矣. 夫凡有際者, 其將分也必漸. 治之
紹亂, 寒之承暑, 今昔可期而不可期也. 大辨體其至密, 昔之今爲後
之昔; 无往而不復者, 亦无復而不往; 平有陂, 陂亦有平也. 則終古
此天地, 終古此天地之際矣.

역문 이 세계를 이루고 있는 양대 축, 즉 하늘과 땅이 맞닿아 있으면서 유기적으로 작용함에 대해 알고자 하지만, 희미하기만 하니 어찌 쉽사리 알 수 있으리오! 하늘은 텅 빈 것이라서 들어갈 수 있는 틈이 있으면 모두 하늘이고, 땅은 두껍게 쌓인 것이니 티끌처럼 작은 것이라 할지라도 있기만 하면 모두가 땅이다. 이들이 서로 의지하며 붙어 있는 모습을 보면, 서로 친

작은 사실 이 목성과 관련이 있는 것이다. 그래서 목성을 '세성(歲星)'이라고 한다.

248 하늘·땅은 유기적으로 상호 사귀며 사람의 인식에 들어오는 쪽과 들어오지 않는 쪽으로 끊임없이 운행하고 있지만, 사람은 그중에 자신의 인식 속으로 들어오는 쪽만을 바탕으로 사람 세상을 운용하는 데서 필요한 것들을 제정하였다는 의미다. 왕부지는 여기에서 '역법'을 예로 들고 있다. 사람 세상에서는 이것이 필수불가결한 것인데, 하늘·땅의 유기적 운행을 바탕으로 해서 이를 제정했다는 것이다.

하고 서로 따르니 털끝만큼이라도 틈을 벌릴 수가 없기는 하다. 그리고 하늘로서는 흙을 받아들여 허공에 흩날리게 하지 않을 수가 없고, 땅도 틈을 벌려서 그 속에 허공을 받아들이지 않을 수가 없다. 그런데 비록 이러한 현상들이 부분적으로 있다고는 할지라도 이들이 분별되는 한계는 너무나 분명하여서, 하늘은 반드시 맑고 땅은 반드시 만물에게 편안함을 주는 것으로써 구별된다. 이러한 만큼 이들은 털끝만큼이라도 서로 뒤섞일 수가 없는 것들이어서, 구별하기로 하자면 이들의 구별됨보다 더 잘 구별되는 것은 없다고 할 정도다.

그런데 하늘과 땅처럼 이렇게 서로 맞닿아 있으면서 유기적으로 작용하는 것들을 보면, 그 나눠짐에서도 반드시 점차적으로 이루어진다. 그래서 평화로운 세상이 어지러운 세상으로 이어지거나, 추운 계절이 더운 계절을 잇는 것 등을 보면, 그 사이는 어제와 오늘처럼 구별할 수 있듯이 딱 선을 그어서 구별할 수 있는 것이 아니다.

커다랗게 구별되는 몸[天地之體]은 지극히 밀접한 유기적 연관성 속에서 돌아가고 있어서, '어제의 오늘'이 '후일의 어제'가 되고, 간 것은 그 어느 것이든 돌아오지 않는 것이 없으며, 돌아온 것들도 또한 가지 않는 것이란 없다. 평평함이 있으면 기울어짐이 있고, 기울어짐이 있으면 또한 평평함이 있다. 이렇게 본다면 아득한 옛날도 이 하늘과 땅이고, 아득한 옛날도 이 세계를 이루고 있는 양대 축, 즉 하늘과 땅의 맞닿아 있으면서 상호 유기적으로 작용하는 그대로였다.

然聖人豈以此悠悠者爲固然而莫爲之主哉! 大辨體其至密, 而至密成其大辨. 終不可使其際離焉, 抑終不可使其際合焉. 故晴雨淫則虹霓見, 列星隕則頑石成. 孰使比鄰而无瓜李之嫌? 孰使晏寢而无揮椓之亂? 危乎! 危乎! 辨不易昭而密難相洽也. 則終古此天地之際, 亦終古此'艱貞'矣.

역문 그렇다고 성인이 어찌 이 유유히 유기적으로 돌아가는 하늘·땅의 운행을 '본디 그러함[固然]'으로만 여기며 이에 대해 주재(主宰)하려 들지 않겠는가![249] 커다랗게 구별되는 몸[天地之體]은 지극히 밀접한 유기적 연관성 속에서 돌아가고 있는데, 지극히 밀접하기 때문에 커다랗게 구별됨을 이룬다. 그 뉘라도 하늘과 땅이 밀접하게 맞닿아서 이루는 이 몸[天地之體]을 끝내 분리시킬 수가 없고, 그렇다고 해서 이들을 끝내 통합시킬 수도 없다.

그러므로 하늘에서 오래도록 내리던 비가 개면 땅에서는 무지개가 나타나고, 하늘에서 별이 떨어지면 땅에서는 돌덩이가 만들어진다. 그 누가 이웃 간에 벌어질 과리지혐(瓜李之嫌)[250]을 없게 하리오. 또 그 누가 늦게야 잠자리에 들었다는 이유로 인류의 시작이라는 부부 사이의 예를 어지럽혔

---

[249] 여기에서 도가와 유가의 갈림이 드러난다. 도가는 하늘·땅의 유기적 운행을 '저절로 그러함[自然]'으로 돌리며, 사람이 여기에 끼어들지 말라고 한다. 이른바 '무위(無爲)'론이 그것이다. 그런데 왕부지는 사람이 여기에 간여하여 사람 세상을 운용하는 데서 유용하게 이용할 것을 주장한다. 그대로 두면 하늘·땅의 유기적 운행이 자체의 운행 원리[道]에 의할 뿐, 결코 사람을 위하여 운행하지는 않기 때문이다. 우리는 여기에서 유학자로서의 왕부지 인도론(人道論)의 일단을 확인할 수 있다. 그런데 왕부지의 이러한 관점에는 사실 이 태괘(泰卦)䷊ 괘사의 「대상전」 "하늘과 땅이 교접함이 태괘니, 제후들은 이를 본받아 천지의 도를 마름질하여 이루어 내고 하늘·땅의 적합함을 보조함으로써 백성들을 돕는다.(天地交, '泰', 后以財成天地之道, 輔相天地之宜, 以左右民.)"는 말을 원용한 것이기도 하다.

나아가 사람이면 누구나 하늘·땅의 저절로 그러함에 간여해야 한다거나 할 수 있다는 것은 아니다. 어디까지나 자격과 능력을 갖춘 성인(聖人)만이 이에 해당한다고 한다. 이 자격과 능력이 안 되는 사람이 여기에 간여하면 어떤 파국적인 결과를 가져올 수 있는지를, 우리는 지난 시기 한 정부의 작태에서 뼈저리게 확인한 바 있다.

[250] 과리지혐(瓜李之嫌)은 오이 밭 곁에서 허리를 굽혀 신발 끈을 고쳐 매거나, 자두나무 아래서 갓을 고쳐 쓰는 행동을 함으로써, 오이를 따먹었거나 자두를 따먹었다는 의심을 사는 일을 말한다. 그 의미가 바뀌어서는 사실과 달리 혐의를 받는 상황에 처함을 이른다.

다는 비난을 받지 않도록 하리오. 위험하도다! 위험하도다! 변별한다고 하더라도 그것이 명확하기란 쉽지 않고, 친밀하다고 하더라도 서로의 마음속에 사무쳐 들어가기란 어렵다. 아득한 예부터 지금까지 이 하늘·땅은 맞닿은 채 밀접하게 유기적 연관을 맺어 왔는데, 이렇게 할 수 있었던 까닭은 역시 '간난신고함 속에서 올곧음[艱貞]' 때문이었다.[251]

所以然者, 上者天之行也, 下者地之勢也. '坤'之欲下, 豈後於'乾'之欲上哉? 且'乾'欲'坤'之下, 豈後於'坤'之自欲哉? 然切者, 四他日之位也; 三者, 非四他日之位也. 使四乘其居高極重之勢, 驟下而逼陽之都, 則紛拏互擊而陽且敗, '歸妹'所以'无攸利'矣. 何也? 氣輕而不能敵形之重也. 居此際也, 正其體, 不息其行, 積其至輕, 盪其至重; 則三陰不能不迂回其徑, 率類以往, 仍歸於其域, 而效'牝馬之貞'矣. 凡此者, 艱貞之功, 三陽共之, 而三則首啟戎行以犯難焉, 故於食而有福以報之也.

역문 그러면 그 까닭에 대해서 알아보자. 위로 올라감은 본래 하늘의 행함이고, 아래로 내려감 역시 본래 땅의 기세다. 그래서 지금 이 태괘☷의 위괘를 이루고 있는 곤☷은 내려가려 하고 있고, 또한 이 태괘의 아래 괘를 이루고 있는 건☰은 위로 올라가려 하는데, 이들은 동시에 일어나는 것이다.

---

251 이는 이 태괘☰의 구삼효사 "평평한 것 치고 기울어지지 않는 것이 없고, 간 것 치고 돌아오지 않는 것이 없으니, 간난신고함 속에서 올곧음에 허물이 없다.(无平不陂, 无往不復, 艱貞无咎.)"를 전제로 한 말처럼 보인다. 왕부지는 태괘에 대해, 하늘을 상징하는 건괘☰와 땅을 상징하는 곤괘☷가 서로 사귀며 유기적으로 작용하는 것으로 보았다. 그러나 이 사귐은 문란하고 난삽한 것이 아니라 각자가 자기다움을 정확히 지키면서 갖는 것으로 보았다. 그래서 이들은 구별되면서도 사귀며 서로 유기적으로 작용한다는 것이다. 역시 의리역학자의 면모가 잘 드러나는 해석이라 본다.

이에서 어느 한쪽이 뒤처지려 할 이유는 도대체 없는 것 아니겠는가! 또 이전에 건☰이 곤☷의 아래로 가고자 하였던 것이, 곤☷ 스스로 위로 가고자 했던 것보다 어찌 나중 일이겠는가! 그러나 초구효에게 4효의 자리는 그가 이전에 있던 자리고, 구삼효에게는 이 4효의 자리가 이전에 그가 있던 자리가 아니다. 그런데 태괘의 육사효로 하여금 지금의 그 높은 자리를 차지하고 있는 상황에서 극히 무거운 기세를 보이며 급격히 아래로 내려가 양(陽)들의 본거지를 핍박하게 한다면, 이들 사이에 혼란이 일며 서로 치고받게 될 것이다. 그리고 양들이 패하는 쪽으로 귀결될 것이다. 그래서 귀매괘☳의 괘사에서는 "이로운 것이 없다."라고 한 것이다.[252] 그 까닭은 무엇이겠는가. 기(氣)는 가벼워서 형(形)의 무거움을 대적할 수 없기 때문이다.[253]

그런데 이렇게 하늘과 땅이 맞닿으며 서로 유기적 관계를 맺고 있는 상황에서, 건☰이 제 몸을 올바르게 유지하며 그 운행을 쉬지 않는 채 자신의 지극히 가벼움을 누적하여 곤☷의 지극히 무거움을 흔들어 댄다면, 곤☷의 세 음은 그 지름길을 놓아둔 채 어쩔 수 없이 우회할 수밖에 없다. 그래서 곤☷은 제 무리를 이끌고 가서 바로 자신들의 영역으로 돌아가게 되는데, 이렇게 하며 '암말의 올곧음'을 드러내게 될 것이다. 이렇게 귀결되게 할 수 있음은 바로 이 태괘의 구삼효가 발휘하는 '간난신고함 속에서

---

252 귀매괘☳는 이 태괘☲의 육사효가 그 기세를 발휘하여 아래로 치고 내려가서 양(陽)들의 본거지를 흔들어 버린 뒤 3효의 자리를 차지하고 있는 상(象)이다. 그리고 원래 태괘의 구삼효는 이 기세를 이기지 못하고 위로 밀려 올라가 4효의 자리를 차지하고 있는 것이 이 귀매괘다. 물론 이는 왕부지의 해석이다.

253 여기에서 기(氣)는 태괘의 아래 괘를 이루고 있는 건괘☰를 지칭하는 것이고, 형(形)은 그 위 괘를 이루고 있는 곤괘☷를 지칭하는 것이다. 왕부지는 건괘가 상징하는 하늘은 기(氣)로 이루어진 것이라 보고, 곤괘가 상징하는 땅은 형(形)으로 이루어진 것으로 본다. 즉 기는 기체(氣體), 형은 고체(固體)로 보는 것이다.

올곧음[艱貞]'이라는 공(功)이다. 세 양(三)이 함께하는 속에서 이 구삼효는 군대의 행렬에서 앞장서서 나아가며 여기에서 발생하는 어려움을 무릅쓰는 것이다. 그러므로 먹는 것에 복에 있음을 보답으로 얻는 것이다.[254]

然則聖人之贊天地以奠其位而遠其嫌, 豈不嚴哉! 是故知其至密, 而後見運化之精; 知其大辨, 而後見功用之極. 彼以爲'乾''坤'之氣, 迭上下而相人以致功者, 爲天地之交, 將強納地於天中, 而際亦毀矣.

역문 이러하기 때문에 성인들께서는 하늘과 땅이 하는 덕을 기려서 지위를 정하며 의심받을 짓을 멀리 피하게 되는데, 이를 어찌 엄격하게 하지 않겠는가! 그러므로 하늘과 땅이 맞닿은 채 지극히 밀접함을 안 뒤에라야 이들이 이루어 내는 운행과 변화의 정밀함을 보게 될 것이다. 또 그럼에도 불구하고 하늘·땅이 각자 자기의 정체성을 발휘하기 때문에 크게 구별된다는 것, 바로 이러한 점을 안 뒤에라야 이들이 발휘하는 공능의 궁극을 보게 될 것이다. 그렇지 않고 건·곤의 기가 단순히 위·아래로 갈마들며 서로가 서로에게 들어가서 공을 이루고, 또 이러함이 하늘·땅의 사귐이라고 여긴다면, 이러한 사람들은 억지로 땅을 하늘 속에 집어넣으려 할 것이다. 그러나 이렇게 한다면 역시 하늘·땅이 맞닿은 채 이루어 내는 유기적 작용은 허물어지고 말 것이다.

---

254 참고로 이 태괘䷊의 구삼효사는 "평평한 것치고 기울어지지 않는 것이 없고, 간 것치고 돌아오지 않는 것이 없으니, 간난신고함 속에서 올곧음에 허물이 없다. 그 믿음을 주는 것에 대해 마음을 두지 마라. 먹는 것에 복이 있을 것이다.(无平不陂, 无往不復, 艱貞无咎, 勿恤其孚, 於食有福.)"로 되어 있다.

비괘

≡≡ 否

一

'乾''坤'胥行者也. 使不診其行之往來, 則'坤'下而'乾'上, 久矣其爲天
地之定位, 而惡得謂否?

역문 건☰이든 곤☷이든 다 운행하는 것들이다. 그런데 이들이 운행하며 왔
다[來] 갔다[往] 함을 제대로 짚어 내지 못한다면, 이 비괘≡≡는 곤이 아래·
건은 위에 있으니, 오래되어서는 이것들이 하늘·땅의 정해진 위치라 여
기게 될 것이다. 이래서는 어찌 비색을 의미하는 '비(否)'라 할 수 있겠는가?

'乾'行健運, '坤'勢順承. 承者, 承命也. 命有治命焉, 有亂命焉. '乾'自
四以放於上, 位慕乎尊而行且不息, 志將何所擬以爲歸乎? 自其可
見者言之, 其上无餘位也; 自其不可見者言之, 將偕入地之三陽, 逆
下而逼陰之都. 上无餘位, 既窮極而遁於虛; 逼陰之都, 又下侵而曠
其應: 皆命之亂者也. '坤'於此而順之, 以隨行而躡其迹, 於是乎干上
之勢成而無可止. 是故陰陽有十二位焉, 其嚮背相値也. '泰', 讓所

背之三以處陰者也; '否', 侵所背之三以偪陰者也. 得所處則退而自
安, 偪其邊則進而乘敵. '否'之成, 非'乾'自貽而孰貽之哉!

역문 건☰의 운행은 씩씩하게 헤쳐 나아가고, 곤☷의 기세는 순종하며 받아
들인다. 받아들임이란 명(命)을 받아들인다는 것이다. 이 명(命)에는 두 가
지가 있는데, 맑은 정신으로 하는 치명(治命)과 정신이 흐려져서 갈피를 못
잡고 하는 난명(亂命)이 그것이다. 이 비괘(否卦)☲☷에서 건☰은 4효부터 상
효까지를 차지하고 있다. 그래서 그 위(位)는 존귀함을 궁극에까지 이르게
하고 있고, 운행 또한 쉼이 없다. 이러하니 건☰으로서는 어찌 무엇에라도
홀려서 돌아가고자 하겠는가!

이 비괘☲☷를 '보이는 앞쪽[嚮]'에서 말하면, 위괘인 건☰의 위로는 여분의
위(位)가 없다. 그리고 '안 보이는 뒤쪽[背]'에서 말하면, 장차 함께 땅을 상
징하는 곤☷의 속으로 들어갈 세 양들(☰)은 아래로 거슬러 내려가 음(陰)
들의 본거지를 핍박하게 될 것이다.[255] 그래서 건☰ 위로 여분의 위(位)가

---

255 왕부지는 64괘 낱낱이 '보이는 앞쪽[嚮]'과 '안 보이는 뒤쪽[背]'으로 이루어져 있다고 본다.
그리고 앞쪽에 양효(—)가 있으면 뒤쪽에는 음효(--)가 있고, 반대로 앞쪽에 음효(--)가 있
으면 뒤쪽에는 양효(—)가 있다고 한다. 즉 앞쪽과 뒤쪽의 효들이 서로 반대의 양상으로 이
루어져 있다는 것이다. 즉 역치(易置)의 관계다. 왕부지는 이를 '착(錯)'이라 불렀다. 그래
서 '보이는 앞쪽[嚮]'과 '안 보이는 뒤쪽[背]'을 합하면 모든 괘들이 6음·6양으로 환원된다.
예컨대 앞쪽에 건괘☰가 있으면 뒤쪽에는 곤괘☷가 있고, 앞쪽에 준괘(屯卦)☵☳가 있으면
뒤쪽에는 정괘(鼎卦)☲☴가 있다는 것이다. 또 앞쪽에 몽괘가 있으면, 뒤쪽에는 혁괘가
있다는 것이다. 따라서 낱낱 괘들의 '보이는 앞쪽[嚮]'과 '안 보이는 뒤쪽[背]'을 함께 고려하
면, 어떤 괘들이든 예외 없이 모두 6음·6양으로서 건괘☰·곤괘☷로 환원된다는 것이다.
이를 뒤집으면 모든 괘들은 건괘☰·곤괘☷가 변한 것들이라 할 수 있다. 그래서 왕부지는
건괘☰·곤괘☷는 체(體), 나머지 62괘는 그 용(用)이라 하며 체·용의 패러다임으로 이를
설명하기도 한다. 이것이 그의 '건곤병건(乾坤竝建)'설이다.
이 '건곤병건'설에 따르면, 건괘☰·곤괘☷ 두 괘와 나머지 62괘로 다양하게 펼쳐지는
『주역』의 괘들이 결국은 건괘☰·곤괘☷ 속에 닫혀 있다는 의미가 된다. 즉 건괘☰·곤괘
☷ 두 괘의 밖에 있는 세계는 없으며, 『주역』의 괘들은 모두 이들 두 괘의 장(場) 속으로 환

없기 때문에 이미 극에 이르러서 텅 빔에 숨고, '안 보이는 뒤쪽[背]'의 음들(☷)의 본거지를 핍박해서는 또한 아래로 침입하여 그 응함을 헛되게 한다.[256] 이 모두가 바로 건☰이 드러내는 난명(亂命)의 양상들이다. 이러함에도 곤☷은 건☰의 난명을 순종하고, 수행(隨行)하며 그 자취를 뒤쫓아 간다. 곤☷이 이렇게 함으로써 위에 있는 건☰을 추구하는 기세는 이루어지니, 그 건☰의 난명을 멈추게 할 수가 없다.

여기에서 알 수 있듯이 『주역』 64괘의 괘들에는 음·양을 드러내는 12개의 위(位)가 있어서, '보이는 앞쪽[嚮]'과 '안 보이는 뒤쪽[背]'에 각각 6위(位)씩 딱 맞아떨어지고 있다. 그런데 태괘䷹에서는 세 양들(☰)이 안 보이는 뒤쪽에 있던 세 음들(☷)에게 양보하고 자신들은 음(陰)의 쪽[257]에 자리 잡고 있다. 이에 비해 지금 이 비괘䷋에서는 세 양들(☰)이 '안 보이는 뒤쪽

원된다는 것이다. 나아가 이들 건괘䷀와 곤괘䷁가 각기 양과 음을 상징하므로, 그 본뜸의 대상이 되었던 세계 역시 음·양으로 환원된다고 할 수 있다. 그래서 또한 왕부지는 음기·양기 두 기(氣)를 이 세계의 본체라 한다.

　이곳은 이 '건곤병건'설을 바탕으로 할 적에라야 잘 이해가 된다. 즉 '보이는 앞쪽[嚮]'에 드러나고 있는 이 비괘䷋의 '안 보이는 뒤쪽[背]'에는 태괘䷹가 자리 잡고 있음을 전제로 해야 하는 것이다. 그래서 보이는 쪽의 위괘를 이루고 있는 건괘☰의 안 보이는 뒤쪽에는 바로 곤괘☷가 상응하게 자리 잡고 있고, 보이는 쪽의 아래괘를 이루고 있는 곤괘☷의 안 보이는 뒤쪽에는 바로 건괘☰가 상응하게 자리 잡고 있다고 할 수 있다. 여기에서 "땅을 상징하는 곤괘☷의 세 양(陽)들 속으로 들어가서, 아래로 거슬러 내려가 음(陰)들의 본거지를 핍박하려 하고 있다."는 말은 바로 이 '건곤병건'설을 전제로 할 적에 그 의미가 이해된다. 즉 '보이는 앞쪽[嚮]'에서 드러나고 있는 건괘☰의 세 양(─)들이 궁극에 이르면 '안 보이는 뒤쪽[背]'으로 물러가게 되는데, 이렇게 되어서는 서로 배치(背馳)하고 있던 곤괘☷의 세 음(--)들을 핍박해 들어가게 된다는 것이다.

256 『주역』의 원리에서 양(─)에는 음(--)이, 그리고 음(--)에는 양(─)이 응한다고 본다. 그런데 왕부지는 지금 이 비괘䷋에서는 양효 셋으로 이루어진 건☰이 음효 셋으로 이루어진 곤☷을 핍박하는 양상으로 보고 있다. 그래서 이들 사이에 응함 자체가 발생하지 않는다는 것이다. 즉 곤☷은 응함을 기대하지만 건☰이 핍박함으로써 그 기대를 저버리기 때문에 그 바람이 허망해지고 만다는 것이다.

257 여기에서 '음의 쪽'이라 한 것은 '안 보이는 뒤쪽[背]'을 의미한다.

[背]'에 있던 세 음들(☷)을 핍박하여 음(陰)의 쪽으로 내몰아 버렸다. 그리하여 태괘☰에서는 살 곳을 얻은 세 양☰들이 물러나 스스로 편안함을 얻은 반면, 이 비괘☳에서는 세 음들(☷)이 옮겨 가지 않으면 안 되게끔 핍박하고는 그 자리로 나아가서 피곤함을 올라타고 있다. 이러한 비괘☳의 양상은 건☰ 스스로가 초래한 것이 아니라면 그 누가 초래한 것이리오!

嗟乎! 來者往之反也, 而來之極則成往. 欲其不往, 則莫如止其方來. 故志不可滿, 欲不可縱. 一志一欲, 交生於動. 天地且不能免, 而況於人乎? 故曰, "吉凶悔吝生乎動", 則裁成輔相夫天地, 亦愼用其動而已矣.

역문 아! 오는 것은 간 것이 돌아오는 것이고, 왔던 것은 극에 이르면 다시 가게 될 상황을 이룬다. 여기에서 가고자 하지 않을진대 바야흐로 올 것을 저지하는 것이 더 낫다. 그러므로 뜻함은 다 채울 수가 없고, 욕구는 다 좇을 수가 없다. 한 번은 뜻을 냈다가 한 번은 욕구를 냈다가 함이 번갈아 가며 움직임[動]에서 생겨난다. 하늘·땅조차도 이를 면할 수가 없거늘, 하물며 사람이랴!²⁵⁸ 그러므로 "길함과 흉함, 후회함과 아쉬워함 등은 움직임에

---

258 왕부지는 항동론(恒動論)을 주장한다. 그는 '거대하게 조화를 이루는 채 인(絪)·온(縕) 운동을 하는 기[太和絪縕之氣]'를 이 세계의 본체라 하는데, 이는 음기·양기 두 기(氣)가 끊임없이 인(絪)·온(縕) 운동을 하는 속에 이 세계는 거대하게 조화를 이루고 있다는 의미다. 그래서 이 세계는 제3의 존재를 필요로 하지 않고 자체적으로 영원히 지속할 수 있다는 것이다. 여기에서 말하는 끊임없는 인·온 운동, 이것이 바로 세계는 늘 움직이고 있음[恒動]을 의미한다. 그래서 왕부지는 움직임[動]도 '움직임의 움직임'이고, 고요함[靜]도 '움직임의 고요함'이라 한다. 즉 움직임[動]·고요함[靜]을 모두 움직임[動]으로 환원하는 것이다. 그런데 이 움직임은 대대(對待)·변역(變易)의 논리 속에서 이루어지기 때문에 '왔다[來] 갔다[往] 함'의 양상을 드러낸다. 이를 한마디로 하면 '반(反)'이다. 즉 '돌이킴'이다. 물극필반(物極必反)의 원리에 의해, 왔던 것으로 돌아가고 있는 것이 이 세계의 운동 양상이

서 생겨난다."²⁵⁹라고 하니, 마름질하여 이루어 내어 하늘·땅을 보조하고 도움에서도²⁶⁰ 그 움직임을 신중하게 써야 할 따름이다.

老子曰, "反者道之動"魏伯陽曰, "任畜微稺, 老枯復榮; 薺麥芽蘗, 因冒以生"則是已動而巧乘其間, 覆稻舟於彭蠡, 而求餘粒於蚌蟹之腹也, 豈不慎偁乎!

역문 노자는 "돌이킴은 도의 움직임이다."라 하였다. 또 위백양(魏伯陽)²⁶¹은,

라는 것이다. 따라서 태괘䷊가 상징하는 세상이 있으면 그와 반대되는 이 비괘䷋가 상징하는 세상이 온다는 것이다. 이는 하늘·땅조차도 어길 수 없는 것이니, 사람 세상에서는 더욱 말해 무엇하랴 하는 것이다. 그리고 이 비괘가 상징하는 세상에서는 "뜻함은 다 채울 수가 없고, 욕구는 다 좇을 수가 없다."는 것이다.

259 「계사하전」 제1장의 말. 다만 거기에서는 "吉凶悔吝者, 生乎動者也"라 하여 '움직임[動]'에 '者'자가 덧붙여져 있다. 의미는 대동소이하다.

260 태괘(泰卦)의 「대상전」을 인용한 말이다. 거기에서는 "하늘과 땅이 교접함이 태괘니, 제후들은 이를 본받아 천지의 도를 마름질하여 이루어 내고 천지의 적합함을 보조함으로써 백성들을 돕는다.(天地交, '泰', 后以財成天地之道, 輔相天地之宜, 以左右民.)"라 하고 있다.

261 위백양은 동한 시기의 유명한 연단가(煉丹家)다. 이름은 상(翔), 또는 고(翶), 또는 독(篤)이었는데, 백양(伯陽)은 그 자(字)다. 호는 운아자(雲牙子), 또는 운하자(雲霞子)였다. 사람들은 보통 그의 자를 따라서 '위백양'이라 부른다. 그의 생졸 연대는 정확하지 않다. 대략 한나라 환제(桓帝) 원가(元嘉) 원년(151년), 또는 환제(桓帝) 연수(延熹) 10년(167년)에 태어나 70세쯤 살다 북위(北魏)의 황초(黃初) 2년(221년)에 죽은 것으로 말하지만, 이는 어디까지나 추정일 뿐이다. 그의 아버지 위랑(魏朗)은 '당고(黨錮)의 화(禍)' 때 죽임을 당하였는데, 당시 '팔준(八俊)'의 한 사람으로 꼽힌 인물이었다. 성년이 되었을 때 위백양은 이러한 가족사가 아직 가시지 않아 벼슬하는 것에 뜻을 두지 않고 입산수도의 길을 택하였다.
　　그가 백두산으로 추정할 수 있는 장백산(長白山)에 있을 적에 진인(眞人)이 그에게 연단의 원리를 가르쳐 주었고, 그래서 그가 이와 관련된 저서 18장을 저술하는데, 확실하지는 않다. 그의 사적은 정사(正史)에는 보이지 않는다. 다만 갈홍(葛洪)이 지은 『신선전(神仙傳)』에서 그가 고귀한 신분의 집안에서 태어났지만, 성품이 도술을 좋아하였기 때문에 벼슬살이에 대한 뜻을 접고는 입산하여 양생 수도에 전념한 것으로 기록하고 있다. 그래서 당시 사람들은 그의 배경에 대해 잘 몰랐다고 한다. 그리고 제자와 함께 선단(仙丹)을 만들어 복용하였는데, 그것을 입에 넣자마자 즉사하였다는 것으로 전한다. 위백양은 『주역참동계(周易參同契)』와 『오상류(五相類)』를 지었다고 한다.

"8월이 되면 미세하고 어린 것을 맡아서 길러 주는데, 늙은 고목에 다시 생기가 돌고, 냉이와 보리가 싹이 트며 어렵사리 대지를 뚫고 나온다."[262]

---

262 위백양이 지은『주역참동계』에 나오는 말이다. 이 책은 우리 몸의 수련과 금단(金丹)에 대해 서술하고 있다. 왕부지가 여기서 인용한 이 구절은「중편」에 나온다. 이 구절에서는 1년을 단위로 하여 음기·양기 두 기(氣)가 살아났다 시들었다·찼다 비었다 하는 흐름을 우리 몸에 적용하며 수련과 금단에 대해 설명하고 있다. 이는 우리의 몸이 소우주로서 대우주인 이 세계와 흐름 및 맥락을 함께한다는 전제에 의한 것이다. 물론 이 12벽괘설은 서한(西漢)의 초공(焦贛)과 맹희(孟喜) 사제(師弟)에 의해 비롯된 것이다. 그런데 이곳에서 위백양은, 이 12벽괘를 이루고 있는 음·양의 짜임새에 맞추어, 1일의 화후(火候), 1개월의 화후, 1년의 화후를 구분하여 설명하고 있다. 즉 이들 각기에 음기·양기 두 기(氣)가 살아났다 시들었다·찼다 비었다 하는 흐름이 있는데, 이로 말미암아 하루에는 밤과 낮·아침과 저녁이 있다는 것, 한 달에는 초하루와 그믐, 상·하현과 보름이 있다는 것, 한 해에는 봄·여름·가을·겨울이 있다는 것이다. 그래서 사람은 대우주를 본보기로 하여 자신을 하나의 연단 화로, 즉 단로(丹爐)로 삼아, 기(氣)와 혈(血)의 살아났다 시들었다·찼다 비었다 함을 조절하며 수련해 나아가야 한다는 것이다. 그리고 그 순서는 하나의 양이 막 생겨남을 상징하는 복괘(復卦)▦로부터 임괘(臨卦)▦→태괘(泰卦)▦→대장괘(大壯卦)▦→쾌괘(夬卦)▦→건괘(乾卦)▦→구괘(姤卦)▦→둔괘(遯卦)▦→비괘(否卦)▦→관괘(觀卦)▦→박괘(剝卦)▦→곤괘(坤卦)▦로 순환한다고 하고 있다.

그러므로 8월은 이들 12벽괘 중 관괘▦에 해당한다. 그리고 7월은 비괘▦에 해당한다. 그래서 이 비괘가 상징하다시피, 모든 것이 꽉 막혀 통하지 않고, 싹조차 나지 않으며, 음기가 펼쳐지고 양기는 시들어서 양(陽)이라는 이름조차 사라지고 없는(魏伯陽,『周易參同契』: 否閉不通, 萌者不生, 陰伸陽詘, 沒陽姓名) 7월을 지난 뒤에 이 관괘의 8월이 돌아오는 것으로 서술하고 있다. 이에 대해 송말원초(宋末元初)의 유염(俞琰)은 "관괘는 음(陰)이 넷인 괘로서 율려(律呂)에서는 남려(南呂)에 해당한다. 하루로 보면 유(酉)시에 들어갔음을 상징하고, 한 달로는 23.5일~25일에 해당하며, 한 해로는 북두칠성의 자루 별들이 유(酉)방을 가리키는 달, 즉 8월을 상징한다. 이 시기에는 음이 양의 공능을 도우니 만물은 모두 작게 수축되어 이루어진다. 비유하자면, 우리 몸의 음부(陰符)가 절반을 지나 내려가서 단전에 들어간 것이다. 이는 나무의 꽃이 시들고는 열매를 맺은 것과 같다. 그래서 이『주역참동계』에서는 '미세하고 어린 것을 맡아서 길러 주는데'라고 한 것이다. 만물은 이 가을을 맞이하여서는 예외 없이 시들고 늙는다. 그런데 냉이와 보리가 이 시기를 맞이하여 싹을 틔우는 까닭은 무엇이겠는가. 음 속에 양이 있기 때문이다.(俞琰,『周易參同契發揮』卷中: 觀, 四陰之卦也. 律應南呂. 以一日言之, 爲日入酉; 以一月言之, 爲二十三半至二十五; 以一歲言之, 則斗杓建酉之月, 是也. 此時, 陰佐陽功, 物皆縮小而成, 喩身中陰符過半降, 而入於丹田, 如木之斂花就實. 故言任蓄微稚. 然萬物莫不逢秋而枯老, 而薺麥至此, 芽蘗者何也? 蓋陰中有陽也.)"라 하고 있다. 따라서 이곳에서 역자는 이 유염의 주석에 맞추어 번역하였다. 왕부지가 여기에서 위백양의『주역참동계』구절을 인용한 것은 우리 몸과 우주의 가라고 하였다. 그렇다면 이는 이미 움직인 즈음에 그 틈을 교묘히 탄 것으로서, 비유하자면 팽려호[263]에서 벼를 싣고 가는 배가 뒤집히자 조개와 게들이 그 벼를 먹었는데, 그들의 뱃속에서 아직 덜 삭은 벼 알갱이를 찾는 격이다. 어찌 삼가지 않을쏜가![264]

然則'乾'之健行而君子法之以不息者, 何也? 彼自'乾'德之已成者言之也. 以六位言之, 純乎陽矣. 以十二位言之, 陰處乎背, 亦自得其居而可使安也. 若夫霜冰躑躅之方來, 不可見而无容逆億之也. 於所見不昧其幾, 於所不見不憂其變. 故曰, "知者不惑, 仁者不憂", 此之謂也.

역문 그렇다면 건괘☰의 씩씩하게 행함을 군자가 본받아서 쉬지 않는다는 것은 무엇을 의미하겠는가? 이는 저 건괘의 덕이 이미 이루어진 관점에서 말한 것이다. 이 건괘를 '보이는 앞쪽[嚮]'의 6위(位)를 두고 말하면 양(陽) 그대로 순전(純全)하다. 그러나 '안 보이는 뒤쪽[背]'까지를 고려하여 12위(位)

고 옴, 즉 순환이다. 물론 이를 수행하는 것은 음기·양기 두 기(氣)인데, 『주역』에서는 이를 양효(─)와 음효(--)가 상징하고 있다.

263 팽려는 호수의 이름이다. 팽려호(彭蠡湖)가 바로 이것인데, 옛날에는 파양호(鄱阳湖)라고도 불렸다. 이 호수는 중국의 장시(江西)성 북부, 양자강 남쪽에 있다. 중국에서 제일 큰 담수호다.

264 팽려호에서 벼를 싣고 가는 배를 뒤집어 버렸다는 것은 이 비괘☶의 비색함을 지적하는 것인데, 이를 초래한 것은 건괘☰가 '안 보이는 뒤쪽[背]'에서 곤괘☷를 핍박하여 내몬 것에 원인이 있다는 것이다. 물론 그렇다고 하여 세상은 끝나 버리는 것이 아니다. 노자가 "돌이킴은 도의 움직임이다."라고 하였듯이, 이 세계를 이루고 있는 음기·양기 두 기(氣)는 순환하게 되어 있으니, 때가 되면 늙은 고목에 다시 생기가 돌고, 냉이와 보리가 싹을 틔워 어렵사리 대지를 뚫고 나오듯 순환은 이어진다는 것이다. 다만 이러한 소생(蘇生)이 상징하는 것은, 그 전복된 배에서 쏟아진 벼를 먹어 치운 조개와 게의 뱃속에서 아직 덜 삭은 벼 알갱이를 찾는 격일 뿐이다. 그래서 왕부지는 이러한 일이 생기지 않도록 하는 미연에 삼가는 것이 더욱 중요함을 이렇게 강조하고 있는 것이다.

로써 말하자면, 그 안 보이는 쪽에는 음(陰)들(☷)이 있어서 이들 스스로 자신들의 알맞은 거처를 얻었다고 하며 흡족해 하고 있으니, 이들을 편안케 할 수가 있다. 그런데 "서리를 밟았으니 이제 곧 두꺼운 얼음이 닥치리라.(履霜堅冰至.)"라고 하는 곤괘☷ 초육효, "굶주려서 파리한 돼지가 딱 돼지 그대로 바스대며 잠시도 가만히 있지 못하는(贏豕孚蹢躅)" 구괘(姤卦)☴ 초육효의 시기가 바야흐로 도래함 등에 대해서는 볼 수가 없기 때문에 거슬러서 추측할 수가 없기는 하다. 다만 보이는 것들에서는 그 막 싹트는 조짐을 놓치지 않고 알아차리며, 보이지 않는 것에서는 지금과는 달라지리라는 것[變]에 대해서 우려하지 않을 따름이다. 그러므로 "아는 이는 미혹되지 않고, 어진 이는 우려하지 않는다."[265]라고 하였으니, 바로 이를 두고 한 말이렷다.

二

> 人與人而相於, 則未有可以漠然者矣. 故上而不諂, 所以交上也; 下而不瀆, 所以交下也. 不喪其節, 不暱其情, 止矣. 絶己於天下則失義, 絶天下於己則失仁. 故'否'之道, 无施而可.

역문 사람들이 서로 어울리며 친하게 지낸다면, 그들 서로 간에 삭막하게 대하는 일이란 없을 것이다. 그러므로 자신보다 높은 지위의 사람에게 아첨하지 않음으로써 그 사람과 사귀고, 자신보다 낮은 지위의 사람에게는 모

---

265 『논어』, 「자한(子罕)」편에 나오는 공자의 말이다.(『論語』, 「子罕」: 子曰, "知者不惑, 仁者不憂, 勇者不懼.")

독하지 않음으로써 그 사람과 사귀게 된다. 이렇듯 사람들 사이에 필요한 절도(節度)를 잃어버리지 않고, 서로에게 솟는 정(情)을 너무 함부로 표현하지 않는다면, 그것으로 충분할 뿐이다. 그렇지 않고, 세상으로부터 자신을 끊어 버리면[266] 의(義)를 잃게 되고, 자기로부터 세상을 끊어 버리면[267] 인(仁)을 잃게 된다. 그러므로 이러한 상황에서라면 이 비괘 속에 담긴 처세원리를 시행하지 않아도 된다.

雖然, 亦視所以用之者. 天地且否, 而君子豈无其否乎? 夫君子之通天下者有二: 所以授天下者德也, 所受於天下者祿也. 舍此, 則固由己而不由人, 无事拒物而自不與物通矣. 德不流行, 則絕天下於己: 祿不屑以, 則絕己於天下. 故於田而懷納溝之恥, 出疆而勤稚腵之載. 不喪其節, 不暱其情, 亦未有不如是者也.

역문 비록 그러하다고는 하지만, 군자가 세상에 나아가 쓰이는 데는 또한 이유가 있다. 하늘·땅에도 비색함이 있거늘 군자에게 어찌 이 비색함이 없을쏜가. 군자가 세상과 통함에는 두 가지가 있다. 하나는 군자가 세상에 주는 것으로서의 덕[능력]이고, 또 하나는 군자가 세상으로부터 받는 것으로서의 녹봉이다. 이 두 가지를 제외한다면, 세상과 담을 쌓는 것이 스스로에 의해서 비롯된 것이지 남으로부터 말미암은 것이 아니기 때문에, 그저 아무런 일도 하지 아니한 채 외물(外物)을 거부하면서 스스로 그들과 소통하려 들지 않는 것일 뿐이다. 자신의 덕이 쓰일 만한 세상이 아니라면

---

266 세상에 등을 돌린 채 은둔하며 자연인으로서 살아감을 의미한다.
267 세상일에 대해 자신과는 관련이 없다는 오불관언(吾不關焉)의 자세로 어떤 일에 대해서든 못 본 체하며 매정하게 대함을 의미한다.

자신으로부터 세상을 단절한 채 살아갈 것이고, 녹봉이 성에 차지 않는다
면 세상으로부터 자신을 단절시킨 채 못 본 체하며 살아갈 것이다.

그러나 이래서는 안 되는 것이다. 그러므로 군자는 비록 전원(田園)에
묻힌 채 살아간다고 할지라도, 백성들 가운데 요순(堯舜)과 같은 훌륭한 임
금들의 은택을 입지 못하여 도탄에 빠진 사람이 있다고 할 것 같으면 자신
이 그들을 그 속으로 밀어 넣은 것과 같은 부끄러움을 가슴에 안고 산
다.[268] 또 벼슬을 얻지 못해 그 나라를 떠나 다른 나라에서 벼슬을 얻고자
할 적에는 폐백으로써 정성스레 꿩고기 포를 싣고 가는 것이다.[269] 군자가

---

268 이는 맹자가 이윤(伊尹)의 출사(出仕) 이유로서 든 것이다. 이윤은 탕(湯)왕의 세 번에 걸
친 부름 끝에 그에 응하여 세상에 나왔던 인물이다. 그리고 탕왕을 도와서 하나라의 폭군
걸(桀)왕을 몰아내고 새 나라 상(商)을 열게 함으로써, 걸왕의 폭정에 시달리며 신음하던
백성들을 해방시키고 그들에게 이제 살맛나는 세상 속에서 살아가게 하였다. 여기에 이윤
의 궁극적 출사(出仕) 이유가 있다는 것이다. 만약에 그렇지 않고 걸왕의 폭정을 방치했을
경우 백성들은 여전히 그 도탄에서 신음하고 있을 터이니, 그렇다면 이는 자신이 그들을
이러한 상황으로 밀어 넣은 것과 같다는 무거움을 이윤이 느꼈다는 것이다.(『孟子』,「萬章
上」: 湯三使往聘之, 旣而幡然改曰, '與我處畎畝之中, 由是以樂堯舜之道, 吾豈若使是君爲堯
舜之君哉? 吾豈若使是民爲堯舜之民哉? 吾豈若於吾身親見之哉? 天之生此民也, 使先知覺後
知, 使先覺覺後覺也. 予, 天民之先覺者也, 予將以斯道覺斯民也. 非予覺之, 而誰也?' 思天下
之民匹夫匹婦有不被堯舜之澤者, 若己推而內之溝中. 其自任以天下之重如此, 故就湯而說
之以伐夏救民.)
269 이 이야기는 '벼슬살이[仕]'를 놓고 주소(周霄)라는 인물이 맹자에게 묻자, 맹자가 이에 대
해 답하는 내용에서 나온다. 주소의 문제의식은 '군자가 꼭 벼슬살이를 해야만 하는가?'에
있는 것으로 보인다. 군자는 도덕지상주의자들이기 때문이다. 이에 대해 맹자는, 군자라도
제사에 바칠 음식을 마련하기 위한 최소한의 요건으로서 벼슬을 해야 함을 강조한다. 그리
고는 전언의 형식을 빌려 공자를 예로 들며, 공자는 3개월을 벼슬하지 않고 있으면 안절부
절못했다고 하고 있다. 또 공명의(公明儀)의 말을 빌려, 당시에는 3개월이나 벼슬을 하지
못한 사람에게 위문을 할 정도였다고 한다. 나아가 맹자는 왕부지가 이곳에서 거론하는 사
실을 적시한다. 즉, 공자는 자기가 살던 나라에서 벼슬을 할 수 없어서 다른 나라로 벼슬을
찾아갈 적에, 그 나라 임금에게 예물로 바칠 폐백을 지참하고 갔다는 것이다. 맨입으로 그
나라 임금에게 벼슬을 구하는 것이 예의에 어긋나기 때문이다. 맹자는 이것이 지극히 '합
당한 길[道]'임을 강조하고 있다.(『孟子』,「滕文公 下」: 周霄問曰, "古之君子仕乎?" 孟子曰,
"仕. 傳曰, '孔子三月無君, 則皇皇如也, 出疆必載質.' 公明儀曰, '古之人三月無君, 則弔.'"

절조(節操)를 잃어버리지 않고 사적인 정분(情分)에 함부로 놀아나지 않았던 데에는, 이와 같지 않음이 없었다.

乃不有其避難之時乎? 避難者, 全身者也; 全身者, 全道者也. 道爲公, 德爲私. 君子之於道, 甚乎其爲德, 而況祿乎? 且夫祿以榮道, 非榮身也; 榮以辱身, 斯辱道也. 故儉德而固其一, 祿不可榮而塞其情. 固其一, 他非吾德也; 塞其情, 道无不榮也. 雖有不忍萬物之志, 亦聽其自爲生死而吝吾仁; 雖恥以百畝不易爲己憂, 亦安於降志辱身而屈吾義. 故伊尹之有莘, 避桀難也. 伯夷之北海, 避紂難也. 桀‧紂者, 敷天率土之共主, 神禹‧成湯之冑胤. 當其不可爲龍逄, 不可爲鄂侯, 則勿寧塞仁錮義以全道. 況乎其不但爲桀‧紂者乎?

역문 그렇다면 피난을 해야 할 시기는 없다는 것인가. 피난이란 제 몸을 보전하기 위한 것이다. 그리고 몸을 보전함이란 생명처럼 소중히 여기는 도(道)를 보전하는 것이다. 이 도는 공적인 것이고, 덕[능력]은 사적인 것이다. 그러므로 군자가 이 도에 대해 갖는 의식은 사적인 덕을 위함보다 훨씬 무거운 것이거늘, 하물며 녹봉 따위야! 뿐만인가, 녹봉도 결국은 도를 영화(榮華)롭게 하는 것이지, 제 한 몸을 영화롭게 하기 위한 것이 아니다. 영화

"三月無君則弔, 不以急乎?"曰, "士之失位也, 猶諸侯之失國家也. 禮曰, '諸侯耕助以供粢盛, 夫人蠶繅, 以爲衣服. 犧牲不成, 粢盛不潔, 衣服不備, 不敢以祭. 惟士無田, 則亦不祭.' 牲殺‧器皿‧衣服不備, 不敢以祭, 則不敢以宴, 亦不足弔乎?" "出疆必載質, 何也"曰, "士之仕也. 猶農夫之耕也, 農夫豈爲出疆舍其耒耜哉?' 曰, "晉國亦仕國也, 未嘗聞仕如此其急. 仕如此其急也, 君子之難仕, 何也?"曰, "丈夫生而願爲之有室, 女子生而願爲之有家, 父母之心, 人皆有之. 不待父母之命‧媒妁之言, 鑽穴隙相窺, 踰牆相從, 則父母國人皆賤之. 古之人未嘗不欲仕也, 又惡不由其道. 不由其道而往者, 與鑽穴隙之類也.") 왕부지는 여기에서 맹자의 이 답변 요지를 통해, 군자가 적극적으로 세상에 나아가며 세상과 소통을 할 필요가 있음을 강조하고 있다.

를 좇다가 제 몸을 욕되게 함은 결국 도를 욕되게 하는 것이다. 그러므로 자신의 덕을 절제하며 그 하나만을 견고히 해야 한다. 그리고 녹봉을 받아서 영화를 누려서는 안 되며 흔들리는 마음의 발현을 틀어막아야 한다.[270] 그 하나만을 견고히 하기 때문에 그것이 나의 덕이 아니고, 흔들리는 나의 마음 발현을 틀어막기에 내가 지키는 도가 영화롭지 않음이 없다. 비록 만물의 뜻함을 차마 어찌하지 못함이 있다고 하더라도 그들 스스로 살고 죽는 것에 내맡긴 채 나의 어짊을 아껴야 한다. 또한 비록 100마지기 땅의 농사를 잘 짓지 못함을 자신의 근심거리로 여기는 농부가 됨이 부끄럽더라도,[271] 뜻함을 내리누르고 자신을 욕되게 함에 편안해하며 나의 의로움을 억눌러야 한다.

그러므로 이윤은 유신(有莘)의 땅으로 가서 걸(桀)왕의 학정으로부터 피난하였던 것이다. 또 백이는 북해(北海)로 가서 주(紂)왕의 학정으로부터 피난하였다. 걸왕과 주왕은 하늘까지 닿는 땅 전체를 다스리는 종주(宗主)였고, 각기 하우(夏禹)와 성탕(成湯)의 후예이기도 하였다. 문제 상황에 정면으로 맞서며 직언을 하다가 죽임을 당했던 관룡봉(關龍逢; ?~?)[272]이나 악

---

270 이 구절은 이 비괘(否卦) 「대상전」의 "하늘과 땅이 교접하지 않음이 비괘니, 군자는 검소함의 덕으로 어려움을 피하며, 녹봉을 받는 지위를 차지하여 영화를 누려서는 안 된다.(天地不交, '否', 君子以儉德辟難, 不可榮以祿.)"라고 함에 대해 논하는 것이다.

271 『맹자』에 나오는 말을 원용하는 것이다. 맹자는, 요임금이 순과 훌륭한 도우미를 얻지 못함을 자신의 근심으로 여겼고, 그 순임금은 우(禹)와 고요(皐陶) 같은 이들을 도우미로 얻지 못함을 자신의 근심으로 여겼다. 이에 비해 100마지기 논을 쉽게 경작할 수 없음을 근심거리로 여기는 것은 농부라 하였다.(『孟子』, 「滕文公 上」: 堯以不得舜爲己憂, 舜以不得禹皐陶爲己憂. 夫以百畝之不易爲己憂者, 農夫也.)

272 관룡봉은 하나라 걸왕 때의 대부(大夫)다. '환룡봉(豢龍逢)'이라고도 하는데, 이는 그가 옛 환룡씨(豢龍氏)의 후예이기 때문이다. 당시 걸왕은 술독에 빠져 매일을 술로 보냈고, 백성들은 그 가렴주구(苛斂誅求)를 그대로 받는 도탄에 빠져 있었다. 이에 피폐해질 대로 피폐해진 삶을 살던 백성들은, "저 태양이여 언제쯤 없어지려나, 너와 내가 함께 없어져 버렸으면 좋겠다!(『書』, 「湯誓」: 時日害喪, 予及女偕亡.)"라는 말로 그 절망적인 상황을 표현할

후(鄂侯)[273]가 되지 못하겠다면, 차라리 어짊에 대해서는 마음을 달아걸고 의로움 또한 땜질해서 가두어 버리고는, 도를 보전하는 것이 더 나을 것이다. 하물며 걸왕과 주왕보다 더한 인간들이 주인 노릇을 하는 세상에서야![274]

而或爲之說曰, "惡不可與同, 而德何可不富? 吾有其不忍, 則遇可閔 而且仁. 吾知其所宜, 則遇可爲而且義. 吾有所不屈, 則伸吾直. 吾 有其不昧, 則施吾智" 是王嘉之於符氏也, 崔浩之於拓拔也. 啟其竇, 發其機, 漸牗其情, 不知其入於利賴而以榮祿之陷終.

역문 그런데 누군가는 또 이렇게 말한다. 즉, "흉악한 사람과는 함께할 수 없지만, 덕 있는 사람이라 해서 어찌 꼭 부유하지 않아야만 한단 말인가. 나에게는 불인지심이 있으니, 가슴 아픈 상황이나 사람을 만났을 경우 어짊

정도였다. 이러한 상황에 대해 직언으로 간언(諫言)하며 이를 막으려 한 사람이 바로 이 관룡봉이다. 그래서 그는 걸왕으로부터 미움을 사게 되었는데, 나중에는 걸왕의 주지육림(酒池肉林)을 막으려다가 수감되었고, 결국 죽임을 당하였다. 관룡봉의 이러한 행위에는 하나라 백성들의 형편을 차마 두고 볼 수 없다는 것과 그렇게 지속할 경우 뻔히 보이는 하나라의 멸망을 어떻게든 막아 보려는 고심(苦心)이 담겨 있었다. 이 관룡봉은 나중에 은나라 말기에 주(紂)왕의 폭정을 바로잡으려다가 목숨을 잃은 비간(比干)과 함께 양대 충신(忠臣)으로 병칭되고 있다.

273 악후(鄂侯)는 은(殷) 나라 말기 주(紂)왕의 대신이었다. 귀후(鬼侯, 일명 九侯)·주문왕(周文王)과 함께 은나라의 삼공(三公) 중 하나였다. 이 악후는 주왕의 학정에 직간(直諫)을 하다가 미움을 샀는데, 특히 주왕이 귀후를 죽여 육장(肉醬)을 담그는 잔인무도한 행위에 극력 반대하다가 그도 주왕에게 죽임을 당해 육포(肉脯)가 되는 운명으로 생을 마감하였다.

274 여기에서는 왕부지의 이하지변(夷夏之辨)에 입각한 민족모순의 감정이 잘 드러나고 있다. 그는 당시 청나라에 의한 중원 지배를 한족의 대표적 폭군인 걸(桀)·주(紂)왕의 폭정보다 더 심한 것으로 여기며, 피난이 정당하다는 견해를 이렇게 내보이고 있다. 자신이 청나라에 출사하여 협조하지 않고, 명나라의 유신(遺臣)으로서 재야(在野)에서 살아감을 정당화하는 소회라고도 할 수 있다.

을 베풀 것이다. 나는 지적 능력이 있어서 무엇이 지당한지를 아니, 이를 실행할 수 있는 경우를 만나면 의로움을 행할 것이다. 나에게 불굴의 의지가 있으니, 필요한 경우에 나의 곧음을 펼칠 것이다. 나에게는 사려분별에 어둡지 않은 능력이 있으니, 필요한 경우 그 지혜로움을 펼칠 것이다."라고. 왕가(王嘉; ?~390)[275]가 부견(符堅)[276]에게 간 것도, 최호(崔浩; 381~450)[277]

275　왕가(王嘉)는 농서(隴西) 지역의 안양(安陽) 출신으로서, 오호십육국(五胡十六國) 시기 전진(前秦)의 방사(方士)였다. 외모가 누추하여 겉모습은 좀 모자란 듯하였으나 속으로는 총명하였으며 입담이 좋았다고 한다. 오곡(五穀)을 먹지 않고 화려한 옷을 입지 않았으며, 청허(淸虛)한 몸가짐으로 기(氣) 수련에 몰두하였다. 그는 세상 사람들과 교류를 끊은 채 처음에는 동양곡(東陽谷)에 은거하며 제자들을 가르쳤는데, 그 수가 수백 명에 이를 정도로 명성이 컸다. 348년 후조(後趙)의 석호(石虎)가 침입해 오자 전란을 피해 제자들을 버리고 장안(長安)으로 가서, 종남산(終南山)에 숨어들어 암자를 짓고 머물렀다. 그의 제자들이 그의 자취를 찾아 이곳까지 쫓아오자 왕가는 다시 도수산(倒獸山; 지금의 섬서성 臨潼 新豐鎭 남쪽에 있는 산)으로 가서 은거하였다.

　　전진(前秦)의 왕 부견(符堅; 338~385)이 여러 차례 불렀으나 응하지 않았지만, 나중에는 그의 강압에 의해 어쩔 수 없이 장안(長安)으로 들어와 궁중의 외전(外殿)에 거처하였다. 그는 아직 일어나지 않는 일을 묻는 것에 대해 골계(滑稽) 넘치는 재변으로 참언(讖言)처럼 말하며 신통하게 알아맞혔다고 한다. 그래서 공후(公侯) 이하 백관들이 그의 처소에 참배하며 존중을 표하고, 세상일에 대해서 물었다고 한다.

　　그러나 왕가는 결국 이 능력 때문에 죽임을 당하였다. 386년 장안으로 침입해 들어온 요장(姚萇; 329~393. 나중에 後秦의 개국 군주가 되는 인물)이 부견 이상으로 그를 대우하며 그에게 자문을 구하고는 했다. 그러던 어느 날, 요장이 부등(符登)을 쳐서 천하를 평정코자 한다며 그 성공 여부를 물었는데, 왕가가 "대략 성공할 것입니다.[略得之.]"라고 대답하였다. 그러자 급한 성격으로서 이 대답에 만족하지 못한 요장은 "되면 된다고 말할 것이지 '대략'은 또 뭐야.[得當云得, 何略之有.]"라고 불같이 화를 내며 왕가를 단칼에 죽여 버렸다고 한다. 왕가의 피살 소식을 들은 부등은 대단히 슬퍼하며 그를 '태사(太師)'로 추중하였고, '문(文)'이라는 시호를 내렸다. 왕가의 저작으로는 『습유기(拾遺記)』 10권이 전한다.

276　부견(338~385)은 오호십육국(五胡十六國) 시대, 전진(前秦)의 황제였던 선소제(宣昭帝)의 본명이다. 저족(氐族)으로서 약양(略陽)의 임위(臨渭; 지금의 甘肅省 秦安지방) 출신이다. 357년, 폭군이었던 부생(苻生)을 죽이고 자신을 대진천왕(大秦天王)이라 부르며 제위에 올랐다. 그 뒤 부견은 왕맹(王猛)이라는 인물을 만났는데, 서로 의기가 투합함을 발견하고는 자신과 그의 만남을 유비와 제갈량의 만남에 비유하며 그를 중용하였다. 왕맹의 건의를 받아들여 부견은 새로운 농업 정책을 시행하고 폐정을 혁파함으로써 국력의 증대를 이룰 수 있었다.

가 탁발씨(拓拔氏)의 북위(北魏) 정권 협력하면서 내건 명분도 바로 이것이었다. 그러나 사실은, 자신의 아는 능력을 총동원하여 책략을 펼쳐 보이며 점점 정분을 쌓아 나아가다가, 자기도 모르는 사이에 그들에게 의존하는 관계로 빨려 들어가서는 영화와 녹봉이라는 함정에 빠진 채 생을 마감하는 것이었을 뿐이다.

嗚呼! 是將以爲'泰'乎? 如不以爲'泰'也, 則惡得而不用'否'也? 吝吾仁義, 如吝色笑焉. 選擇於德之中而執其一, 天地不能爲吾欣, 兄弟友朋不能爲吾戚, 如是而難猶不我違, 而後安之若命. 彼妹妹然以其

이에 고무된 부견은 천하의 통일을 이루겠다는 야망에 불타 대대적으로 병력을 동원하여 동진(東晉)의 정벌에 나섰다. 이때 대신들과 그의 동생 부융(苻融) 등은 모두 반대하였다. 특히 그의 총애하는 비(妃) 장부인(張夫人)은 눈물로써 호소하며 간곡히 말렸다. 그러나 이를 모두 물리치고 천하 정벌에 나섰던 부견의 군대는 결국 비수(淝水; 안휘성 合肥縣 남쪽을 흐르는 강으로서 淮水의 지류)의 싸움에서 참담한 패배를 당하고 말았다. 이렇게 하여 결정적 타격을 입은 나머지 전진의 국력은 급격히 쇠약해져 갔고, 그 2년 뒤 서연(西燕)의 황제 모용충(慕容沖)의 공세에 밀려 죽음에 내몰린 부견은 자결로써 생을 마감하였다. 자결하기 전에 부견은 자신의 딸들을 오랑캐에게 욕보일 수 없다면서 죽이고는 스스로 목숨을 끊었다고 한다. 이에 장부인과 그의 아들 부선(苻詵)도 따라서 자결하였다고 한다.

277 최호는 오호십육국(五胡十六國) 시기 북위(北魏)의 뛰어난 정치가, 군사지략가였다. 한족으로서 북위 정권에 협력하였던 명문거족 청하(淸河) 최씨 가문 출신이다. 최호는 자신을 장량(張良; B.C.250~B.C.286)에 비견되는 인물로 자임하면서, 북위의 개국군주인 도무제(道武帝)로부터 명원제(明元帝), 태무제(太武帝) 등 3대에 걸쳐 벼슬을 하였던 인물이다. 이 중에서도 특히 태무제의 신임을 받았는데, 그의 가장 중요한 모신(謀臣)으로서 북위가 북방을 통일하던 데서 큰 공헌을 하였다. 그 공로로 최호는 태상경(太常卿), 사도(司徒)에 임명되었고, 마침내 동군공(東郡公)에 봉해졌다. 다만 70세 되던 해에 그는 '국사지옥(國史之獄)'에 연루되어 죽임을 당하였다. 이때 북위 정권은 한족 구족(九族)을 멸하였는데, 이 청하 최씨와 함께 범양 노씨(范陽盧氏), 하동 류씨(河東柳氏) 및 태원 곽씨(太原郭氏) 등도 함께 멸족하였다. 이들 한족들은 북위의 역사를 정리하면서 북위의 조상들을 오랑캐라 하여 멸시하는 내용으로 기록하였는데, 나중에 이것이 발각되어 처참한 죽임을 당했던 것이다. 태무제는 사후에 이 일을 늘 후회하였고, 1년 뒤에는 법률을 개정하여 이들을 사면하였다.

德與其祿爲避難之善術, 曰, "入於鳥獸之群而不亂, 大浸稽天而不溺", 亦惡知與羽俱翔, 與去俱蹲, 與流俱靡, 其下游之必然乎? 故君子有否, 不但任天地之否也.

역문 오호라! 이 상황도 지나다 보면 장차 태괘▤의 세상이 될까? 만약에 끝내 태괘의 세상이 되지 못한다고 할 것 같으면, 내 어찌 이 비괘▤가 담고 있는 원리로써 살지 않으리오. 마치 온화한 안색과 웃음을 유발하는 말을 아끼듯이 이 상황에서는 나에게 있는 인(仁)・의(義)를 아낄 것이다. 내가 가지고 있는 덕[능력] 중에서 하나를 골라 그것을 죽 지킬 것이로되, 하늘・땅도 나를 기쁘게 하지 못할 것이고, 형제와 벗들도 나의 근심거리가 되지 못할 것이다. 이렇게 지나다 보면, 험난함이라는 것도 오히려 내가 피할 것이 아니니, 이러한 뒤에라야 나는 이를 나의 운명으로 받아들이며 편안해질 것이다.

저들은 자신들이 지닌 덕[능력]과 그것을 제공하고서 받는 녹봉이 마치 험난함을 피하는 훌륭한 수단이라도 되는 듯이 우쭐댄다. 그러면서 "짐승들의 무리에 섞여 살더라도 그들을 따라 문란하지 않고, 하늘까지 차는 홍수 속에서도 빠져 죽지 않는다."라고 말한다. 그러나 저들이 어찌 알리오, 날개를 달고 날아오르고, 세모창을 지닌 채 밟아 나아가며, 흐름에 함께 휩쓸리다 보면, 끝에 가서는 유락(遊樂)에 빠짐이 필연인 것을! 그러므로 군자는 비색한 상황에 처하게 되면 단순하게 하늘・땅의 비색함을 맡아서 헤쳐 나아가려 하지 않는다.

三

陽之擯陰, 先之以怒; 陰之干陽, 先之以喜. 喜者氣升, 怒者氣沈; 升
者親上, 沈者親下; 各從其類以相際. 而反其氣以爲用者, 性之貞也.
陽非期於擯陰, 而當其行, 不得不擯. 怒者, 擯之先見者也. 陰非期
於干陽, 而當其遇, 必承以喜. 干者, 喜之必至者也. 既已有其性情,
遂以有其功效. 故陰之害, 莫害於其喜也.

역문 양이 음을 물리치는 데서는 노함을 앞세우고, 음이 양을 범하는 데서는
기쁨을 앞세운다. 기뻐하는 이는 그 기(氣)가 올라가고, 노하는 이는 그 기
가 내려간다. 올라가는 이는 위와 친하고, 내려가는 이는 아래와 친하다.
이렇듯 각기 자신과 어울리는 부류와 서로 맞닿으며 사귀게 된다. 그 기
(氣)에 반하여 작용하는 것은 성(性)의 올곧음이다.

　양은 음을 물리치는 데 궁극의 목적이 있는 것이 아니다. 마땅히 해야
할 일을 하다 보니 어쩔 수 없이 물리치게 되는 것이다. 그리고 물리치다
보니 그 노여움이 먼저 드러나는 것이다. 음도 양을 범하는[干] 데 궁극의
목적이 있는 것이 아니다. 마주치다 보니 필연코 기쁨으로써 받드는 것이
다. 그런데 이렇게 기쁨으로써 대하다 보면 필연적으로 범함에 이르게 되
는 것이다. 이미 그러한 성(性)과 정(情)을 갖고 있기 때문에 마침내 이러한
공효가 있게 되는 것이다. 그러므로 음의 해악 가운데 이 기쁨보다 더 해
가 되는 것은 없다.

六三陰進不巳, 而與陽遇矣. 遇而得其配, 則喜; 遇而倖其往而必虛,

則又喜. 喜沓至而不戰, 遂不恤其身之失也. 故極性情之婉媚而不
以爲羞, 不以爲羞, 則物羞之矣. 彼往而不我爭, 利之以爲功; 彼往
而不我押, 奔之以爲好; 不倡而和, 承虛而入. 凡此者, 皆陰之懷慝
而善靡者也. 唯其懷慝, 是以善靡. 故曰, "名生於有餘, 利生於不足"

역문 이 비괘䷖의 육삼효는 나아가기를 멈추지 않다가 구사효라는 양을 만나
게 된다. 만나서 그와 짝을 이루니 기뻐하게 된다. 그런데 만났지만 그가
가기만을 요행으로 바라다가 가 버려서 반드시 텅 비게 되니, 또한 기뻐한
다. 이렇듯 육삼효에게는 기뻐함이 겹쳐서 이르며 그치지를 않으니, 마침
내 자신이 지금 무슨 짓을 하는지조차 모르게 되지만 이를 전혀 신경 쓰지
않는다. 그러므로 육삼효는 그 성(性)·정(情)의 유순하게 알랑거림을 극
대화하면서도 이 자체를 부끄럽게 여기지 않는다. 이렇듯 육삼효가 부끄
럽게 여기지 않으니, 다른 이들은 이를 부끄럽게 여긴다.

상대방이 가 버리고 나와 다투지를 않으니 이롭게 함이 육삼효의 공(功)
이 되며, 또 상대방이 가 버려서 나를 억누르지 않으니 유순하게 알랑거릴
쪽으로 달려가면서 이를 좋아함으로 여긴다. 이 육삼효와 같은 이들은 누
군가 앞서서 주창(主唱)하지 않더라도 화답하고, 상대방이 가 버리고 없는
텅 빈 곳을 계승하며 그리로 들어간다. 무릇 이러한 것들은 모두 음(陰)이
사특함을 품고서 잘 휩쓸림이다. 오직 사특함을 마음에 품고 있기 때문에
잘 휩쓸리는 것이다. 그러므로 "명(名)은 남음에서 생기고, 이로움은 부족
함에서 생긴다."[278]라고 한다.

---

278 이 말의 출전이 어디에 있는지를 확인하지는 못했다. 그런데 비슷한 구절이 소옹(邵雍)의
「어초문대(漁樵問對; 어부와 나무꾼 사이의 대화)」에 나온다. 즉 "오로지 천지신명과 성인
(聖人)들만이 하늘과 땅이 이 세계를 지어냄[造化]에 함께 참여할 수 있다. 소인들은 이들

或曰, "陰之爲德, 乃順承天. 踵陽而繼之, 以相陽之不逮, 奚爲其不可乎?" 曰: '否'之'乾'老矣, 其'坤'則壯也. 以壯遇老, 而先之以喜, 其志不可問已. 且陰陽之善動者, 動於情, 貞於性. 先之以剛克, 其後不憂其不合; 先之以柔進, 則後反憂其必離矣. 故君子不盡人之歡, 而大正始. 是以許陽之際陰, 而戒之曰, "勿恤其孚飛"; 不許陰之際陽, 而醜之曰'包羞'; 所爲主持其中, 以分劑陰陽, 而故反其性情者也. 反也者, 行法以俟命者也. 陽剛而奬之交, 陰柔而戒其交, 則性情歸於法矣. 『詩』云, "君子如怒, 亂庶遄沮", 其'艱貞'之謂與! 『書』云, "巧言令色, 孔壬", 其'包羞'之謂與!

역문 누군가는 말하기를, "음(陰)이 발휘하는 특성은 바로 하늘을 순종하며 받듦이다. 음은 양을 뒤쫓아 가며 계승함으로써 양이 미치지 못함을 도우니, 불가할 것이 뭐 있겠는가?"라고 한다.

이에 대한 내 생각은 이러하다. 즉, 이 비괘(否卦)䷋의 회괘(悔卦)인 건☰이 상징하는 것은 늙은 남성이고, 정괘(貞卦)인 곤☷이 상징하는 인물은 젊은 여성이다.[279] 그래서 이 비괘는 젊은 여성이 늙은 남성을 만났지만 먼저

이 지어낸 것을 날마다 쓰면서도 그것들이 어떻게 해서 생겼는지를 모른다. 그러므로 해로움이 생겨나고 실질이 상실되는 문제가 생긴다. 명(名)이라는 것은 실질의 손님이고, 이로움은 해로움의 주인이다. 명(名)은 부족함에서 생기고 이로움은 남음에서 생긴다. 또 해로움은 남음에서 생기고 실질은 부족함에서 상실된다. 이는 이치에 담긴 한결같음이다.(邵雍, 『皇極經世書七』, 「外書・漁樵問對」: 唯神與聖, 能叅乎天地者也. 小人則日用而不知, 故有害生實喪之患也. 夫名也者, 實之客也, 利也者, 害之主也. 名生於不足, 利喪於有餘, 害生於有餘, 實喪於不足, 此理之常也.)"라고 함이 그것이다. 그런데 여기에서 보다시피 「어초문대」에서는, "명은 부족함에서 생기고 이로움은 남음에서 생긴다.(名生於不足, 利喪於有餘.)"라고 하여, 왕부지의 "명은 남음에서 생기고, 이로움은 부족함에서 생긴다.(名生於有餘, 利生於不足.)"라는 말과는 반대로 진술되어 있다.

279 이는 효(爻)들의 생겨난 순서 관점에서 말하는 것으로 보인다. 『주역』의 괘들은 그 생겨난

는 기뻐함을 드러내고 있는데, 그녀의 뜻이 이렇게 늙은 남성에게로 향한다고 하더라도 이들 사이에 파고 들어가서 말릴 수가 없을 따름이다. 그리고 음·양의 잘 움직임[動]을 보면, 정(情)에서 움직이고 성(性)에서는 올곧다. 그래서 먼저 늙은 남성이 굳셈[剛]으로써 잘 이겨 내면, 뒤에 가서 이들이 서로 합하지 않는다고 하더라도 우려하지 않는다. 그렇지 않고 젊은 여성이 먼저 부드러움[柔]으로써 나아가면, 뒤에 가서는 도리어 그들이 필연코 헤어지게 되리니 이를 우려하게 된다. 그러므로 군자는 사람들이 기뻐함을 다 따라서 하지 않고, 시작을 올바르게 함을 크게 여긴다. 이러하기 때문에 양이 음을 좇아가 교제함은 허락하면서도 "그 믿음을 주는 것에 대해 마음을 두지 마라!"라고 경계하는[280] 것이고, 음이 양을 좇아가 교제함에 대해서는 허락하지 않고 부끄럽게 여기며 그저 "수치를 포용함이다."라 하고 있다.[281] 하는 일이 그들 속에서 주지(主持)하면서 음·양을 분제하기[282] 때문에, 그들의 성(性)·정(情)에 반하는 것이다. 여기에서 '반한다'는 것은 구체적으로 '법을 행하면서 천명을 기다린다'는 의미다. 즉 양은 굳센데도 교제를 장려하고, 음은 부드러운데도 그 교제를 경계하는 것이다. 그래서 이들 음·양의 성(性)·정(情)이 법에로 귀결하는 것이다. 『시경』에

순서가 '초효→2효→3효→4효→5효→상효'로 되어 있다. 따라서 4·5·상효로 이루어진 회괘(悔卦)가 초·2·3효로 이루어진 정괘(貞卦)보다 먼저 생겨난 것들이다. 이러한 관점에 입각하여 왕부지는 여기에서 회괘인 건괘☰를 '늙은 남성'으로, 정괘인 곤괘☷를 '젊은 여성'으로 서술하는 것 같다.

280 이는 태괘☱의 구삼효를 지칭하는 것이다. 이 태괘에서는 양(陽)인 구삼효(—)가 음(陰)인 육사효(--)를 좇아가며 맞닿는 것으로 되어 있다. 이 경계의 말은 그 효사 가운데 일부다.

281 이는 이 비괘의 육사효를 지칭하는 것이다. 이 말은 그 효사다.

282 여기에서 언급하고 있는 '주지(主持)'와 '분제(分劑)'는 왕부지의 철학에서 매우 주요한 용어다. '주지(主持)'는 음과 양이 각자의 역할을 주체적으로 맡아 해냄을, '분제(分劑)'는 음과 양이 각기 나누어서 주지하는 속에서 서로 조절하며 전체적으로 조화를 이루어 냄을 의미한다.

서는, "군자가 화를 내면 화란(禍亂)은 빠르게 멈춘다."라고 하니, 이는 '간 난신고 속에서 올곧음'을 일컫는 것이로다! 또 『서경』에서는 '남에게 잘 보이려고 말을 꾸며 대며 알랑거리던 공임(孔壬)'[283]을 두려워하지 않는다 고 하니, 이는 '수치를 포용함', 즉 수치스러운 인물을 포용함을 일컫는 것이다.

---

283 이 공임(孔壬)은 『서경』, 「고요모(皐陶謨)」 편에서 거론되는 인물이다. 공임(孔任)이라고 도 하는데, 요(堯)임금 때의 사람으로서 간사한 인간의 전형으로 꼽힌다. 그는 공공(共工) 부족의 관리를 지냈다고 한다. 「고요모」 편에서 우(禹)임금과 고요(皐陶)가 '사람을 앎[知 人]'·'백성을 편안케 함[安民]'을 주제로 하여 나누는 대화 가운데 그를 거론하고 있다. 즉 고요가 사람 세상을 끌어가는 우두머리인 임금이 베풀어야 할 덕으로서 이 두 가지 덕을 강조하자, 우임금은 이를 받아서 "사람을 알면 지혜로우니 사람들을 관리할 수 있고, 백성 들을 편안케 하면 은혜로우니 백성들을 모두 품에 안는다. 이처럼 지혜로우면서도 은혜롭 다면 어찌 환두(驩兜)를 우려할 것이고, 어찌 유묘(有苗)를 귀양 보낼 것이며, 어찌 남에게 잘 보이려고 말을 꾸며대며 알랑거리는 태도를 보인 공임을 두려워하리오!"(知人則哲, 能 官人, 安民則惠, 黎民懷之. 能哲而惠, 何憂乎驩兜, 何遷乎有苗, 何畏乎巧言令色孔壬!)라 하 고 있다.

동인괘

≡≡ 同人

陰陽相敵, 則各求其配而无爭. 其數之不敵也, 陰甘而陽苦, 陰與而陽求, 與者一而求者衆, 望甘以爲利之壑, 則爭自此始矣. 唯夫居尊以司與者, 衆詘於勢而俟其施, 則'大有'是已. 過此者, 不足以任之. 故同者, 異之門也; '同人'者, 爭戰之府也.

역문 음과 양이 수적으로 서로 필적하면 각기 서로의 짝을 구하기 때문에 다툼이 일지 않는다. 그렇지 않고 음과 양의 수가 서로 필적하지 않으면, 음에게는 이러한 상황이 달고 양에게는 쓰며, 음은 주고 양은 구하는 처지가 된다. 그런데 주는 이가 하나이고 구하는 이는 많으면, 단 것을 열망하면서 이로움의 구렁텅이로 여기게 되리니, 다툼은 바로 이러함에서 비롯된다. 오직 존귀한 자리를 차지한 채 주는 것을 잘 관리하는 이에게는 다중이 그 기세에 눌려서 한갓 베풂을 기다리기나 하는데, 바로 대유괘≡≡가 이러하다. 이를 지나치는 이는 이러한 상황을 맡아서 관리할 수가 없다. 그러므로 '같음'은 '다름'이 출현하는 문이고, 동인괘≡≡가 상징하는 상황은 싸움을 저장하고 있는 곳집이다.

孤陰以同五陽, 處中而韜其美, 則紜紜者不能給其所求. 不給所求, 則相尋以搆而怨不釋. 抑惡知理之宜配者在彼乎? 而惡知分之不可干者在彼乎? 則臣主交兵而上下亂, 故君子甚危其同也. 能遠其咎悔者, 唯初·上乎! 近而不比, 遠而不乖, 无位故也.

역문 딱 하나 있는 음[六二爻]이 나머지 다섯 양들을 똑같이 상대하면서 가운데 자리를 차지한 채[284] 그 아름다움을 감추고 있으니, 어지럽다고 할 정도로 많은 양들이 그들의 욕구를 충당할 수가 없다. 그리하여 욕구를 충당할 수가 없으니 서로 간에 빼앗기 위해 싸움을 벌이며 원망이 풀리지가 않는다. 그러니 어찌 이치상 딱 알맞게 짝지을 것이 저것에 있음을 알겠는가? 또 나눔에 대해 간여할 수 없음이 저것에 있음을 알겠는가? 이리하여 신하와 임금 사이에 무력으로 다툼이 일며 위·아래 사이에 혼란이 일게 된다. 이치가 이러한지라 군자는 이 욕구를 충당할 수 없는 상황의 똑같음에서 매우 위험해진다.

이러한 상황이 초래하는 허물과 후회함으로부터 멀리 있는 이는 오직 초구효(初九爻)와 상구효(上九爻)뿐이로다! 초구효는 이 동인괘䷌의 주효(主爻)인 육이효와 가깝다고 하여 그와 친압(親狎)하며 함부로 대하고자 함이 없고, 상구효는 멀리 있으면서도 육이효를 거스르려고 하지 않는다. 이들은 지위가 없기 때문에 그러한 것이다.

嗚呼! 繫群情之望, 啟忮求之門, 知我者不希, 而我亦不貴矣. 保其吝而不失其宗, 夫亦各行其志焉爾. 然則以一柔而遇衆剛, 繼之以

---

284 육이효가 이 동인괘䷌의 정괘(貞卦)인 리괘☲의 가운데 자리를 차지하고 있음을 가리킨다.

爭而不惑, 如'同人'之二者, 豈易得哉! "雖速我訟, 亦不汝從"于野之
亨, 不足以爲同人喜; 于宗之吝, 不足以爲同人悲. 道所宜吝, 不得
而亨也. 里克之忠, 不如荀息之信; 徐庶之出, 不如龐公之隱. 而況
其顯應以卒協於大同也哉!

역문 오호라! 뭇 욕망 있는 것들의 열망을 한 몸에 받으면서 그들에게 시기심
넘치는 욕구의 문을 열고 있으니, 나를 알아줄 이는 드물지 않을 것이지만
나도 귀한 존재는 아니다.[285] 그 아쉬워함을 보존하며 그 종족을 잃어버리
지 않고[286] 이러한 상황에서는 대장부로서 또한 각기 그 뜻함을 행할 뿐이
로다.[287] 그렇다면 하나의 부드러움[柔]으로서 뭇 군셈[剛]들을 상대하며 자
신을 차지하기 위한 다툼이 끊임없이 지속되는데도 미혹되지 않는 이, 예
컨대 동인괘☲의 이 육이효와 같은 이를 어찌 쉽게 얻으리오! "비록 나에
게 송사를 걸어온다손 치더라도 내 너를 따르지 않으리니"[288]라 하는데, 초
야에 묻혀 살며 얻는 형통함[289]으로는 사람들 모두를 똑같이 기쁘게 하지

---

285 이는 이 동인괘☲의 육이효사를 두고 하는 말인데, 한 괘에서 귀한 자리는 5효의 자리이므
    로 이렇게 말하는 것으로 보인다.
286 이는 이 동인괘☲의 육이효사, "종족(宗族)의 사람들하고만 한마음이 되어 어울림이니, 아
    쉬워함이 있을 것이다.(同人于宗, 吝.)"를 바탕으로 두고 하는 말이다.
287 이는 맹자의 '대장부'론을 전제로 하는 말처럼 보인다. 맹자는 대장부에 대해, 자신의 뜻함
    을 이룰 수 있는 상황에서는 백성들과 그 상황을 함께하고, 그 뜻함을 이룰 수 없는 상황이
    라면 홀로 자신의 도(道)를 지키며 살아가라고 하고 있다. 그리하여 부유하고 권세가 높은
    자리에 있을지라도 음란해지지 않고, 가난하고 비천한 신분에 있을지라도 자신의 마음을
    바꾸지 않을 수 있으며, 위력과 무력에도 결코 굴하지 않을 수 있어야 '대장부'라 한다고 하
    였다.(『孟子』, 「滕文公 下」: 得志, 與民由之, 不得志, 獨行其道. 富貴不能淫, 貧賤不能移,
    威武不能屈, 此之謂大丈夫.)
288 이는 『시경(詩經)』, 「국풍(國風), 소남(召南)」의 '행로(行露)'라는 시에 나오는 구절이다.
289 이는 이 동인괘☲의 괘사, "들에서 다른 사람들과 동화함이다. 형통하다.(同人于野. 亨.)"
    라는 말을 염두에 두고서 하는 말이다.

는 못할 것이고, 내 종족하고만 한마음이 되어 어울림으로써 초래할 아쉬
움으로는 사람 모두를 똑같이 슬프게 하지 못할 것이다. 이치상 아쉬워함
이 마땅하기 때문에 형통할 수가 없는 것이다.

이극(里克)[290]의 충성도 순식(荀息)[291]의 신임 받음만 못했던 것이고, 서서

---

290 이극(里克; ?~ 前650年)은 중국 춘추시대에 진(晉)나라의 장군이자 정치가였다. 그는 진헌
공(晉獻公)을 보좌하였다. 그는 군대를 거느리고 융적(戎狄)을 토벌하였는데, 헌공 19년
(B.C.658) 순식(荀息)과 함께 진나라의 중원 진출에 방해가 되는 괵(虢)나라와 우(虞)나라
를 멸망시킴으로써 큰 공을 세웠다. 여기에서 '순망치한(脣亡齒寒)'이라는 고사가 나왔다.
나아가 이극은 공족(公族)들 중에 헌공(獻公)에게 비판적인 인물들을 쓸어 버림으로써 헌
공의 국권(國權)을 단단히 해 주었다. 그리고 그 태자 신생(申生; ?~B.C.655)을 옹립하려
하였지만 여희(驪姬;?~B.C.651)에 의해 제지당했다. 신생은 나중에 여희에 의해 피살당
했다.
　　헌공이 죽은 뒤에 이극은 여희와 그 아들 해제(奚齊) 및 탁자(卓子), 순식(荀息; ?~
B.C.651) 등을 죽여 버림으로써 헌공의 전 부인 소생인 공자(公子) 이오(夷吾)가 왕으로
즉위할 수 있는 배경을 만들어 주었다. 탁자는 여희의 여동생과 헌공 사이의 소생이다. 헌
공의 전 부인 소생 중 맏아들인 신생(申生)이 죽고 없는 상황에서 이극은 이제 헌공의 둘째
아들인 중이(重耳; B.C.671~B.C.628)를 왕으로 옹립하려 하였다. 그러나 극예(郤芮; ?~
B.C.637)와 여성(呂省; ?~B.C.636)의 권유를 받아들여 막내인 이오를 옹립하였다. 이 이
오가 진혜공(晉惠公; ?~B.C.637)이다.
　　혜공은 즉위한 뒤 이극의 군권(軍權)을 박탈하고 극예를 파견하여 주살하려 하였다. 혜
공이 그 주살의 명분으로 내세운 것은 "그대가 아니었으면 오늘의 내가 있을 수는 없다. 그
러나 그대가 2명의 군주[奚齊와 卓子]와 1명의 대부[荀息]를 살해한 것도 사실이다. 그대의
군주로서 이에 대해 책임을 묻지 않을 수 없는 것 아닌가?"라는 것이었다. 이에 이극은 "내
가 그들을 폐위하지 않았더라면 혜공 당신이 어떻게 임금이 될 수 있었겠는가? 사람에게
죄를 뒤집어씌우려 할진대 무엇이든 둘러 붙일 말이 없을까!"라 하고는 자신의 검으로써
자결하였다.

291 순식(荀息; ?~B.C.651)은 중국 춘추시대 진(晉)나라 역사상 첫 번째 상국(相國)을 지낼 정
도로 중신(重臣)이었다. B.C.679년, 진나라의 공족이었던 무공(武公)이 진나라의 수도 익
성(翼城)을 함락하고 진후(晉侯) 민(緡; ?~B.C.679)을 살해함으로써 춘추시대 최초이며 장
장 70년에 걸쳐 진행된 내전이 종식되었다. 무공은 진(晉)의 임금 자리에 올랐다. 그리고
순식을 그의 대부로 임명하였다.
　　그는 지모가 풍부한 인물이었다. 무공(武公)이 죽고 그의 아들 진헌공(晉獻公)이 왕위를
계승하였다. 순식은 이 진헌공에게 계책을 올려, 진나라가 중원으로 진출하는 데 첫째 장
애가 되는 괵(虢)나라를 멸하고 돌아오는 길에 우(虞)나라까지 멸망시키도록 하였다. 이
계책이 헌공에게 받아들여지고 그와 이극은 함께 출정하여 성공을 거두었다. 여기에서 '순

(徐庶)[292]의 출세(出世)도 방공(龐公)[293]의 은거만 못했다. 그런데 하물며 신

망치한(脣亡齒寒)'이라는 고사가 나왔다. 진헌공은 임종 전에 순식을 상국(相國)에 임명하였다. 이에 감읍한 순식은 헌공에 의해 새로이 태자로 책봉된 해제(奚齊)를 군주로 옹립하려고 온 힘을 다하다가 이극에 의해 죽임을 당했다.

해제는 여희(驪姬)의 소생이다. 여희는 헌공의 총애를 바탕삼아 이미 태자로 책봉되어 있던 전 부인 소생들을 내쫓고 해제를 새롭게 태자로 책봉한 것이다. 이제 헌공이 죽고 없는 상황에서 이극은 이를 바로잡으려 한 것이다. 그리고 그렇게 실행하였다. 즉 이들과 함께 자신의 전선(戰線) 동기 순식(荀息)까지를 죽여 없애고는 전 부인 소생 중 막내인 이오(夷吾)로 하여금 계위(繼位)하게 한 것이다. 그가 진혜공(晉惠公)이다. 그런데 이극은 정작이 혜공에 의해 죽임을 당한 것이다.

292 서서(徐庶; ?~234)는 동한 말에서 삼국시대에 걸쳐 활약한 인물로서 예주(豫州) 영천(潁川)의 장사(長社; 지금의 河南省 許昌) 출신이다. 어려서부터 임협을 즐겼고 칼을 잘 썼다. 초평(初平; 東漢 獻帝의 연호) 연간(190~193)에 석도(石韜; ?~?)와 함께 형주(荊州)로 가서 지냈다. 이 동안 서서는 제갈량(諸葛亮; 181~234)·방통(龐統; 179~214)과 돈독하게 교류를 나누었다. 유비(劉備; 161~223)가 신야(新野)에 있을 때, 이 서서가 유비에게 제갈량을 추천한 사실은 널리 알려져 있다. 나중에 조조(曹操; 155~220)에 의해 형주가 함락되었을 때 서서는 유비와 함께 남하하였는데, 그의 모친이 포로가 되었다는 사실을 알고는 어쩔 수 없이 유비에게 작별을 고한 뒤 조조에게 투항하였다. 이때도 석도와 함께였다.

조조에게 투항한 뒤 서서는 우중랑장(右中郎將), 어사중승(御史中丞) 등의 벼슬을 하였다. 그리고 석도는 태수(太守)와 전농교위(典農校尉) 등을 지냈다. 조조의 아들 조예(曹叡; 202~239)가 위(魏)나라를 계승한 태화(太和) 연간(227~233)에 위나라 정복에 나선 제갈량은, 이 두 사람이 위나라 조정에서 겨우 이 정도의 벼슬에 머물고 있다는 사실을 알게 되었다. 그리고는, "위나라에 이다지도 인재가 많은가! 도대체 어째서 이 두 사람[徐庶와 石韜]이 중용되지 못한단 말인가?"라고 탄식했다고 한다. 이 몇 년 뒤 서서는 병으로 죽었다.

293 방공(龐公)은 은군자(隱君子)다. 남군(南郡) 양양(襄陽) 출신으로서 현산(峴山)의 남쪽에 기거한 채 성부(城府)에는 한 번도 발을 들이지 않았다. 부부 간에 손님을 공경하듯이 서로 공경하면서 살았다. 형주자사 유표(劉表; 142~208)가 여러 차례 그를 초빙하였으나 한 차례도 응하지 않자 유표가 몸소 그를 방문하였다. 유표가 "제 한 몸 보전하는 것이 어찌 천하를 보전함만 하겠습니까?"라고 하자, 방공은 웃으면서 "큰 기러기와 고니는 숲속 높은 나뭇가지 위에 둥지를 틀고서 날이 저물면 돌아와 쉬며, 자라와 악어도 깊은 연못 아래 구멍을 뚫어 놓고 저녁이 되면 들어가 쉽니다. 사람으로서 벼슬에 나아가거나 나아가지 않고 은거하거나 하는 것들도 이들의 둥지·구멍과 같습니다. 각각 제 보금자리로 삼고서 쉴 수 있으면 되는 것입니다. 그런데 천하는 보전할 수 있는 것이 아닙니다."라고 대답하였다. 방공이 하던 일을 멈추고 언덕에 서서 이 말을 하는 동안, 그 마누라와 자식들은 그를 앞질러 가며 계속 김을 매고 있었다. 유표가 그들을 가리키며, "선생님 자신은 한평생 논밭에서 고통을 감수하고 살아가며 관록을 고깝게 여기지 않는다고 합시다. 그렇다면 후세 자손들에게는 무엇을 남겨 주려 하십니까?"라고 물었다. 이에 방공은 "세상 사람들은 모두 자손들

통력을 발휘하면서까지 마침내 대동(大同)에 협력하리오!²⁹⁴

에게 위험천만한 것을 남겨 주는데, 지금 나만이 저 자손들에게 편안함을 남겨 줍니다. 비록 남겨 주는 것은 이렇게 같지 않을지언정, 아무것도 남겨 주는 것이 없는 것은 아닙니다."라고 대답하였다. 유표는 탄식하고 자리를 떴다. 나중에 방공은 처자를 거느리고 녹문산(鹿門山)에 들어가 약초를 캐며 살았고, 다시는 세상에 나오지 않았다.(皇甫謐,『高士傳』卷下: 龐公者, 南郡襄陽人也, 居峴山之南, 未嘗入城府, 夫妻相敬如賓. 荊州刺史劉表延請不能屈, 乃就候之曰, "夫保全一身, 孰若保全天下乎?" 龐公笑曰, "鴻巢於高林之上, 暮而得所栖; 黿鼉穴於深淵之下, 夕而得所宿. 夫趣舍行止, 亦人之巢穴也, 且各得其栖宿而已, 天下非所保也" 因釋耕於壟上, 而妻子耘於前. 表指而問曰, "先生苦居畎畝, 而不肯官祿, 後世何以遺子孫乎?" 龐公曰, "世人皆遺之以危, 今獨遺之以安, 雖所遺不同, 未爲無所遺也." 表嘆息而去. 後遂攜其妻子登鹿門山, 因採藥不反.)

294 왕부지는 이 동인괘▤의 괘사와 육이효사 등을 빌리고, 아울러 이극(里克)·서서(徐庶) 등을 실례로 들며, 자신으로서는 청나라 조정에 협력할 수 없다는 뜻을 이렇게 피력하는 것으로 보인다.

대유괘

䷍大有

一

麗'大有'者, 旣爲五之所有矣. 爲五之有, 則五下交而群陽承之. 初,
猶'同人'之上也, 孤立而不親, 爲德所不及, 而君子不受其享. '无交'
之害, 豈有幸哉! 然而可免於咎, 則何也? 无託而固, 不親而免謫者,
其唯陽乎! 處散地而自保, 履危地而自存, 遯迹於恩膏之外, 傲立於
奔走之交, 自有其有者, 義不得而咎也.

역문 대유괘䷍에 붙어 있는 것들은 이미 육오효의 소유다. 육오효의 소유이
기 때문에 육오효는 아래로 교류하고, 뭇 양(陽)들은 이를 받든다. 다만 초
구효는 동인괘䷌의 상효와 같다.[295] 그래서 이 초구효는 고립한 채로 육오

---

295 이는 동인괘䷌와 대유괘䷍가 종(綜)의 관계를 이루고 있다는 관점에서 하는 말이다. 왕부
지의 『주역』 풀이틀에 의하면, 종(綜)의 관계를 이루고 있는 두 괘는 낱낱의 효들이 서로
도치(倒置)의 관계를 이루고 있다고 한다. 즉 동인괘의 상효와 대유괘의 초효, 동인괘의 5
효와 대유괘의 2효, 동인괘의 4효와 대유괘의 3효, 동인괘의 3효와 대유괘의 4효, 동인괘
의 2효와 대유괘의 5효, 동인괘의 초효와 대유괘의 상효가 각기 대응하고 있다는 것이다.
그래서 종의 관계를 이루고 있는 두 괘는 뒤집어 보면 같기 때문에 하나의 상(象)을 이룬
다. 이는 거울에 비친 투사체(投射體)와 피사체(被寫體)가 좌우(左右)로 1:1 대응하며 동일

효와 친하지 않고, 육오효의 덕화가 미치지도 않기 때문에 군자로서 그 덕화를 누리지 못한다. 그러니 어찌 '사귐이 없음'에서 오는 해를 면하기를 바라겠는가!

이러함에도 불구하고 이 초육효가 허물을 면할 수 있는 까닭은 무엇이겠는가? 다름 아니라 의탁함 없이도 굳세고 친하지 않으면서도 견책을 면할 수 있는 까닭은, 오로지 그가 양(陽)이기 때문이로다! 즉 양(陽)으로서이 초육효는 한산(閑散)한 처지에서도 자신을 보호하고, 위태롭기 짝이 없는 상황을 살아가면서도 자신을 보존하기 때문이다. 그뿐만 아니라 육오효가 상징하는 임금의 은택이 미치지 않는 곳에서 자취를 감춘 채 살아가면서도, 군자로서 온 힘을 다해 서로 돕는 교류에 의연하며 자기 것만을 자기 것으로 여기기 때문이다. 그러므로 의리로 볼 적에, 그에게 허물을 줄 수 없는 것이다.[296]

雖然, 其亦艱矣. 消心於榮寵者, 移意於功名; 消心於功名者, 移意於分義. 大人以分義盡倫, 曲士以幽憂捐物, 古有之矣. 道之所不廢, 則君子亦爲存其人焉. 然而禮者自履也, 行者自型也. 合天德之潛龍, 行可見之成德, 其庶幾焉.

역문 비록 그렇다고는 하여도 그 또한 간난신고임에는 틀림없다. 임금의 총애 따위에 마음을 말끔히 접은 사람은 공명(功名)에로 마음을 돌리게 되고, 이 공명에도 마음을 말끔히 씻어 버린 사람은 명분과 의로움에로 마음을

한 상(象)을 이루고 있다는 의미기이기도 하다. 『주역』 64괘 중에 56괘가 이 종(綜)의 관계를 이루고 있다는 것인데, 그래서 왕부지는 이들이 모두 28상(象)을 이룬다고 한다.

296 참고로 이 대유괘䷍의 초구효사는 "사귐이 없어 해로움이니 어찌 허물이 아니리오? 간난신고의 자세로 지낸다면 허물이 없을 것이다.(无交害, 匪咎? 艱則无咎.)"로 되어 있다.

돌린다. 대인들은 이 명분과 의로움으로써 더불어 살아가는 이들과의 사이에서 해야 할 일을 다하고, 견문이 좁아서 자기 확신에 빠진 이들은 지나친 우려에 사로잡힌 나머지 타자들을 내팽개친다. 이러함은 예부터 있어 온 사실이다. 도(道)가 폐기되지 아니하면, 군자들도 이를 바탕으로 사람됨을 보존한다. 그러나 예(禮)는 스스로 실천되고, 행위는 스스로 전형을 이룬다. 하늘의 덕성에 합치하는 됨됨이를 가진 잠룡(潛龍)이라면 누구든지 알 수 있는 성덕(成德)을 행한다. 이렇게 하면 어느 정도 바람직하다고 할 수 있다.

若夫土木其形, 灰槁其心, 放言洸瀁, 而託於曳龜逃犧之術, 以淫樂
於琴酒林泉, 匪艱而自詫其无交, 披衣 · 齧缺所以不見稱於聖人.

역문 이와는 달리 도가는 몸뚱이를 흙덩이나 마른나무처럼 하고, 마음은 꺼져 버린 재처럼 하는 것을 이상시하며²⁹⁷ 아무 말이나 해대며 광기를 보인

---

297 이는 『장자』에 나오는 것으로서 가장 이상적인 사람됨을 은유하는 말이다. 몸과 마음이 없으면 살았다고 할 수 없다. 그래서 가장 이상적인 사람[至人 · 神人 · 聖人 · 仙人]이라 할지라도 몸뚱이와 마음이 없으면 안 된다. 그러나 있다고 해서 이것들이 단순히 유한한 생명 현상을 보존 · 유지하는 차원에서 작동한다면, 이는 보통의 생명체에 지나지 않을 뿐 가장 이상적인 사람이라 할 수 있다. 그래서 장자는 가장 이상적인 사람들에게서도 이것들이 있기는 하되, 단순히 유한한 생명 현상을 보존 · 유지하는 차원을 넘어서는 차원에서 작동함을 이렇게 은유하고 있는 것이다. 『장자』에서는 모두 4회에 걸쳐 이를 강조하는데, 남곽자기(南郭子綦)(「齊物論」), 설결(齧缺) · 피의(披衣)(「知北遊」), 젖먹이[兒子](「庚桑楚」), 남백자기(南伯子綦)(「徐无鬼」) 등을 묘사하는 데서 구사하고 있다. 그리고 「도척(盜跖)」 편에서는, 유가에서 성인(聖人)으로 칭송되는 인물인 공자를 도척이 꾸짖자, 공자가 할 말을 잊고 놀라서 아연실색하는 표정을 지음을 묘사하는 데 동원하고 있다. 도척은 최고의 도적으로 꼽히는 인물이다. 이 도척은 유가에서 사람 세상을 유지하기 위해 강조하는 규범을 어긴 인물의 전형을 은유하기 위해 내세우는 인물이라 할 수 있다. 이러한 인물이 공자를 꾸짖는다는 것은, 유가의 방식으로는 사람이 가진 불완전함을 근본적으로 해소할 수 없을 뿐만 아니라 문제와 상황을 더욱 나쁘게 하는 것이라 함을 은연중에 강조하는 것이다. 그

다. 그리고 죽어서 임금들에게 '신구(神龜)'로 여겨지며 보물로 아껴지기보다는 차라리 살아서 땅에 꼬리를 끌고 다니는 거북이가 낫다고 보고, 복희씨 같은 유가의 성인(聖人)들이 세상을 다스리던 것은 한사코 회피는 방식으로 살아가며, 세상과는 등진 채 음악과 술에 절어서 사는 삶을 음란하게 즐긴다. 이렇게 살아가는 것들은 결코 간난신고가 아니다. 스스로 세상과 담을 쌓고 교류하지 않음을 자랑하는 것이다. 바로 이러하기 때문에 피의(披衣)나 설결(齧缺)이 성인(聖人)으로 불리지 못하는 것이다.

二

天下之用, 皆其有者也. 吾從其用而知其體之有, 豈待疑哉! 用有以爲功效, 體有以爲性情, 體用胥有而相胥以實, 故盈天下而皆持循之道. 故曰, "誠者物之終始, 不誠无物".

역문 이 세상의 용(用)들은 모두 있음[有]을 바탕으로 한다. 나는 그 용(用)들을 통해서 그 체(體)가 있음을 안다. 이에 대해 어찌 의심을 내겠는가! 있음[有]을 용(用)으로 하여 공효를 이루고, 있음[有]을 체(體)로 하여 성(性)·정(情)이 된다. 이렇듯 본체와 작용은 모두 다 있음[有]인 것이고, 서로 간에 모두 실다운 것이다. 그러므로 이 세상을 가득 채우고 있는 것들은 모두 지키고 따를 도(道)가 된다.[298] 그러므로 "성실함이 물(物)들의 처음과 끝을

런데 유자(儒者)인 왕부지는 여기에서 이를 다시 비판하고 있는 것이다.

298 바로 이 부분에 왕부지 '체용'론의 특징이 명확하게 드러나 있다. 체(體)는 본체를, 용(用)은 작용 또는 현상을 의미한다고 할 수 있다. 용(用)은 사람의 인식기관에 드러나는 세계와 이것을 이루고 있는 사(事)·물(物)들을 지칭한다. 이에 비해 체(體)는 그것들이 존재하게

이루니 성실함이 아니면 그 어떤 물(物)도 없다."[299]고 한다.

何以效之? 有者信也, 无者疑也. 昉我之生, 洎我之亡, 禰祖而上, 子
孫而下, 觀變於天地而見其生, 有何一之可疑者哉! 桐非梓, 梓非桐;

하는 근본 존재로서 도(道)와 같은 것을 지칭하는데, 이는 물질을 초월한 관념성의 존재로
서, 사람의 인식능력 밖에 있다고 할 수 있다.

동아시아철학사에서 볼 때, 이 '체용'론의 단서는『주역』의 '도기(道器)'론이나 한대(漢
代)의 철학에까지 소급할 수 있다. 그러나 용어와 함의를 가지고 볼 때 비교적 '체용'론다운
틀을 갖춘 것은 불교의 화엄 사상이라 할 수 있다. 화엄학에서는 체(體)·상(相)·용(用)이
나 리(理)·사(事)를 가지고 세계를 설명하기 때문이다. 이로부터 계발을 받은 정이(程頤)
와 주희(朱熹)에 의해서 이 '체용'론은 본격적으로 개진되었다고 할 수 있다.

화엄학이나 정주(程朱)의 '체용'론에서는 체(體), 즉 본체를 이 세상의 근본적 존재로 여
기며 용(用)보다는 체(體)에 비중을 둔다고 할 수 있다. 즉 체(體)가 근본적 존재이며, 용
(用)은 그것에서 파생한 존재라 보는 것이다. 이는『주역』에서 형이상자(形而上者)를 도
(道)라 하고, 형이하자(形而下者)를 기(器)라고 하였던 것과도 맥을 같이한다고 볼 수 있다.

그런데 여기에서 보다시피 왕부지는 체와 용을 모두 있음[有]으로 환원함으로써, 용을 철
학적 논의의 중심으로 돌리는 전환을 꾀하고 있다. 그래서 그는 뒤의『계사전』의 '도(道)·
기(器)' 부분을 주해하는 데서 "이 세계에는 오직 기(器)들이 있을 따름이다. 그러므로 도
(道)라는 것이 '기(器)의 도(道)'지, 거꾸로 기를 '도의 기'라고 할 수 없을 것이다.(『周易外
傳』,「繫辭上傳」제12장: 天下惟器而已矣. 道者器之道, 器者不可謂之道之器也.)"라 하고
있다.

이것은 왕부지의 철학이 기철학(氣哲學)이라는 것과 밀접한 관련이 있다. 그는 그 이전
의 주류 철학사조인 정주리학(程朱理學)이나 육왕심학(陸王心學)이 체(體)를 중시하고 용
(用)을 홀시하는 철학을 전개한 나머지, 용(用)을 다루는 부분이 위축되어 결국 국력의 쇠
약을 가져오고, 그로 말미암아 그가 그토록 경멸해 마지않는 오랑캐에 의해 한족(漢族)이
지배당하는 세상을 초래하였다고 보았다. 그래서 왕부지는 이렇게 철학사조에서의 반전을
꾀하며 그 철학의 바탕을 기(氣)를 해명하는 데 두었고, 아울러 기(器)의 세계를 지칭한다
고 할 수 있는 용(用)과 있음[有]을 이렇게 높이는 철학을 펼치게 된 것이다. 이러한 관점을
바탕으로 왕부지는 여기에서 체(體)로서의 도(道)가 더욱 실답게 다가오기 때문에 지키고
따를 수 있는 것이 된다고 하고 있다.

299 『중용(中庸)』제25장에 나오는 말이다.『중용』에서는 "성실함은 하늘의 도요, 성실해지도
록 함은 사람의 도다.(誠者, 天之道也; 誠之者, 人之道也.)"라고 함으로써 '성실함[誠]'을 하
늘의 작용원리와 방식으로 강조하고 있다. 그런데 왕부지는 이 '성실함'이 이 세계의 있음
[有]을 보증해 주는 것이라는 관점을 이렇게 피력하는 것이다.

狐非狸, 狸非狐. 천地以爲數, 聖人以爲名. 冬不可使炎, 夏不可使寒, 葆不可使殺, 砒不可使活. 此春之芽絜彼春之苗, 而不見其或貳. 據器而道存, 離器而道毁, 其他光怪影響, 妖祥倏忽者, 則旣不與生爲體矣. 不與生爲體者, 无體者也. 夫无體者, 唯死爲近之. 不觀天地之生而觀其死, 豈不悖與!

역문 이를 어떻게 징험할꼬. 있는 것들은 믿을 수 있고, 없는 것들은 의심스럽다. 우리가 생겨나서부터 죽어 없어질 때까지, 또 위로 우리의 조상들로부터 아래로 자손들에 이르기까지, 이 세계에서 일어나는 변함[變]을 살피고 생겨나는 것들을 인식하게 되는데, 어찌 그 어느 것 하나라도 의심을 낼 수 있는 것들이 있겠는가. 오동나무는 가래나무가 아니고, 가래나무도 오동나무가 아니다. 여우는 삵이 아니고, 삵도 여우가 아니다. 하늘・땅은 있음[有]을 수(數)로 드러내고, 성인(聖人)들은 있음[有]을 명(名)으로 삼는다. 겨울은 대기를 뜨겁게 할 수가 없고, 여름은 대기를 춥게 할 수가 없다. 인삼은 사람을 죽일 수가 없고, 비상(砒霜)은 사람을 살릴 수가 없다. 이 봄의 싹틈을 가지고서 다른 봄에도 싹이 틀 것을 헤아리는데, 혹시라도 봄에 이 싹트는 현상이 바뀌는 것은 볼 수가 없다.

이렇듯 기(器)에 의거해서 도(道)가 존재하는 것이지, 기(器)를 여의면 도(道)는 허물어지고 만다. 그 밖의 기이한 현상으로서의 그림자나 메아리, 순식간에 드러났다가 사라지며 화(禍)・복(福)을 준다고 하는 징조들이란, 벌써 생겨나서 형체를 이루지 못하는 것들이다. 이들처럼 생겨나서 형체를 이루지 못하는 것들은 몸뚱이가 없는 것들이다. 이 몸뚱이 없는 것들은 오직 죽음만이 근사하다. 그런데 하늘・땅이 생함은 보지 않고 그 죽음을 본다는 것이 어찌 상식에 어긋나지 않겠는가!

聖人之於祭祀, 於无而聚之以有, 以遇其愾息. 異端之於水火, 於有
而遊之以无, 以變其濡蒸, 則何其言之河漢也!

역문 성인(聖人)들은 제사에서, 없음[无]에서 있음[有]을 취함으로써 그 탄식의
대상을 만난다. 이에 비해 이단[道·佛]들은 있음[有]의 차원에서 없음[无]을
가지고 노닥거리며 물에 젖음과 불속에서 뜨거워짐을 변화시킨다.[300] 그러
면서도 어찌 그들의 언설은 저 은하수처럼 주절주절 길게 이어지는가!

『象』曰, "大車以載, 積中不敗" 蓋言有也. 陰陽之理, 建之者中, 中故
不竭; 行之者和, 和故不爽. 不爽不竭, 以灌輸於有生. 陽行不息, 陰
順无疆, 始以爲始, 中以爲中, 迭相灌輸, 日息其肌膚而日增其識力.
故稚之與壯, 壯之與老, 形三變而神三就. 由其竝生, 知其互載, 則
群有之器, 皆與道爲體者矣. 故形非神不運, 神非形不憑. 形失所運,
死者之所以有耳目而无視聽; 神失所憑, 妖異之所以有景響而无性
情. 車者形也, 所載者神也. 形載神遊而无所積, 則虛車以騁於荒野,
御者无所爲而廢其事, 然而不敗者鮮矣. 故天地之貞化, 凝聚者爲
魂魄, 充滿者爲性情. 日與其性情使充其魂魄者, 天之事也. 日理其
魂魄以貯其性情者, 人之事也. 然後其中積而不可敗矣.

역문 이 대유괘☰☲의 구이효 「상전(象傳)」에서는 "'큰 수레에 싣고서'는 속에

---

300 이는 『장자』, 「대종사」에서 진인(眞人)에 대해 묘사한 말을 비꼬는 것이다. 그곳에서는
"이와 같은 사람은 높은 곳에 올라가도 무서워서 떨지 않고 물속에 들어가도 젖지 않으며,
불속에 들어가도 뜨겁지 않다.(若然者, 登高不慄, 入水不濡, 入火不熱.)"라고 하고 있다.
똑같은 말이 『사기(史記)』, 「진시황(秦始皇) 본기(本紀)」에도 실려 있다.(眞人者, 入水不
濡, 入火不熱, 陵雲氣, 與天地久長.)

누적하여 패하지 않는다는 뜻이다."라고 한다. 내가 보기에 이는 있음[有]에 대해서 말하는 것이다. 음·양의 이치에서는 세계를 세우는 것이 가운데 자리를 차지하는데, 가운데 자리를 차지하고 있기 때문에 결코 다하지 않는다. 그런가 하면 그 이치에 따라서 운행하는 것들은 조화를 이루는데, 조화를 이루기 때문에 결코 어긋나지 않는다. 이렇듯 어긋나지도 않고 다하지도 않으면서, 생겨나는 것들에게 물을 대 주듯이 하고 재질을 운송해 주듯이 한다. 그리하여 양(陽)의 행함에는 결코 쉼이 없고, 음(陰)의 순종함에도 절대로 끝이 없다.

비롯함은 생명체들을 비롯하게 하고, 중간에 있는 것은 생명체들의 중간이 되게 하는데, 서로 번갈아 가며 물을 대 주듯이 하고, 재질을 운송해 주듯이 한다. 그리하여 날로 그 살과 피부가 소생하게 하고, 날로 그 인식 능력을 증장시켜 준다. 그래서 어린이였다가 장성해지고, 또 장성해졌다가 늙어 가기까지, 형체는 세 번 변하고 정신은 세 번 나아간다.

이들 형체[形]와 정신[神]이 아울러 생한다는 사실로 말미암아 이들이 서로를 실어 주고 있음을 알게 된다. 그리하여 무릇 있는 것들의 기(器)는 도(道)와 함께 몸을 이룬다. 그러므로 형체는 정신이 아니면 운행하지 않고, 정신은 형체가 아니면 빙의(憑依)하지를 못한다. 형체가 자신을 운행하게 하는 정신을 잃어버리면, 이러한 까닭에 죽은 이는 눈과 귀가 있으면서도 보고 듣지를 못한다. 이와 반대로 정신이 빙의할 형체를 잃어버리게 되면, 이러한 까닭에 요상하고 기이한 현상들이 그림자와 메아리는 있으면서도 성정(性情)은 없다. 수레는 형체에 해당하고 이것에 실리는 것은 정신에 해당한다. 형체는 싣고 정신은 작용을 하는데 속에 쌓인 것이 없다면, 이는 수레를 텅 비운 채 황야를 내닫는 꼴이다. 그렇다면 수레를 모는 사람으로서는 해야 할 일이 없어서 그 일을 그만두게 될 것이다. 텅 빈 수레를 몰고서 황야를 내닫는 것과 같은 짓을 하면서도 일을 그르치지 않는 이는 거의 없을 것이다.

그러므로 하늘·땅이 올곧게 빚어내는 데서 응취한 것은 혼백(魂魄)이 되고 그 속을 꽉 채우고 있는 것은 성(性)·정(情)이 된다. 날마다 그 성·정과 함께 그 혼백을 채우는 것은 하늘의 일이다. 이에 비해 날마다 그 혼백을 다스리면서 그 성·정을 쌓아 가는 것은 사람의 일이다. 이렇게 한 뒤에라야 속에 누적하여 패하지 않을 수 있다.

老子曰, "三十輻共一轂, 當其无, 有車之用"夫所謂无者, 未有積之謂也. 未有積, 則車之无即器之无, 器之无即車之无, 幾可使器載貨而車注漿? 遊移數遷, 尸弱而棄強. 遊移數遷, 則人入於鬼; 尸弱而棄強, 則世喪于身. 息吾性之存存, 斷天地之生生, 則人極毀而天地不足以立矣.

역문 노자는 "수레바퀴의 서른 개 바큇살은 하나의 바퀴통을 공유하는데, 바퀴통의 텅 빈 없음에 바로 그 수레의 쓰임새가 있다."[301]고 한다. 여기에서 '텅 빈 없음'이라 한 것은 속에 쌓인 것이 없음을 일컫는 말이다. 속에 쌓인 것이 없다는 것이니, 이 수레의 없음[无]은 바로 그릇의 없음[无]이고, 이 그릇의 없음[无]도 곧 수레의 없음이다. 그렇다고 하여 그릇에다 화물을 싣고 수레에다 간장을 담는 것이 얼마나 가능하겠는가.[302]

---

301 『노자』 제11장에 나오는 말이다.

302 그릇의 없음[无]이든 마차의 없음[无]이든, 모두 용(用)의 없음[无]에 해당한다는 것이다. 그러므로 비록 '없음[无]'이라고 하더라도 이것이 체(體)의 차원에 속하는 것이 아니다. 그리고 '있음[有]'의 차원에 속한다고 해야 한다. 즉 유한하고 한정된 의미에서의 없음[无]인 것이다. 그러하기 때문에 빈 그릇[无]에다 화물을 싣거나 빈 수레[无]에다 간장을 담는 것은

세월이 감에 따라 변해 가면 주체를 이루는 것은 약해지고 폐기해야 할 것들은 강해진다. 그리하여 세월에 따라 변해 가면 사람은 귀(鬼)의 영역으로 들어간다. 또한 주체를 이루는 것은 약해지고 폐기해야 할 것들이 강해지다 보면, 세계는 우리 몸에서 상실되고 만다. 우리의 사람됨(性)을 이루어 존재하고 존재하게 하는 것이 꺼져 버리고, 하늘·땅의 생하고 생함이 끊긴다면, 사람 세상을 이루는 표준이 허물어지고 하늘·땅도 존립하기 어려운 것이다.

故善言道者, 由用以得體; 不善言道者, 妄立一體而消用以從之. '人生而靜'以上, 既非彼所得見矣, 偶乘其聰明之變, 施丹堊於空虛, 而強命之曰體. 聰明給於所求, 測萬物而得其景響, 則亦可以消歸其用而无餘, 其邪說自此逞矣. 則何如求之'感而遂通'者, 日觀化而漸得其原也哉! 故執孫子而問其祖考, 則本支不亂. 過宗廟墟墓而求孫子之名氏, 其有能億中之者哉! 此亦言道者之大辨也.

역문 그러므로 '도'에 대해 잘 말하는 이는 용(用)을 바탕으로 하여 체(體)를 말함에 비해, 도에 대해서 잘 말하지 못하는 이는 망령되이 하나의 체를 떡하니 세워 놓고 용들은 꺼 버린 채 그 체만을 좇는다. '사람이 막 생겨나 고요함' 이전은 그로서도 벌써 알 수 없는 차원이련만, 어쩌다 변이(變異)로 생겨난 자신의 머리 좋음을 타고서 허공에다가 하나의 건물을 지어 놓고 억지로 '체(體)'라 한다. 이들의 머리 좋음이 자신들이 추구하는 바에 답

불가능하다고 하는 것이다. 이들의 없음[無]이 각기 용도가 정해진 것들로서 서로 다른 없음[無]이기 때문이다. 이처럼 왕부지는, 노자가 수레바퀴의 서른 개 바큇살이 공유하는 하나의 바퀴통이 텅 비어서 아무것도 없음이라 한 것을 있음[有]의 차원에 속하는 용(用)의 없음이라 논하고 있다.

을 주니, 만물을 억측하여 그 그림자와 메아리만을 얻고서도 그 용(用)들을 남김없이 말끔히 없애 버린다. 그 사설(邪說)이 이렇게 하여 세상에 횡행하게 된 것이다. 그러니 어찌 그들이, "느껴서 마침내 통함[感而遂通]"을 추구하는 이가 날마다 이 세상에 생겨 나오는 것들을 보고서 점차 그 근원을 깨달아 가는 것과 같이 할 수 있겠는가! 생각해 보라. 손주의 손을 잡고 그 할아버지와 아버지에 대해 묻는다면 근본과 지엽이 어지럽지 않을 것이다. 그런데 이와 반대로 종묘와 무덤을 지나면서 그 종묘와 무덤 주인공 후손의 이름을 알려 한다면 과연 알아맞힐 수 있는가 있겠는가! 이 또한 도를 말하는 이들로서 크게 분별해야 할 것이다.

然則其義何以見之於'大有'之二也? 大有者, 有也. 所有者陽, 有所有者陰. 陽實陰虛, 天生有而火化无. 二爲五應, 爲群有之主, 率所有以實五之虛, 二之任也, 乃以實載虛, 以生載化, 則有群有者疑於无, 而與天地之藏不相肖. 故推其任於二, 而責之備焉, 曰: 非其積中也, 敗故乘之, 而亦惡能免於咎哉? '无咎'者, 有咎之詞. 二以五之咎爲咎, 斯不咎矣. 故五以'交如'發志, 因二以爲功也; 以'无備'須威, 內反而不足也. 『象傳』之以敗爲戒, 豈爲二本位言之乎!

역문 그렇다면 이러한 의의를 어떻게 하면 이 대유괘䷍의 구이효에서 읽어 낼 수 있을까. '대유(大有)'라는 것은 있음[有]의 차원에 해당한다. 만물을 있게 하는 것은 양(陽)이고, 이것을 있게 하는 것은 음(陰)이다. 양은 실하고 음은 허하다. 하늘은 있는 것들을 낳고 불은 이것들을 없음으로 변화시킨다.[303]

이 대유괘䷍에서는 구이효와 육오효가 제대로 응함의 관계를 이루고 있는데, 육오효는 무릇 있는 것들의 임금이니 구이효는 있는 것들을 통솔하고 가서 육오효의 텅 빔을 채워 준다. 이것이 구이효의 임무다. 그래서 실함으로써 허함을 실어 주고 생함으로써 변화함을 실어 주니,[304] 뭇 있음[有]들을 소유하고 있는 이가 없음[無]에 대해 의문을 갖기도 한다. 그리고 이는 하늘·땅의 저장함과는 서로 비슷하지 않다.

그러므로 이 대유괘䷍에서는 이 임무를 구이효에게 미루고 있는데, 여기에는 책임도 갖추어져 있다. 말하자면 속에 누적하지 않아서는 패하기 때문에 그것을 올라탄다는 것이니, 또한 어찌 허물로부터 면할 수 있겠는가! '허물없음[无咎]'은 사실은 허물이 있다는 말이다. 구이효는 육오효의 허물을 자신의 허물로 삼는다. 이러한 까닭에 허물이 없는 것이다.[305] 그러므로 육오효는 '교제함'으로써 자신의 뜻함을 펼치는데, 구이효로 말미암아서 그 공(功)을 이룬다. 그리고 '갖춤이 없기[无備]' 때문에 위엄을 필수적으로 요하는데, 육오효는 안으로 돌아보아도 이것이 부족하다.[306] 이렇게 본다면, 구이효의 『상전』에서 '패함'으로써 경계하고 있는 것이,[307] 어찌

---

303 이것은 이 대유괘䷍가 내괘[貞卦]는 건괘☰로 되어 있고, 외괘[悔卦]는 리괘☲로 되어 있음을 전제로 하는 말이다. 취상설에 의하면, 건괘☰는 하늘을 상징하고 리괘☲는 불을 상징한다. 이를 바탕으로 하여 지금 왕부지는, "하늘은 있는 것들을 낳고 불은 이것들을 없음으로 변화시킨다."라고 풀이한 것이다. 한 괘를 이루는 순서로 보면, 내괘가 먼저고 외괘가 나중이다. 그래서 왕부지는 이에 맞추어 건괘☰가 상징하는 하늘에 대해 먼저 말하고, 리괘☲가 상징하는 불에 대해서 나중에 말하고 있는 것이다.

304 여기에서 '실함'은 구이효를 지칭하고, '허함'은 육오효를 지칭한다. 그리고 '생함'은 이 대유괘䷍의 내괘인 건괘☰에 대해 하는 말이고, '변화함'이란 외괘인 리괘☲에 대해 하는 말이다.

305 참고로 보면, 이 대유괘䷍의 구이효사는 "큰 수레에 싣고서 가야 할 일이 있다. 허물이 없다.(大車以載, 有攸往, 无咎.)"로 되어 있고, 육오효사에서는 '허물[咎]'에 대해 말하지 않고 있다.

306 대유괘䷍의 육오효사는 "그 믿음으로 서로 교제하니 위엄이 있어야 길하다.(厥孚交如, 威如吉.)"로 되어 있다.

구이효의 본래 위(位)에 대해서 하는 말이리오!

이 대유괘䷍의 구이효사에 대해 그 『상전』에서는 "'큰 수레에 싣고서'는 속에 누적하여 패하지 않는다는 뜻이다.('大車以載', 積中不敗也.)"라 풀이하고 있다.

겸괘

䷎謙

拳石, 山也, 而極乎泰岱, 高下磊砢, 蓋盡乎象之不平者矣. 地之屬
也, 而違其直方, 以不平成象, 地之憾也. 故聖人於 '艮'下'坤'上之'謙',
示平道焉以消其不平, 憂患之卦也.

역문 돌무더기는 산을 이루는데, 태산에서 극에 이른다. 위아래로 돌들이 쌓
였으니, 평평하지 않음을 상(象)으로 드러냄에서 이보다 더한 것은 없을
것이다. 이는 땅에 속하는 것이다. 그러나 땅의 성정(性情)이라 할 곧고 네
모반듯함을 어기고 평평하지 않음으로써 모양을 이루고 있으니, 이는 땅
의 유감스러움을 드러낸다. 그러므로 성인들께서는 간괘☶가 아래에 있고
곤괘☷가 있는 이 겸괘䷎를 통해 균평하게 하는 원리를 제시하여서 그 평
평하지 않음을 없애려고 한 것이다. 이는 우환을 드러내고 있는 괘다.

夫山之不平也, 惟其有多, 是以有寡. 地加其上, 則地形成而山形隱,
故平不平者, 惟橾施之而无擇, 將不期平而自平. 削其多者以授寡
者, 平道也, 而怨起矣. 寡者益焉, 多者亦衰焉, 有餘之所增與不足
之所補, 齊等而竝厚, 橾施之而不敢任酌量之權. 故高極喬嶽, 卑至

培塿, 地總冒其上, 以自居於厚, 而无擇於所施. 至於多者不能承受
而所受寡, 寡者可以取盈而所受多, 聽其自取, 而无所生其恩怨. 其
究也, 施亦平矣.

역문 산이 평평하지 않음은 오직 그것이 많은 것을 가지고 있기 때문이고, 그
래서 적게 가진 것이 있다. 그 산 위에 땅을 갖다 부으면 땅의 형체가 이루
어지고 산의 형체는 은폐된다. 그러므로 평평하지 않은 것을 평평하게 하
기 위해서는 오직 이것저것 가리지 않고 평미레를 사용하는 것이니, 이렇
게 하면 굳이 평평할 것을 바라지 않더라도 저절로 평평해진다.

많은 것에서 삭감하여 적은 것에게 주는 것, 이것이 바로 균평하게 하는
원리다. 그러나 이렇게 하는 데서는 원망이 일어난다. 이렇게 하지 않고,
적은 것에 더해 주고 많은 것에도 그러모아 줌으로써, 여유가 있는 이들이
나 부족한 이들 모두에게 똑같이 베풀어서 이들 모두 아울러서 두터워지
도록 해야 한다. 평미레질을 하되 감히 임의대로 양을 짐작하고 헤아려서
행사하는 짓을 결코 해서는 안 된다. 그러므로 높은 것은 교악(喬嶽)이 되
기까지 하고, 낮은 것은 언덕을 북돋는 정도에 그치기도 하는데, 땅은 이
것들 모두의 위를 덮음으로써 스스로 그 두터움에 자리 잡지, 결코 베푸는
데서 많고 적은 이들을 가려서 차별적으로 베풀지 않는다. 많은 것은 다
받아들일 수가 없어서 받는 것이 적고, 적은 것은 남을 정도로 취하여 받
는 것이 많다고 할지라도, 다 그들이 스스로 취하도록 하는 것이다. 그래
서 은원(恩怨)이 생겨나지 않는다. 그 결과 궁극적으로는 베푸는 것도 균평
해지는 것이다.[308]

---

308 왕부지의 매우 독특한 균평론이다. 이는 오늘날의 국가 정책과도 맞아 떨어진다고 할 수

嗚呼! 此君子所以待小人之道也. 小人者, 不足於人, 故‘物’之, 不足與言交, 故‘施’之. 施者貨賄之事, 裒益者厭足之道也. 小人之欲, 盡於貨利, 而磈磊魖脆, 率以此端. 地者陰也, 利也, 養也, 柔也; 其動爲情, 其效爲財, 其德爲膏粱, 其性爲將順, 皆小人之所取給者也. 鹿臺之費, 所謂‘善人’者, 亦沬土之翩翩者爾, 故受裒多之錫而鳴其富. 豈可施之首陽之二士乎?

역문 오호라! 이것이 바로 군자가 소인을 대하는 원리다. 소인이란 사람 중에서 부족하기 때문에 ‘물(物)로’ 여기며, 이들과는 말로써 교유할 수 없기 때

있다. 왕부지의 이 균평론이 겸괘 『대상전』의 "君子以裒多益寡, 稱物平施" 구절을 주해하는 데서 명확하게 드러나 있다. 동아시아 『주역』 해석사에서 대부분의 주석가들은 이곳 ‘裒(부)’자를 ‘덜어 내다’는 의미로 보아서 이 구절을 "군자는 많은 이에게서 덜어 내서 적은 이에게 보태 주는 방식으로, 물(物)들의 상황을 잘 살펴서 시혜를 균평하게 베푼다."라고 풀이하였다. 그러나 왕부지는 그의 『주역내전』에서 이 부분에 대해, "‘부(裒)’자의 뜻은 끌어모은다는 뜻이다. ‘베풂[施]’은 백성들에게 시혜를 주는 일이다. 땅의 원리는 하늘 아래에서 두루 운행하고 있으며 때에 맞추어 지어냄[造化]을 베푼다. 그래서 많이 가진 이들은 끌어모아서 더욱 많아지고, 적게 가진 이들은 보태어서 결핍되지 않게 한다. 그러니 진실로 높은 것들만을 두텁게 해 주면서 낮은 것들에게 야박하게 해 주는 짓을 하지 않고, 그렇다고 하여 높은 것들에게서 덜어 내서 낮은 것들을 보조해 주지도 않는다. 각기 그 본래 그러함에 들어맞도록 하지 절대로 여기에 사사로움을 들이지 않는다. 그러므로 높은 것은 저절로 높아지고 낮은 것은 저절로 낮아지며 균평함에로 나아간다. … 도(道)대로 다스릴 줄 모르는 이들은 병들거나 게으른 빈민들만을 일방적으로 역성들며 부유한 사람들을 착취함으로써 그 빈민들의 질투와 시기심에 영합하려 하는데, 이는 혼란을 길러 주는 길일 뿐이다. … 비록 천하 만물들 사이에 들쭉날쭉 형편이 고르지 않음이 있다 하더라도 이는 역시 물(物)들의 실정에서 드러나는 ‘본디 그러함[固然]’이다. 그런데 이 ‘본디 그러함’을 없애 버리려 한다면 왕망의 조정에서 시행하였던 한전제(限田制)처럼 되고 말아 한갓 혼란상만을 초래할 따름이다.(‘裒’聚也. ‘施’者, 惠民之事. 地道周行於天下, 時有所施化, 多者裒聚之而益多, 寡者益之使不乏, 固不厚高而薄下, 抑不損高以補下, 各稱其本然而無容私焉. 故高者自高, 卑者自卑, 而要之均平. … 不知治道者, 徇疲惰之貧民, 而剝削富民以快其妬忌, 釀亂之道也. … 雖有不濟, 亦物情之固然也. 不然, 則爲王莽之限田, 徒亂而已矣.)"라고 풀이하고 있다. ‘裒(부)’자의 뜻을 역대 제가의 풀이와는 상반되게 해석하는 것이다. 이 ‘裒(부)’자에는 원래 이렇게 상반된 뜻이 들어 있다.

문에 '베푸는'것이다. 베풂은 재화를 주는 일에 해당하고, 그러모아서 보태 줌은 만족하게 하는 원리에 해당한다. 소인들의 욕구는 재화와 이익에만 함몰해 있기 때문에 아무리 많이 쌓아 놓고도 계속 이에 이끌리며 동요한 다. 그래서 이를 실마리로 하여 다스리면 된다.

땅은 음(陰)이고 이로움을 주며, 길러 주고 부드럽다. 그래서 이 땅이 움 직여서는 실정(實情)이 되고, 효과를 내서는 재물이 되며, 그 덕성을 발휘 하면 기름진 고기·맛있는 음식이 되는데, 그 성품은 받들어 순종함이다. 소인들은 땅이 이렇게 주는 것을 취하는 존재들이다. 주나라의 무왕이 은 나라를 무찌른 뒤 녹대(鹿臺)[309]의 가득 쌓인 보물과 비단을 풀어서 백성들 에게 나누어 주었기에 '훌륭한 사람'이라 부르지만, 이것은 역시 은나라의 것을 훨훨 날린 것일 따름이다. 그러므로 많은 것을 덜어 내 하사하는 것 을 받은 이들은 그 부유함을 칭송하는 것이다. 그러나 이를 거부하며 수양 산에서 굶어 죽었던 백이(伯夷)·숙제(叔弟) 두 은사(隱士)에게는 어찌 이를 베풀 수 있었으랴!

然而求定之天下, 亦聊以適其聚散之平矣. 君子蓋不得已而用謙, 以調物情之險阻也. 故居之也'勞'. 而終之以'侵伐'. 極小人之欲而終 不能歉, 則兵刑繼之, 而天下乃不以我爲暴. 嗚呼! 是豈君子之樂爲 哉!

역문 그러나 천하를 안정시키고자 할진대 역시 모으고 흩트림을 알맞게 하여

---

309 녹대(鹿臺)는 은나라의 마지막 왕인 주왕(紂王)이 보물과 돈, 비단 등을 저장하던 창고다. 『서경』,「무성(武成)」 편에서는 무왕이 은나라를 멸망시키고 이곳에 저장해 놓은 재화를 백성들에게 나누어 주었으며, 곡식 창고인 거교(鉅橋)를 열어서 그 곡식을 백성들에게 나 누어 준 것으로 기록하고 있다.(散鹿臺之財, 發鉅橋之粟.)

균평하게 해야 한다. 군자는 어쩔 수 없이 이 겸괘䷎의 원리를 사용하여서 할 수밖에 없는데, 이렇게 함으로써 물(物)들의 실정이 꽉꽉하여 잘 유통이 되지 않는 상황을 잘 조절해 내야 한다. 그러므로 평소 거처할 적에는 '수고로움'을 다하며,[310] '침범하여 정벌함'으로써 끝내는 것이다.[311] 소인들이 제 욕구를 극대하게 하며 끝내 만족할 줄을 모르니 그다음으로 이어서 군대와 형벌을 동원하더라도,[312] 세상 사람들은 나를 포악하다고 여기지 않는다. 오호라! 그러나 이러함이 어찌 군자가 즐겨서 하는 것이리오!

夫君子之相於也, 此无所快, 彼无所憾, 寡无所求, 多无所益, 嶽嶽焉, 侃侃焉, 論道而无所苟同, 當仁而无所復讓, 序爵以賢, 受功以等, 上達下弼, 匡以道而行以直, 而亦奚用謙爲? 故曰, "謙, 德之柄也", 所以持物之長短而操其生死也. '謙'於是而有陰用焉, 而以迎人之好, 邀鬼之福, 則有餘矣, 故交多'吉'而无'无咎'. 其吉也, 尚未能免於咎矣. 嗚呼! 君子一而小人萬, 以身涉於亂世之末流, 不得已而以'謙'爲亨, 君子之心戚矣.

역문 군자가 서로 어울림에서는 어느 한쪽이 유쾌하거나 어느 한쪽이 유감스러움은 없어야 하며, 적다고 해서 구할 것도 없고, 많다고 해서 보탤 것도 없다. 존엄을 유지한 채 우뚝 서 있을 뿐이고, 강직하게 제 할 말을 다할

---

310 이는 이 겸괘䷎의 구삼효사를 원용하는 말이다. 그 구섭효사는 "수고로움을 다하여 겸손함이니, 군자에게 유종의 미가 있다. 길하다.(勞謙, 君子有終, 吉.)"로 되어 있다.

311 이는 이 겸괘䷎의 주효(主爻)인 육오효의 효사 "이웃 때문에 부유하지 않음이니, 국경을 넘어 들어가 정벌함에 이롭고, 이롭지 않음이 없다.(不富以其鄰, 利用侵伐, 无不利.)"를 원용하는 말이다.

312 이는 이 겸괘의 상육효사 "새들끼리 소리 내어 호소하는 겸손함이니, 군대를 동원함에 이롭고 읍과 나라를 정벌한다.(嗚謙, 利用行師, 征邑國.)"를 원용하는 말이다.

것이며, 도(道)를 논하면서 구차하게 상대방의 의견에 맞춰 줄 필요도 없다. 인(仁)을 베풀어야 할 경우에 다시 양보해서도 안 된다. 현명한 정도에 따라서 작위를 주고, 한 일에 적합하게 공(功)을 받아야 하며, 윗사람에게 잘못이 있으면 아랫사람으로서는 반드시 이를 간하여 바로잡을 것이로되, 도(道)로써 바로잡고 직(直)으로써 행해야 한다. 그러니 어찌 또 겸손함으로써 행하리오! 그러므로 "겸괘☷☶는 덕을 행하는 자루를 드러내고 있다."[313]고 한다. 이러하기에 물(物)들의 좋고 나쁜 점을 파악하고, 생(生)·사(死) 결정권을 틀어쥐고 있어야 한다.

겸괘☷☶의 원리는 이렇게 함에서 드러나지 않게 쓰임이 있다. 그리하여 사람들의 좋아함을 불러일으키고, 귀신들이 주는 복을 맞이하게 하니, 이 괘에는 여유가 있다. 그래서 이 겸괘의 효사들에서는 '길하다'고 하는 것들은 많으나 '허물이 없다'고 함은 없다. 그러므로 '길하다'고 하는 것들이 허물로부터 벗어날 수가 없다. 오호라, 군자는 하나지만 소인들은 너무나 많으니, 이 한 몸으로 난세의 말류(末流)를 헤쳐 나아가자면 어쩔 수 없이 이 겸괘의 원리로써 형통할 수밖에 없구나. 상황이 이러하니 군자의 마음에는 수심이 가득하도다.[314]

---

313 『계사상전(繫辭上傳)』제7장에 나오는 말이다.

314 이는, 이민족 지배를 감내할 수밖에 없는 왕부지 자신의 신세를 한탄하는 말로 볼 수 있다.

예괘

䷏豫

陽求陰與. 一陽之卦, 衆陰爭與焉. 唯‘比’爲得天位而允協其歸, 外
此者各有疑也. 在‘謙’與三, 在‘豫’與四. 受物之與而同處于內, 則自
見其不足; 因物之與而往出於外, 則自樂其志行. 乃見不足者, 長二
陰之上而自立其壘; (樂志)[樂志]行者, 近六五之尊而藉以立功. 故‘謙’
三尸號曰‘民’, ‘豫’四正名曰‘朋’. ‘民’云者, 各君其國; ‘朋’云者, 衆分其
權. 各君其國, 五之所不得統也, 侵伐之所由必起; 衆分其權, 五之
所得統也, 中道之所以不亡. 緣此故也: 勢迫而動, 未能爲敵; 位遠
而靜, ‘艮’, 止, 靜也. 反以起戒; 則猜庸之主, 維繫英傑於肘腋之下以挈
制其權, 而幾幸夫宴安者, 是或一道矣.

역문 양(陽)은 음(陰)이 자신과 함께하도록 애쓴다. 그리고 양이 하나만 있는
괘들에서는 뭇 음들이 이 양과 함께하려고 서로 다툰다. 그런데 이러한 괘
들 가운데서도 오직 비괘(比卦)䷇에서만 그 양이 하늘의 위(位)를 얻어서
자신에게로 돌아온 음들과 화기애애하게 잘 어울린다. 그 밖의 괘들에서
는 각기 서로에 대해서 의심을 품는다.

겸괘䷎에서는 구삼효와 음들이 함께하고, 예괘䷏에서는 구사효와 음들

이 어울린다. 그런데 겸괘䷎에서처럼 다른 것들이 자신과 함께함을 받아들이면서도 본디 자신이 안에 자리 잡고 있다면,[315] 스스로 자신이 부족하다는 것을 안다. 이에 비해서 예괘䷏에서처럼 다른 것들이 자신과 함께하기 때문에 그로 말미암아서 밖으로 나간 것이라면,[316] 그 나가고자 함에 뜻을 둔 것을 스스로 즐긴다. 그래서 자신이 부족하다는 것을 아는 이는, 두 음효의 위에서 어른 노릇을 하며 스스로 그 보루 위에 서 있다. 이에 비해 나가고자 함에 뜻을 둔 것을 스스로 즐기는 이는, 육오효의 존엄함에 가까이 있으면서 그에 기대어 공(功)을 세운다.

그러므로 겸괘䷎에서는 구삼효에서 죽은 칭호[尸號]로서 '민(民)'이라 했고, 예괘䷏의 구사효에서는 올바른 이름으로서 '벗들[朋]'이라 했다.[317] '민(民)'이라 한 것은 각기 그 나라에서 임금 노릇을 하고, '벗들'이라 한 것은 다중이 그 권력을 나눈다. 각기 그 나라에서 임금 노릇을 하는 이를 육오효로서는 통제할 수가 없다. 이러한 연유로 해서 육오효가 국경을 넘어 들어가서 정벌함이 반드시 일어날 수밖에 없다.[318] 다중이 그 권력을 나누는 데서는 육오효가 통제할 수가 있다. 그래서 중앙을 차지한 채 다스리는 도

---

315 겸괘䷎에서는 양효(一)가 구삼효로서 내괘인 간괘☶에 속해 있다. 그래서 "본디 자신이 안에 자리 잡고 있다."라고 한 것이다.

316 예괘䷏에서는 양효(一)가 구사효로서 외괘인 진괘☳에 속해 있다. 그래서 "다른 것들이 자신과 함께하기 때문에 그로 말미암아서 밖으로 나간 것이라면"이라고 한 것이다.

317 겸괘의 구삼효사에서는 '민(民)'을 언급하지 않고, 그 효사를 풀이하는 『상전』에서 "'수고를 다하면서도 겸손한 군자'니, 온 나라 사람들이 다 복종한다.('勞謙君子', 萬民服也.)"라고 함으로써, 비로소 '민(民)'을 언급하고 있다. 그래서 왕부지는 여기에서 이를 '죽은 칭호[尸號]'라 한 것으로 보인다. 이에 비해 예괘의 구사효사에서는 "말미암아 즐거움이니 크게 얻음이 있다. 의심을 말지어다, 벗들이 어찌 모이지 않겠는가! (由豫大有得, 勿疑, 朋盍簪.)"라 함으로써 직접 '벗들[朋]'을 언급하고 있다. 그래서 '바른 이름[正名]'이라 한 것으로 보인다.

318 그래서 겸괘䷎의 구오효사에서는 "이웃 때문에 부유하지 않으니, 국경을 넘어 들어가 정벌함에 이롭고, 이롭지 않음이 없다.(不富以其鄰, 利用侵伐, 无不利.)"라 하고 있다.

(道)가 없어지지 않는다.[319]

이를 근거로 해서 우리는 이렇게 추론할 수 있다. 즉 추세가 급박하여 움직인 것[320]은 적이 되지 못하고, 위(位)가 멀어서 고요한 것은[321] 도리어 전쟁을 불러오게 된다. 이러할 경우에 의심이 많고 평범한 군주라면, 영웅 호걸을 자기 옆에 딱 붙여 두고서 그 권력을 견제하면서 몸과 마음이 편안하기를 분에 넘치게 바랄 것이니, 어쩌면 이것도 하나의 방법이라 할 것이다.

夫‘謙’三之卑戢以分民, 吾不保其无他; ‘豫’四之奮出以任事, 或亦幸其易制. 乃衆建於疏遠之地, 利在不傾, 害在不掉, 而廉級既定, 卒有不服, 率天下以征一夫, 功易就而勢不可弱. 若因疑忌之情, 拘維之於耳目易及之地, 削其威靈, 降其等級, 四不能以民禮使衆, 衆亦不以民禮事四, 取苟且之安, 席終年之樂, 而‘豫’五之疾亦自此而深矣.

역문 겸괘☷☶의 구삼효는 낮추고 움추림으로써 백성들에게 나누어 주니, 나라고 해서 그에게 다른 것이 없음을 보전해 주지 않는다. 이에 비해 예괘☳☷ 구사효는 떨쳐 나가서 일을 맡으며, 또한 혹시라도 쉽게 제어할 수 있을까 하고 바란다.

겸괘의 경우처럼 다중이 거칠고 먼 땅에 자신들의 우두머리를 세운 경

319 예괘☳☷의 육오효사를 풀이한 『상전』에서는 "'중위(中位)를 차지한 채 아직 망하지 않았기 때문이다.(中未亡也.)"라 하고 있다.

320 이는 움직임을 상징하는 진괘☳와 땅을 상징하는 곤괘☷로 이루어진 예괘☳☷를 의미한다. 왕부지는 이를 두고, 진괘의 움직임이 곤괘의 땅에서 추세가 급박하여 나온 것이라 보는 것이다.

321 저자 자주: 겸괘☷☶의 정괘(貞卦)를 이루는 간괘☶는 멈춤을 의미하는데, 이는 고요함을 의미하기도 한다.

우는, 무너지지 않음에 이로움이 있고, 활발하지 못하고 힘이 달림에 해로움이 있다. 군주의 위엄이 이미 정해졌는데도 마침내 굴복하지 않는다면 온 세상 모든 것을 다 동원하여 하나의 필부를 정벌하니 공(功)은 쉽게 이루어지고 세력은 약해질 수가 없다.

예괘▦의 경우에서, 만약에 육오효가 의심하고 시기하는 마음의 동요 때문에 자신의 눈과 귀가 쉽게 미칠 수 있는 곳에다가 구사효를 구차하게 묶어 두고 그 위엄과 총명함을 삭감하며 그 등급을 강등한다면, 이 구사효는 백성들에게 예를 다하는 자세로 다중을 부릴 수 없을 것이다. 이렇게 되면 다중도 구사효를 백성들의 예로써 섬기지 않게 된다. 이러한 상황에서 구사효가 구차한 편안함을 취하고 한 해를 마감하는 음악을 연주하며 잔치를 베푼다면, 예괘▦의 구오효에게 있는 고질도 또한 이로부터 심해질 것이다.

常疾者不見疾, 不死者重其死. 寄生餂食於天位之上, 而孤零弱仆, 夷狄盜賊起而乘之, 則不死者奄然遽盡, 而亦孰與救之哉! 故安・史不足以亡天寶, 而岳・韓不足以起炎・興, 侵伐利而貞疾危, 亦來玆之永鑒已.

역문 고질(痼疾)이 있는 사람은 그 병을 발견하지 못하고, 죽지 않은 사람은 그 죽음을 무겁게 여긴다.[322] 위로 하늘의 위(位)에 기생하며 빌붙어 먹는 사람은 도와줄 사람 없이 고립된 채 약하게 엎드려 있으니,[323] 변방 민족들

---

322 이는 예괘▦ 육오효사 "고질(痼疾)이 있으나 늘 그대로며 죽지는 않는다.(貞疾恒不死.)"를 두고 하는 말이다.

323 육오효를 두고 하는 말이다. 임금이 제 역할을 제대로 수행하지 못하고 밀려나 있는 상황을 묘사하는 말이다. 왕부지는 이러한 상황이 나라의 멸망을 초래한다고 늘 통탄해하고 있다.

이나 도적들이 일어나 이러한 기회를 타고 습격해 온다면 죽지 않던 사람
은 미약한 숨을 내쉬면서 그저 운명의 순간을 기다리기나 할 것이다. 그러
니 또한 그 뉘라서 함께 그를 구제할 것인가! 그러므로 안록산(安祿山)·사
사명(史思明)이 난[324]을 일으켰으나 천보(天寶) 황제[325]를 망하게 하지는 못
했고,[326] 악비(岳飛)[327]와 한세충(韓世忠)[328]같이 충성스러운 맹장들로서도 건

---

[324] 당나라 현종(玄宗) 연간인 755년에 같은 돌궐족 출신인 안록산(安祿山; 703~757)과 사사
명(史思明; 703~761)이 연합하여 일으킨 반란을 일컫는다. '안사(安史)의 난', 또는 '천보
(天寶)의 난'이라 칭한다. 763년까지, 당나라 황제로는 현종~숙종(肅宗)~대종(代宗)까지 3
대에 걸쳐 약 8년 동안 지속되었다.

안록산은 원래 현종과는 사이가 나쁘지 않았다. 다만 양귀비(楊貴妃)의 오빠인 양국충
(楊國忠)이 당조(唐朝)의 실권을 장악하고 있던 상황에서 그와 사이가 극도로 나빠지자 자
신의 신분에 불안을 느꼈다. 이에 안록산은 양국충을 치고 아울러 현종 측근의 간신들을
일소한다는 명분으로 난을 일으켰다. 여기에 그 부장인 평려절도사(平盧節度使) 사사명과
함께 엄청난 세력을 형성, 2개월 만인 천보(天寶) 15년(756) 정월에 낙양을 점령하였다. 그
리고 안록산은 나라 이름을 '대연(大燕)'이라 하고 연호를 '성무(聖武)'라 하며, 황제의 지위
에 올랐다. 자신을 '웅무황제(雄武皇帝)'라 칭하였다.

황제의 자리에 오른 안록산은 매우 포악한 짓거리를 해댔다. 안질이 심해져서 거의 눈이
보이지 않게 된 안록산은 성격이 더욱 난폭해져서 걸핏하면 부하들에게 폭력을 가하였다.
그리하여 겨우 2년이 지난 뒤, 그의 아들 안경서(安慶緖; 723~759)에게 죽임을 당하고 만
다. 안경서는 자신이 후계자 선정에서 밀려날지도 모른다는 불안감을 느껴 그의 아버지를
죽이고 만 것이다. 이때 안경서가 자신의 아버지 시해에 이용한 인물이 늘 안록산의 폭력
에 시달리던 엄장(嚴莊)이라는 인물이었다.

여기에서 더 나아가 안경서는 사사명까지 죽이려 하였으나 오히려 사사명에게 역공을
받아 죽임을 당하고 만다. 사사명은 안경서를 죽인 뒤 자신을 '대연황제(大燕皇帝)'·'대성
주황제(大聖周皇帝)'·'웅천황제(應天皇帝)' 등으로 칭하며 '순천(順天)'이라는 연호로 개원
하였다. 그리고 안록산을 '광렬황제(光烈皇帝)'라는 시호로 추존하였다.

이 사사명 역시 후계자에서 제외된 것에 불만을 품은 그의 아들 사조의(史朝義; ?~763)
에게 죽임을 당한다. 사조의 역시 그의 아버지를 이어 '대연(大燕)'의 황제 자리에 오르고
'현성(顯聖)'이라는 연호로 개원하였다. 그러나 이 사조의도 결국 당나라와 위구르의 연합
군에 의해 쫓기다 자살함으로써 안사의 난은 대단원의 막을 내렸다.

[325] 천보(天寶)는 당나라 현종의 세 번째 연호로서 742년에 756년까지 15년간 지속되었다.

[326] 여기에서 왕부지가 지적하고자 하는 의미는, 안록산과 사사명이 난을 일으켰으나 그들에
게는 황제의 자리를 유지할 능력과 됨됨이가 없었기 때문에 그 자리를 유지하지 못하고 비
운의 죽음으로써 끝났다는 것이다. 황제의 자리를 유지할 능력과 됨됨이가 없음을 의미하

염(建炎), 소흥(紹興) 연간에 남송을 부흥시키지 못했다.[329] 국경을 넘어 들

는 것이, 여기에서 왕부지가 인용하는 예괘▤ 육오효사 '고질(痼疾)'이다. 안록산과 사사명
은 모두 자식들에게 죽임을 당할 수밖에 없는 문제점을 평소에 가지고 있었다는 것이다.
그래서 가장 성공한 순간에 그 자식들에게 죽임을 당함으로써 운명을 다하였고, 그 결과
당조(唐朝)는 명맥을 유지할 수 있었다는 것이다.

327 악비(岳飛; 1103~1142)는 북송 말년부터 남송 고종(高宗) 시기까지 활약한 명장이다. 한족
(漢族)의 입장에서는 '민족 영웅'으로 칭송받는 인물이다. 그의 관직은 소보(少保), 추밀원
(樞密院) 부사(副使) 등에 올랐고, 무창군(武昌郡)의 개국공(開國公)에 봉해졌다. 악비는
고종 건염(建炎) 2년(1128)부터 소흥(紹興) 11년(1141)까지 13년간에 걸쳐, '악가군(岳家
軍)'이라 불리던 그의 군대를 거느리고 금나라 군대와 크고 작은 전투를 숱하게 벌여서 승
리하였다.
　　그러나 당시 고종은 오로지 금나라와 화친을 맺어 평화를 누리고자 하는 열망이 강했고,
금나라는 악비와 같은 맹장이 살아 있는 것이 두려워 화친의 조건으로 악비의 목을 원하였
다. 그래서 뚜렷한 죄목이 없이 '막수유(莫須有; '혹시 있을지도 모른다'는 의미의 말)'라는
죄목으로 투옥되었다가 살해되었다. 악비는 나중에 효종(孝宗)에 의해 복권이 되었고, '무
목(武穆)', '태사(太師)' 등의 시호를 추증받았으며, 악왕(鄂王)으로 추봉되었다. 또 시호를
'충무(忠武)'로 고쳐 불렀다. 그래서 후대의 중국인들은 그를 '악무목(岳武穆)' · '무목왕(武
穆王)' · '악충무왕(岳忠武王)' 등으로 부르며 그를 존경한다.

328 한세충(韓世忠; 1088~1191)은 가난한 집안의 출신으로서 17세에 군문에 투신하였다. 그리
고 숱한 전공을 세워 3군(三軍)을 통합하는 지위에까지 올랐다. 건염(建炎) · 소흥(紹興)으
로 이어진 남송의 고종 정부에서도 그는 금(金)나라 군대의 침입에 맞서 싸우며 혁혁한 전
공을 세웠다. 그래서 한세충은 '중흥제일공신(中興第一功臣)'으로 불린다. 그리고 악비와
함께 금나라에 저항하여 싸울 것을 주장하였는데, 오히려 한세충의 주장이 더욱 강했다고
한다.
　　그러나 금나라의 화약(和約)을 통해 안일을 보장받고자 했던 고종과 그 재상 진회(秦檜)
등에 의해 그는 결국 그의 병권(兵權)이 해제당했기에, 속수무책으로 악비가 죽는 것을 지
켜볼 수밖에 없었다. 악비의 죽음과 이제 금나라에 다시는 저항할 수 없게 되었다는 사실
에 너무 큰 상처를 받은 나머지, 한세충은 이후 다시는 군사에 관한 일을 입에 담지 않았
고, 자신을 '청량거사(清涼居士)'라 부르며 서호(西湖)에서 은거하다가 죽었다. 시호는 '충
무(忠武)'이며, 효종(孝宗)은 그를 '기왕(蘄王)'으로 추봉(追封)하였다.

329 왕부지가 여기에서 '고질(痼疾)'로 지적하고자 한 것은, 건염(建炎) · 소흥(紹興)을 연호로
쓰던 남송 황제 고종의 무능, 금(金)나라와 화친(和親)하며 안일을 누림에 만족하도록 조
정을 주무르며 20년 동안 재상을 한 진회(秦檜), 한세충의 병권을 박탈하고 악비를 투옥시
켜 죽음에 이르도록 위증한 장준(張俊; 1086~1154) 등이 남송 조정의 실세로 있으면서 '항
금(抗金)' 의욕을 억누르던 분위기다. 이러한 분위기에서는 제 아무리 뛰어난 불세출의 두
장군 악비와 한세충이 있더라도 금나라를 무찌르고 고토(故土)를 회복하는 것이 불가능하
였다는 것이다. 왕부지는 송나라가 금나라에 멸망한 것을 두고 '정강(靖康)의 치욕'이라 하

어가서 정벌하는 것이 이롭다고는 하여도[330] 고질(痼疾)이 있는 사람은 위험하니, 이는 또한 오는 세대에게 영원한 귀감일 따름이라.

며, 매우 애통해했다.

330　이는 겸괘䷎ 육오효사 "이웃 때문에 부유하지 않음이니, 국경을 넘어 들어가 정벌함에 이롭고, 이롭지 않음이 없다.(不富以其鄰, 利用侵伐, 无不利.)"를 두고 하는 말이다.

수괘

䷐隨

'隨'者, '否'陽來初以從陰而消'否'者也. '蠱'者, '泰'陽往上以召陰而壞
'泰'者也. '隨'者從也, 故於其世, 下皆隨上以進. '蠱'者待治者也, 故
於其世, 上臨下而治之. '隨', 初・[五]陽隨陰, 三陰隨陽, 又內卦一陽隨二陰, 外卦二陽隨
一陰. '蠱', 上・二陽治陰, 四陰治陽; 又內卦二陽治一陰, 外卦一陽治二陰. 謂之'蠱'者, 陰入陽內而
惑亂之, 故待治. 然二與五皆相應焉, 則'隨'雖相躡, '蠱'雖相壓, 未嘗廢其
所爲唱和者也. 故'隨'二之'失', '隨'五之'孚', 貞淫之情別; '蠱'二'幹
母', '蠱'五'幹父', 剛柔之克審焉. 乃由是思之, '隨'之有功, 孰有盛於
初者哉?

역문 이 수괘䷐는 비괘(否卦)䷋의 양[상구효]이 초효로 와서 음효들[육이・육삼
효]을 따라감으로써 비괘가 상징하는 비색됨을 소멸시키고 있다. 이에 비
해 고괘(蠱卦)䷑는 태괘(泰卦)䷊의 양[초구효]이 상효로 가서 음들[육사・육오
효]을 소환함으로써 태괘가 상징하는 태평함을 무너뜨리고 있다. 수괘䷐는
'따라감'을 상징하기 때문에 이 괘가 상징하는 세상에서는 아랫사람들이
모두 윗사람을 따라가며 나아간다. 이에 비해 고괘(蠱卦)䷑는 '다스려 주기
를 기다림'을 상징하기 때문에 이 괘가 상징하는 세상에서는 윗사람이 아

랫사람들에게 군림하면서 다스린다.[331]

그러나 이들 두 괘에서 2효와 5효는 모두 서로 응함의 관계를 이루고 있다. 그래서 수괘䷐는 비록 서로 따라감을 상징하고 고괘䷑는 서로 싫어함을 상징한다고 하더라도, 이들이 하는 일에서는 애당초 창도(唱導)와 화답(和答)을 폐하지 않는다. 그러므로 수괘 육이효의 '잃어버림'과[332] 구오효의 '믿음'은[333] 올곧음[貞]·음란함[亂]의 정서와는 구별된다. 그리고 고괘䷑ 구이효의 '어머니를 봉양함'과[334] 육오효의 '아버지를 봉양함'에서는[335] 굳셈[剛]·부드러움[柔]이 이김을 살피게 한다. 이를 근거로 보건대, 수괘䷐에 공(功)이 있음에서는 그 어떤 효가 초구효보다 성대하겠는가!

陽之所以亢而成乎'否'者, 自惜其羣而不屑從陰焉耳矣. 孰爲之間闔而若或尼之? 所難者, 奮然一出而已. 震於否者, 天下之所大驚者也;

隨於陰者, 天下之所大疑者也. 冒天下之驚疑而以行其不測之勇,
將勿爲輕試矣乎? 曰: 非也. 否固必傾矣, 是天下相渝之日也. 天下
未渝, 而投其身於非類之中, 則志未足以白而先失乎己; 天下將渝,
而无嫌於非類之比附, 則犯天下之驚疑而固不自失也. 故曰, "隨時
之義大矣哉". 非其時, 即其人, 未可也. 非其人, 即其時, 未可也. 況
所與從者 柔中之六二, 專心壹好, 以與我相纏綿而不舍, 斯豈非堂
堂鼎鼎, 釋萬物於陰霾閉塞之中, 發萌孽, 啟蟄伏, 以向昭蘇之時哉?
而又何待焉!

역문 양(陽)들이 왜 뻣뻣하게 버티면서 비괘☷☰를 이루는 것조차 마다하지 않
겠는가. 그 까닭은 이들이 스스로 자신들의 무리를 떠남을 애석히 여기고
음(陰)들 따라감을 달갑게 여기지 않기 때문이다. 뉘라서 음들과 한 울타
리 속에 있으면서 혹시라도 그들과 친밀해지려 하겠는가. 그러므로 정말
하기 어려운 일은 이 비색된 상황에서 분연히 한 번 떨쳐 나가는 것일 따
름이다.

비색된 상황을 진동시킴에 대해 세상 사람들은 모두 크게 놀란다. 그리
고 음들을 따라감에 대해서는 세상 사람들 모두가 크게 의심을 낸다. 그렇
다면 세상 사람들의 이 놀람과 의심 냄을 무릅쓰고서 아무도 예측하지 못
하는 용기를 낸다는 것은 가볍게 시도해서는 안 될 일일까? 내 대답은 "그
렇지 않다."는 것이다.

비색된 상황은 진실로 반드시 기울어지고 만다. 이는 세상 사람들 서로
간에 변해 버리는 시절이다. 그런데 세상 사람들이 아직 변하기 전에 자신
과는 어울리지 않는 무리들 속에 자신을 던지게 된다면, 제 뜻함의 결백함
은 충족시키지 못한 채 먼저 자기 자신을 잃어버림이 된다. 그러나 세상

사람들은 장차 변하여 이렇게 자신과는 어울리지 않는 무리들과 붙어 다님에 대해 혐의를 두지 않게 되면, 세상 사람들의 놀람과 의심 냄을 자극한다고는 할지라도 진실로 자신을 잃어버리지는 않는다. 그러므로 "때를 따름의 의의는 크도다!"[336]라고 하는 것이다.

그러나 그 때가 아닌데도 자기와 어울리지 않는 사람들과 함께한다는 것은 안 될 일이다. 또 이러한 상황을 돌파해 낼 자질과 다움을 갖추지 않은 사람이면서 이러한 시기에 해야 할 일이라며 이러한 짓을 해댄다면, 이 또한 안 될 일이다.

하물며 이 초구효가 함께하며 좇아가는 이는 부드러움[柔]으로서 득중한 육이효다. 초구효는 이 육이효를 온 마음을 다해 한결같이 좋아하면서 자신과 함께 꽉 동여매고서 놓지 않는 상황이다. 이것은 당당하고 성대함이니, 어찌 암울하게 꽉 틀어막힌 상황 속에서 만물을 해방시키고 싹트게 하며, 칩거한 채 엎드려 있던 상황을 열어젖혀 밝고 소생함으로 향하게 하는 시절이 아니겠는가! 그런데 어찌 또 무엇을 기다려야 한단 말인가!

嗚呼! 自初陽之倜然絕其類以居下, 而天下遂成乎'隨'時矣. 初不吝出門之交, 則二不恤丈夫之失; 三乃決策於丈夫之係, 而不戀小子之朋; 五亦嘉與上, 而上弗能不爲維係也. 然則昔之否塞晦蒙, 絕天地之通理, 亦豈非陽之恝於棄世, 而可僅咎陰之方長也乎?

역문 오호라! 이 수괘(隨卦)䷐ 초구효의 양(陽)이 굳세고 결연한 모습으로 자신의 무리들과는 떨어진 채 맨 아래 자리를 차지하고 있으니, 이로부터 세

---

336 이는 이 수괘(隨卦)䷐의 『단전』에 나오는 말이다.

상은 마침내 이 수패▤가 상징하는 시절이 된 것이다. 초구효는 이러한 시절에 문을 나가서 사귀는 것에 인색지 않으니,[337] 육이효로서도 장부를 잃어버림에 대해서는 괘념치 않는다.[338] 육삼효는 이러한 상황에서 구사효가 상징하는 장부에게 얽매이기로 결단하고는, 어린 사람들과의 우정에는 연연해하지 않는다.[339] 구오효도 상육효와 가례(嘉禮)를 올리니,[340] 상육효는 이 인연을 밧줄로 칭칭 동여매듯이 하지 않을 수가 없다.[341] 이렇게 보면, 이전 시대의 꽉 틀어막힌 암울한 상황에서 세상으로부터 등을 돌리고 일체의 교류를 끊고는 하던 것의 공통된 이치는, 역시 어찌 양(陽)이 세상을 버리고 홀로 은거함에 대해 너무나 가벼이 생각한 탓이 아니겠으며, 사실이 이러한데도 겨우 음들이 막 자라나는 것만 탓할 수 있겠는가?

孔甲之抱器以歸陳涉, 有苦心焉而无其德; 魯兩生之謝漢高而需百年, 抑恃其德而失其時. 輕出者爲天下笑, 而絕物者抱尺寸之義以

---

337 수패▤의 초구효사에는 "문을 나가 교제하여 공(功)을 세운다.(出門交有功)"라고 함이 있다.

338 수패▤의 육이효사는 "작은이에게 얽매이다 장부를 잃어버린다.(係小子, 失丈夫.)"로 되어 있다.

339 수패▤의 육삼효사에서는 "장부에 얽매어서 작은이를 잃어버림이다. 따라가서 구하여서는 소득이 있을 것이다.(係丈夫, 失小子. 隨有求得.)"라 하고 있다. 이에 대해 그『상전』에서는, "'장부에 얽매임'이란 아래 것을 버리는 데 뜻을 두었기 때문이다.('係丈夫', 志舍下也.)"라고 풀이한다.

340 수패▤의 구오효사는 "가례에 대한 믿음이 있으니, 길하다.(孚于嘉, 吉.)"로 되어 있다. 이에 대해 왕부지는, "구오효가 양의 군셈으로서 존귀한 위(位)를 차지하고 있으면서도 상육효를 따라가는 것은, 이로움을 향유하기 위해서가 아니라 욕구에서 움직이는 것이다. 그래서 상육효와 음·양이 합해 짝을 맺어 가례(嘉禮)를 이루게 된다.(五以陽剛居尊位, 其往隨於上, 非歆於利, 動於欲也, 陰陽翕合以成嘉禮也.)"라고 풀이하고 있다.

341 수패▤의 상육효사에서는 "구속하여 얽어맴이니 이에 좇아가서 밧줄로 칭칭 그와 동여맨다.(拘係之, 乃從維之, 王用亨于西山.)"라 하고 있다.

蔑天人. 然後知'隨'初之貞, 備四德而未嘗有咎. 君子之託身於否極

之世者, 非流俗之所能測, 而體天爲德, 則知我者其天乎!

역문 공갑(孔甲)이 작은 예기(禮器)를 껴안고서 진섭(陳涉)에게 간 것을 보
면,[342] 그에게 고심한 흔적은 있을지언정 덕이란 없다. 그런가 하면 노(魯)
나라의 두 서생이 한고조(漢高祖)에 가서 봉사하는 것을 거절하며 내세운
이유가, 예(禮)를 일으키기 위해서는 적어도 100년 동안 덕을 쌓음이 필요
하다는 것이었는데,[343] 아마 이것은 그 덕만을 중시하며 시대적 의미는 잃

---

[342] 진섭(陳涉)은 진승(陳勝, ?~B.C.209)을 가리킨다. '섭(涉)'은 그의 자(字)다. 그는 진(秦)나
라 말기의 농민기의군을 이끌고 초왕(楚王)을 자처하던 인물이다. 그리고 여기서 말하는
공갑(孔甲)은 하(夏)나라의 제14대 왕 공갑이 아니라 공자(孔子)의 8세손 공부(孔鮒;
B.C.264~B.C.208)를 가리킨다.

공부는 소년 시절에 아버지 공겸(孔謙)으로부터 조상 대대로 전해 오는 가학(家學)을 엄
격하게 전수받았다. 그 후 경사(經史)에 박통하게 된 그는 진여(陳余), 장이(張耳) 등과 교
유하며 그 견문의 폭을 넓혔다. 그는 노(魯)의 문통군(文通君)을 역임하였고 곧 소부(少傅)
가 되었다.

진승(陳勝)이 기의(起義)하여 초왕(楚王)이 되었을 때, 이 공부를 초빙하여 박사(博士),
태사(太師)로 삼았다. 이때 그가 예기(禮器)를 가지고 진승에게 귀의하였다고 한다. 그 까
닭은 단순히 진시황의 분서갱유(焚書坑儒)로 말미암아 가슴에 쌓인 울분을 진섭을 통해서
풀기 위한 것이었다고 한다.(『史記』 권121, 「儒林列傳」 제61: 至秦之季世, 焚詩書阬術士,
六藝從此缺焉. 陳涉之王也, 而魯諸儒持孔氏之禮器, 往歸陳王. 於是, 孔甲爲陳涉博士, 卒與
涉俱死. 陳涉起匹夫, 驅瓦合適戍, 旬月以王楚, 不滿半歲, 竟滅亡. 其事至微淺, 然而縉紳先
生之徒, 負孔子禮器, 往委質爲臣者, 何也? 以秦焚其業, 積怨而發憤於陳王也.)

[343] 숙손통이 노(魯)의 유생 30여 명을 초빙하기 위해 사자를 보냈다. 그런데 두 유생이 동행하
는 것을 거부하였다. 그 이유는 숙손통이 10명의 군주를 모시며 아첨으로 출세했다는 것이
고, 천하가 지금 막 안정이 되었으니 이제 새로운 예악이 일어나려면 적어도 100년에 걸쳐
덕을 쌓아야 하는데 숙손통의 행위는 그렇지 못하다는 것이었다. 이에 숙손통은 이들을
'비루한 유생(鄙儒)'이라 비웃으며 '시대의 변화'를 읽을 줄 모르는 인물들이라고 폄하하였
다.(『史記』, 「劉敬叔孫通列傳」: 叔孫通使徵魯諸生三十餘人, 魯有兩生不肯行. 曰, "公所事
者且十主, 皆面諛以得親貴. 今天下初定, 死者未葬, 傷者未起, 又欲起禮樂. 禮樂所由起, 積
德百年而後可興也. 吾不忍爲公所爲. 公所爲不合古, 吾不行公往矣. 無汙我!" 叔孫通笑曰,
"若眞鄙儒也. 不知時變"遂與所徵三十人西, 及上左右爲學者與其弟子百餘人爲綿蕝野外.) 이
로 말미암아 이 뒤로 '노이생(魯二生)' 또는 '노양생(魯兩生)'은 유가의 절개를 지키며 시속

은 것이라 할 것이다.

　물론 경솔하게 세상에 나가면 세상 사람들에게 웃음거리가 된다. 그렇다고 사람들과의 교제와 내왕을 끊고 지내는 이들도 보면, 겨우 척촌(尺寸)의 의리를 완고히 껴안고서 하늘과 사람을 멸시한다. 이러한 것들을 따져보고 나니, 수괘(隨卦)䷐ 초구효의 올곧음에는 사덕(四德)이 갖추어져 있을 뿐, 애당초 트집 잡을 것이란 없음을 알겠다. 군자가 비색됨이 극에 이른 시기를 어떻게 살아가는지에 대해 평범한 사람들로서는 알 수 있는 것이 아니다. 천명에 의거함을 덕으로 삼고 있으니, 나를 알아주실 이는 하늘이로고!

(時俗)의 더러움에 함께하지 않는 인물, 또는 시대의 변화를 읽을 줄 모르는 완고한 인물이라는 의미로 불리게 되었다.

고괘

䷑蠱

‘蠱’之上, 亦‘隨’之初也, 綜象. 而情與事交殊焉. ‘蠱’之上, 亦‘隨’之上也, 隨陰往, 蠱陽往. 而德與時交異焉. 如‘蠱’上者, 乃可以 “不事王侯, 高尚其事”矣.

역문 고괘䷑의 상구효는 수괘(隨卦)䷐의 초구효이기도 하다.[344] 그런데 그 실정 및 섬기며 교제하는 것은 서로 다르다. 고괘䷑의 상구효는 또한 수괘(隨卦)䷐의 상육효이기도 하다.[345] 그런데 그 덕(德) 및 시절에 따른 교제는 서로 다르다. 왜냐하면 고괘의 상구효사에서는 “왕이나 제후를 섬기지 않고 그 일을 높이고 숭상한다.”라 하기 때문이다.

故‘隨’初反其道而有功, ‘隨’上同其往而必窮. ‘隨’上, 柔也, 窮而五猶維係之也, 五相隨而孚者也. ‘蠱’上, 剛也, 五柔而不受治於上, 无孚也. 因‘泰’而變, 上下交而不固, 王侯以禮相虛拘焉. 貪下賢之譽而

---

344 **저자 자주**: 이들 두 괘는 종(綜)의 관계를 이루기 때문에 그 상(象)이 동일하다.

345 **저자 자주**: 수괘䷐는 비괘䷋에서 음[초육효]이 위로 올라가 상육효가 된 것이고, 고괘䷑는 태괘䷊에서 양[초구효]이 위로 올라가서 상구효가 된 것이다.

无其實, 則去之而非其所急; 无下賢之實而徒貪其譽, 則去之而終不我尤. 於此而裵回顧戀, 以冀功名於蠱壞之日, 其將能乎?

역문 그러므로 수괘䷄의 초구효는 원래의 도(道)와는 반대로 행하여 공(功)을 세우고,³⁴⁶ 수괘의 상육효는 그 초구효가 있던 자리로 똑같이 간 것인데 반드시 궁하게 되어 있다.³⁴⁷ 수괘의 상육효는 부드러움[柔]으로 되어 있고 궁한데, 구오효가 오히려 그를 밧줄로 얽어맨다. 그리고 구오효는 함께하며 상육효를 따르고 믿는다.

이에 비해 고괘䷑의 상구효는 굳셈[剛]으로 되어 있는데, 육오효가 부드러움[柔]이면서도 상구효로부터 다스림을 받아들이지 않는다. 믿음이 없는 것이다. 이 고괘䷑는 태괘(泰卦)䷊로부터 변한 것이어서 위아래가 교제하기는 하지만 그것이 단단하지가 않다. 통치자들이 예로써 돕기는 하지만 이것이 허위의 예로써 농락하는 것이다. 그들은 자기를 굽히면서 현명한 이를 존경한다는 명예를 탐하지만 실질이 없다. 그래서 그를 떠나 버리고 그가 급해 하지 않음을 비난한다. 더구나 통치자들이 자기를 굽히면서 현명한 이를 존경하는 실질이 없이, 그저 그 명예만을 탐하는 상황이라면, 그를 떠나더라도 끝내 나에게 허물이 될 것이 없다. 이러한 상황인데도 그

---

346 왕부지의 해석에 의하면, 이 수괘䷄의 초구효는 원래 비괘䷋의 상구효였는데, 지금 초구효로 옴으로써 수괘䷄를 이루게 되었다는 것이다. 비괘䷋는 비색된 상황을 상징하는데, 이 초구효는 그 상구효로부터 이렇게 옴으로써 그 상황을 타개하고 이제 문을 나가 교제함으로써 공을 세우게 된다는 것이다. 이는 수괘䷄의 초구효사 "벼슬에 변함[變]이 있음이니, 올곧아서 길하다. 문을 나가 교제하여 공을 세운다.(官有渝, 貞吉, 出門交有功.)"를 근거로 하는 말이다. 이것이 여기에서 "원래의 도(道)와는 반대로 행하여 공(功)을 세우고"라는 말 속에 담긴 의미다.

347 이는 수괘 상육효사 "'구속하여 얽어맴이니'란 윗사람이 궁함을 의미한다.('拘係之', 上窮也.)"를 바탕으로 하는 말이다.

주변을 맴돌며 미련을 버리지 못한 채, 꽉 틀어막혀 암울한 이 시기에 공명(功名)을 추구한다면, 이것이 가능할 것인가?

申屠蟠之辭召也, 陶弘景之掛冠也, 庶幾以之. 而范希文以謂嚴光也, 則非其類矣. 如光者, 交不待出門而固合, 意可以承考而亡疑, 莫其傲文叔以相臣, 而致惜於君房之要領哉!

역문 신도반(申屠蟠; ?~?)[348]이 부름에 한사코 사양한 것이나, 도홍경(陶弘景; 456~536)[349]이 벼슬을 버리고 산으로 들어가 은거한 것 등이 거의 이러한 이유 때문이다. 그러나 범중엄(范仲淹; 989~1052)[350]이 엄광(嚴光; ?~?)에 대

---

348 신도반은 자(字)가 자룡(子龍)이다. 동한의 환제(桓帝)와 영제(靈帝) 시기에 활약했던 인물이다. 9살에 부친을 여의고 지나치게 슬퍼하여 10년 이상 육식(肉食)을 하지 않았다고 한다. 가정이 빈한하였기 때문에 칠공(漆工)으로서 연명했다. 곽태(郭泰)와 채옹(蔡邕) 등이 그의 됨됨이를 높이 쳤다고 한다. 형수(邢守)가 그를 불러서 주부(主簿)를 시키고자 했으나 이를 사양했다. 평생을 은거하며 학문에만 힘을 썼는데 오경(五經)에 박통(博通)하고 도서(圖書)와 위서(緯書)도 함께 연구했다고 한다.

349 도홍경은 자(字)가 통명(通明)이며, 스스로는 '화양은거(華陽隱居)'라 불렀다. 죽은 뒤에는 '정백선생(貞白先生)'이라는 시호를 받았다. 단양(丹陽) 말릉(秣陵; 오늘날의 江蘇省 南京市에 속함) 출신이다. 남조(南朝)의 도사(道士), 의학자, 문학자이며 서예가로 명성을 떨쳤다. 도홍경은 박학다재(博學多才)하였고 의약과 천문에 정통했다고 한다. 또한 도교와 불교 모두를 신봉하여 수양하였는데, 특히 동진(東晉) 시기에 출현한 『상청경(上淸經)』을 존중하였고, 도교 상청파를 대표하는 인물로 꼽는다. 남제(南齊) 때에는 황제들의 존숭을 받기도 했으나, 벼슬이라는 것의 의미 없음을 깨닫고 37세부터 은거에 들어갔다.

350 범중엄(989~1052)은 자(字)가 희문(希文)이다. 북송 시기의 저명한 정치가요 문학가였다. 과거에 급제한 뒤 여러 벼슬을 거쳤는데, 늘 공정을 추구하며 직언을 하는 바람에 여러 차례 고초를 겪기도 하였다. 경력(慶曆) 3년(1043)에 북송 인종(仁宗)의 절대적 신임을 받아 재상이 되어, 부필(富弼; 1004~1083), 한기(韓琦; 1008~1075), 포증(包拯; 999~1062) 등과 함께 1년 4개월 동안 경력신정(慶曆新政)을 이끌며 개혁에 큰 성과를 냈다. 이 시기는 북송 들어와 가장 번영했던 시기로 꼽는다. 그러나 이것이 좌절된 뒤에는 지방관을 자청하여 빈주(邠州) · 등주(鄧州) · 항주(杭州) · 청주(靑州) 등의 지사를 지냈다. 마지막으로 영주(潁州) 지사로 발령받은 뒤 임지로 가는 도중 병으로 사망하였다. 죽은 뒤에 태사(太師), 중서령(中書令) 겸 상서령(尚書令) 등에 추증되었고, 위국공(魏國公)에 추봉(追封)되었다.

해 칭송한 것[351]은 이와 다르다. 왜냐하면 엄광의 경우 광무제(光武帝;
B.C.5~57A.D.)와의 사귐에서 굳이 은거하고 있던 곳의 문을 나가지 않더라
도 둘은 본디 서로가 합치하였고, 머릿속에서는 자식이 아버지를 받드는
것처럼 광무제를 받들 뿐 결코 그에 대해 의심 냄이 없었으니, 어찌 그가
대신의 신분으로서 광무제에게 오만을 떨었겠으며, 가연지(賈捐之; ?~
B.C.43)[352]가 참수되어 기시(棄市) 당한 것에 대해 애석해하듯 하였겠는
가![353]

故釋氏以生死爲大事, 君子以出處爲生死. 鍾鼎·林泉, 皆命也, 而
有性焉. 性盡而命以貞, 君子不謂命也. 若其不然, 畫所見以爲門,
放其情而无則, 則且有僞周已革, 而(張說)[姚崇]之涕猶零; 蒙古已亡,

시호는 '문정(文正)'이다. 그래서 그를 '범문정공(范文正公)'이라 부른다. 그의 저서를 한데
엮은 『범문정공문집(范文正公文集)』이 전한다.

351 송나라의 범중엄(范仲淹)은 엄광의 고절(高節)에 대해 높이 평가하였다. 범중엄은 또 광무
제의 국량에 대해서도 높이 평가하였다. 엄광이 은거하던 부춘산에 엄광을 기리는 사당이
있었는데, 범중엄은 이것을 중수하고는 그 「기(記)」에서, "선생의 마음은 해와 달보다도
높았고, 광무제의 국량은 세상을 밖에서 휩쌀 정도였네!(范仲淹, 『嚴先生祠堂記』: 蓋先生
之心, 出乎日月之上; 光武之量, 包乎天地之外.)"라고 묘사하였다.

352 가연지는 자(字)가 군방(君房)이며 낙양 출신이다. 가의(賈誼)의 증손자다. 가연지는 글재
주가 매우 뛰어나서 그의 절친이었던 장안령(長安令) 양흥(楊興)이 이를 높이 평가하였다.
그래서 가연지는 그를 꼬드겨 만약에 가연지가 상서령(尙書令)을 할 것 같으면 오록충종
(五鹿充宗)보다 훨씬 더 잘할 것이라는 말을 퍼뜨리게 하였다. 가연지는 당시 황제의 총애
를 받던 석현(石顯)에 의해 자신이 황제에게 알려지는 것이 막힌다고 보고, 석현을 늘 비판
했다. 이것이 석현에게는 원한으로 쌓여 갔다. 그러다 석현은 기회를 타서 경방(京房)과
가연지를 모함하여 투옥시켰다. 가연지는 이렇게 하여 기시(棄市)되었다.(『前漢書』권64
하, '賈捐之' 조 참고.)

353 가연지와 같은 훌륭한 인물이 억울하게 참수당하고 기시되었음을 애석해한다는 것은, 세
상에 나아가 벼슬을 해보았자 이런 꼴 당하기에 십상이라는 의미다. 그래서 세상에 나아가
지 않고 은거한다는 것인데, 이는 엄광의 경우와는 다르다는 것이다. 엄광은 굳이 나아가
광무제의 조정에 참여하지 않더라도 이 둘은 이미 의기투합하였기 때문이다.

而王逢之悲不已. 官已渝矣, 志抑无可尚者. 迷留於否塞晦蒙而溺
以槁死, 小人之志節, 亦惡足紀哉!

역문 그러므로 석씨[석가모니]는 생사(生死)를 큰일로 보고, 군자는 나아가 벼
슬하느냐 그렇지 않고 은거하느냐를 생사와 같이 여긴다. 부귀영화를 누
리느냐, 아니면 자연과 함께하며 은거하느냐 하는 것들은, 모두 명(命)이
다. 그러나 여기에는 근본적으로 사람됨으로서의 성(性)이 깔려 있다. 사
람됨을 다하면서 올곧음[貞]으로써 자신의 명(命)을 따르는 것이기에, 군자
는 이를 '명(命)'이라 하지 않는다.[354]

만약에 그렇지 않을 것 같으면, 자신의 소견만을 옳다고 하면서 어떠한
원칙에도 구애됨이 없이 제 정서를 마음껏 발산할 것이니, 가짜 주(周)나
라[355]가 이미 혁파(革罷)되었는데도 요숭(姚崇; 651~721)[356]이 오히려 이를 슬

---

[354] 이는 맹자의 '성명(性命)'관을 인용하는 것이다. 맹자는 "입이 맛있는 것에 쏠리고, 눈이 보
기 좋은 색깔에 쏠리고, 귀가 듣기 좋은 소리에 쏠리고, 코가 향기로운 냄새에 쏠리고, 몸
뚱이가 안일에로 쏠림은 사람의 성(性)이다. 그러나 이를 누릴 수 있느냐 없느냐는 명(命)
에 달려 있다. 그래서 군자는 이를 '성(性)'이라 하지 않는다. 그런가 하면 아버지와 아들
사이에서 인(仁)을 행하고, 임금과 신하 사이에서 의(義)를 행하고, 손님과 주인 사이에서
예(禮)를 행하고, 현명한 이가 지(智)를 행하고, 하늘의 도(道)대로 성인(聖人)이 행하는 것
은 명(命)이다. 그러나 이들을 행함에는 사람의 성(性)이 있어야 하는 것이니, 군자는 이와
같이 하는 것을 '명(命)'이라 하지 않는다.(『孟子』,「盡心 下」: 孟子曰, "口之於味也, 目之於
色也, 耳之於聲也, 鼻之於臭也, 四肢之於安佚也, 性也; 有命焉, 君子不謂性也. 仁之於父子
也, 義之於君臣也, 禮之於賓主也, 智之於賢者也, 聖人之於天道也, 命也; 有性焉, 君子不謂
命也.")라 하고 있다. 후반부의 인·의·예·지 및 성인(聖人)이 하늘의 도(道)대로 행할
수 있느냐 하는 것은 명(命)에 의해 조건이 지워져 있다는 의미다. 부자 관계, 군신 관계,
빈주 관계 및 성인이 하늘의 도(道)대로 행할 수 있는 등의 조건을 가질 수 있어야만 이들
을 실행할 수 있기 때문이다. 다만 이러한 조건들이 명(命)에 의해 주어져서 이것들을 실행
한다고 할 적에, 이들을 실현하는 것은 근본적으로 사람다움으로서의 성(性)이기 때문에,
이들을 '명(命)'보다는 '성(性)'이라 한다는 것이다.

[355] 측천무후(則天武后; 624~705)가 690년 인류 최초로 여황제로 즉위하여서 당시 국호이던
'당(唐)'을 '주(周)'로 바꾸었는데, 왕부지는 여기에서 이를 이렇게 칭하고 있다. 측천무후는

퍼하며 눈물을 흘리던 것, 몽골이 이미 망했는데도 왕봉(王逢; 1319~1384)[357]
의 슬퍼함이 그치지 않던 것 등이 그러하다. 조대(朝代)가 바뀌어 벼슬살이
의 의미가 이미 바뀌었으니, 자신들의 뜻함을 억누르고 더 이상 높여서는

이후 15년간 이 나라를 통치하며 철권을 휘두르고 치적을 많이 냈다. 역사가들은 이 '주
(周)'나라를 고대 삼대(三代)의 하나인 주(周)나라와 구별하기 위해 그녀의 성을 따서 '무주
(武周)'라고도 부른다. 그러나 말년에 그녀의 실정으로 말미암아 폐단이 드러나고 그 혹정
(酷政)에 대해 원성이 쌓여 가자, 705년 2월 22일, 재상 장간지(張柬之)·시랑 최현위(崔玄
暐)·좌우림장군(左羽林將軍) 경휘(敬暉)·우우림장군(右羽林將軍) 환언범(桓彦範)·사
형소경(司刑少卿) 원서기(袁恕己) 등 다섯 사람이 작당하여 이제 80줄에 들어 병고에 시달
리던 측천무후를 겁박, 그 아들에게 양위(讓位)하게 하였다. 당나라는 이로 말미암아서 복
벽(復辟)하게 되었다. 복벽한 아들이 바로 중종(中宗)이다. 이를 '신룡혁명(神龍革命)'이라
부른다.

356 요숭의 원래 이름은 요원숭(姚元崇)이고 나중 이름은 요원지(姚元之)인데, 당나라 현종의
연호인 '개원(開元)'을 피휘(避諱)하기 위해 '요숭(姚崇)'으로 개명하였다. 그는 금수저로서
음서(蔭敍)로 관직에 진출하여 꽃길을 걸었다. 측천무후 시기에는 병부낭중(兵部郎中)으
로 승진하였는데, 당시 거란의 침입을 당한 상황에서 측천무후에게 형세를 정확하게 판단
하여 대책을 세우게 함으로써, 그녀의 눈에 들어 총애를 받게 되었다. 그래서 일약 시랑(侍
郎)으로 승진하였고, 48세 되던 해(698)에는 다시 동중서문하삼품(同中書門下三品; 사실
상 재상급)으로 승진하였다. 이러한 인연이 있기 때문에 신룡혁명으로 측천무후가 실각한
것에 눈물을 흘린 것으로 보인다. 중종(中宗) 시기에는 지방 수령[亳州 및 常州刺史]으로
밀려났다가 예종(睿宗) 때 재상으로 다시 임명되기도 하였다. 그러나 측천무후의 딸인 태
평공주와 마찰을 빚어 지방 관리로 좌천되었고, 여러 고을을 전전하다가 생을 마감하였다.

357 왕봉은 자(字)가 원길(原吉)이며, 호(號)는 최한원정(最閑園丁)·최현원정(最賢園丁) 등이
다. 또 오계자(梧溪子)·석미산인(席帽山人) 등으로도 불린다. 강음(江陰; 오늘날의 강소
성 강음현) 출신이다. 원(元)나라에서 명(明)나라로 교체되던 시기를 살았던 사람으로서,
유명한 시인(詩人)이었다. 특히 「하청송(河清頌)」이라는 시가 널리 알려져 있다. 원대(元
代)에는 대관(大官)의 천거로 출사(出仕)할 수 있었으나 병을 핑계로 취임하지 않았다. 나
중에는 병화(兵禍)를 피해 무석(無錫)의 양홍산(梁鴻山)에 은거하였는데, 청룡강(青龍江)
이 흐르는 청룡진(青龍鎭)에 오계정사(梧溪精舍)를 짓고 유유자적하였다. 명대(明代)에 이
르러서는 문학(文學)으로 초빙되었으나 역시 사양하고 나아가지 않았다.
　왕부지가 여기에서 왕봉을 비판하는 것이 바로 이 점이다. 이민족이 중원을 지배하던 왕
조 원(元)나라가 벌써 망하고 이제 한족에 의한 새로운 왕조 명(明)나라가 들어섰으니, 왕
봉은 이전 몽골의 지배에 슬퍼하던 것을 그만 거두고 세상에 나와서 새로운 나라를 건설하
는 데 참여함이 마땅했다는 것이다. 그런데도 왕봉은 이전의 슬퍼함만을 그대로 유지한 채
세상과 담을 쌓고 평생을 보냈으니, 이것이 잘못이라는 것이다.

안 되었던 것이다. 그럼에도 불구하고 비색되어 혼탁하기 그지없던 시기에다 어리석게도 미련을 두고 거기에 빠져 허우적대며 고사(槁死)하였으니, 소인들의 지조와 절개를 또한 어찌 다스릴 수 있으리오!

임괘

≣ 臨

一

以'臨'爲道, 故陰可得而治也.

역문 임괘≣를 원리로 삼기 때문에 음을 다스릴 수가 있다.

夫生殺者萬物之命, 剛柔者萬物之性. 必欲治之, 異端所以訾聖人
之強與於陰陽, 而非然也. 聖人者人之徒, 人者生之徒. 既已有是人
矣, 則不得不珍其生. 生者, 所以舒天地之氣而不病於盈也. 生, 於
人爲息, 而於天地爲消. 消其所宂, 息其所僅, 三才胥受成於聖人,
而理以流行. 陰性柔而德殺, 則既反乎其所以生, 雖欲弗治, 其將能
乎? 而何云其'強與'邪!

역문 생겨남과 죽음은 만물의 정해진 명(命)이고, 굳셈[剛]과 부드러움[柔]은
만물의 본성이다. 이들을 반드시 다스리려고 하니, 이단(異端)은 바로 이
때문에 성인(聖人)들께서 음·양의 사라짐(消)·자라남(長)에 의해 돌아가
는 우주 자연에 억지로 간여한다고 비판한다.[358]

그러나 그렇지 않다. 성인은 사람의 무리고, 사람은 생명 있는 것들의 무리다. 이미 이렇게 사람이 있으니, 어쩔 수 없이 그 생명을 진귀(珍貴)하게 여기는 것이다. 생겨남은 천지의 기(氣)를 펼치는 것이며 참[盈]에 대해서 병통이 아니다.[359] 생겨남은 사람에게는 살아남[息]이 되고, 천지에게는 꺼짐[消]이 된다. 뻣뻣하게 버티는 것을 꺼지게 하고 어렵사리 일어나는 것을 살아나게 하는 것이다. 하늘·땅·사람 등 삼재(三才)는 다 성인에게서 성취를 받고 이치대로 운행한다. 음(陰)의 본성은 부드러움[柔]이지만 그 행함은 죽이는 것이다. 그리하여 이미 생함과 반대되는 것이니, 비록 다스리려 하지 않는다 하더라도 그것이 가능하겠는가? 그런데도 어째서 '억지로 간여한다'고 말하는가!

彼固曰, "蕭條者形之君, 寂寞者氣之母"宜其獎夜行而守雌黑矣. 夫蕭條之館, 寂寞之宮, 雖天地同消之墟, 而所由以致其敢殺之功名, 則陰獨任之. 陰既日蓄其慘心以伺陽之衰, 覬无與治之, 以立功名

---

358 이는 특히 은자(隱者)로부터 이어지는 도가(道家)의 태도라 할 것이다. 은자의 한 사람인 걸익(桀溺)이 "도도(滔滔)히 흘러가는 것, 세상은 모두 이러하거늘 뉘라서 이를 바꾸리오?"라고 공자를 비판하며, 세상에 간여하여 바꾸려 하지 말고 '자연과 함께 살아감[辟世]'을 자로에게 권하던 것에서 이러한 관점이 잘 드러나 있다. 이에 대해서 공자는 "사람이 날짐승·들짐승들과는 함께 살 수 없으니, 우리가 사람의 무리와 함께 살지 않고 누구와 함께 살리오? 이 세상에 도(道)가 살아 있다면 나는 간여하며 바꾸지 않을 것이다."라고 대답한다. (『論語』, 「微子」: 桀溺曰 … "滔滔者天下皆是也, 而誰以易之? 且而與其從辟人之士也, 豈若從辟世之士哉?" 耰而不輟. 子路行以告. 夫子憮然曰, "鳥獸不可與同羣, 吾非斯人之徒與而誰與? 天下有道, 丘不與易也.")

359 세상은 찼다[盈] 비웠다[虛] 하면서 영원히 지속된다. 이것이 유가의 관점이고, 특히 왕부지의 관점이다. 그래서 도가가 비움[虛]을 근본적이고 근원적인 것으로 여기며 높이 치고 참[盈]은 그 말단으로 여기며 낮추 봄에 비해, 유가에서는 참[盈]이 비움[虛]과 대대(對待)를 이루고 있는 짝으로서 이 세상의 운행과 지속에 필수불가결한 양태라 여긴다. 이것이 '병통이 아니다[不病]'는 말의 의미다.

於蕭條寂寞之日, 而猶聽之而无與折也, 則歷萬物而皆逢其耗. 彼且曰, "行不言之教, 尸不爲之德"教者无教, 德者不德. 不德者刑爾, 无教者亂爾. 非夜行之雄, 孰敢然哉!

역문 저들은 본디 "소조한 것은 형체를 가진 것들의 임금이고, 적막한 것은 기(氣)의 어머니다"[360]라고 말한다. 이 말은 당연히 밤에 돌아다니는 것을

360 이는 『회남자(淮南子)』, 「제속훈(齊俗訓)」에 나오는 구절이다. 그러나 완전히 같지는 않다. 거기에서는 "소조한 것은 형체를 가진 것들의 임금이고, 적막한 것은 음(音)들의 주재자다.(蕭條者, 形之君; 而寂寞者, 音之主也.)"라 하고 있기 때문이다. 『회남자』의 이 구절 앞뒤 문맥을 보면, "악기로 음을 연주할 때 궁(宮) 음을 두드리면 궁 음이 응하고, 각(角) 음을 타면 각 음이 응하는데, 이는 같은 음들끼리 서로 응하는 것이다. 그런데 5음[宮·商·角·徵·羽]에 비견되지 않는 것들은 금슬(琴瑟)의 25현(弦)이 모두 응한다. 이것들은 전해지지 않는 도(道)를 상징한다. 그러므로 소조한 것은 형체를 가진 것들의 임금이고 적막한 것은 음들의 주재자다.(『淮南子』, 「齊俗訓」: 故叩宮而宮應, 彈角而角動, 此同音之相應也. 其於五音無所比, 而二十五弦皆應, 此不傳之道也. 故蕭條者形之君, 而寂寞者音之主也.)"라 하고 있다.

'蕭條(소조)'는 겨울에 산천 초목의 이파리가 다 떨어져 버려 앙상한 채 아무것도 없는 상태를 말한다고 할 수 있다. 이파리를 형체라 볼 때, 이것들이 죄다 사라져 버린 양상을 의미한다. 이는 형체를 초월한 것으로서 형체로는 드러나지 않는 양상이라 할 수 있다. 그리고 '寂寞(적막)'이란 아무런 소리도 들리지 않는 고요의 상태를 말한다고 할 수 있다. 이 역시 소리를 초월한 것으로서 구체적인 소리로는 드러나지 않는 양상이라 할 수 있다. 그런데 『회남자』에서는, '소조'는 형체를 가진 것들의 임금[形之君], '적막'은 음(音)들의 주재자[音之主]라 한다. 말하자면 이파리가 다 떨어져 버려 아무것도 없음에서 온갖 이파리들이 생겨 나오고, 아무런 소리도 들리지 않음에서 모든 음들이 생겨 나온다는 것이다.

이는 없음[无]이 있음[有]의 근원이라는 도가의 패러다임 속에 있는 것이다. 역시 도가인 『회남자』가 『노자』의 "고요함은 바스댐[움직임]을 통제하는 존재다.(제26장: 靜爲躁君)", "이 세상 모든 것들은 있음[有]에서 생기고, 있음[有]은 없음[无]에서 생긴다.(제40장: 天下萬物生於有, 有生於无.)"라고 하는 패러다임을 따르는 것이라 할 수 있다. 즉 움직임[動]에 대해서는 고요함[靜]이 근본이고, 있음[有]에 대해서는 없음[无]이 근본이며, 양(陽)에 대해서는 순음(純陰)이 그 근원이라고 하는 것이다.

그런데 왕부지는 여기에서 "소조한 것은 형체를 가진 것들의 임금이고, 적막한 것은 기(氣)의 어머니다.(蕭條者形之君, 寂寞者氣之母.)"라 함으로써 약간 다르게 인용하고 있다. 역자로서는 "적막한 것은 기(氣)의 어미다.(寂寞者氣之母.)"라 한 것의 출전은 확인할 수 없었다. 그러나 이렇게 말하더라도 따르는 패러다임은 같고, 의미도 대동소이하다고 할 수

장려하고 암컷다움·어둠을 지키라 하는 것이다. 소조함의 관저(官邸)나 적막함의 궁전은 비록 하늘과 땅이 함께 꺼지는 곳이라고는 하여도, 이로 말미암아서 감히 죽이는 공명(功名)을 이룬다면, 이는 음(陰) 홀로 맡아서 하는 것이라는 의미다. 음이 이미 날마다 그 무자비한 마음을 쌓아 가면서 양이 쇠미해지기를 엿보다가 그와 함께 다스리지 않기를 바라고, 이렇게 하여 소조하고 적막한 날에 공명을 세우면서 오히려 듣기는 하지만 양과 함께하며 꺾임이 없다면, 만물을 다 거치고 나서는 모두가 다 소진되어 버리는 상황을 만나게 될 것이다.[361]

그런데도 저들은 또한 "말로 하지 않는 가르침을 행하고, 행위하지 않는 덕을 주관한다."[362]고 한다. 이렇게 되면 가르침이라 하더라도 가르침이 없

있다.

361 『주역』에서 "한 번은 음이 되었다 한 번은 양이 되었다 함을 '도'라 한다.(一陰一陽之謂道.)"라고 하듯이, 한 번은 음 한 번은 양으로서 음과 양이 번갈아 가며 그 공능을 발휘해야만 이 세상이 영속(永續)할 수 있는데, 도가의 패러다임에 의하면 음이 혼자 하면서 양에게 꺾임이 없이 죽 한다는 것이니, 언젠가 만물을 다 거치게 되면 모두 소진되면서 이 세상은 끝나 버리리라는 의미다. 그래서 왕부지는 이러한 도가의 순음(純陰)이 이 세상의 근원이라는 패러다임을 부정하고, 음·양을 모두 움직임[動]으로 환원하여, 음도 움직임[動]의 음이고 양도 움직임[動]의 양이라 한다. 이 세계는 항상 움직이고 있다는 것이다. 즉 '항동(恒動)'론 패러다임이다.

362 이는 『노자』, 제2장의 "성인은 무위(無爲)의 방식으로 세상일을 처리하고, 말하지 않는 방식으로 가르침을 행한다.(聖人處無爲之事, 行不言之敎.)"는 말을 인용하는 것으로 보인다. 여기에서 말하는 '무위(無爲)의 방식'이란 '특정한 무엇을 함[有爲]'을 초월한 방식을 의미한다. 노자가 말하는 '없음[無]'은 결코 단순한 없음이 아니라, 어떠한 '있음[有]에도 한정되거나 닫히지 않는다'는 의미다. 따라서 이에 대해서는 긍정의 언명을 통해서 표출할 수가 없고 단지 부정의 언명(negative utterance, negative statement)을 통해서만 그 변죽을 울릴 수 있다. '무위(無爲)'라 함에는 바로 이러한 의미가 담겨 있다. 이를 굳이 표현하자면 포괄적 전체, 보편이랄 수 있다. 그래서 보통 사람들에게는 그저 '없음[無]'으로 다가올 뿐이다. 그 함[爲]이 보통 사람들에게는 특정한 것으로 잡히지 않아서 그 인식의 범위를 벗어나기 때문에 없는 것으로 보이는 것이다. 아니 인식 속에 잡히지 않기 때문에 있음으로 다가오지 않는다. 그래서 사람에게는 아예 그 관념 속에는 없다는 것이다. 노자가 주로 거론하고 있는 부정의 언명들, 즉 무위(無爲)·불언(不言)·불사(不辭)·불유(不有)·불시(不恃)·

는 것이고, 덕이라 하더라도 덕이 아니다. 덕이 아닌 것은 형벌일 따름이고, 가르침이 없는 것은 혼란일 따름이다. 밤에 돌아다니는 수컷이 아니라면 누가 감히 이렇게 하겠는가!

且夫君者群之主也, 母者子之養也. 匪剛, 弗克爲主矣; 匪生, 蔑用其養矣. 故變蕃者形之君, 絪縕者氣之母. 蕭條而寂寞者, 何歸乎? 歸乎形之離而氣之萎焉爾. 反終以爲始, 任讐以爲恩, 而後可以不治. 不治者亂也. 夷狄也, 女主也, 師獄吏也, 任盜賊也, 皆自此興, 夫安得不臨治之哉?

역문 또한 임금이란 군생(群生)을 주재하는 존재이고, 어머니는 자식들을 기르는 존재다. 그리고 굳셈[剛]이 아니라면 주재할 수 없고, 생함이 아니면 그 길러 줌을 쓰지 못한다. 그러므로 변하고 번성(蕃盛)하는 것이 형체들의 임금이고, 인(絪)·온(縕) 운동을 하는 것이 기(氣)의 어머니다. 그렇다면 소조하며 적막하다는 것이 도대체 이들 가운데 어디로 귀속된단 말인가? 도가의 논리대로라면 그저 형체를 떠난 것과 기(氣)가 위축된 것에로 귀속될 따름이다.

　끝남에서 돌이켜 시작하고 원수를 마주하여 은혜를 베푼다는 것, 이렇게 한 뒤에라야 다스리지 않을 수 있다. 그런데 이렇지 않은 상황에서는 다스리지 않으면 혼란해진다. 변방민족이 중원을 지배하는 것이라든지, 여자가 권력을 쥐고 조정을 통치하는 것이라든지, 옥리(獄吏)를 두어야 한다든지, 도적을 단속해야 하는 것들이 모두 이로부터 일어나게 되었다. 어

불거(不居)·불거(不去) 등에는 모두 이러한 논리가 담겨 있다. 그런데 왕부지는 이에 대해 매우 비판적인 태도를 취하고 있다.

찌 임하여 다스리지 않을 수 있겠는가?

然則'復'何以不治也? 植未固也. '泰'何以不治也? 功已成也. 不自我
先, 不自我後, '臨'獨勞而不可辭矣. 大亨以正, 剛浸長而天體立矣,
備'乾'之四德以予之, 作『易』者之所以寵'臨'也.

역문 그렇다면 복괘䷗가 상징하는 상황에서는 어째서 양(陽)이 음(陰)들을 다
스리지 않는가. 그 까닭은 이 양[초구효]이 이제 갓 생겨난 것으로서 그 뿌
리박힘이 견고하지 않기 때문이다. 그러면 또 태괘䷊가 상징하는 상황에
서는 양들이 어째서 음들을 다스리지 않는가. 그 까닭은 다스림의 공(功)
이 이미 임괘䷒가 상징하는 상황에서 성취되었기 때문이다. 이처럼 나보
다 먼저도 아니고 나보다 뒤에도 아닌 방식으로써, 오로지 임괘䷒가 상징
하는 상황에서만 양들이 노고를 다하며 이를 마다하지 않는 것이다. 이 임
괘가 상징하는 상황이 올바름으로써 크게 형통함은, 굳셈[剛]이 점점 번지
며 자라나서 하늘의 체재(體裁)가 세워졌기 때문이다.[363] 그리하여 이 임괘
는 건괘䷀의 사덕(四德)을 갖추어서 베푸니, 그래서 『주역』을 지은 이는 이
임괘를 총애하는 것이다.

---

363 이는 임괘䷒ㆍ『단전』의 말을 원용하는 것이다. 거기에서는 "임괘는 굳셈이 점점 번지며 자
라나니, 기뻐하며 순종하고 굳셈이 득중하여 응한다. 올바름으로써 크게 형통함은 하늘의
도다.('臨', 剛浸而長, 說而順, 剛中而應. 大亨以正, 天之道也.)"라 하고 있다.

二

臨, 治也. 咸, 感也. 治之用威, 感之用恩. 咸以爲臨, 道固有異建而
同功者乎? '臨'剛浸長, 來以消往, 初·二秉陽質爲'兌'體, 貞悔殊地,
上下異位, 性情相近, 母女合功, 以卑治尊, 以義制恩, 勢固有不得
而競者也. 而終用此以底'臨'之績也, 則何居?

역문 임(臨)은 다스림을 의미하고, 함(咸)은 감화를 의미한다.[364] 다스림에서는
위엄을 쓰고, 감화함에서는 은혜를 쓴다. 그런데 이 임괘에서는 감화시킴
이 군림함이 된다는 것이니, 그렇다면 도(道)에는 본디 다르게 작용하면서
도 공(功)은 동일하게 세움이 있다는 것인가.

이 임괘䷒에서는 굳셈[剛]들이 점점 자라나고 있고, 이들이 와서 가는 것
[陰]들을 꺼지게 하고 있다. 초구효와 구이효는 양(陽)의 질을 잡고서 태괘
☱의 체재를 이루고 있다. 그리고 이 임괘䷒에서는 정괘(貞卦; ☱)와 회괘
(悔卦; ☷)가 각기 처지를 달리하고 있고, 위아래로 위(位)를 달리하고 있다.
그러나 이들 정괘와 회괘의 성정(性情)은 서로 가깝고 모녀가 공(功)을 합
하고 있는데,[365] 낮은 것[陽]들이 높은 것[陰]들을 다스리고 의로움으로써 은
혜 준 이들을 제어한다.[366] 그러므로 형세로 볼 적에 위에 있는 음(陰)들은
아래 양(陽)들과 경쟁을 할 수가 없다. 그런데도 끝내 이와 같이만 해서는

---

364 이는 이 임괘䷒와 그 초구효사[初九, 咸臨, 貞吉]를 두고 하는 풀이다.
365 회괘는 곤괘☷로서 어머니를 상징하고, 정괘는 태괘☱로서 소녀를 상징한다.
366 양(陽)들이 음(陰)들을 다스림은 의로움에 속하고, 위의 어머니가 아래의 소녀를 낳아 준
     것은 은혜에 속한다. 그런데 지금 이 임괘䷒에서는 아래 양들이 위의 음들을 다스리니, 이
     렇게 "의로움으로써 은혜 준 이들을 제어하니"라 하는 것이다.

이 임괘≣≣의 업적을 낮추게 된다고 하니, 어째서일까?

夫陰疑而戰, 而況其得數多而處位尊者哉? 陰之性賊, 而勢便於後
起, 操生死於己, 而授兵端於人. 藉不揣而急犯之, 則勝敗之數恒存
乎彼, 而我失其權. '咸臨'者, 名正而不居, 力強而不尙, 循其素位,
報以應得, 无機无形, 禍不自己, 彼且相忘而示我以所懷矣. 因其所
示, 發其所藏, 替其所淫, 緩其所害, 采入而致功, 移風革化而怨不
起. 如是乃可以臨, 而无有不順命之憂矣. 故以咸爲臨, '臨'之道也.

역문 대체적으로 음(陰)은 의심나는 대상과는 싸움을 벌이거늘, 하물며 자기
들 숫자가 많고 차지하고 있는 지위도 존엄한 경우라면 말해 무엇하리오!
음의 본성은 해치는 것이고, 추세로는 나중에 일어남에서 편안해한다. 그
리고 살리고 죽이는 것을 자기 손에 쥐고서도 싸움을 일으키는 실마리를
남에게 준다. 이러한 상황에서 앞뒤 재 보지 않고 급하게 그에게 덤볐다가
는 승패를 가르는 운수가 늘 그에게 있으니, 나로서는 권력을 잃고 말 것
이다.

  그런데 '감화시킴으로 임하는' 이[임괘의 초육효]는 명분이 올발라도 자기
가 차지하지 않고, 힘이 강해도 자신을 높이지 않는다. 그는 현재 자신이
처한 지위를 따르고, 마땅히 얻어야 할 것으로만 보답을 받으며, 어떠한
속임수도 없고 내세움도 없어서, 화단(禍端)을 스스로 만들지 않는다. 이러
한 사람에게는 저 음(陰)들도 경각심을 내려놓아서 서로에 대한 존재를 잊
고 마음속에 품고 있는 것들을 그에게도 보여 주게 된다. 음들이 보여 준
것으로 말미암아서 그의 마음속에 있는 것을 털어놓으면, 음들로서는 자
신의 간사함을 바꾸고 해치고자 함을 누그러뜨리며 점점 그의 감화 속으

로 들어와서 공을 세우게 된다. 그래서 풍속을 바꾸고 교화하더라도 음들이 로부터 원망 따위는 일지 않는다. 이와 같이 해야만 군림한다고 할 수 있으며, 음들이 명(命)에 따르지 않는 데서 오는 우려가 없을 것이다. 그러므로 감화시킴으로 임함이 임괘☷의 원리다.

抑此術也, 陰善用之消陽, '臨'且尤而效之, 則又何居? 曰: 不因其情者不足以制, 不循其迹者不足以反. 今夫'兌', 外柔而中狠者也. 以柔因之, 以狠反之. 以之消陽則爲賊, 以之臨陰則爲正; 小人用之則爲機, 君子用之則爲智. 不媿於天, 不怍於人, 其動有功, 其靜不失. 如是者, 可以大亨而正矣. 而豈若恃名實之有據, 硜硜婞婞, 繼以優柔之自喪其功者哉!

역문 한편으로 이 방법을 음(陰)들이 좋게 이용해서 양(陽)들을 꺼지게 한다면, 임괘☷의 원리는 더욱 효과를 낼 것이다. 그 까닭은 무엇이겠는가? 바로 다음과 같다. 사람의 정서(情緒)를 기반으로 하지 않고서는 그를 제어할 수가 없고, 그가 걸어온 자취를 따르지 않고서는 그를 반응하게 할 수 없다.

이 임괘☷의 정괘(貞卦)인 태괘☱는 겉으로는 부드러우면서도 속으로는 사나운 이다. 그래서 태괘는 부드러움[柔]을 기반으로 삼고 사나움으로써 반응한다. 이러한 방식으로써 양들을 꺼지게 하면 해침이 될 것이고, 이러한 방식으로써 음들에게 군림하면 올바름이 될 것이다. 그리고 소인들이 이러한 방식을 사용하면 속임수가 될 것이고, 군자가 사용하면 지혜로움이 될 것이다.

하늘에도 부끄러움이 없고 사람들에게도 부끄러움이 없으며, 행동해야 할 상황에서는 행동하며 공(功)을 세우고, 물러나 있을 때에는 조용히 살아가면서도 그 지조는 잃어버리지 않아야 한다. 이와 같이 하는 이는 크게 형통하며 올바를 수가 있다. 이러한 사람을 어찌 자신에게 명(名)도 실(實)도 근거가 있다는 것만을 내세우며, 비루하고 고집스럽게 굴다가 이어지는 조대(朝代)에서는 우유부단하게 굴며 스스로 자신의 공(功)을 잃어버리는 사람에게 비길 수 있겠는가!

韓退之之闢佛也, 不測其藏, 而駁之也粗, 故不足以勝緇流之淫詞. 景延廣之拒契丹也, 未酬其惠, 而怒之也輕, 故適足以激胡馬之狂逞. 使知感之, 乃以治之, 而无損於貞吉, 邪之不勝正也, 自可徐收其效矣.

역문 한유(韓愈; 768~824)는 불교를 배척하면서도 불교 경전에 함축된 의미를 헤아리지 못하였으니, 그의 반박이라는 것도 그 수준이 보잘것없었다. 그러므로 그는 승려들의 사악하고 황당무계한 말들을 이겨 낼 수 없었다.[367]

---

367 한유는 당(唐)나라 때 활약했던 인물로서 하남성(河南省) 하양(河陽; 지금의 孟州) 출신이다. '퇴지(退之)'는 그의 자(字)다. 한유는 스스로 창려현(昌黎縣; 오늘날의 河北省 소재)의 명문거족 출신임을 늘 자랑으로 여겼기에, 사람들은 그를 '한창려(韓昌黎)'라 부르기도 했다.
한유는 조실부모하고 큰형에게 키워졌는데, 큰형도 죽자 큰형수에 의해 길러졌다. 7세 때부터 공부를 시작, 13세에는 능숙하게 문장을 지을 줄 아는 수준에 이르렀다. 그런데 여러 차례 과거에 응시했으나 번번이 낙방했다. 나중에는 시험관들에게 모욕을 당했다고 울분을 토하기도 했다. 그는 끝내 과거로써는 등용되지 못했다.
헌종(憲宗)이 즉위한 뒤 원화(元和) 6년(811) 44세가 된 한유는 국자박사(國子博士)에 임명되었고 「진학해(進學解)」를 지었다. 이를 본 배도(裴度)가 그를 높이 평가하며 예부낭중(禮部郎中)으로 발탁되게 하였다. 그 8년 뒤, 형부낭랑중(刑部侍郎)으로 전보되어 있던 원화(元和) 14년(819), 헌종이 석가모니불과 석가모니의 사리를 영접하는 것을 반대했다가 헌종으로부터 크게 노여움을 사게 되었다. 이때 한유는 겨우 죽임만을 면하고 조주(潮州; 오늘날의 廣東省 소재)자사(刺史)로 쫓겨났다. 조주자사를 지내는 동안 한유는 헌종에게 참회하며 속죄를 바라는 글을 올리기도 했다.

경연광(景延廣; 892~947)이 거란에게 항거한 것을 보더라도, 그가 후진(後

목종(穆宗)이 즉위한 뒤 그의 교지를 받아서 수도인 장안(長安)으로 돌아왔고, 이후 국자감 좨주, 병부시랑, 이부시랑, 경조윤 겸 어사대부 등의 직을 차례로 수행했다. 그래서 사람들은 그를 '한이부(韓吏部)'라 부른다. 824년 57세를 일기로 장안(長安)에서 병사했다. 죽은 뒤 예부상서(禮部尚書)로 추증되었고, '문(文)'이라는 시호를 받았다. 송나라 원풍(元豐) 원년(1078) 신종(神宗)이 그를 창려백(昌黎伯)으로 추봉하였고, 아울러 공묘(孔廟)에 종사(從祀)하였다.

한유는 정원(貞元)·원화(元和) 연간에 유종원(柳宗元; 773~819) 등과 함께 고문(古文) 복고(復古) 운동을 펼친 것으로 유명하다. 육조(六朝) 이래 유행하던 변려문(騈儷文) 풍조를 반대하며, 삼대(三代)와 양한(兩漢) 시대의 자연스럽고 소박한 문체를 회복할 것을 주창한 것이다. 그는 자신의 이러한 주장을 뒷받침하는 이론을 정치하게 개진하였고, 시와 산문 모두에 걸쳐서 이를 반영한 저작들을 풍부하게 냈다. 그리고 그의 이러한 주장과 운동에 추종하는 제자들이 많아서 당시에는 자못 거대한 사회적 흐름을 이루었다. 이렇게 그의 고문 복고 운동은 큰 성과를 거두었다. 그의 모든 저작들은 『창려선생집(昌黎先生集)』에 수록되어 있다. 이러한 걸작들 때문에 그는 '당송팔대가(唐宋八大家)'에서도 으뜸으로 꼽힌다.

아울러 한유의 글들은 도(道)·불(佛) 양가(兩家)의 배척을 종지(宗旨)로 하고 있다. 그는 '문장과 도는 합일해야 하며, 도를 밝히는 것이 주가 되어야 한다.(文道合一, 明道爲主)'고 주장하였다. 여기에서 말하는 '도'는 유가에서 말하는 '도'다. 이러한 그의 종지를 반영한 대표작으로는 『사설(師說)』, 『송동소남서(送董邵南序)』, 『원성(原性)』, 『원도(原道)』, 『간영불골표(諫迎佛骨表)』, 『진학해(進學解)』, 『송궁문(送窮文)』, 『유자후묘지명(柳子厚墓誌銘)』 등이 있다. 모두 높이 평가받는 명문들이다.

한유의 이러한 종지는 송대 신유학자들에게 커다란 영향을 끼쳤다. 특히 그가 유가의 도통(道統)을 논하면서 맹자를 공자의 계승자로 여기고, 성인들의 도가 맹자 이후에는 실전되었다고 했던 주장은, 송대 학자들이 맹자를 존숭하게 하는 데서 결정적인 역할을 했다. 그래서 이전에는 금서(禁書)로 분류되었던 『맹자』가 청소년들의 필독서인 사서(四書)로 편입되게 하였다. 아울러 『예기』의 한 편이던 『대학』이 따로 분류되어 역시 사서(四書)의 하나로 간주될 만큼 중시하게 된 것도 이 한유에게서 비롯되었다.

이만큼 도(道)·불(佛) 양가(兩家)가 극성하던 당(唐)나라 당시에 한유는 유가의 명맥을 살리기 위해 노력했던 인물로 꼽힌다. 다만 당시에는 이들 양가가 극성하던 때이고, 조정과 백성들로부터도 전폭적인 지지를 받고 있던 상황이라서, 한유로서는 이러한 흐름을 바꾸는 것이 역부족이었을 것이다. 그래서 한유의 배불(排佛) 운동은 성공을 거두지 못하였다.

이것이 왕부지가 여기에서 그에 대해 이렇게 인색하게 평가하고 있는 이유이기도 하다. 그러나 유학의 부흥을 위해 헌신한 한유의 노력과 성취는 이후 송대의 유학자들에게 깊은 영향을 미쳤다. 아울러 그들에게서 유가가 '신유학'이라는 이름으로 부흥하며 꽃을 피우게 하는 징검다리 역할을 한 것으로는 충분했다고 할 수 있다.

晉)으로부터 받은 혜택에 보답을 하는 수준이 아니라, 요나라에게 그저 가볍게 성을 내는 정도에 지나지 않았다. 그러므로 요나라 군대의 말발굽이 미친 듯이 강토를 짓밟도록 자극하는 데나 딱 들어맞았을 뿐이다.[368] 그러나 그들로 하여금 감화시킴을 알게 하며 통치했더라면 올곧고 길함을 덜어 냄이 없었을 것이니,[369] 사악함이 올바름을 이기지 못했을 것이고 저절로 서서히 그 효과를 거두었을 것이다.

然則賈捐之用機而身名俱隕, 豈其賢於孔融乎? 夫捐之知感而不知
貞者也. 當好遯之時, 行'感臨'之事, 德薄而望輕, 位卑而權不固, 其
敗宜矣. 自非乘浸長之剛, 膺治人之責, 初·二同心而无間者, 固未
易由此道也.

---

368 경연광은 5대(代) 때 후진(後晉)의 대신이었다. 섬주(陝州; 지금의 河南省 三門峽) 출신이다. 그는 후진의 개국 군주인 고조(高祖; 이름은 石敬瑭, 892~942)가 개국한 뒤에 시위보군도지휘사(侍衛步軍都指揮使)를 역임하였고, 과주(果州)의 단련사(團練使)를 지냈다.
　후진의 고조는 요나라의 도움을 받아 당(唐)나라로부터 독립하여 새로운 왕조를 세울 수 있었다. 그래서 요나라의 태종과 부자 관계를 맺고 자신이 그 아들로 자처하였다. 그리고 보답으로 연운(燕雲) 16주(州)를 요나라에게 넘겨 주었다. 그런데 고조가 죽은 뒤 후진의 2대 황제 출제(出帝)는 요나라에게 신하의 나라로 불리는 것을 거부하였다. 결국 요나라의 침공을 받아서 수도인 개봉(開封)이 점령당하고 출제는 항복하였지만 나라는 멸망하고 말았다.
　경연광은 고조가 죽으면서 남긴 고명(顧命)에 따라서 재상이 되었다. 그 뒤 출제(出帝)가 통치하는 상황에서 경연광은 출제의 성향에 맞추어서 요(遼)나라에 항거할 것을 힘주어 주장했다. 그런데 944년 요나라 군대가 쳐들어와서 노략질을 하고 유유히 돌아갈 적에, 그는 상장(上將)의 신분이었지만 군대를 진군시키지 않고 멈춘 채 그들을 그저 좌시(坐視)하기만 하였다. 경연광의 이러한 행태에 출제는 대노하였고, 마침내 경연광에게서 병권을 박탈하고는 하남윤(河南尹)으로 좌천시켰다가 낙양(洛陽) 유수(留守)로 전보하였다. 경연광은 개운(開運; 出帝의 연호) 3년(946) 요나라 군대에게 포로가 되었다가 이듬해에 자살하고 말았다.
369 이 임괘䷒ 초구효사, "감화시킴으로 임함이니 올곧고 길하다.(咸臨, 貞吉.)"를 원용하여 하는 말이다.

역문 이렇게 볼 적에, 가연지(賈捐之)가 속임수를 쓰다가 신분도 명예도 다 떨어뜨려 버린 것[370]이 어찌 공융보다 현명하다고 할 것인가?[371] 이들은 사이좋게 지내다가 은둔해야 할 시기[372]에 '감함으로 임함'의 일을 행하였는데, 능력은 천박하고 인망(人望)은 가벼우며 지위는 낮고 권력은 굳건하지 않았기 때문에 실패하는 것이 너무나 당연하다. 스스로 생각하기에, 점점 번지며 자라나는 굳셈[剛]을 타서[373] 사람 다스리는 책임을 가슴에 품고 이 임괘䷒의 초구효·구이효처럼 같은 마음이면서 전혀 사이가 벌어짐이 없는[374] 자가 아니라면, 진실로 이러한 원리를 바탕으로 하여 무슨 일을 하기란 쉽지 않다.

陰陽之際, 存亡之大, 非天下之至幾者, 其孰能與於斯!

역문 음의 세상에서 양의 세상으로 갈리는 즈음이나 존속하느냐 멸망하느냐와 같이 큰일에, 이 세상에서 지극히 은미함을 알아차리는 이가 아니라면 뉘라서 이러한 상황에 참여할 수 있으랴!

---

370 가연지(賈捐之)에 대해서는 앞의 주 352)를 참고하라.

371 공융(孔融)에 대해서는 앞의 주 157)을 참고하라.

372 이는 둔괘䷠ 구사 효사 "사이좋게 사귀다가 은둔함이니 군자는 길하고 소인은 흉하다.(九四, 好遯, 君子吉, 小人否.)"에 나오는 말이다.

373 이는 이 임괘䷒의 『단전』에서 나오는 말의 일부다. 『단전』에서는 "임괘는 굳셈이 점점 번지며 자라나니, 기뻐하며 순종하고 굳셈이 득중하여 응한다. 올바름으로써 크게 형통함은 하늘의 도다.('臨', 剛浸而長, 說而順, 剛中而應. 大亨以正, 天之道也.)"라 하고 있다.

374 이 임괘䷒에서 양효는 초구효와 구이효 둘이다. 이 둘의 효사에는 모두 '감화시킴으로 임함(咸臨)'이라는 말이 있다.

관괘

觀

積治之世, 富有者不易居也; 積亂之幾, 僅留者不易存也. '觀'承'否'
之後, 固已亂積而不可撥矣. 而位未去, 而中未亡. 位未去, 聖人爲
正其名; 中未亡, 聖人爲善其救.

역문 백성들이 살기 좋은 치세(治世)가 누적되다가 보면, 많이 가진 사람들은
쉽게 살지 못한다. 이에 비해 백성들이 살기 어려운 난세(亂世)가 누적된
즈음에는, 겨우겨우 목숨을 보지하는 사람들은 존속하기가 쉽지 않다. 이
관괘(觀卦)䷓는 비괘(否卦)䷋의 뒤를 계승하는 것인데, 본디 이미 혼란이 누
적되어서 감출 수가 없다.

그러나 아직 임금이 자신의 지위를 잃지 않고, 중원이 망한 것은 아니
다. 지위를 아직 잃지 않았기에 성인(聖人)들은 그 명분을 올바르게 하고,
중원이 아직 망하지 않았기에 성인들은 백성들을 구제함에서 훌륭함을 보
인다.

正其名者何也? 來者旣主, 往者旣賓. 主者挾朋類以收厚實, 賓者擁
天步而僅虛名. 百姓改心, 君臣貿勢, 然而其名存焉. 名者天之經也,

人之紀也, 義夫志士所生死爭焉者也, 庶幾望之曰: 群英之來, 非以相凌, 而以相觀平, 我之爲'大觀去在上', 固終古而不易也. 然而聖人之所以善救已往之陽者, 亦卽在此矣.

역문 명분을 올바르게 한다고 함은 무슨 의미이겠는가. 온 것들이 벌써 주인이 되고, 가는 것들은 벌써 손님이 된다.[375] 와서 주인이 된 이들은 같은 부류들을 두터운 실질로써 거두어들이고, 이제 손님의 처지가 된 이들은 하늘의 명운만을 껴안은 채 빈 이름만으로 겨우 버티고 있다. 백성들은 새로운 나라의 백성이 되기로 마음을 바꾸어 먹고, 군주와 신하 사이에서도 형세가 바뀌었다.

그러나 이러한 상황에서도 그 명분을 올바르게 함은 존재한다.[376] 이 명분이란 하늘의 날줄[經]에 해당하고, 사람 세상의 벼리[紀]에 해당한다. 의부(義夫)와 지사(志士)가 이를 두고 생사를 다투는 것이기도 하다. 뭇 이상적인 인물들이 오면 서로 간에 업신여기지 않고 서로를 거울삼는다.[377] 그래서 내가 '위에서 사람들 모두가 우러러볼 만한[378] 표상'이 되어 있으면, 영원토록 바뀌지 않을 것이다. 그래서 성인들께서 이미 가 버린 양(陽)들을 잘 구제하는 까닭도 바로 여기에 있다.

---

375 이는 관괘☷의 괘상을 두고 하는 말이다. 『주역』의 괘들에서는 아래에 있는 효들은 '온 것[來者]'이 되고 위에 있는 효들은 '간 것[往者]'이 된다. 지금 이 관괘에서는 네 개의 음효들이 와서 같은 부류들끼리 주인 노릇을 하고 있고, 위의 두 양효들은 이전에는 주인이었으나 이제는 물러나는 손님의 신세가 되어 있다. 빈이름만으로서 겨우 버티는 존재다. 그러나 아직 완전히 사라진 것은 아니라 연명은 하고 있으며, 임금으로서의 명분도 아직 그대로 지닌 존재다. 왕부지는 지금 여기에서 이렇게 전제하고서 논의를 전개하고 있다.

376 이 이하는 이 관괘☷의 구오·상구효 두 양효들의 의미를 논하는 것이다.

377 **저자 자주:** 이곳의 '觀(관)'자는 평성(平聲)으로 읽어야 한다.

378 **저자 자주:** 이곳의 '觀(관)'자는 거성(去聲)으로 읽어야 한다.

夫陰逼陽遷而虛擁天位, 救之也不容不夙, 而尤懼其不善也. 善其
救者, 因其時也. '觀'之爲時, 陰富而陽貧, 生衰而殺王, 上陵而下固,
邪盈而正虛, 人耗而鬼靈. 凡此者, 威无可用, 用之而牀且見剝; 恩
无可感, 感之而膏每逢屯. 然且褻試其恩威, 以與力爭一勝敗, 敗乃
速亡, 勝亦自敝, 此旣其明驗矣. 且陰不先動, 乘陽之虛; 陽不遽虛,
因動而敝; 禨興鬼瞰, 妖自人興. 然則非通消息之藏, 存性命之正者,
亦惡能以大觀去而保天位哉!

역문 이렇게 음(陰)들의 핍박에 견디지 못한 나머지 양(陽)들이 물러나며 하늘
의 위(位)를 빈껍데기로 껴안고 있는 상황에서는, 이를 구제함이 속히 이
루어지지 않으면 안 되는데, 그보다 더욱 두려운 것은 이 구제가 잘 이루
어지지 않을까 하는 것이다. 잘 구제하느냐의 여부는 얼마나 그 때에 적절
하게 하느냐에 달려 있다.

이 관괘▦가 상징하는 시기는 음들은 부유하고 양들은 가난하며, 살리
는 것은 쇠퇴하고 죽이는 것은 왕성하다. 윗사람들은 위에서 신분이 위태
롭고 아랫사람들은 그 기반이 견고하며, 사악한 것들이 채워지고 정당한
것들은 비워지며, 사람들끼리 어울리는 것은 줄어들고 귀신을 찾아서 그
영험함에 기대고자 하는 경향은 늘어난다.

이러한 상황에서는 위엄이 있다 한들 쓸 수가 없고, 설사 쓴다고 하더라
도 평상이 박탈된 꼴을 드러낸다.[379] 감화시키고자 하더라도 늘 그 베풂을
어렵게 하는 상황을 만날 뿐이다.[380] 그러나 그 은혜와 위험을 모욕해 가면

---

[379] '평상이 박탈되었다(剝牀)'는 것은 박괘(剝卦)▦의 효사들에서 나오는 말이다. 이 박괘▦는
관괘▦에서 한 걸음 더 나아간 상황을 상징하는 괘로서, 음들은 더욱 왕성하고 양은 이제
마지막 한 자리에 남아서 겨우 버티고 있는 상(象)이다.

서까지 시험하며 온힘을 다해 그들과 붙어서 승패를 겨뤄 볼작시면, 패할 경우에는 더욱 빨리 망할 것이고 승리한다고 하더라도 스스로는 부서지고 말 것이다. 이는 벌써 분명히 결정되어 있는 것이기도 하다.

또한 음은 먼저 움직이지 않고 양의 허점을 파고들 것이며, 양은 급작스럽게는 텅 비지 않는다고 하더라도 움직임으로 말미암아서 부서지게 될 것이다. 이런저런 나쁜 조짐들이 일고 귀신들이 내려다볼 것이며, 요상(妖祥)한 것들이 사람들 사이에서 일게 될 것이다. 상황이 이러할진대 천지 운행의 깊은 의미에 통하고 사람다움과 천명의 올바름을 보존하고 있는 이가 아니라면 또한 어찌 대관(大觀)으로써 하늘의 위(位)를 보존하겠는가!

是故觀去者我也, 觀平者彼也, 忘彼得我, 以我治彼, 有不言之教焉, 有无用之德焉. 故麋鹿興前而不視, 疾雷破柱而不驚. 雖然, 又豈若屏主嬴國之懷晏安而遺存亡也哉! 以言起名, 以用起功, 大人所以開治也; 言以不言, 用以不用, 君子所以持危也.

역문 그러므로 누대(樓臺)에서 보이고 있는 것은 우리이고, 이를 올려다보는 것은 저들이다. 저들을 잊고서 우리를 얻으며, 이렇게 하여 우리가 저들을 다스려야 하는데, 여기에는 말로 표현하지 못할 가르침이 있고, 쓰이지 않음의 덕이 있다. 그리하여 사슴들이 바로 앞에서 갑자기 툭 뛰쳐나온다고 하더라도 눈 하나 깜짝하지 않아야 하고,[381] 기대고서 글씨를 쓰고 있는 기

---

380 '그 베풂을 어렵게 함'이란 준괘(屯卦)☵ 구오효사 "그 베풂을 어렵게 함이니, 작은 올곧음에는 길하고 큰 올곧음에는 흉하다.(九五, 屯其膏, 小貞吉, 大貞凶.)"에 나오는 말이다.

381 이는 소순(蘇洵; 1009~1066)의 『권서(權書)』, 「심술(心術)」 편에 나오는 말이다. 전체적인 맥락을 보면, "명장(名將)이 되기 위해서는 마땅히 먼저 마음을 닦아야 한다. 그래서 태산이 눈앞에서 무너진다고 하더라도 얼굴색 하나 변하지 않아야 하고, 사슴들이 바로 왼쪽에

둥을 벼락이 쳐서 쪼개 버린다고 하더라도 놀라지 않아야 한다.[382] 비록 그렇다고는 하더라도 또한 어찌 나약한 군주·힘없는 나라처럼 그저 편안함만을 염두에 두며 국가의 존망 따위는 내팽개치겠는가! 말로써 명분을 일으키고 등용됨으로써 공(功)을 이루는 것은 대인들이 살맛 나는 세상을 여는 방식이다. 이에 비해 말하지 않음으로써 말하고, 등용되지 않음으로써 쓰이는 것은, 군자들이 위태로운 상황 속에서 그다움을 잃어버리지 않은 채 살아가는 방식이다.

今夫薦而後孚見焉, 盟者且未薦也. 神俟无期, 神往无景, 抱齋戒之身, 往求之於陰暗窅冥之際, 蓋有降格无端而杳難自據者矣. 而不

서 갑자기 툭 뛰쳐나온다고 하더라도 눈 하나 깜짝하지 않아야 한다. 이러한 뒤에라야 이해가 엇갈리는 순간에 마음속에서 이를 제어할 수 있고, 적과 맞서서 제압할 수 있다.(爲將之道, 當先治心. 泰山崩於前而色不變, 麋鹿興於左而目不瞬, 然後可以制利害, 可以待敵.)"로 되어 있다.

[382] 이는 삼국시대에 위(魏)나라의 고위 관리, 사상가, 문학가로 유명한 하후현(夏侯玄; 209~254)의 인물됨을 단적으로 표현해 주는 말이다. '태초(太初)'는 그의 자(字)다. 하후현은 그 인물됨이 출중하여 위나라 문제(文帝)와 명제(明帝)의 신임을 받아 고위 관직을 두루 역임하였다. 그러나 사마의(司馬懿)가 정권을 찬탈하게 된 고평릉(高平陵) 정변(249) 이후에는 그의 병권을 박탈당했다. 가평(嘉平) 6년(254) 하후현은 중서령(中書令) 이풍(李豐), 외척 장집(張緝) 등과 대장군 사마사(司馬師)를 죽일 모의를 하다가 들통이 나서 오히려 죽임을 당했다. 저서에 문집 3권이 있으나 지금은 전해지지 않는다. 그는 박학다식(博學多識)하고 재덕(才德)이 뛰어났으며 현학(玄學)에 박통하여 당시 '사총(四聰)'의 하나로 꼽혔다. 하우현은 하안(何晏) 등과 함께 위진 현학의 물꼬를 트고 초기 현학을 이끌던 대표 인물로 평가받는다.

여기에서 왕부지가 인용하고 있는 구절은 『세설신어(世說新語)』, 「아량(雅量)」편에 나오는 말인데, 전후 맥락을 인용하면 이러하다. 즉 "태초 하후현이 언젠가 기둥에 기대고서 글씨를 쓰고 있는데, 큰비가 내리다가 벼락이 치면서 그가 기대고 있던 기둥을 쪼개 버렸다. 입은 옷에 불이 붙어 타고 있는데도 그는 얼굴색 하나 변치 않은 채 그대로 글쓰기를 계속했다. 주변의 손님들은 모두 혼비백산하여 넘어지고 흩어지며 제대로 서 있지조차 못했다.(夏侯太初嘗倚柱作書, 時大雨, 霹靂破所倚柱, 衣服焦然, 神色無變, 書亦如故. 賓客左右, 皆跌蕩不得住.)"라 묘사하고 있다.

曰, "仁孝之心, 鬼神之宅"也乎? 以此推之, 類幽而不可度, 勢絕而不相與, 凡以眇躬際不測之幾者, 胥視此矣. 而君子於此, 乃以不薦爲孚.

역문 아, 이제 보자. 제사에서 음식을 올린 뒤에야 거기에서 믿음이 드러나는 법인데, 세숫대야에서 손을 씻은 이가 아직 음식을 올리지 않은 것이다.[383] 흠향할 신(神)이 오는 것은 언제일지 기약이 없고, 신이 가 버리고는 그림자조차 없다. 그런데 재계(齋戒)한 몸을 껴안고서 어둡고 그윽한 지경에 가서 구하니, 아마 이는 신이 강림할 조짐조차 가늠하지 못할 상황인데 아득하여 이루어지기 어려움에다가 자신을 내던지는 짓일 것이다. 그래서 말하지 않던가, "인효(仁孝)를 내는 마음이 바로 귀신이 사는 집이다."라고! 이로써 미루어 보건대, 그윽한 것과 무리를 이루어 보지만 가늠할 수가 없고, 형세(形勢)가 끊어져서는 서로 함께하지 못하니, 무릇 제후들이 가늠하기 어려운 낌새[幾]와 교제함을 다 여기에서 보게 된다. 그러나 군자는 이와 관련하여 음식을 올리지 않는 것을 믿음으로 여긴다.

其不薦之孚者何也? 陰之感陽也以與, 陽之制於陰也以欲. 不受其與者, 先淨其欲. 以利中我, 而利不入淸明之志; 以勢盪我, 而勢不驚彊固之躬. 宮庭者盟之地, 夙夜者盟之期也. 恪守典型而喜怒不妄者, 盟其坌起之塵也. 養其尊高而金車勿乞者, 盟其霑濡之垢也. 履天位而无慙, 畜神威於不試. 彼固曰, "庶幾伺其薦而與之"狃耶!

383　이는 관괘▦의 괘사를 바탕으로 하는 말이다. 관괘의 괘사는 "세숫대야에 물을 받아 손을 씻었으나 음식을 올리지는 않음이다. 믿음이 있으며 공경스럽고 온화하여 남들이 우러러 본다.(觀, 盥而不薦, 有孚顒若.)"로 되어 있다.

而終日无薦之事, 則終日有薦之形. 故道盛而不可吐, 力全而不可
茹, 彼駸駸然起而干我者, 亦且前且卻, 欲迎欲隨, 而兩无端, 乃以
奠瀕危之鼎而俟氣數之定. "君子无咎", 良以是與!

역문 그렇다면 음식을 올리지 않음의 믿음이란 무엇인가. 음은 함께하고자
하여 양에게 느낌을 주고, 양은 욕구 때문에 음에게 제어된다. 그래서 함
께함을 받아들이지 않기 위해서는 먼저 그 욕구를 정화(淨化)해야 한다. 그
리하면 이로움으로써 내 속을 파고든다고 하더라도, 그 이로움이라는 것
이 맑고 밝은 내 의지에 들어오지를 못한다. 또 형세로써 나를 흔들어 댄
다고 할지라도, 그 형세라는 것이 군세고 든든한 나를 놀라게 하지 못한다.

궁정이란 손을 씻는 세숫대야가 있는 곳이고, 이른 아침과 밤이란 세숫
대야로 손을 씻는 시기다. 전형(典型)을 삼가 지키면서 희로의 감정을 망령
되이 드러내지 않는 이는, 일어나는 티끌을 세숫대야로 씻음이다. 인간으
로서의 존엄과 품격 높음을 함양하며 황금마차가 와도 구걸하지 않는 이
는, 젖어 있는 먼지를 세숫대야로 씻음이다. 하늘의 위(位)를 차지하고서
도 부끄러움이란 없고, 시험하지 않음에서 신의 위엄을 쌓아 간다.[384] 저들
은 진실로 "음식 올리는 것을 맡아서 함께 친압하기를 바라는구나."라고
말할 것이로다! 그러나 종일토록 실제로 음식 올리는 일이 없으니, 종일토
록 음식 올리는 형태가 있다.

그러므로 군자의 도가 왕성하여서 뱉어 낼 수가 없고, 힘이 온전하여 삼
킬 수가 없다. 저들은 말달리듯 재빨리 일어나서 나에게 간구(干求)하지만,

---

384 이는 관괘▦의 구오·상구효 두 효를 가리킨다. 왕부지는 이 효들이 이민족의 침입에 의해
중원에서 밀려나는 한족(漢族)의 군자들을 상징한다고 본다. 특히 자신의 처지를 여기에
감정이입하고 있다.

역시 전진했다 물러났다 하고, 맞아들일까 뒤를 따를까 하며, 두 갈래에서 갈피를 잡지 못한다. 군자는 이렇게 함으로써 위태로운 상황 속에 자리를 잡고 살아가면서도 정해진 나의 운명을 기다린다. "군자에게 허물이 없다."[385]라고 함은 진실로 이렇게 하기 때문이로다!

故因其不可薦而戒其瀆, 則地天之通已絕; 盡其必盟而治其素, 則陰凝之冰不堅; 於是下觀化而天下治. 高宗承亂而恭默不言, 所由異於仲康之胤征·宣王之南伐矣. 故曰, "聖人以神道設教"陰以鬼來, 我以神往, 設之不妄, 教之不勤, 功无俄頃而萌消積害.

역문 그러므로 신에게 음식을 올릴 수 없다고 하여서 신에 대한 모독을 경계하게 된다면, 사람이 하늘을 세속에 끌어들여 신과 사람이 무람없이 뒤섞이는 행태가 이미 끊어진 것이다.[386] 그리고 반드시 세숫대야로 손 씻음을

---

385 이는 『주역』에서 오직 이 관괘䷓의 구오효사 "나에게서 생긴 것들을 돌아봄이니, 군자는 허물이 없다.(觀我生, 君子无咎.)"와 상구효사 "그것이 생겨남을 돌아봄이니, 군자는 허물이 없다.(觀其生, 君子无咎.)"에 두 번 나오는 말이다.

386 '절지천통(絕地天通)'을 말한다. 여기에서 '지(地)'는 사람들이 발붙이고 살아가는 세상이니 '사람'을 상징하고, '천(天)'은 하느님과 신들의 영역을 상징한다. 그래서 '절지천통'은 하늘·신[天]과 사람[地] 사이의 경계를 분명히 가르고, 각자 자신의 일을 명확하게 하는 것을 의미한다. 원래 『서경(書經)』, 「주서(周書), 여형(呂刑)」 편에 그 출전이 있다.(若古有訓, 蚩尤惟始作亂, 延及于平民, 罔不寇賊, 鴟義姦宄, 奪攘矯虔. 苗民弗用靈, 制以刑, 惟作五虐之刑, 曰法. 殺戮無辜, 爰始淫爲劓·刵·椓·黥. 越茲麗刑并制, 罔差有辭. 民興胥漸, 泯泯棼棼, 罔中于信, 以覆詛盟. 虐威庶戮, 方告無辜于上. 上帝監民, 罔有馨香德, 刑發聞惟腥. 皇帝哀矜庶戮之不辜, 報虐以威, 遏絕苗民, 無世在下. 乃命重·黎, 絕地天通, 罔有降格.)

『국어(國語)』, 「초어(楚語)」에서는 이것을 좀 더 상세하게 피력하고 있다. 옛적에는 원래 무격(巫覡)이라는 전문 직군을 통해서 하늘의 신명(神明)과 통하고 모시며, 선성(先聖)들은 사람 세상을 잘 꾸려 갔었다고 한다. 그리하여 민[地]과 신[天]들의 하는 일이 다르고 민들은 신을 공경하되 모욕하지 않는다는 것[民神異業, 敬而不瀆], 이것이 민과 신(神), 즉 인간과 하늘의 명확한 구분이요 관계라는 것이다.

그런데 소호(少皥)가 쇠한 뒤에 구려(九黎)가 덕을 어지럽게 되어서, 민과 신이 구분되

다하고 평소 그대로 다스려 가면, 음이 엉겨서 어는 얼음도 두껍지 않을

지 않은 채 뒤섞이게 되었다[民神雜糅]고 한다. 이때는 사람마다 하느님께 제사를 지내고 집집이 무사(巫史)를 두니, 정성과 믿음이 없어지고 제사도 결핍하여 하늘로부터 복을 받지 못하게 되었다고 한다. 결국 하늘이 상서로움과 풍성한 곡식을 내리지 않게 되어 결국 신들에게 바칠 곡물조차 없어지고, 모든 재화(災禍)가 다 이르며 그치지 않았다고 한다. 이러한 상황에서 전욱(顓頊)이 제위에 올라 남정(南正) 중(重)에게 명하여 신들의 영역인 하늘을 맡아서 섬기게 하였고, 화정(火正) 여(黎)에게는 민들의 영역인 땅을 맡아서 다스리게 하였다. 이렇게 함으로써 이전의 상궤(常軌)를 회복하게 하였고 민과 신들이 서로를 침범하여 모독하지 않게 하였으니 이것을 '절지천통'이라고 한다.(『國語』,「楚語」: 昭王問於觀射父曰, "『周書』所謂重·黎寔使天地不通者, 何也? 若無然, 民將能登天乎?" 對曰, "非此之謂也. 古者民神不雜. 民之精爽不攜貳者, 而又能齊肅衷正. 其智能上下比義, 其聖能光遠宣朗, 其明能光照之, 其聰能聽徹之. 如是則明神降之, 在男曰覡, 在女曰巫. 是使制神之處位次主, 而爲之牲器時服. 而後使先聖之後之有光烈, 而能知山川之號·高祖之主·宗廟之事·昭穆之世·齊敬之勤·禮節之宣·威儀之則·容貌之崇·忠信之質·禋絜之服, 而敬恭明神者, 以爲之祝. 使名姓之後, 能知四時之生·犧牲之物·玉帛之類·采服之儀·彝器之量·次主之度·屛攝之位·壇場之所·上下之神·氏姓之出, 而心率舊典者, 爲之宗. 於是乎有天地神民類物之官, 是謂五官. 各司其序, 不相亂也. 民是以能有忠信, 神是以能有明德, 民神異業, 敬而不瀆, 故神降之嘉生, 民以物享, 禍災不至, 求用不匱. 及少皞之衰也, 九黎亂德, 民神雜糅, 不可方物. 夫人作享, 家爲巫史, 無有要質. 民匱於祀, 而不知其福. 烝享無度, 民神同位. 民瀆齊盟, 無有嚴威. 神狎民則, 不蠲其爲. 嘉生不降, 無物以享. 禍災薦臻, 莫盡其氣. 顓頊受之, 乃命南正重司天以屬神, 命火正黎司地以屬民, 使復舊常, 無相侵瀆, 是謂絶地天通.")

요즘 질 낮은 종교행태를 고려할 적에 이 '절지천통(絶地天通)'이 함의하는 바는 크다고 할 것이다. 요즘 보면, 신(神)과 하늘을 인간 자신에게로 끌어내려서 자신을 '신', 또는 '신의 아들'이라 칭하며 혹세무민(惑世誣民)으로 온갖 못된 짓을 저지르는 세태가 드물지 않다. 또 신을 모시는 곳이나 신과 인간 사이를 매개하는 이들을 자기의 삶에서 구별해 놓고 경배해야 함에도 불구하고, 자기 집에 신을 모셔 놓는다거나 자기 스스로가 신과 인간 사이의 매개자라고 하며, 자기의 관념 속에 있는 신에게 삶 자체를 온통 함몰한 채 살아가는 이들도 드물지 않다. 한마디로 신을 세속(世俗)으로 끌어내린 것으로서, 신을 모욕하고 외람(猥濫)하는 것이라 할 수 있다.

절지천통(絶地天通)은, 신을 신의 자리에 놓고 인간 자신과 구별하며, 신과 인간 사이에는 매개자를 두고 경배하는 방식이어야 함을 강조하는 것이다. 요즘 우리 사회에 넘쳐나고 있는 종교인들의 신 세속화와 이로 말미암은 신 모욕·신 외람 세태를 두고 볼 때, 이 '절지천통'은 매우 수준 높은 믿음의 양태를 보여 주는 것이라 할 수 있다. 아울러 전욱(顓頊)이 이렇게 정리할 수밖에 없었다는 것은, 언제든지 인간이 신과 자신의 영역 및 경지를 구분하지 않고 신을 세속으로 끌어내려 이렇게 신을 외람(猥濫)하는 현상이 일 수 있음을 보여 준다고 할 수 있다.

것이니, 이렇게 하여 대관(大觀)에 의한 교화가 내려져서 살맛 나는 세상이 이루어질 것이다. 은(殷)나라의 고종(?~B.C.1192)이 어지러운 세상을 이어 받아서 3년 동안 말을 하지 않은 채 공손하게 보낸 것은,[387] 중강(仲康)이 윤정(胤征)을 하고,[388] 주나라 선왕(宣王)이 남벌(南伐)을 한 것[389]과는 그 연

---

[387] 이 고종은 성은 자(子), 이름은 소(昭)다. 흔히 '무정(武丁)'이라 불린다. 은나라 왕 반경(盤庚)의 조카이고, 그 뒤를 이은 은왕(殷王) 소을(小乙)의 아들로서, 은나라의 제22대 임금이다. 재위기간은 B.C.1250에서 B.C.1192까지로 58년간이다. 그 아버지 소을은 이 고종이 어렸을 적에 궁 밖에 나가서 일반 백성들과 뒤섞여 노역을 하게 하였다. 그래서 고종은 백성들의 고초(苦楚)와 농사의 어려움을 알 수 있었고, 이런 과정을 거치게 한 부왕(父王) 소을의 뜻과 배려도 이해할 수 있었다.

　　고종은 임금 자리에 오른 뒤 혼란한 은나라 왕조의 부흥을 꾀하고자 하였으나 능력 있는 대신들의 보좌를 받을 수가 없었다. 그래서 고종은 3년 동안 일절 말을 하지 않은 채 모든 정사를 총재(冢宰)들에게 내맡겨 결정하게 하고, 자신은 국가의 기강과 정세를 주의 깊게 관찰하였다. 이 기간을 통해 나라의 속사정을 샅샅이 파악하고 정치에 자신감이 생긴 고종은 이제 친정 체제로 들어가면서, 부열(傅說), 감반(甘盤), 조기(祖己) 등 현신들을 임용하여 온 힘을 다해 정치에 힘을 쏟았다. 그 결과 은나라를 정치, 경제, 군사, 문화 등 모든 부문에서 이전에는 볼 수 없으리만치 발전시켰다. 그래서 역사가들은 이를 '무정성세(武丁盛世)'라 부른다.

[388] 중강(仲康; ?~?)은 중강(中康), 또는 중로(仲盧)라고도 한다. 하(夏)나라의 제4대 임금으로서, 역시 하나라의 임금들이었던 계(啓)의 아들이고, 태강(太康)의 동생이다. 중강은 그의 형 태강이 실정을 하자 그를 물러나게 하고 즉위하였다. 일설에는 하나라의 제후국이었던 유궁씨(有窮氏)의 후예(后羿)에게 겁박을 당해서 임금의 자리를 중강에게 선양했다고도 한다. 즉위한 중강은 스스로 임금의 권위와 권력을 행사하지 못하고 후예의 꼭두각시 노릇을 했다고 한다. 그리고 이 유궁씨(有窮氏)의 후예(后羿)는 우리와 같은 동이족이다.

　　당시 천문을 관장하던 희(義)와 화(和)가 이에 반항을 하자, 후예는 윤후(胤侯; 이 '윤'은 사람이라고도 하고, 나라의 이름이라고도 하는데, 확실치가 않다.)를 시켜 이들을 토벌하게 하였다. 토벌의 명분은 희와 화가 주색에 빠져 임무를 소홀히 하고 역법을 혼란스럽게 했다는 것이었다. 이 윤후가 출정에 앞서 군대를 모아 놓고 이 토벌의 정당성과 군인들의 사기를 북돋은 내용이 『서경(書經)』, 「하서(夏書)」, 「윤정(胤征)」 편에 실려 있다.

[389] 주(周)나라 선왕이 남쪽에 있는 초(楚)나라를 정벌한 것은 B.C.823에 일어난 일이다. 선왕 5년째 되는 해였다. 선왕은 방숙(方叔)을 장군으로 임명하고 병력 3천을 주어서 형만(荊蠻)을 정벌하게 하여 대승을 거두었다. 그리고는 방숙을 낙(洛)에 봉하고 자신의 장인인 신백(申伯)을 신(申; 지금의 河南省 南陽市)에 봉했다. 이들로 하여금 남방을 진무(鎭撫)하는 중요한 거점으로 삼고자 하는 책략에서였다.

유가 달랐다.[390] 그러므로 "성인은 이 신묘한 도에 의거하여 교화를 펼친다."[391]고 한다. 음은 귀(鬼)로서 오는 상황에서 나는 신(神)으로서 맞이해 가며, 펼치는 것이 망령되지 않고 교화에도 다함이 없으니, 잠시라도 공(功)을 들이지 않음이 없어서 쌓이는 해악을 아예 싹부터 없애 버린다.

聖人固不得已而用'觀', 然彼得已而不已者, 其後竟如之何也? 可以鑒矣. 故歌舞於堂則魅媚於室; 磔禳於戶則厲嘯於庭. 極於鬼神, 通於治亂, 道一而已. 然且有承極重難反之勢, 褻用其明威而不戒其瞻聽, 使潰敗起於一旦而莫之救, 徒令銜恤於後者悲憤填膺而无所控洩, 哀哉!

역문 성인은 진실로 어쩔 수 없어서 이 관괘䷓가 담고 있는 원리를 쓴다. 그러나 저들은 이미 뜻을 이루고서도 그치지를 않으니, 그 후에 마침내 어찌 될 것인가! 우리에게 반면교사가 될 수 있을 것이다. 그러므로 큰 마루에서 노래 부르고 춤을 추면 방에서 도깨비가 아양을 떨고, 문에서 접시로 푸닥거리를 하면 뜨락에서 여귀(厲鬼)가 휘파람을 분다. 귀(鬼)와 신(神)에게 극단적으로 굴면 치세를 이룰 수도 있고 난세를 이룰 수도 있다. 이들에 이르게 하는 원리는 동일할 따름이기 때문이다.

그러나 또한 극히 위중하여 돌이키기 어려운 세(勢)를 이어받은 상황에

---

390 중강과 주선왕은 바로잡고 지배 범위를 넓히기 위한 명분으로 정벌을 하였지만, 고종은 당시 혼란한 상황에서 국가의 기강과 정세를 주의 깊게 관찰하기 위해 공손하게 침묵함을 택하였으니, 이들은 다르다는 것이다. 이 고종이 취한 태도는, 관괘䷓의 구오·상구효 두 양효가 음들[아래 네 음효가 상징]이 점점 세력을 펼치며 세상을 지배해 가는 상황 속에서 그에 대처하는 훌륭한 방책에 해당한다는 것이다.

391 이는 이 관괘䷓의 『단전』에 나오는 말이다.

서, 하늘의 밝은 위엄을 더럽게 쓰면서 우러러보고 들어야 함을 경계하지 않는다면, 하루아침에 무너져 패함을 초래하여 구제할 수조차 없을 것이다. 한갓 후대에 마음속 깊이 큰 상처를 남겨 주어 비분이 가슴을 가득 채우고 토로할 곳조차 없게 하리니, 슬픈 일이로다!

서합괘

䷔噬嗑

'噬嗑', 用獄勑法者也, 而初·上何以被刑耶?

역문 서합괘䷔는 옥(獄)을 써서 법대로 다스리는 것이다. 그런데 초구·상구 효는 어째서 형벌을 받을까?

陰陽之合離也有數, 而其由離以合也有道. 物之相協, 感之以正, 則 配偶宜矣; 時之已乖, 强之以合, 則怨慝生矣. 九四之陽, 非其位也; 陰得朋以居中, 然且强入而與其上下之際, 則不可謂之知時而大其 辨矣. 爲初·上者, 乃挾頗心以平物, 含甘頤以和怨, 其能必彼之无 吐哉? 以理止爭, 狂戾爲之銷心; 以餌勸競, 猜疑所由增妒也. 初· 上頤之體, 二·五頤之虛, 業投實於虛中以使相離, 而又合之, 初· 上之自以爲功, 而不知其罪之積也. 此蘇秦之所以車裂, 而李嚴之 所由謫死也.

역문 음과 양이 합했다 떨어졌다 함에도 정해진 수(數)가 있고, 떨어져 있다 가 합함에도 다 법칙[道]이 있다. 이 세상 생명체들이 서로 협력하고 올바름으로써 감응한다면, 짝을 지음이 마땅할 것이다. 그러나 시간이 벌써 어긋나 서로 맞지 않은 상황에서 억지로 합하게 한다면 원망과 사특(邪慝)함이 생겨날 것이다.

이 서합괘䷔ 구사효의 양은 제대로 된 위(位)를 차지하고 있는 것이 아니다. 음들[육이·육삼·육오효]을 벗으로 얻어서 가운데 거처하고 있기는 하다. 그러나 억지로 들어가서 그 위아래로 교접하는 것들과 함께하고 있으니, 때를 안다거나 변별됨을 크게 여긴다고는 말할 수 없을 것이다.

이 서합괘䷔의 초효와 상효는 비뚤어진 마음을 가지고서 물(物)들을 균평하게 하고, 턱 속에 달콤한 것을 머금고서 이들이 서로에게 지닌 원망들을 화해시키려 하고 있다. 그러니 저들은 꼭 이를 토해 내려 할 것인데, 과연 이들 두 효가 그렇게 하지 않게 할 수 있을까? 이치로써 다툼을 그치게 하지만 광포(狂暴)함이 마음을 녹여 버리는데, 여기에 먹잇감으로써 다툼을 유발하니, 이로 말미암아서 시의심(猜疑心)은 질투를 더한다.

초구·상구효는 턱의 실체를 상징하고, 육이·육오효는 이 턱 속의 텅 빔을 상징한다. 그런데 초구·상구효는 본업(本業)상 그 텅 빈 속에다가 실(實; 구사효)을 던져 넣어서 서로 벌어졌다가 또 합하게 한다. 이들은 스스로 이를 공(功)으로 여기지만, 그 죄가 쌓여 감을 알지 못한다. 이러한 까닭에 소진(蘇秦; ?~B.C.284)은 수레에 사지가 찢어발겨지게 되었고,[392] 이엄

---

392 소진(?~B.C.284)은 전국시기에 활약했던 인물로서 종횡가로 알려져 있다. 귀곡자(鬼谷子)의 제자라고 한다. 그는 화려한 언변으로써 진(秦)나라를 제외한 여섯 나라[燕·趙·韓·魏·齊·楚]의 군주들을 설득하여 이들이 합종(合縱)하여 진나라와 맞서게 하는 합종책을 성공시켰다. 그래서 15년 동안 이들에게 평화의 시기를 가져다주며 진나라가 함곡관(函谷關) 밖으로 나오지 못하게 하였다. 이 동안 소진은 육국상인(六國相印)을 드리우고서 생애 최고의 영화를 누렸다.

그러나 이해관계에 기반을 둔 이 합종책은 얼마 안 가 무너졌다. 진(秦)나라가 공손연(公孫衍)을 사신으로 보내 제(齊)나라·위(魏)나라로 하여금 조(趙)나라를 공격하게 하자 합

(李嚴; ?~234)도 이러한 연유로 귀양 간 곳에서 죽었다.³⁹³

종책은 간단하게 깨져 버린 것이다. 이에 신변이 위험해진 소진은 조(趙)나라를 떠나 연(燕)나라로 갔고, 연나라에서도 머물 수 없게 되자 다시 제(齊)나라로 갔다. 마지막으로 몸을 의탁하였던 이 제(齊)나라에서 소진은 그와 더불어 제나라 왕의 총애를 다투던 인물에게 칼에 찔리는 중상을 당했다. 당시 제나라의 통치자였던 민왕(湣王)은 깜짝 놀라 흉수를 잡아들이라 했지만 잡을 수가 없었다.

이러한 상황에서 죽음이 임박하자 소진은 제민왕에게 흉수를 잡기 위한 계책을 바쳤다. 그가 죽은 뒤에 자신이 난을 일으켰다는 죄명으로 시중에서 사지를 찢어발기는 형벌을 내리게 했다. 그러면 흉수가 모습을 나타내리니, 그러면 그를 체포할 수 있다고 하였다. 제민왕은 소진의 계책대로 하였고, 그 결과 흉수를 체포할 수 있었다. 그리고 제민왕은 그 흉수를 죽였다.

왕부지는 여기에서 소진의 이러한 비극적 죽음이 그의 합종책에 있다고 보고 있다. 당시 육국은 합해질 수 없는, 설사 잠시 합한다고 하더라도 부실해서 금방 허물어질 수밖에 없는 관계와 형세 속에 있었음에도 불구하고 억지로 이들을 합하게 했으니, 실패할 수밖에 없었다는 것이다. 합종이 15년 동안 유지된 것을 두고 소진은 자신의 공(功)으로 여기며 자득하였지만 이들의 합종은 간단히 무너지고 말았으며, 결국 이것이 자신의 비극적 죽음으로까지 귀결되었다는 것이다.

왕부지는 여기에서 소진의 이러한 비극적 죽음을 예로 들며, 이 서합괘䷔의 의미를 더욱 구체적으로 설명하고 있다. 초구효와 상구효가 속에 이물질[구사효]이 있어서 합해질 수 없는 것들을 억지로 속에 집어넣고 꽉 다물고서 합함을 추구하지만, 심지어 달콤한 것[합종책을 상징함]을 머금고서 이를 유지해 보려 하지만, 결국은 이들이 토해 내고 만다는 것이다. 이는 육국의 합종책이 실패함을 상징한다. 만약에 소진이 지혜로웠다면, 이때는 이들이 합해질 수 없으며 서로 떨어진 채로 있는 것이 더 나았으니 그대로 두었어야 한다[知時而大其辨]는 것이다.

393 이엄은 나중에 이평(李平)으로 개명하기도 하였다. 삼국 시기 형주(荊州)의 남양군(南陽郡) 출신이다. 이곳은 오늘날의 하남성(河南省) 남양시에 해당한다. 이엄은 촉한(蜀漢)의 중신(重臣)으로서 그의 출중한 능력으로써 이름을 날린 인물이다. 특히 유비가 한중(韓中)을 공격하고 있을 때 이 틈을 타서 침공해 오는 도적들을 물리침으로써 큰 공을 세웠다. 이러한 공로를 인정하여서 유비(劉備)는 임종(臨終) 시 제갈량·이엄 두 사람에게 아들 유선(劉禪; 207년~271년)을 함께 잘 보필해 줄 것을 부탁하였다. 이엄은 제갈량과 함께 유비의 '탁고대신(托孤大臣)'이었던 것이다. 그리고 유비는 유명(遺命)으로 이엄에게 내외의 병권을 홀로 장악하게 명하였다.

그런데 이엄은 이후 이러한 권력을 이용하여 자신의 이익만 챙길 뿐, 나라를 걱정하는 일은 하지 않았다. 제갈량의 북벌(北伐)에 대해서 온갖 핑계를 대며 딴죽을 걸었고, 북벌에 나선 제갈량에게 후방을 맡은 이엄이 장맛비가 엄청 내려서 군량을 보낼 수 없다고 회군하게 해놓고는, 막상 제갈량이 돌아오자 군량은 충분한데 왜 회군하였느냐고 딴소리를 했다. 그리고는 후주(後主) 유선에게 제갈량이 거짓으로 퇴각한 것은 위군(魏君)을 유혹하여 싸

且初·上之欲噬以嗑之者, 將何爲耶? 欲强陰以從陽, 則屈衆以就寡; 欲强陽以順陰, 則墮黨以崇讐. 屈衆就寡, 武斷而不智; 墮黨崇讐, 背本而不仁. 施勞於疑戰之世, 取利於壺飧之間, 小人所以甘鉗鈇而如飴也, 豈足恤哉!

역문 초구·상구효가 씹으면서 입을 다물고자 하는 것은 장차 무엇을 하고자 하는 때문일까. 만약에 음들[육이·육삼·육오효]을 강하게 하여 양[구사효]을 좇게 하는 것이라면, 다중을 굴복시켜서 적은 쪽으로 가게 하는 것이다. 그렇다고 양[구사효]을 강하게 하여 음들[육이·육삼·육오효]에게 순종하게 하려는 것이라면 자기 당파를 무너뜨려서 원수를 높이는 것[394]이다. 다중을 굴복시켜 적은 쪽으로 가게 함은 무력으로 강박하는 것이며 지혜롭지 않다. 그렇다고 자기 당파를 무너뜨려서 원수를 높이는 것은 근본을 배반하는 것이며 어질지 않다. 이는 의심하며 싸움을 벌이는 세상[395]에서 수고를 하는 것이고, 병에다 따뜻한 탕과 밥을 들고 따라가는[396] 그 순간에 이

움을 벌이려는 것이라고 모함하였다. 이에 제갈량은 전후로 주고받은 서신들을 공개하며 사실을 정확하게 밝히고 유선에게 그를 탄핵하라는 상소를 올렸다. 그 결과 이엄은 결국 병권을 빼앗기고 신분도 서민으로 떨어졌으며 자동(梓潼)으로 유배되었다. 제갈량이 죽은 뒤 이엄은 자신이 다시는 재기할 수 없음을 알고 우울증에 시달리다가 병으로 죽었다.

394 '자기 당파를 무너뜨려서 원수를 높이는 것(墮黨崇讐)'은 『춘추좌씨전(春秋左氏傳)』, 「애공(哀公)」 12년 조에 나오는 말이다.

395 이는 곤괘☷☷ 상육효가 상징하는 세상을 말한다. 온통 음(陰)들뿐이기 때문에 이 음들은 아예 양(陽)이 없다고 보고는 자기들 세상이라 여겨 싸움을 벌인다는 것이다. 그래서 그 효사는 "용들이 들에서 싸우니 그 피가 터져 거무튀튀하고 누렇게 질펀하다.(龍戰于野, 其血玄黃.)"로 되어 있다.

396 이는 『춘추좌씨전』, 「희공(僖公)」 12년 조에 나오는 말이다. 진(晉)나라 문공(文公)이 원(原)나라의 대부로 누구를 임명하는 것이 좋을까에 대해 시인(寺人) 발제(勃鞮)에게 묻자, 발제는 옛날에 조최(趙衰)가 병에다 따뜻한 탕과 음식을 담아서 따라가다가 뒤떨어져 샛길로 찾아갈 때, 자신이 배가 고팠지만 먹지 않고 그것을 그대로 가지고 갔던 사람이라고 하면서 천거하였다. 그래서 문공은 조최를 원나라 대부로 삼았다고 한다.

익을 취하는 것이다. 이러한 이유 때문에 소인들은 칼과 도끼를 마치 엿처럼 달게 여기는 것이니, 어찌 이들에게 연민을 정을 가질 수 있겠는가!

然則初之惡淺而上之惡積者, 何也? 初者'震'之主, 任奔走之勞, 而下頷以齧堅致力; 上者'離'之終, 衒微明之慧, 而上齦以貪味爲榮. '震'求合'離', 而所噬在他, 故二·三可以亡怨; '離'求合'震', 而所噬在我, 故九四早已傷心. 則上之惡積而不可揜, 五其能揜之哉? 夫虛己而不爭, 履中而不暱, 游於强合不親之世, 屬而不失其貞者, 唯五其能免夫!

역문 그렇다면 초구효의 악(惡)은 얕아서 얼마 안 되고 상구효의 악은 누적된 것이라 함은 무슨 의미이겠는가. 초구효는 진괘☳의 주체로서 분주히 수고하는 책임을 맡고 있고, 아래턱으로서 단단한 것을 씹으며 온힘을 다한다. 이에 비해 상구효는 리괘☲의 끝자리에 있는 것으로서 미미하게 밝은 지혜를 자랑하고 다니며, 위 잇몸은 맛을 탐하는 것을 영예로 여긴다. 진괘☳가 리괘☲와 합함을 추구하는 데서는 타자에 의해서 씹힌다. 그러므로 육이·육삼효로서는 그에게 원망함이 없을 수 있다. 이에 비해 리괘☲가 진괘☳와 합함을 추구하는 데서는 나에게 타자들이 씹히는 것이기 때문에 구사효가 일찌감치 벌써 마음을 상한다. 그래서 상구효의 악함은 누적되어서 덮을 수가 없으니, 육오효가 이를 덮어 줄 수 있겠는가? 자기 자신을 텅 비우고서 싸움을 벌이지 않으며 중앙에 거처한 채 친밀함을 나누지 않는 이, 그리하여 억지로 합한 것이기에 결코 친할 수 없는 상황에서 노니는데도 위태롭기는 하지만 그 올곧음을 잃지 않는 이, 오직 이 육오효만이 면할 수 있을 것이로다!

비괘

䷕ 賁

一

'噬嗑', 非所合也; '賁', 非所飾也.

역문 서합괘䷔는 합쳐지지 않음을 드러내고, 비괘(賁卦)䷕는 꾸며지지 않음을 드러내고 있다.[397]

'頤'外實而中虛, 外實以成形, 中虛以待養. 虛中以靜, 物養自至. 飮食男女, 无師而感, 因應而受, 則倫類不戒而孚, 禮樂因之以起. 其合也爲仁, 其飾也爲禮. 太和之原, 至文之撰, 咸在斯也. 故曰, "无欲故靜". 无欲者, 不先動, 動而不雜者也. 自陽入四以逼陰而陰始疑, 入三以間陰而陰始駁. 疑, 乃不得已而聽合於初 · 上; 駁, 乃姑相與用而交飾於二 · 四. 皆以增實於虛, 旣疑旣駁而理之, 故曰: '噬嗑', 非所合也; '賁', 非所飾也.

---

397 이들 두 괘는 서로 종(綜)의 관계를 이루고 있다. 그래서 왕부지가 이렇게 이 두 괘를 짝지어 비교하며 논하고 있다.

역문 이괘(頤卦)☲는 밖은 알차면서도 속은 비어 있다. 그래서 밖의 알참으로써 형체를 이루고, 속을 텅 비운 채 길러지기를 기다린다. 속을 텅 비운 채 고요하기 때문에 생명체[物]들의 길러짐이 저절로 이른다. 음식에 대해서나 남녀 사이에는 누군가의 가르침이 없더라도 느낌이 오고,[398] 대상에 응함으로 말미암아 받아들인다. 그러므로 여기에서는 무리들 사이에 경계하지 않으며 믿는다.

예악은 이로 말미암아서 일어난다. 이들이 하나의 무리로 합하게 하는 것은 인(仁)이고, 아름답게 꾸미는 것은 예(禮)다. 이 세계 전체가 거대하게 조화를 이루는 근원과 지극히 아름다움을 드러내며 해내는 일은 그 위엄이 바로 여기에 있다. 그러므로 "아무런 욕구도 없기 때문에 고요하다."[399]고 하는 것이다. 욕구가 없는 이는 먼저 움직이지 않으며, 움직이더라도 잡되지 않다.

이 이괘☲의 4효의 위(位)에 양(陽)이 들어가서 음(陰)을 핍박하게 되면[400] 음들이 비로소 의심을 내게 되고, 3효의 위(位)에 양이 들어가서 음들의 사이를 갈라놓으면[401] 음들이 비로소 잡박하게 된다. 의심을 받기 때문에 어쩔 수 없이 서합괘☲에서 구사효는 초구효와 상구효의 명령을 따르며 합치한다. 그리고 잡박하기 때문에 비괘(賁卦)☲에서는 잠시 함께 작용

---

398 음식(飮食)·남녀(男女)는 식욕(食欲)과 색욕(色欲)을 상징하는 말이다. 『예기』, 「예운(禮運)」 편에서 "음식남녀에는 사람의 큰 욕구가 자리 잡고 있다.(飮食男女, 人之大欲存焉)"라 하고 있다. 따라서 굳이 스승의 가르침이 없더라도 느낌이 온다고 하는 것이다.

399 주돈이의 『태극도설』에 나오는 말이다. 주돈이는 사람 세상을 세우고 운용하기 위한 표준으로 '인의(仁義)'와 '중정(中正)'을 내세웠고, 이를 이루기 위해서는 '고요함을 위주로 해야 함[主靜]'이라는 방법을 주창하였다. 그리고 그 구체적인 내용을 이렇게 "욕구가 없기 때문에 고요하다."라고 했던 것이다.

400 이렇게 하면 서합괘(噬嗑卦)☲를 이루게 된다.

401 이렇게 하면 비괘(賁卦)☲를 이루게 된다.

하면서 육이 · 육사효와 사귀면서 꾸며 준다. 이들 구사효 · 구삼효 모두는 이괘☲의 텅 빔에 알참을 보태 준 것인데, 이미 의심을 받고, 이미 잡박하면서도 이들을 다스린다. 그러므로 '서합(噬嗑)'이라 하여 합쳐지는 것이 아니고, '비(賁)'라 하여 꾸미는 것이 아니다.

夫'頤'以含虛爲德, 而陽入焉. 其能效品節之用者, 唯'損'乎! 二與初連類以生而未雜, 故 "二簋可用享", 猶未傷其靜虛之道也. 若乃以損爲約, 而更思動焉, 則分上文柔, 柔來文剛之事起, 而遂成乎'賁'. 處損約之餘, 猶因而致飾, 此夫子所以筮得'賁'而懼也.

역문 이괘(頤卦)☲는 '속이 텅 빔[含虛]'을 그 덕(德)으로 하고 있는데, 여기에 양(陽)들이 들어가게 된다. 이렇게 하여 이루어지는 괘들 속에서도 품계(品階)에 딱딱 들어맞는 쓰임의 효과를 이룰 수 있는 괘는 오로지 손괘(損卦)☲로다! 이 손괘(損卦)☲에서는 구이효가 초구효와 함께 연대하여 하나의 부류를 이루어서 생겨나며 잡되지 않다. 그러므로 "두 개의 제기면 얼마든지 제물(祭物)을 담아 올릴 수 있다."[402]고 하니, 오히려 이괘(頤卦)☲의 특성인 고요하고 텅 빔의 도(道)를 상하게 하지 않고 있다.

만약에 이 손괘☲에 덜어냄[損]을 간약함[約]으로 삼아서 한 발 더 나아가 움직여야 한다고 생각한다면, 초구 · 구이 두 양효 가운데 구이효가 나뉘어 위로 가서 부드러움[柔]을 문채가 나게 해 주고, 이제 그 자리에 부드러움[柔]이 와서 굳셈[剛]들을 문채가 나게 해 주는 일이 일어나리니, 이렇게 하여서는 마침내 비괘(賁卦)☲가 이루어진다.[403] 이처럼 덜어 내고 간약히

---

402 이는 손괘(損卦)☲ 괘사에 나오는 말이다.
403 이는 비괘(賁卦)☲ 『단전』의 "비괘가 형통함은 부드러움[柔]이 와서 굳셈[剛]을 빛나게 하

한 이후의 상황에서도 오히려 꾸며 줌을 이루니, 바로 이러한 이유 때문에 공자께서는 시초점을 쳐 이 비괘(賁卦)☶☲를 얻고서는 두려워하시게 되었던 것이다.[404]

夫子之世, '賁'之世也, 夫子之文, 非'賁'之文也. 履其世, 成其家, 君
子猶自反焉, 不謂世也, 是以懼. 若夫'賁', 則惡足以當天人之大文,
善四時之變, 成天下之化哉!

역문 공자님이 살았던 세상은 이 비괘(賁卦)☶☲가 상징하는 꾸밈이 필요한 세상이었지만, 공자님의 문채는 이 비괘(賁卦)☶☲가 상징하는 문채가 아니었다. 그는 당시 세상을 살면서 그 가정을 이루었지만, 군자는 오히려 거기

기 때문에 형통한 것이다. 나뉜 굳셈이 올라가서 부드러움을 빛나게 하니, 그래서 작은 것이 가는 데 이롭다.('賁', 亨, 柔來而文剛, 故亨. 分剛上而文柔, 故小利有攸往.)"는 말을 끌어들여서 하는 말이다.

404 이는 『공자가어(孔子家語)』에 나오는 말을 인용하는 것이다. 『공자가어』, 「호생(好生)」편에서는, 공자가 일찍이 스스로에 대해 시초점을 쳐서 비괘(賁卦)☶☲를 얻었는데, 두려움에 젖어 얼굴색이 변하며 마땅치 않아 하는 모습이었다고 한다. 이에 자장(子張)이, "제가 듣기로는 점치는 사람이 이 비괘(賁卦)☶☲를 얻으면 길하다고 하였습니다. 그런데 지금 선생님께서는 마땅치 않아 하는 기색이시니, 어째서입니까?"라고 물었다. 그러자 공자가 "바로 리괘☲ 때문이다. 『주역』에서는 산 아래 불이 있는 것을 비괘(賁卦)☶☲라 하는데, 이는 올바른 색을 드러내는 괘가 아니다. 바탕으로는 검은색과 흰색이 올바른 것이다. 나는 지금 이 비괘(賁卦)☶☲를 얻었는데, 이는 나에게 어울리는 조짐이 아니다. 내가 듣기로는, 단청을 한 것에는 더 이상 꾸미지 않고, 흰 옥도 더 이상 다듬지 않는다고 하더라. 왜냐하면, 이들 자체만으로도 바탕이 충분하고도 남아서, 더 꾸민다고 하여 더 좋아지지 않기 때문이다."라고 하였다.(孔子嘗自筮, 其卦得'賁'焉, 愀然有不平之狀. 子張進曰, "師聞卜者得'賁'卦, 吉也; 而夫子之色有不平, 何也?" 孔子對曰, "以其'離'邪. 在『周易』, 山下有火謂之'賁', 非正色之卦也. 夫質也, 黑白宜正焉. 今得'賁', 非吾兆也. 吾聞丹漆不文, 白玉不瑑, 何也? 質有餘, 不受飾故也.") 비괘(賁卦)☶☲는 꾸밈을 나타내는 괘다. 그리고 취상설에 의할 때, 이 비괘의 상괘[悔卦]인 간괘☶는 산을 상징하고, 하괘[貞卦]인 리괘☲는 불을 상징한다. 그래서 공자는 이렇게 말하고 있는 것이다. 왕부지는 이 비괘(賁卦)☶☲에 세상을 문채 나게 꾸밈의 의미가 없다고 보는 것이다.

에서 자신을 돌아보며 잘못의 원인을 찾지 '세상이 그러하다'고 하지 않는
다. 그래서 두려워하신 것이다. 그런데 이 비괘(賁卦)☷☲라면 어찌 하늘과
사람이 내는 위대한 문채, 사계절의 변화를 잘 돌림, 온 세상 사람들 교화
를 이루어 냄에 충분히 해당하겠는가!

禮者, 仁之實也, 而成乎虛. 无欲也, 故用天下之物而不以爲泰; 无
私也, 故建獨制之極而不以爲專. 其靜也正, 則其動也成章而不雜.
增之於'頤'之所不受, 則雜矣; 動之於'損'而相爲文, 則不成乎章矣.
分而上, 來而文, 何汲汲也! 以此爲文, 則忠信有涯而音容外貸, 故
老子得以譏之曰, "禮者忠信之薄而亂之首也"彼惡知禮! 知賁而已
矣, 則以禮爲賁而已矣.

역문 예(禮)라는 것은 인(仁)의 실질인데, 자신을 텅 비움에서 이루어진다.[405]
그래서 욕심이 없기 때문에 이 세상의 모든 것들을 다 쓰지만 사치스럽다
하지 않고,[406] 사사로움이 없기 때문에 혼자서 세상 사람들을 제어하는 표
준을 세우지만 전횡이라 여기지 않는다. 사람이 예를 잘 지키면 고요히 홀
로 있을 적에 올바르니, 움직여 행동하게 되어서도 행위의 완결된 아름다

---

405 이는 공자의 '자기[본능・욕구]를 누르고 예를 회복함이 인을 행하는 것이다.(『論語』, 「顏
淵」: 克己復禮爲仁.)'라는 패러다임을 따르는 말이다.

406 이는 맹자가 제후들에게 유세(遊說)하고 다니던 자신의 행위에 대해서 쓴 표현이기도 하
다. 팽경(彭更)이 맹자에게 "수십 대의 마차를 뒤따르게 하고 수백 명의 종자를 거느린 채
돌아다니면서 제후들에게 밥을 얻어먹으니, 너무 사치스럽지[泰] 않습니까?" 하고 묻자, 맹
자는 "도(道)에 어긋난다면 도시락 하나라도 남에게 받아먹어서는 안 되지만, 도(道)에 마
땅할 것 같으면 순(舜)임금이 요(堯)임금으로부터 천하를 받은 것도 사치스럽다고 하지 않
는다. 그대는 사치스럽다고 보는가?"라고 반문하였다.(『孟子』, 「滕文公 下」: 彭更問曰, "後
車數十乘, 從者數百人, 以傳食於諸侯, 不以泰乎?" 孟子曰, "非其道, 則一簞食不可受於人;
如其道, 則舜受堯之天下, 不以爲泰, 子以爲泰乎?")

움을 이루면서 잡스럽지 않다.

이괘(頤卦)䷚가 받아들이지 않는 것에게 보태면 잡스럽게 되고,[407] 손괘(損卦)䷨에서 움직이면 서로 꾸며 주니 행위의 완결된 아름다움을 이루지 못한다. 그런데도 나뉘어 위로 올라가고 그 자리에 내려와서 꾸며 줌을 어찌 그리 급급(汲汲)해한단 말인가![408] 만약에 이를 문채 나는 것으로 여긴다고 할 것 같으면, 충심(衷心)과 믿음성을 드러냄에 한계가 있을 것이고, 목소리와 용모도 남들 보기 좋게 겉으로 꾸며 댈 것이다.

그러므로 노자는 이를 근거로 예를 비방하여 "예라는 것은 충심(衷心)과 믿음성이 엷어서 생겨나며 사람 세상을 어지럽히는 데서 으뜸이다."라고 한다. 그런데 그가 어찌 예를 알리오! 그는 이렇게 겉으로 꾸며 냄만을 알 뿐이다. 그래서 우리 유가의 예가 그저 겉으로 꾸며 냄이라고만 여기고 있을 따름이다.

夫情无所豫而自生, 則禮樂不容闋也. 文自外起而以成乎情, 則忠信不足與存也. 故哀樂生其歌哭, 歌哭亦生其哀樂. 然而有辨矣. 哀樂生歌哭, 則歌哭止而哀樂有餘; 歌哭生哀樂, 則歌哭已而哀樂无據. 然則當其方生之日, 早已倘至无根, 而徇物之動矣. 此所謂 "物至知知, 而與俱化"者矣. 故曰: '賁'者, 非所飾也. 非所飾也, 其可以

---

407 이는 비괘(賁卦)䷕에 대해서 하는 말이다. 이괘(頤卦)䷚의 텅 빈 음들 속에 구삼효의 양이 들어가 있기 때문이다. 왕부지는 이를 '보태 줌[增之]'이라 보는 것이다. 그런데 그 결과로서의 비괘(賁卦)䷕에 대해 잡스럽다고 하니, 여기에서 왕부지의 비괘䷕에 대한 관점을 확인할 수 있다.

408 이 또한 비괘(賁卦)䷕가 된다는 의미다. 손괘(損卦)䷨에서 구이효가 3효의 위(位)로 가고 그 자리에 있던 음효가 2효의 위(位)로 내려오면 역시 비괘䷕가 되기 때문이다. 그런데 왕부지는 이 비괘䷕에서는 음과 양이 서로 꾸며 주니 행위의 완결된 아름다움을 이루지 못한다고 보고 있다. 그래서 이에 급급해할 필요가 없다는 것이다.

爲文乎!

인간의 정서는 미리 알 수 없는 속에서 절로 일어나니, 예와 악은 틀어 막을 수가 없다. 문채는 밖에서 일어나서 우리 정서에서 완성되기 때문에, 충심(衷心)과 믿음성은 이것과 함께 존재하기가 어렵다. 그러므로 슬픔과 즐거움은 노래와 통곡을 만들고, 노래와 통곡도 그 슬픔과 즐거움을 낳는다.

그러나 이들 사이에 구별됨도 있다. 슬픔과 즐거움이 노래와 통곡을 낳으면, 노래와 통곡이 그치더라도 슬픔과 즐거움에는 여운이 남는다. 반대로 노래와 통곡이 슬픔과 즐거움을 낳으면, 노래와 통곡이 끝남에 슬픔과 즐거움은 의거할 것이 없어진다. 이러하기 때문에 이것들이 막 생겨난 날 일찌감치 끝나며 갑자기 이것들에 아무런 근거가 없음에 이르고, 생명 있는 것들[物]의 움직임을 따라서 돈다. 이것이 "외물이 이르기에 앎이 이루어지고 더불어 화한다."라고 하는 말의 의미다. 그러므로 이 비괘(賁卦)☲ 가 상징하는 의미는 꾸며지지 않음이다. 꾸며지지 않는데도, 이것이 문채를 이룰 수가 있겠는가!

天虛於上, 日星自明; 地靜於下, 百昌自榮; 水无質而流游, 火无體而章景; 寒暑不相侵, 玄黃不相間; 丹堊麗素而發采, 簫管處寂以起聲. 文未出而忠信不見多, 文已成而忠信不見少. 何分可來! 何文可飾! 老氏固未之知, 而得摘之曰: '亂之首'與?

하늘은 위에서 텅 비어 있는데 해와 별이 스스로 밝게 빛나고, 땅은 아래에서 고요하게 있는데 온갖 생명체들이 저절로 번식한다. 물은 아무런

질(質)이 없는데도 흘러가고 물결을 일으키며, 불은 몸뚱이가 없는데도 밝
게 빛을 내고 그림자를 드리우게 한다. 추위와 더위는 서로 침범하지 않
고, 검은 저 하늘과 노란 저 땅은 서로에게 끼어들지 않는다. 붉은 칠을 한
벽은 바탕을 화려하게 하며 채색을 발하고, 퉁소와 관악기들은 고요함에
서 소리를 일으킨다. 문채가 드러나지 않아서는 충심(衷心)과 믿음성이 많
이 보이지 않지만, 문채가 이미 이루어져서는 충심(衷心)과 믿음성이 결코
적게 드러나지 않는다. 그러니 어찌 나누어서 오게 할 수 있고,[409] 어찌 문
채를 꾸며 낼 수 있으리오! 노씨[老子]는 이를 모르기에 그저 "사람 세상을
어지럽히는 데서 으뜸이다."라 지적할 수 있을 것이로다!

至實者大虛者也, 善動者至靜者也, '頤'以之矣. 无師而感, 因應而
受, 情相得而和則樂興, 理不可違而節具則禮行. 故禮樂皆生於虛
靜之中. 而記『禮』者曰, "禮自外來", 是'賁'之九三, 一陽揭至者也.
乃以啟滅裂者之囂訟, 夷人道於馬牛, 疾禮法如仇怨, 皆其有以激之
也. 故夫子之懼, 非徒以其世也, 甚懼於'賁'之疑於文, 而大文不足以
昭於天下也. '賁'者, 非所飾也, 而豈文之謂哉!

역문 지극히 알찬 것은 거대하게 텅 비어 있는 것이고, 잘 움직이는 것은 지
극히 고요한 것이다. 이괘(頤卦)䷚는 바로 이를 드러내고 있다. 배운 적이
없이 느끼고, 응함으로 말미암아서 받아들이며, 정서가 서로 맞아떨어져
서 어울리면, 악(樂)이 일어난다. 그리고 이치를 어기지 못하여서 절도에

---

409 손괘(損卦)䷨에서는 초구·구이효가 연대해서 무리를 이루고 있다. 그런데 왕부지는 '손
(損)'의 또 다른 의미인 '간약함[約]'의 미덕을 발휘하기 위해, 구이효가 초구효와 연대를 이
루고 있던 데서 나뉘어 3효의 위(位)로 옮으로써 이루어진 괘가 바로 이 비괘(賁卦)䷕라 본
다. 그래서 이렇게 말하는 것이다.

맞음이 갖추어지면 예가 행해진다. 그러므로 예와 악은 모두 텅 빈 고요 속에서 생겨난다.

그래서 예(禮)를 기록하는 이들은 "예는 밖에서 온다."라고 말하는데, 이는 비괘(賁卦)☲의 구삼효에 해당하며, 이것은 하나의 양(陽)이 원래 손괘(損卦)☶ 구이효의 위(位)에서 떠나온 것이다. 그리하여 이제 비괘(賁卦)☲를 이루었으니, 서로 마음이 갈가리 찢어진 것들에게 어리석은 송사를 일으키게 꼬드기고, 인도(人道)를 말이나 소 같은 것들에게 평탄하게 내주며, 예법을 원수와도 같이 아니꼽게 본다. 이들 모두에는 그들을 자극함이 있는 것이다.

그러므로 공자님께서 두려워하신 것은 한갓 당시의 세상이 아니었다. 더욱 두려워하신 것은, 이 비괘(賁卦)☲가 상징하는 꾸밈을 문채로 의심한 나머지 위대한 문채를 온 세상에 밝게 드러낼 수 없는 것이었다. 이 비괘☲가 상징하는 것은 꾸미는 것이 아닌데 어찌 문채를 낸다고 하리오!

二

及情者文, 不及情者飾. 不及情而強致之, 於是乎支離漫瀾, 設不然之理以給一時之辨慧者有之矣. 是故禮者文也, 著理之常, 人治之大者也, 而非天子則不議, 庶人則不下. 政者飾也, 通理之變, 人治之小者也, 愚者可由, 賤者可知, 張之不嫌於急, 弛之不嫌於緩. 故子貢之觀蜡而疑其若狂. 禮以統治, 而政以因俗, 況其在庶焉者乎! 是以'賁'不可與制禮, 而可與明庶政, 所飾者小也.

사람의 정서에 영향을 미치는 것은 문채요, 정서에 영향을 미치지 못하는 것은 겉으로 꾸밈이다. 정서에 영향을 미치지도 못하는데도 억지로 그렇게 하니, 이에 사람들이 지리멸렬해지는 것이다. 그리고 그렇지 아니한 이치를 펼쳐서 한때의 머리 좋고 담론 잘하는 이들에게 논란거리로 주기도 한다.

이러한 까닭에 예(禮)는 문채로서 이치의 한결같음[常]을 드러내고 있으니, 사람이 다스리는 것에서 큰 것이다. 그래서 천자가 아니면 이 예를 의론하지 않고, 서민들은 이를 손아귀에 넣지 못한다. 이에 비해 정치는 꾸미는 것으로서 이치의 변함[變]에 통한다. 이것은 사람이 다스린 것 중에서 작은 것이다. 그래서 어리석은 사람도 이를 지켜서 행할 수 있고, 미천한 사람도 알 수가 있다. 팽팽히 당긴다 하더라도 이들은 상황이 급하다고 여겨서 꺼리지 않고, 늦추더라도 이들은 상황이 느슨하다고 여겨서 꺼리지 않는다. 그러므로 자공은 납향제를 구경하고서 온 나라 사람들이 마치 미친 것 같다고 의심하였던 것이다.[410] 예는 통치하는 것이고 정치는 민속을 반영하여 하는 것이거늘, 하물며 잡다한 것들에서야! 그러므로 이 비괘(賁

---

[410] 『예기』, 「잡기(雜記) 하(下)」 편에 나오는 내용이다. 자공이 납향제를 구경하고 오자 공자가 그에게 즐거웠더냐 하고 물었다. 이에 자공이, "온 나라 사람들이 모두 미친 것 같았습니다만, 저는 즐거운 줄을 모르겠습니다."라고 대답하였다. 자공으로서는 사람들이 그렇게 있는 대로 풀어져서 맘껏 흥청대는 광경을 보고는 쉬 마음이 그들에게 동화되지 않았던 것이다. 그러자 공자는, "저 백성들이 100일 동안 애써서 농사지은 것을 가지고 신에게 고(告)하는 것이 납향제인데, 저들이 이날 하루 저렇게 먹고 마시며 즐겁게 놀도록 하는 것은 임금이 주는 혜택이다. 그러니 너로서는 알 까닭이 없지. 그들을 마치 활시위를 팽팽히 당기기만 하고 늦추지 않는 것처럼 강박하는 것은 문왕·무왕도 할 수 없었다. 그렇다고 늦추어 주기만 하고 팽팽히 당기지 않는 것을 문왕·무왕은 하지 않으셨다. 한 번은 당겼다 한 번은 늦추었다 하는 것이 문왕·무왕의 통치 방식이었다."라고 깨우쳐 주었다고 한다. (『禮記』, 「雜記 下」: 子貢觀於蜡, 孔子曰, "賜也, 樂乎?" 對曰, "一國之人皆若狂, 賜未知其樂也." 子曰, "百日之蜡, 一日之澤, 非爾所知也. 張而不弛, 文武弗能也. 弛而不張, 文武弗爲也. 一張一弛, 文武之道也.")

卦)䷕가 드러내는 것으로써는 예를 제정하는 데서 반영할 수가 없지만, 다른 잡다한 정사를 밝히는 데서는 반영할 수가 있다. 꾸미는 것이 작기 때문이다.

若夫刑, 則大矣. 五禮之屬三千, 五刑之屬三千, 出彼入此, 錯綜乎生殺以爲用. 先王之愼之, 猶其愼禮也. 而增之損之, 不因乎虛靜之好惡, 强以剛入而緣飾之, 則刀鋸之憯, 資其雕刻之才, 韓嬰所謂 "文土之筆端, 壯士之鋒端", 良可畏也. 故曰'文致', 曰'深文', 曰'文亡害'. 致者, 非所至而致之, '賁'之陽來而无端者有焉; 深者, 入其藏而察之, '賁'之陽入陰中而間其虛者有焉; 亡害者, 求其過而不得, '賁'之柔來文剛者有焉. 戒之曰'无敢折獄'. '无敢'者, 不忍之心所悚肌而震魄者也. 操刀筆以嬉笑, 臨鈇鑕而揚眉, 民之淚盡血窮 · 骸霜骴露者不可勝道, 然且樂用其'賁'而不恤, 則'敢'之爲禍, 亦烈矣哉!

역문 형(刑)은 큰 것이다. 오례(五禮)에 속한 것이 3천이고, 오형(五刑)에 속한 것도 3천이다. 그래서 오례에서 빼내서 오형에 넣기도 하고 오형에서 빼내서 오례에 넣기도 하며 백성들을 살리고 죽이는 데서 이것들을 뒤섞어서 쓴다. 선왕들께서 이를 신중히 하셨던 것은 마치 예(禮)를 신중히 함과 같았다. 물론 보태기도 하고 덜어 내기도 하였다.

그런데 이것이 마음을 텅 비우고 고요히 한 상태에서의 호(好)·오(惡)로 말미암지 않고 억지로 굳셈[剛]을 집어넣고 이를 인연 삼아서 꾸며 댄다면,[411] 이는 칼과 톱이라는 형구(刑具)를 써서 참혹하게 하는 것이며, 파고

---

411 이는 이 비괘(賁卦)䷕의 괘상을 놓고 하는 말이다. 앞에서 말한 것처럼, 이괘(頤卦)䷙의 3효 위(位)에다 억지로 굳셈[剛]을 집어넣은 것이 이 비괘(賁卦)䷕라 보며, 이 괘는 '겉으로

새기는 재주에 의존하는 것이다. 그래서 한영(韓嬰; 약 B.C.200~B.C.130)[412]
은 '문사의 붓끝, 장사의 칼끝'을 피해야 한다고 했던 것이니,[413] 진실로 이
는 두려워해야만 할 것이다.

그러므로 '문치(文致)'[414]라고도 하고, '심문(深文)'[415]이라고도 하며, '문장
에 해로움이 없음'이라고 한다. 여기에서 '치(致)'는 이른 적조차 없는데도
그 짓을 한 것으로 해 버리는 것이다. 이 비괘(賁卦)☲☶에서 보면, 양(陽)이
왔는데 아무런 근거도 없이 그에게 혹시 죄가 있을지도 모른다고 함이다.

꾸며 댐[飾]'을 표상하고 있다고 보는 것이 왕부지의 견해다.

412 한영은 한(漢)나라 초기 문경지치(文景之治)를 이루던 시기에 활약한 인물로서 유명한 금
문경학자다. 특히 그는 『시경』의 연구에서 탁월한 실력을 보여 주었다. 그래서 그가 『시경』
을 풀이한 『한시(韓詩)』는 원고생(轅固生)의 『제시(齊詩)』, 신배(申培)의 『노시(魯詩)』와
함께 '삼가시(三家詩)'로 병칭된다. 한영은 문제(文帝) 때에는 박사(博士)에 임명되었고, 경
제(景帝) 때에는 벼슬이 상산태부(常山太傅)에 올랐다. 그래서 그를 '한태부(韓太傅)'라 부
르기도 한다. 그는 『한시내전(韓詩內傳)』, 『한시외전(韓詩外傳)』, 『한설(韓說)』 등을 지었
다고 하는데, 남송 이후에는 『한시외전』만이 전해지고 있다. 그리고 이것도 후인들이 손
을 본 것일 가능성이 매우 높다고 여겨지고 있다. 『한시외전』은 한영 스스로 먼저 교훈적
인 의미를 논한 뒤, 이와 관련된 『시경』의 구절을 끌어다가 자신의 논지에 대한 설득력을
높이는 형식으로 이루어져 있다.

413 한영(韓嬰)의 『한시외전(韓詩外傳)』 권7에 나오는 말의 일부다. 거기에서 한영은 문사의
붓끝, 무사의 칼끝, 변사의 혀끝 등 '3가지 끝'을 피해야 한다고 하고 있다.(傳曰, "鳥之美羽
勾喙者, 鳥畏之; 魚之侈口垂腴者, 魚畏之; 人之利口贍辭者, 人畏之. 是以君子避三端: 避文
士之筆端, 避武士之鋒端, 避辯士之舌端." 『詩』曰, "我友敬矣, 讒言其興.")

414 이 '문치(文致)'는 '무문농법(舞文弄法)'을 의미하는 것으로 보인다. '무문농법'은 『사기』,
「화식열전(貨殖列傳)」에 나오는 말이다. 거기에서 사마천은 "벼슬아치들이 문장을 교묘하
게 꾸며 법을 농간하고, 도장과 문서를 위조하며, 자신들에게 내려질 형벌마저 마다하지
않는 것은 뇌물 받는 것에 빠져 있기 때문이다.(吏士, 舞文弄法, 刻章僞書, 不避刀鋸之誅
者, 沒於賂遺也.)"라 하고 있다. 『한어대사전(漢語大詞典)』에서는 '문치(文致)'의 두 번째
뜻으로서 이 '무문농법'을 들고 있다.

415 이 말 역시 『사기』의 「혹리열전(酷吏列傳)」에 나오는 말이다. 그 뜻은 법률 조문을 제정하
거나 원용하여서 까다롭고 가혹하게 함을 의미한다. 사마천은, 장탕(張湯)이 조우(趙禹)와
함께 이러한 짓을 저지른 것으로 기록하고 있다.(張湯 … 與趙禹共定諸律令, 務在深文, 拘
守職之吏.)

'심(深)'이란 그 저장하고 있는 곳에 들어가서 살피는 것이다. 이 비괘(賁卦)☲에서 보면, 양(陽)이 음(陰)들 속에 들어가서 그 텅 빈 것들 사이에 자리 잡고 있음이다. '해로움이 없음'이란 그 과오를 찾아보지만 찾지 못하는 것으로서, 이 비괘(賁卦)☲에서 보면, 부드러움[柔]이 와서 굳셈[剛]을 문채 나게 하고 있음이다.

그래서 이 비괘(賁卦)☲의 『대상전』에서는 "감히 송사를 판결하지 않는다."라고 하여 경계하고 있다. '감히 송사를 하지 않는다'는 것은 차마 하지 못하는 마음에서 살갗에 두려움이 드러나고 넋이 혼들린다는 의미다. 이와는 달리, 붓과 칼을 손에 쥐고서 즐기며 회심의 미소를 짓고, 도끼와 모루를 앞에 두고서 득의양양해 하는 속에, 백성들의 눈물이 마르고 피가 발아지며 해골에 서리가 내리고 삭은 뼈에 이슬이 내린 것을 이루 말로 다 표현할 수가 없다. 그런데도 이 비괘(賁卦)☲가 드러내는 것을 즐겨 사용하며 마음속으로 전혀 가엾이 여기지 않는다면, '감히 함(敢)'이 화(禍)를 불러옴이 또한 맹렬할 것이로다!

居'賁'之世, 无與爲緣, 含虛而不與於物, 其唯初·上乎! '頤'道未喪, 可與守身, 可與閱世, 禮樂以俟君子, 己无尤焉矣. 三爲'賁'主, 二因與爲賁, 四附近而分飾, 五漸遠而含貞. 故功莫尚於三, 而愚莫甚於二. 居'賁'以爲功, 勞極而功小就; 功成而矜美, 志得而氣已盈, 三之自處亦危矣. 其吉也, 非貞莫致, 而豈有襲美之孔昭哉? 愚哉! 二之承三而相與賁也. '頤'之爲用, 利以爲養, 而養非其任; '損'之爲用, 所致者一, 而一非其堪; 因人成事, 與物俱靡, 然且詡其小文, 矜其令色, 附脣輔而如流, 隨談笑以取澤, 則有識者豈不笑其細之已甚乎?

이 비괘(賁卦)☲☶가 상징하는 세상을 살아가면서 누구와도 인연을 맺지 않은 채 텅 빔[虛]을 머금고서 외물들과 함께하지 않는 이는 오직 초구·상 구효로다! 이괘(頤卦)☶☳의 원리가 아직 사라진 것은 아니니, 이를 가지고서 몸가짐을 지키며 한 해 한 해 세월을 살아갈 수 있다. 그리고 예악(禮樂)으로 살아가며 뒤에 올 군자를 기다린다면, 자기에게는 그 어떤 허물도 없을 것이다.

구삼효는 이 비괘(賁卦)☲☶의 주효(主爻)다. 그런데 육이효가 이에 함께하며 꾸며 주고 있고, 육사효는 가까이에 있다고 해서 또 꾸밈을 나누고 있다. 그런가 하면, 육오효는 점점 멀어져서 올곧음을 함유하고 있다. 그러므로 이들 가운데서 공(功)이 구삼효보다 높은 것은 없고, 어리석기로는 육이효보다 심한 것이 없다. 이 비괘(賁卦)☲☶가 상징하는 세상을 살면서 공(功)을 세우는 것을 보면, 수고로움은 극에 달하는데 공으로 이룬 성취는 작기만 하다. 그런데 공(功)이 이루어졌다고 해서 이를 아름답다고 하며 자랑하고, 뜻한 것을 얻었다고 하여 기(氣)가 벌써 온 몸을 가득 채우며 거들먹거릴 수 있다. 구삼효라도 이렇게 자처한다면 이 또한 위험하다.

이괘(頤卦)☶☳의 쓰임을 보면, 이로움으로써 길러 주는데, 길러 줌이 그 임무는 아니다. 또 손괘(損卦)☶☱의 쓰임을 보면, 이룬 것은 하나인데 하나는 그가 견딜 것이 아니다. 사람들로 말미암아서 일을 이루고 다른 생명체들과 함께하기는 한다. 그러나 또한 그 작게 이룬 문채를 자랑하고, 남들에게 아첨하기 위해 꾸미는 낯빛을 좋게 보며, 입술과 광대뼈에 붙어서 면류관의 주옥(珠玉) 술 늘어진 것처럼 하고, 담소하는 것을 따라다니며 은택을 취한다면, 학식이 있는 사람들이 어찌 그가 소인배 같음이 너무 심하다고 하여 비웃지 않겠는가!

夫近陽者亨, 遠陽者吝, 爻之大凡, 榮辱之主也. 而'賁'以遠陽爲喜, 近陽爲疑者何? 陽不足爲主也. 未迎而至, 易動以興, 飾鄰右之鬚眉, 以干戈爲燕好. 如是以爲飾, 而人莫我陵, 則君子唯恐其遠之不夙矣. 當剛柔之方雜, 而樂見其功名, 三代以下, 綿蕞之徒, 何'賁其須'者之繁有也! 此大文之所以終喪於天下也.

역문 양(陽)에 가까운 것은 형통하고 양(陽)에서 먼 것은 아쉬워함이 있다.[416] 효(爻)들의 대범함은 영(榮)·욕(辱)을 불러오는 주체다. 비괘(賁卦)☲에서는 양(陽)으로부터 멀리 있는 것에게 기쁨이 있고,[417] 양으로부터 가까운 것은 의심을 받고 있다.[418]

그 까닭은 무엇이겠는가? 양인 구삼효가 주체가 되기에는 부족하기 때문이다. 그 아래에 있는 육이효가 환영하지 않는데도 이르렀고, 쉽게 움직여서 흥하며, 이웃인 구삼효의 수염과 눈썹을 꾸며 주고,[419] 방패와 창으로써 무무(武舞)를 추며 연회를 베풀어 주기 때문이다. 이와 같이 꾸며 주는 경우에는 남들이 나를 업신여기지 못하니, 군자는 오직 멀리 있다고 하여 숙경(肅敬)을 표하지 않을까만 두려워한다.

---

416 이는 비괘(賁卦)☲의 육오효사에 "아쉬움이 있다가 마침내는 길하다.(吝, 終吉.)"라는 말이 있음을 근거로 하는 말이다.

417 이는 비괘(賁卦)☲의 육오효사에 대해 그『상전』에서 "육오효의 길함에는 기쁨이 있다.(六五之吉, 有喜也.)"라고 한 말을 두고서 하는 말이다.

418 이는 비괘(賁卦)☲의 육사효사에 대해 그『상전』에서 "육사효는 마땅한 위(位)를 차지한 것이기 때문에 의심을 산다.(六四當位, 疑也.)"라고 하는 말을 두고서 하는 말이다. 이처럼 육사효와 육오효는 모두 같은 음효(--)지만, 이 비괘(賁卦)☲의 주효(主爻)인 구삼효로부터의 멀고 가까움에 따라 달라진다는 것이 왕부지의 설명이다.

419 이 비괘(賁卦)☲의 육이효사는 "그 수염을 광채 나게 함이다.(賁其須.)"로 되어 있고, 그『상전』에서는 "'그 수염을 광채 나게 함이다'라는 것은 윗사람과 더불어 흥함이다.('賁其須', 與上興也.)"라고 풀이하고 있다.

이 비괘(賁卦)☲☶처럼 굳셈[剛]과 부드러움[柔]들이 한창 뒤섞여 있는 상황에서는 그 공(功)과 명예를 즐겨 보는데, 삼대(三代; 夏·殷·周) 이후로 우리 중원 땅을 차지하여 똬리를 틀고 있는 무리들이 어찌 '그 수염을 광채나게 하는' 자들처럼 빈번하게 있단 말인가! 바로 이러한 까닭에 위대한 문채가 마침내 이 세상에서 사라지게 된 것이다.[420]

---

420 변방 민족들의 중원 지배로 말미암아 한족(漢族)의 문화, 즉 유가문화가 사라지게 되었다는 의미다.

박괘

☷☶ 剝

卦者, 爻之積也. 爻者, 卦之有也. 非爻无卦, 於卦得爻. 性情有總別
而无殊, 功效以相因而互見, 豈有異哉! '剝'之爲占, "不利攸往". 五
逼孤陽, 上臨群陰, 消長之門, 咎之府也. 而五以'貫魚'承寵, 上以'碩
果'得輿, 吉凶善敗, 大異象占, 何也?

역문 괘는 효들이 쌓여서 이루어진 것이고, 효는 괘들에게 있는 것이다. 그래
서 효가 아니면 괘는 있을 수가 없고, 괘에서라야 효들을 얻을 수 있다. 이
들의 성(性)·정(情)에는 총(總)과 별(別)이 있지만 다름은 없다. 공효(功效)
가 서로 말미암아서 서로를 드러내는데, 어찌 이들에게 다름이 있겠는가!

이 박괘☷☶의 점사(占辭)는 "어딘가를 감에는 불리하다."로 되어 있다. 다
섯 음들이 외로운 양[상구효]을 핍박하고 있는데 상구효는 위에서 뭇 음들
에게 임하고 있으니, 이는 사라짐(消)·자라남(長)의 문(門)에 해당하고 허
물을 저장하고 있는 창고다. 그런데 육오효는 '물고기를 꿴'으로써 총애를
받고 있고,[421] 상구효는 '큰 과일'로서 탈것을 얻는다고 한다.[422] 그래서 이

---

[421] 이 박괘☷☶의 육오효사는 "물고기를 꿴이니, 이렇게 하여 궁중 여인들의 총애를 통솔함이

들 두 효사를 놓고 볼 적에, 길·흉 및 성(成)·패(敗)가 괘사의 점과는 크게 다르다. 왜 그럴까?

夫陽一陰二, 一翕二闢. 翕者極於變而所致恒一; 闢則自二以往, 支分派別, 累萬而終不可得合. 是故立一以應衆, 陽之德也; 衆至而不齊, 陽之遇也. 遇有豐歉, 德无盈虛. 時値其不豐, 天所不容已, 而況於萬物乎? 若其德, 則豈有豐歉之疑哉! 而以一應衆者, 高而无親, 亦屢顧而恐失其阯. 恐失其阯, 道在安止以固居焉. '剝'之一陽, '艮'之所由成也. 貞位而不遷, 則可謂安止以固居者矣.

역문 양은 하나이고 음은 둘인데, 하나는 닫혀 있음을 상징하고 둘은 열림을 상징한다.[423] 닫혀 있음은 변함[變]에서 극(極)에 해당하지만, 이루는 것은 늘 하나의 한결같음이다. 이에 비해, 열리면 둘로부터 가서 지파(支派)로 나뉘고 구별되는데, 나아가 수많은 것들로 늘어나면 끝내는 합할 수가 없다.

　그러므로 하나를 딱 세워서 다중(多衆)에 응하는 것이 양의 덕(德)인데, 다중이 이르게 되면 양은 다양하게 다른 것들을 만나게 된다. 그 만남에는 풍년도 있고 흉년도 있다. 그렇다고 양의 덕에 채웠다[盈] 비웠다[虛] 함이 있는 것은 아니다. 시절이 그래서 풍족하지 않음을 만나게 됨은 하늘로서

며, 이롭지 않음이 없다.(魚, 以宮人寵, 无不利.)"로 되어 있다.

422　이 박괘䷖의 상구효사는 "큰 과일이 먹히지 않음이니, 군자는 탈것을 얻지만 소인은 거처를 박탈당한다.(碩果不食, 君子得輿, 小人剝廬.)"로 되어 있다.

423　양효는 홀로서 '一'로 표시되고, 음효는 짝으로서 '--'로 표시된다. 그래서 양은 하나, 음은 둘이라 하는 것이다. 그리고 양효는 하나로서 연결되어 있으니(一) 닫혀 있음을 상징하고, 음효는 둘로서 가운데가 끊어져 있으니(--) 열림을 상징한다고 보는 것 같다.

도 어쩔 수 없는 것이거늘 하물며 만물로서야? 그러니 양의 덕(德)에 대해서, 어찌 그것이 풍년이 들게도 하고 흉년이 들게도 한다는 의심을 하겠는가!

그러나 양은 하나로써 다중에게 응하는 존재니, 높기만 하고 친한 이가 없다. 그래서 또한 자주 자신을 돌아보면서 그 터전을 잃지나 않을까 하고 두려워한다. 그 터전을 잃지나 않을까 하고 두려워함은, 현재 이 양을 지배하는 원리가 편안하게 머무르면서 굳건하게 거처함이기 때문에 생기는 것이다. 이 박괘䷖의 유일한 양으로 말미암아서 간괘☶가 이루어진다. 그래서 이 양이 올곧게 자신의 위(位)에 있으면서 옮기지 않으면 "편안하게 머무르면서 굳건하게 거처하는 존재다."라고 말할 수 있을 것이다.[424]

物性之感, 一危而二安, 一實而二虛. 危者資物而俯, 安者喜感而仰; 實者有餘而與, 虛者不足而求. 始感而妄從, 旣求而无節者, 陰之性也. 以喜往, 以求干, 不給於與而生其厭, 則抱怨以返, 而召其凌削, 陽之窮也. 唯陽德之善者, 於其來感, 絶其往求, 不歆其迎, 不拒其至, 盡彼之用, 而不以我殉之, 若是者, '艮'固優有其德矣. 盡彼之用, 知其可以爲'輿'也; 不以我殉, 授以'貫魚'之制而不就與爲耦也; 則民載君之分定, 男統女之勢順矣. 民載君, 則眇躬立於萬姓之上而不孤; 男統女, 則情欲節於禮義之防而亂自息. 故五·上之交, 陰陽之制, 治亂之門, 而卒以自利其所不利, 惟不往也. 故象曰, "不利有攸往". 不往, 則利矣. 蓋往者, 止之反也. 而物之往者, 必先之以來. 其

---

424 이 박괘䷖의 회괘(悔卦), 즉 위 소성괘(小成卦)는 간괘☶를 이루고 있다. 그리고 이 간괘는 취의설에 의하면 '머무름[止]'을 상징한다. 그래서 이 간괘의 일부분이면서 그 주효(主爻)에 해당하는 이 상구효가, 그 위에 올곧게 있으면서 옮기지 않아야 한다는 것이다.

能不往者, 必其无來者也. 當'剝'之世, 不能以止道制其來以絕其往,
則不可謂之知時矣.

역문 뭇 생명체[物]들이 본성에 따라 느끼는 데서는, 하나면 위태롭고 둘이면 편안하며, 하나면 알차고 둘이면 텅 빈다. 위태로운 이들은 다른 것들에 힘입어서 내려다보고, 편안한 이들은 느낌에 기뻐하며 우러러본다. 알찬 것들은 여유가 있어서 남에게 주고, 텅 빈 것들은 부족하여 구한다.

느낌으로부터 시작하여 망령되이 좇아가고 이미 구했으면서도 절제가 없는 것은, 음의 본성이다. 음들 자신이 기뻐서 가고 그들이 구하기에 주는 것인데, 만약에 주는 것이 넉넉하지 못해 싫증을 내게 하면, 이제 음들은 원망을 품은 채 돌아서며 양을 능멸하고 모질게 군다. 이렇게 하면 양이 궁색해진다.

오직 양의 덕이 훌륭한 이라야 그들이 와서 자신에 대해 느낌이 있더라도 자신이 가서 구하는 것 자체를 아예 끊어 버리고, 그들이 환영해도 기뻐하지 않으며, 그렇다고 그들이 오는 것을 거절하지도 않는다. 즉 양의 입장에서 저들의 쓰임을 다하게 하지, 자신이 그들에게 휩쓸리며 죽어 가지는 않는다. 이와 같이 하는 것은 이 박괘䷖의 회괘(悔卦; 上卦)인 간괘☶가 본디 이러한 덕을 뛰어나게 갖고 있기 때문이다.[425]

저들의 쓰임을 다하게 하다 보니 그들이 '탈 것'이 될 수 있음을 아는 것이고,[426] 자신이 그들에게 휩쓸리며 죽어 가지 않기 때문에 '물고기들을 꿸'으로써 저들을 통제하여[427] 그들이 나와 맞먹는 쪽으로 나아가지 못하게

---

425 취의설에 의할 때, 간괘☶의 덕은 '머무름[止]'이기 때문이다.
426 이는 이 박괘䷖의 상구효사 "큰 과일이 먹히지 않음이니, 군자는 탈것을 얻지만 소인은 거처를 박탈당한다.(碩果不食, 君子得輿, 小人剝廬.)"를 근거로 하는 말이다.

한다. 이렇게 하면 백성들은 임금의 명분으로 확정된 것을 실어 주며, 남자는 여자의 세(勢)를 통제하여 여자가 순종하게 한다. 백성들이 임금을 실어 주기 때문에 임금이 한 몸으로 만백성들의 위에 자리 잡고 있지만 외롭지 않고, 남자로서 여자를 통제하니 예의(禮義)를 지키기 위해 정욕을 절제하여서 문란함이 저절로 사라진다.

그러므로 육오효와 상구효의 교제는 음·양을 제어함이고 문란함을 다스리는 문이며, 원래는 자신에게 불리할 수 있던 것을 끝내 스스로 이롭게 하는 것인데, 이렇게 할 수 있는 것은 오직 가지 않기 때문이다. 그러므로 이 박괘☷의 괘사에서는 "어딘가를 감에는 불리하다."라고 하는 것이다. 가지 않기에 이로운 것이다.

생각건대 감[往]은 머무름[止]의 반대다. 그런데 물(物)들이 가기 위해서는 반드시 먼저 와야만 한다. 그리고 가지 않을 수 있기 위해서는 반드시 오지 않아야 한다. 이 박괘☷가 상징하는 세상을 살아가면서는 머무름[止]의 원리로써 그 옴[來]을 제어하고, 이렇게 하여 가는 것을 끊어 버려야 한다. 그런데 이렇게 할 수 없다면 '시대를 안다'라고 말할 수 없을 것이다.

危者求安, 情迫而其求恒速; 虛者求實, 情隱而其求恒緩. 以速交緩, 故陽方求而屢求之; 以緩持速, 故陰實求而名不求. 往求之數, 陽得之多, 陰得之少. 而其繼也, 陰虛往而實歸, 陽實往而虛歸, 則陽剝矣. 不善處'剝'者, 孤子而懼, 懼陰之盛而遯心我也; 既而彼以喜動, 則歆然忘己而殉之. 忘己者喪己, 殉陰者力盡而不給於殉, 雖欲不

427 이는 이 박괘☷의 육오효사 "물고기들을 꿰이니, 이렇게 하여 궁중 여인들의 총애를 통솔함이며, 이롭지 않음이 없다.(魚, 以宮人寵, 无不利.)"를 근거로 하는 말이다.

憊, 其將能乎! 如是, 則往而必來, 來而必往, 利在室而害在門矣. 唯
反其道而用'艮'之止, 以陰爲興, 載己以動, 而己固靜, 則陰亦自安其
壺範, 則終不敢相淩. 則象之 "不利有攸往"者, 正利其止. 而五·上
之承寵以得興也, 唯不往之得利. 卦與爻, 其旨一矣.

역문 위태로운 이[428]가 편안함을 구함에서는 마음새가 급박하기에 그 구함도
늘 신속하다. 이에 비해 텅 빈 것[429]은 실함을 구함에서 마음새를 숨겨서
드러내지 않기에 그 구함이 늘 느리다. 신속함으로써 느린 이와 사귀기 때
문에 양은 막 구하자마자 빠르게 구함에 비해, 음은 느림으로써 신속함을
도와주기 때문에 실제로는 구하면서도 명목상으로는 구하지 않는다. 가서
구하는 수(數)를 보면 양은 얻는 것이 많고 음은 얻는 것이 적다. 그러나
이어지는 상황에서는 음은 텅 빈 채로 갔다가 채워서 돌아오고 양은 채워
서 갔다가 텅 빈 채 돌아온다. 그래서 양은 각박한 것이다.

이 박괘䷖가 상징하는 세상을 살아가면서 잘 처신하지 못하면, 혈혈단
신으로 고립되어 두려움에 떨며, 음들이 융성하여 마음으로 나를 멀리함
을 두려워한다. 이윽고 저들이 기뻐하며 움직이면, 자신도 그것을 기쁘게
받아들이며 자기를 잊은 채 따라서 죽는다. 자기를 잊는다는 것은 자기를
상실함을 의미하고, 음들을 따라서 죽는다는 것은 힘이 다하여서 그 따라
죽음에 어떠한 것도 주지 못함을 의미한다. 이러한 상황에 내몰리면 비록
고달프지 않기를 바란다고 할지라도 그것이 가능할 것인가!

이와 같기 때문에, 가면 반드시 오고, 오면 반드시 가게 되어 있다. 그러

---

428 양(陽)을 가리킨다. 앞에서 왕부지는 양이 하나이기 때문에 위태롭다고 했다.
429 음(陰)을 가리킨다. 앞에서 왕부지는 음이 둘이기 때문에 텅 비어 있다고 했다.

므로 이로움은 방 안에 가만히 있음에 있고 해로움은 문을 나섬에 있다. 이러한 상황을 잘 살아가기 위해서는, 오로지 그 원리를 반대로 하여[430] 간 괘☶의 머무름을 원리로 써서, 음을 자신의 탈것으로 하여 자기를 실어서 움직이게 하고, 자기는 굳건히 고요하게 있어야 한다. 이렇게 하면 음들도 스스로 그들의 전범(典範)을 지키면서 편안해하니, 마침내 감히 서로를 능멸하지 않게 된다. 이렇게 볼 적에, 이 박괘☷의 괘사에서 "어딘가를 감에는 불리하다."라고 하는 것은, 그 머무름에 올바른 이로움이 있다는 것이다. 그리고 육오효가 총애를 입음으로써 상구효는 탈것을 얻게 된다. 이는 오직 가지 않음으로써 이로움을 얻는 것이다. 그러므로 괘와 효는 그 지취(旨趣)가 일치한다.

嗚呼! 陰陽多少之數, 俯仰求與之情, 見於人事之大者, 莫君民·男女之間若也. 君一而民衆, 男一而女衆, 虛實安危, 數莫之過也. 壻之下女, 親迎而授綏; 君之下民, 先悅而後勞. 以宜室家, 以懷萬國, 固其效矣. 然非夫'剝'之時也. 不幸而剝矣, 而不以'艮'止之道安宅於上, 惑男不已, 猶徇其恩; 人滿无政, 猶沽其譽; 耽燕寢之私, 行媚衆之術, 則未有不憊者也. 不逐逐於聲色者, 女不足以爲戒; 不汲汲於天位者, 民无挾以相叛. 韋后要房州之誓, 李密散敖倉之粟, 攸往之不利, 其大者也. 而豈但此哉!

역문 오호라! 음은 수(數)가 적고 양은 많으며, 양은 마음 쓰는 것이 아래로 굽어보고 음은 위로 우러러본다. 이들의 이러함이 사람 일의 큰 것에서도 드

---

[430] 이 박괘☷의 상구효는 양효다. 이 양의 원리대로 하면 안 되니, 이를 반대로 해야 한다는 것이다.

러나는데, 이를 잘 드러내기로는 임금과 백성, 남자와 여자 사이만 한 것이 없다. 임금은 하나이고 백성은 다중이며, 남자는 하나이고 여자는 다중이다. 그래서 어느 쪽이 텅 비고 어느 쪽이 꽉 차 있는지, 또 어느 쪽이 편안하고 어느 쪽이 위태로운지 등에서 수(數)들은 이를 정확하게 드러낸다.

사위가 여자의 아래가 되어 친히 신부 집으로 가서 신부를 맞이하며 이제 자신에게 묶여서 아내가 될 자격이 있음을 수여하고, 임금이 백성의 아래가 되어 먼저는 기뻐하다가 나중에는 수고를 다하는데, 이렇게 함으로써 사위는 아내와 가정을 도리에 맞게 꾸려 가고, 임금은 온 나라 사람들을 품에 안게 된다. 진실로 이러함은 그 효과인 것이다. 그러나 이는 박괘 ䷖가 상징하는 시대에 해당되지 않는다.

불행하게도 각박한 처지가 되었음에도 불구하고, 간괘☶의 머무름 원리로써 위에다 안전하고 걱정 없이 편히 살 만한 곳을 마련치 않고서는, 아내가 남자를 끊임없이 미혹시키면서도 마치 그 은혜를 따르는 것처럼 하고, 사람들이 정치력 없는 조정을 가득 채우고서도 마치 명예를 파는 것처럼 한다. 또 공무에 힘쓰기보다는 연침(燕寢)에서의 사사로움을 탐하고 다중의 비위나 맞추는 술수를 행한다. 이렇게 살다 보면 고달프지 않을 이가 없다. 여색을 탐하는 데 급급해하지 않으면 여자가 자신을 해치는 흉기가 될 수 없을 것이고, 천자의 지위를 지킨답시고 아득바득대지 않으면 백성들이 임금을 끼고 놀면서 서로 반란을 일으킴도 없을 것이다.

위황후(韋皇后; ?~710)가 남편 중종(中宗; 당시는 廬陵王으로 강등되어 유배 중)에게 방주(房州)에서 맹세를 하게 한 것,[431] 이밀(李密; 582~619)이 오창(敖

---

431 위황후는 당나라의 제6대, 제8대 두 번에 걸쳐서 황위(皇位)에 올랐던 중종의 둘째 부인이다. 남편 중종은 처음 황위에 올라 모후(母后) 무측천(武則天)에게 맞서다 1개월 23일(684년 1월 3일~2월 26일) 만에 쫓겨났다. 쫓겨난 중종은 이제 여릉왕(廬陵王)으로 강등되어

倉)⁴³²을 손에 넣고 그곳에 저장되어 있던 식량을 궁민(窮民)들에게 나누어

균주(均州; 오늘날 湖北省 丹江口市 均州鎭)와 방주(房州; 오늘날의 湖北省 十堰市 房縣)에 차례로 연금되었다. 방주에 유배되어 있을 적에 남편 중종이 너무나 불안하여 자살하려고 하자, 태자비 위씨(韋氏)의 간곡한 만류로 그만두었다고 한다. 이후 14년 동안 이들은 그 어려운 시기를 함께 지내며 정분이 매우 두터워졌다고 한다. 그래서 중종은 늘 위씨에게 "어느 날이든 우리가 다시 좋은 세상을 만난다면, 서로 간에 못 하게 하는 것이 없이 맘껏 하게 하기를 맹서한다.(『舊唐書』권51, '中宗韋庶人'條: 帝在房州時, 常謂后曰, "一朝見天日, 誓不相禁忌.")"라고 한다. 왕부지가 여기에서 지적하는 것은 바로 이것이다.

이 기간 동안 위씨(韋氏)의 부모와 4명의 동생들이 죽임을 당했고, 두 여동생들은 도망을 가서 겨우 죽음을 면했다. 한마디로 멸문지화(滅門之禍)라 할 만큼 처절하게 당한 것이다. 그러다가 14년의 세월이 흐른 뒤 698년, 75세에 이른 모후(母后) 측천무후는 중종을 다시 불러들여 태자로 삼았다. 위씨(韋氏)도 다시 태자비가 되었다. 그리고 그 6년 뒤 705년 신룡혁명(神龍革命)에 의해 중종은 복벽(復辟)되었다. 그리고 위씨(韋氏)는 이제 황후(皇后)가 되었다.

문제는 황후가 된 뒤에 벌어졌다. 위황후는 측천무후의 흉내를 내려고 하였다. 남편 중종을 허수아비로 전락시키고 권력을 자신의 손에 넣은 뒤, 측천무후가 그랬던 것처럼 마침내는 남편 중종을 독살(毒殺)하기에 이르렀다. 이에 대해서는 『구당서(舊唐書)』와 『신당서(新唐書)』의 기록이 다르다. 『신당서』에서는 그 딸 안락공주가 태의(太醫)와 짜고 아버지 중종을 독살했다고 하고 있다. 위황후는 이제 어린 아들 소제(少帝)를 꼭두각시 황제로 앉히고는 황태후의 신분으로서 섭정을 하였다. 천자를 끼고서 제후들을 호령한 것이다. 또한 측천무후가 딸 태평공주와 함께 정권을 농락했던 것처럼, 위황후도 막내딸 안락공주와 함께 손잡고 권력을 농단하였다. 그러다 5년의 세월이 흐른 710년, 임치왕(臨淄王) 이륭기(李隆基)와 태평공주의 연합 공격을 받아서 위후(韋后)와 안락공주는 죽임을 당했다.

왕부지는 이 일련의 사건과 위후(韋后)의 비극적 최후가 방주(房州) 유폐시절 남편에게 맹서를 받은 것으로부터 시작되는 것으로 보고 있다. 좋은 시절을 만나 다시 권력을 쥐었을 때 절대로 간섭하지 않고 위후(韋后)가 마음대로 할 수 있게 하겠다는 것이 그것이다. 이로 말미암아 위후는 남편이 복벽되어 황제가 되었을 때, 죽 남편을 옆에 끼고서 농락했다는 것이다. 심지어 권력을 더욱 제 맘대로 행사하기 위해 남편을 죽이기까지 하였다가 결국 스스로 죽임을 당하는 것으로 끝났음을 지적하는 것이다. 이것이 너무 나간 것이고, 그래서 '갔기 때문에 이롭지 않음[攸往之不利]'의 가장 큰 예라 하고 있다.

432 오창(敖倉)은 '오유(敖庾)'라고도 한다. 진(秦)나라 때 세운 창고의 이름인데, 형양(滎陽)의 서북쪽에 있는 오산(敖山) 위에 자리 잡고 있다. 거기에 산성이 있어서 창고를 설치한 것이다. 그래서 '오창(敖倉)'이라 부른다. 이곳은 황하와 제수(濟水)가 갈라지는 곳인데, 중국 중원 일대의 양식이 이곳으로부터 관중과 북부 지대로 조달되었다. 한대(漢代)와 위(魏)나라에서도 여전히 운용하였다. 그래서 나중에는 이 '오창(敖倉)'이 '양식창고'를 지칭하는 보통명사가 되었다.

준 것⁴³³ 등은 '갔기 때문에 이롭지 않음[攸往之不利]'을 초래했던 큰 예들이

---

433 이밀은 요동(遼東)인들의 후손인데, 증조할아버지 때부터 할아버지, 아버지로 이어 가며
서위(西魏)와 수(隋)나라 조정에서 부귀(富貴)를 누리는 바람에 장안(長安)에서 태어났다.
그는 수(隋)나라 말기, 풍운의 시대를 살다 간 비운의 인물이다.

수양제(隋煬帝)는 3번에 걸쳐 고구려 정벌에 나섰다가 실패하였다. 이 바람에 인적 자원
과 물적 자원 모두에서 막심한 피해를 입은 나머지, 수나라의 국고는 비어 가고 국력은 쇠
약해져 갔다. 그리고 일반 백성들은 극도의 궁핍에 시달리지 않을 수 없었다. 이를 견디다
못한 농민들은 기의(起義)를 하여 농민군을 짜서 관군(官軍)에 저항하였다. 그중에 대표적
인 것이 와강군(瓦崗軍)이었다. 그리고 국력의 쇠약은 필연적으로 수나라 조정의 통치 정
당성과 정통성을 퇴색시켰고, 그 국권이 흔들리며 반란을 부르고 있었다.

일찍이 29세 때(613) 이밀은 양현감(楊玄感)의 반란군에 가담한 적이 있다. 수양제의 고
구려 침입을 수행하던 양현감이 반란을 일으켰는데, 이밀은 이 양현감의 군대에 달려가 합
류했던 것이다. 그러나 이 반란군은 괴멸하였고, 이밀은 간신히 목숨만을 부지하였다. 그
리고 이름을 바꾼 채 민간에 숨어 살고 있었다.

32세 되던 해(616) 이밀은 적양(翟讓; ?~617)이 이끌던 와강군(瓦崗軍)에 들어갔다. 이
밀의 작전에 의해 와강군은 홍락창(興洛倉)을 습격하는 데 성공하였다. 이 홍락창에는
2400만 석의 쌀이 저장되어 있었다. 이 양이면 1천만 명을 1년 동안 먹여 살릴 수 있는 정
도라고 한다. 이밀은 '창고에 와서 쌀을 갖다 먹어라![就倉吃米]'라고 궁핍한 백성들에 외치
며 쌀을 나누어 주었다. 그리하여 이밀은 수많은 백성들로부터 커다란 지지를 받게 되었
고, 와강군 지원 병력은 늘어만 갔다. 아울러 이 작전의 성공으로 말미암아 이밀은 와강군
의 우두머리 적양(翟讓)에게 절대적 신임을 얻게 되었다.

이렇게 군량을 확보하고 덩달아 병력이 증가함으로써 와강군의 위세는 갈수록 커져만
갔다. 그리고 적양이 자신의 재능은 이밀에 미치지 못함을 깨닫고 이밀을 위공(魏公)으로
추대하는 바람에, 적양과 이밀의 지위는 이제 역전되었다. 와강군이 이밀의 손에 들어온
것이다.

계속 수나라 군대를 밀어붙인 와강군은 거듭 승리를 거두며 여양창(黎陽倉)도 점령하여
그 쌀도 백성들에게 나누어 주었다. 이때 백성들의 지지를 바탕으로 한 이밀의 위세를 단
적으로 말해 주는 것이, 각지의 호걸들이 이밀에게 황제의 지위에 오를 것을 여러 차례 건
의한 사실이다. 그러나 이밀은 아직 동도(東都)인 낙양을 점령하지 못했다는 이유로 거절
하였다.

618년에는 우문화급(宇文化及)이 거느리고 온 10만여 낙양 정벌군을 이밀은 여양(黎陽)
에서 대파(大破)하기도 했다. 그런데 이제 이밀은 거만해질 대로 거만해져서 이전처럼 자
신의 병사들을 같은 입장이 되어 보살펴 주지 않았다. 그리고 그의 창고도 텅 비어 갔다.
전리품도 장군들에게 나누어 주지 않음으로써 수하 장군들의 마음은 이밀로부터 멀어져
만 갔다.

이러한 이밀과 그 수하의 와강군은 이해 왕세충(王世充) 군과의 싸움에서 대패하였다.
이는 어쩌면 이미 정해진 결말이라 할 수 있다. 이밀은 할 수 없어서 이연(李淵; 566~635)

다. 그런데 어찌 다만 이것들뿐이겠는가!

___

에게 투항하였다. 이연은 나중에 당조(唐朝)의 개국황제가 된 인물이다. 이연은 이밀을 잘 대해 주었지만 이밀은 본성이 남의 밑에 있는 것을 달가워하지 않았고, 당시 자신의 처지에 너무나 불만이 컸다. 이밀은 나중에 이연에게 반기를 들었다가 실패하여 결국은 이연으로부터 죽임을 당했다.

이밀의 충직한 부하였던 서세적(徐世績)이 여양(黎陽)을 이연에게 바치고 투항하며, 이밀의 머리를 자신이 직접 묻어 줄 수 있기를 간청했다. 이연은 이를 허락했다. 서세적은 이밀을 잘 묻어 주었다. 백성들의 이밀에 대한 존경심은 대단하여서 중국의 민간신앙에서 이밀은 그의 벗 양현감(楊玄感)과 함께 지옥에서 목련존자(目連尊者)를 보좌하는 심판관으로 받들어지고 있다. 그런데 왕부지는 이밀의 비극적 최후가 흥락창(興洛倉)을 손에 넣고 백성들에게 쌀을 나누어 준 것에서부터 시작되었다고 여기는 것으로 보인다. 이후로 너무 나아갔다는 것이다.

복괘

≣≣復

說聖人者曰, "與太虛同體." 夫所謂'太虛'者, 有象乎? 无象乎? 其无
象也, 耳目心思之所窮, 是非得失之所廢, 明暗枉直之所不施, 親疏
厚薄之所不設, 將毋其爲聖人者, 无形无色, 无仁无義, 无禮无學,
流散漸滅, 而別有以爲'滌除玄覽'乎? 若夫其有象者, 氣成而天, 形
成而地, 火有其蒸, 水有其濡, 草木有其根莖, 人物有其父子, 所統
者爲之君, 所合者爲之類, 有是故有非, 有欲斯有理, 仁有其澤, 義
有其制, 禮有其經, 學有其效, 則固不可以'太虛'名之者也.

역문 성인(聖人)의 됨됨이에 대해서 말하는 이들은 "(성인은) 태허와 똑같은 몸
이다."라고 말한다. 그런데 '태허'라 하는 것이 상(象)이 있는 것인가, 아니
면 상이 없는 것인가? 먼저 상이 없다는 관점에서 보자. 그러면 태허는 귀
와 눈, 마음과 사려가 미칠 수 없는 것이다. 옳고 그름과 얻음[得]·잃음[失]
도 태허에서는 의미가 없을 것이고, 밝음과 어둠 및 굽음[枉]과 곧음[直]도
말할 수가 없을 것이다. 친함과 소원함 및 두터움과 엷음으로 구별할 수도
없을 것이다. 그렇다면 성인이 되지 못한 것이, 형체도 색깔도 없이, 인
(仁)도 의(義)도 없이, 예(禮)도 배움도 없이, 이리저리 떠다니다가 소멸하

고 말 터인데, '현묘한 인식에 도달함을 방해하는 것들이란 모두 다 깨끗이 쓸어 버리고 그 인식에 아무런 결함도 없게 함'이라 할 것이 따로 있단 말인가?

그렇다면 이제 태허가 상(象)이 있다는 관점에서 보자. 그러면 그 기(氣)가 이루어져서는 하늘이 될 것이고, 형체가 이루어져서는 땅이 될 것이다. 불은 그것을 지질 수가 있고 물은 그것을 적실 수 있으며, 풀과 나무도 이 것에 뿌리를 두고 줄기를 이룰 것이다. 사람과 다른 생명체들이 부자로서 대를 이어 갈 것이다. 통솔하는 것은 임금이 되고, 합쳐지는 것들은 유(類)로 묶일 것이다. 이것에 옳음[是]이 있기에 그 대(對)가 되는 그름[非]도 이 것에 있고, 이것에 인욕(人欲)이 있기에 역시 그 대(對)가 되는 천리(天理)도 이것에는 있다. 인(仁)을 행하면 그 혜택이 있게 되고, 의(義)를 시행하면 제재(制裁)가 있게 되며, 예(禮)를 시행하면 조리[經]가 서고, 배움을 행하면 이것에 효과가 드러날 것이다. 그렇다면 이미 구체적이니 이것에 대해서는 '태허(太虛)'라 이름 붙일 수가 없을 것이다.

故夫'乾'之六陽, '乾'之位也; '坤'之六陰, '坤'之位也; '乾'始交'坤'而得 '復', 人之位也. 天地之生, 以人爲始. 故其吊靈而聚美, 首物以克家, 聰明睿哲, 流動以入物之藏, 而顯天地之妙用, 人實任之. 人者, 天 地之心也. 故曰, "'復', 其見天地之心乎!" 聖人者, 亦人也; 反本自立 而體天地之生, 則全乎人矣; 何事墮其已生, 淪於未有, 以求肖於所 謂'太虛'也哉?

역문 그러므로 건괘☰의 여섯 양(陽)들은 '건(乾)'의 위(位)를 드러내는 것이고, 곤괘☷의 여섯 음(陰)들은 '곤(坤)'의 위(位)를 드러내는 것이다. 건괘☰가 맨 처음 곤괘☷와 사귀어서는 복괘☷를 얻는데, 이는 사람의 위(位)를 드러 낸다.

이처럼 하늘과 땅이 낳는 데서 사람이 맨 처음이 된다. 그러므로 신령을 조상(弔喪)하고 아름다운 것들을 모으며, 모든 생명체들 가운데 첫째가는 것으로서, 가정을 이루고, 총명하면서도 밝고 슬기로워서 이리저리 옮겨 다니다가 물(物)들이 저장된 곳에 들어가서 하늘·땅의 신묘한 작용을 드 러내는 것 등을 사람이 실제로 떠맡는다. 사람은 하늘·땅의 마음이다. 그 러므로 "복괘에서 하늘·땅의 마음을 보는구나!"[434]라고 말하는 것이다.

성인(聖人)도 사람이다. 근본으로 돌이켜 스스로 서는 하늘·땅의 낳 음을 체현하니, 사람들 가운데서 완전한 존재다. 이러할진대 성인이 이미 생겨난 뒤에 그 무슨 일을 타락시킬 것이며, 아직 있지 않을 적에는 혼론 (渾淪)한 채로 있으면서 '태허'라 불리는 것과 닮기를 추구하겠는가?

今夫人之有生, 天事惟父, 地事惟母. 天地之際, 間不容髮, 而陰陽 无畔者謂之沖; 其清濁異用, 多少分劑之不齊, 而同功无忤者謂之 和. 沖和者, 行乎天地而天地俱有之, 相會以廣所生, 非離天地而別 爲一物也. 故保合則爲沖和, 奠位則爲乾坤. 乾任爲父, 父施者少; 坤任爲母, 母養者多; 以少化多, 而人生焉. 少者翕而致一, 多者闢 而賅衆; 少者藏而給有, 多者散而之无; 少者清而司貴, 多者濁而司 賤. 沖和既凝, 相涵相持, 无有疆畔. 而清者恒深處以成性, 濁者恒 周廓以成形. 形外而著, 性內而隱. 著者輪廓實, 而得陰之闢, 動與 物交; 隱者退藏虛, 而得陽之翕, 專與道應. 交物因動, 无爲之主, 則

434 『주역』, 복괘☷, 『단전』에 나오는 말이다.

內偪而危. 應道能專, 不致其用, 則孤守而微. 陰陽均有其沖和, 而
逮其各致於人, 因性情而分貴賤者, 亦甚不容已於區別矣. 然若此
者, 非陰陽之咎也. 陰陽者, 初不授人以危微, 而使失天地之心者也.
聖人曙乎此, 存人道以配天地, 保天心以立人極者, 科以爲敎, 則有
同功而異用者焉.

역문 사람의 생겨남에서, 하늘의 일은 오직 아버지가 하고, 땅의 일은 오직
어머니가 한다. 하늘·땅의 맞닿음에 터럭 한 오라기라도 들어갈 빈틈이
없고, 음·양 사이에 나뉘는 경계가 없음을 일컬어 '빔[沖]'이라 한다. 이것
들이 맑은 것[淸]과 흐린 것[濁]으로 다르게 작용하고, 많고 적게 나누고 조
제하여[分劑] 들쭉날쭉 고르지 않지만, 같은 공능(功能)을 발휘하면서 서로
거스름이 없음을 일컬어 '어울림[和]'이라 한다.

이 '비고 어울림[沖和]'이 하늘과 땅에서 행하는데, 하늘과 땅은 이러함을
함께 가지고 있고, 서로 모여서 생겨나는 것들이 널리 퍼지게 한다. 그러
나 '비고 어울림[沖和]'은 하늘·땅을 떠나서 따로 일물(一物)이 되는 것이
아니다. 그러므로 서로 보호하며 함께하면 '비고 어울림[沖和]'을 이루고,
각기 제 위(位)를 정하면 '건(乾)'·'곤(坤)'이 된다.

'건(乾)'이 맡은 것은 아버지의 역할인데, 아버지가 베푸는 것은 적다.
'곤(坤)'이 맡은 것은 어머니의 역할인데, 어머니가 길러 주는 것은 많다.
적은 것[乾]으로써 많은 것[坤]을 변화시키니, 이렇게 함에서 사람이 생겨난
다. 적은 것[乾]은 거두어들여서 하나를 이루고, 많은 것[坤]은 열어젖혀서
중다(衆多)함을 갖춘다. 적은 것[乾]은 쌓아 놓고서 있음[有]에 주고, 많은 것
[坤]은 흩어져서 없음[無]에로 간다. 적은 것[乾]은 맑아서 귀한 것을 맡고,
많은 것[坤]은 흐려서 천한 것을 맡는다. 빔 속에서 어울리는[沖和] 것들이

엉기고 나면 서로 함양하고 서로 지켜 주며, 서로 간에 경계를 나눔이 없다.

그러하더라도 맑은 것[淸者]은 늘 깊은 곳에서 성(性)을 이루고, 흐린 것 [濁者]은 늘 둘레로 윤곽을 잡아서 형체를 이룬다. 형체는 밖에서 드러나고 성(性)은 안에 있어서 드러나지 않는다. 드러나는 것은 윤곽을 실하게 하는데, 음이 열어젖히면 움직이며 다른 것들과 교접한다. 드러나지 않는 것은 물러나서 빔[虛]에 쌓여 있는데, 양이 거두어들이면 오로지 도(道)에만 응한다. 다른 것들과 교접함은 움직임에 의한 것인데, 여기에서 주인 됨이 없으면 안에서 핍박하여 위태로워진다. 도(道)에 응해야 전일(專一)할 수 있다. 그러나 그 쓰임을 이루지 못하면 외로이 지키다가 쇠미해지고 만다.

음과 양에는 고루 그 빔 속에서 어울림이 있다. 그런데 이것들이 사람에게서 각기 작용을 이룬 상황에서는 그 성(性)·정(情)에 따라서 귀한 것과 천한 것으로 나뉜다. 그렇더라도 이렇게 구별됨은 너무나 분명해서 어쩔수가 없다. 그렇지만 이와 같음은 음·양의 허물은 아니다. 음·양이란 애당초 사람에게 위태로움·쇠미함을 주어서 천지의 마음을 잃어버리도록하는 것이 아니다. 성인들께서는 이 점에 대해 훤히 깨닫고서 사람으로서해야 할 인도(人道)를 두어 하늘·땅에 짝을 지웠고, 하늘의 마음을 보존하여 '사람 세상의 표준[人極]'을 세웠다. 차등을 두어서 각각에 알맞게 교육을 시킨다면 공능은 같지만 효용은 다르게 드러냄이 있을 것이다.

其異用者奈何? 人自未生以有生, 自有生以盡乎生, 其得陽少而內, 得陰多而外, 翕專闢動以爲生始, 蓋相若也. '復'道也. 陰氣善感, 感陽而變, 既變而分陽之功, 交起其用, 則多少齊量而功效无殊者, 亦相若也, '泰'道也. 此兩者, 動異時, 靜異體, 而要以求致成能於繼善則同焉. 故仲尼之敎, 顔·曾之受, 於此別焉.

역문 효용을 다르게 드러냄이란 어떻다는 것인가. 사람은 미생(未生)으로부터 생겨나고, 생겨나서부터는 살면서 생명을 다하게 된다. 사람이 생겨남에서 양(陽)의 적음을 얻은 것은 속에 있고, 음의 많음을 얻은 것은 겉에 있는데, 거두어들여 전일함[陽]·열어젖혀서 움직임[陰]이 사람의 생겨나고 시작함을 이룬다. 아마 여기에서 작동하는 이들의 역할은 서로 비슷할 것이다. 이는 복괘☷☳의 원리가 표상하고 있다.[435]

음기(陰氣)는 잘 느끼는데 양에 느껴서는 변한다. 변하고 나서는 양의 공능을 나눈다. 그리하여 둘의 사귐을 통해 그 작용을 일으키면, 많은 것[坤]과 적은 것[乾]이 양을 고르게 하여 이들의 공효(功效)에는 다름이 없게 된다. 이 또한 서로 비슷하며 여기에는 태괘☱☰의 원리가 작동한다.[436] 이 둘[음·양]은 움직임에서는 각기 때가 다르고 고요함에서는 각기 몸이 다르다.[437] 그러나 이 둘이 '계선(繼善)'의 단계[438]에서 이룸[成]과 능함[能]을 이루

---

[435] 복괘☷☳는 새로운 순환이 시작됨을 상징한다. 이 괘상을 보면 양은 하나로서 맨 아래에 있고, 음은 다섯으로서 그 위를 차지하고 있다. 그래서 왕부지는 여기에서 "양(陽)의 적음을 얻은 것은 속에 있고, 음의 많음을 얻은 것은 겉에 있는데"라고 말한 것을 보인다.

[436] 이 태괘☱☰는 양효와 음효가 각각 3개씩 똑같이 있다. 그래서 왕부지는 "많은 것[坤]과 적은 것[乾]이 양을 고르게 하여 이들의 공효(功效)에는 다름이 없다."라고 말한다. 그리고 이것은 사람의 생겨남을 표상하고 있는 복괘☷☳의 상태로부터 음들이 양에게 느끼고, 그래서 음·양이 서로 사귐을 갖은 결과 이렇게 변한 것이라 하고 있다.

[437] 『주역』, 「계사상전」 제5장에 나오는 말 가운데 첫 번째 구절을 두고 하는 말이다. 거기에서는 우주 전체의 작용과 그 속에서 사람이 생겨 나오는 과정에 대해서, "한 번은 음이 되었다 한 번은 양이 되었다 함을 '도'라 한다. 이를 이어지게 하는 것은 선이다. 이를 이루고 있는 것은 성(性; 사람다움)이다.(一陰一陽之謂道, 繼之者善也, 成之者性也.)"라 하고 있다. 그런데 지금 여기에서 하는 말은 첫 번째 "한 번은 음이 되었다 한 번은 양이 되었다 함을 '도'라 한다."라고 함에 대한 것이다. 이는 우주 전체에서 음·양 두 기운이 대대(對待)와 변역(變易)의 논리에 의해 작동하고 있음을 일컫는 말이다.

[438] '계선(繼善)'은 앞 주에서 거론한 『주역』, 「계사상전」 제5장의 말 가운데 두 번째 구절, 즉 "이를 이어지게 하는 것은 선이다.(繼之者善也)"라 함을 축약한 말이다. 말하자면 우주 전체는 음·양 두 기운이 대대·변역 원리에 의해 작용하고 있는데, 이를 이어받아서 한 개체로서의 사람이 생겨 나오는 단계에서 작동하는 것은 선(善)이라고 한다는 것이다.

고자 한다는 측면에서는 동일하다. 그러므로 중니(仲尼; 공자)의 가르침을 안자(顏子)와 증자(曾子)가 받았지만, 바로 여기에서 구별되는 것이다.

子之許顏子曰, "顏氏之子, 其庶幾乎!" 庶幾於'復'也. '復'者, 陽一而陰五之卦也. 陽一故微, 陰五故危. 一陽居內而爲性, 在性而具天則, 而性爲'禮'. 五陰居外而爲形, 由形以交物狀, 而形爲'己'. 取少以治多, 貴內而賤外, 於是乎於陰之繁多尊寵得中位., 厚利吾生, 皆戒心以臨之, 而唯恐其相犯. 故六二以上, 由禮言之, 則見爲己: 由己言之, 則見爲人. 對禮之己, 慮隨物化, 則尙'克己'; 對己之人, 慮以性遷, 則戒'由人'. 精以擇之, 一以服膺, 乃以妙用專翕之孤陽, 平其畸重畸輕之數, 而斟酌損益以立權衡, 則沖和凝而道體定矣. 此其敎, 尊之以有生之始. 舜昉之, 孔子述之, 顏子承之. 猶將見之, 故曰, "玄酒味方淡, 大音聲正希", 貴其少也.

역문 공자가 안자에 대해서 평가하여 "안씨의 아들[顏淵]은 거의 가깝도다!"라 하였는데, 이는 복괘▤▤가 표상하고 있음에 가깝다는 것이다. 이 복괘▤▤는 양효(—) 하나에 음효(--) 다섯으로써 이루어져 있는 괘다. 양은 하나이기 때문에 미미하고 음은 다섯이기 때문에 위태롭다. 하나의 양은 속에 자리 잡고서 사람다움, 즉 성(性)이 된다. 이 성에는 하늘의 법칙[天則]이 갖추어져 있는데, 이 성(性)이 예(禮)가 된다. 다섯 음들은 겉에 자리 잡고서 사람의 형체를 이룬다.

사람은 이 형체를 통해서 외물들의 현상과 교접하는데 이 형체가 '자기[己]'가 된다. 이때 적은 것[陽]을 취하여 많은 것들[陰]을 다스리는데, 속에 있는 것을 귀하게 여기고 겉에 있는 것들을 천하게 여긴다. 바로 이러한 점에서, 음들의 번다하고 존경과 총애를 받음[439]·우리들의 생명에 두텁게 이로움을 줌에 대해, 모두 마음을 경계함으로써 임한다면 아마도 이들은 서로 간에 범함을 두려워할 것이다.

그러므로 육이효 이상을 예(禮)에 비추어서 말한다면 '자기'로 드러날 것이고, 자기라 함에 비추어서 말한다면 '남들[人]'이 될 것이다. 예(禮)에 대(對)가 되는 자기가 외물들의 변화에 따라가려 한다면 '극기(克己)'를 받들어야 하고, 자기에 대(對)가 되는 남이 자기의 성(性)이 변하기를 고려한다면 '남으로 말미암음[由人]'을 경계해야 한다.[440] 골똘히 선(善)을 택하여 한결같이 마음속에 간직하며 잠시도 잊지 않아야만 한다. 나아가 그 묘용(妙用)이 오로지 거두어들임인 외로운 양(一)으로서, 기이하게 무겁거나 기이하게 가벼움을 자아내는 수(數)들을 고르게 바로잡고 손(損)·익(益)을 잘 헤아려서 정확하게 저울질하는 법을 세운다면, '비고 어울림[沖和]'이 응취하여서 도체(道體)가 정해질 것이다.

바로 이 가르침은 생명이 있기 시작한 시초에 정해진 것이다. 순(舜)임

---

439 **저자 자주:** 이 복괘☷☳에서는 음들(육이효와 육오효)이 가운데 자리를 차지하고 있기[得中] 때문이다. /**역자 주:** 육이효는 아래 소성괘인 진괘☳의 가운데 자리를 차지하고 있고, 육오효는 위 소성괘인 곤괘☷의 가운데 자리를 차지하고 있다. 특히 육오효는 임금의 자리를 상징하는 것으로서 존경을 받는 자리다.

440 이상은 공자와 안연 사이에 '인(仁)'을 두고 주고받은 유명한 대화를 전제로 하는 논의다. 안연이 인(仁)에 대해서 묻자, 공자는 "자기를 이기고 예를 회복함이 인을 행하는 것[爲仁]이다. 단 하루라도 자기를 이기고 예를 회복하면 온 세상 사람들이 인(仁)으로 돌아갈 것이다. 그러므로 인을 행함이 자기로부터 말미암는 것[己]이지 남으로부터 말미암겠는가[由人]!"라고 대답하였다.(『論語』,「顏淵」: 顏淵問仁. 子曰, "克己復禮爲仁. 一日克己復禮, 天下歸仁焉. 爲仁由己, 而由人乎哉!")

여기에서 공자가 제시한 패러다임이 '극기복례(克己復禮)'다. 역자는 인류가 공동체를 꾸리고 살아가고자 할 적에 인류에게는 이 틀이 영원한 지침과 가르침을 줄 것이라고 본다. 왕부지가 여기에서 논하는 것은 공자의 가르침이 안연에게 전해졌다는 사실이다. 그래서 왕부지는 여기에서 공자와 안연이 '인(仁)'을 두고 나눈 문답을 소재로 하여 논의를 전개하고 있는 것이다.

금이 시작하였고, 공자는 이를 조술(祖述)하였으며, 안자(顏子)가 이를 계승하였다. 그런데 송대의 소자(邵子; 1011~1077)[441]가 오히려 이를 간파하였다. 그래서 그는 "현주(玄酒)는 이제 막 담박해지고, 대음(大音)·대성(大聲)은 정말로 희미하도다."라고 하였다.[442] 소자는 그 적은 것을 귀하게 여긴

---

441 소옹(邵雍; 1011~1077)을 지칭하는 말이다. 소옹은 자가 요부(堯夫)였고, 강절(康節)은 시호(諡號)다. 일찍이 급제하여 신종(神宗) 연간에 비서저작랑(秘書著作郎)의 벼슬을 내렸으나 받지 아니하고 오직 학문에만 전념하였다. 그리고 자신의 거처를 '안락와(安樂窩)'라 이름 짓고 스스로를 '안락선생(安樂先生)'이라 불렀다. 그래서 죽은 뒤에 시호를 '강절(康節)'이라 하였다.

　그는 북송의 오군자(五君子) 가운데 한 사람으로 꼽히는데, 상수역학의 새로운 경지를 연 사람이다. 그가 「하도(河圖)」와 「낙서(洛書)」를 나름대로 고증하여 이를 중심으로 역학을 설명하였기 때문에 그의 학문을 '도서학(圖書學)'이라고도 한다. 채원정(蔡元定)의 학문에 깊은 영향을 주어 그가 주자(朱子)와 함께 『역학계몽』을 저술하는 데서 결정적인 영향을 미쳤다.

　여기서는 왕부지가 부르고 있는 칭호 그대로 부르기로 한다. '소자(邵子; 邵雍)'라는 칭호에는 존경의 의미가 담겨 있다. 왕부지는 비록 소옹의 학문 경향에 대해서는 대단히 비판적인 견해를 가졌지만 학자로서는 그를 존경하여 이렇게 부른 것으로 보인다.

442 소옹(邵雍)의 시 '동지를 읊음[冬至吟]'에 나오는 구절이다. 참고로 전문을 소개한다면, "동지는 동짓달의 한가운데, 하늘의 마음은 바뀜이 없으니, 하나의 양이 처음으로 일어나는 곳이요, 만물이 아직 생겨나지 않은 때다. 현주(玄酒)는 이제 막 담박해지고 대음(大音)·대성(大聲)은 정말로 희미하도다. 만약에 이 말이 믿기지 않거들랑 복희씨에게 다시 물어보게나!(冬至子之半, 天心無改移. 一陽初起處, 萬物未生時. 玄酒味方淡, 大音聲正希. 此言如不信, 更請問庖犧.)"로 되어 있다.

　소옹은 1년 12달을 12간지에 배당하여 순환하는 것으로 본다. 그래서 동지는 동짓달인 자월(子月)의 한가운데에 해당한다. 이때는 비록 엄동설한으로서 온 누리에 숙살(肅殺)의 기운이 엄정하지만, 하늘의 마음[天心]은 바뀜이 없이 그 순환의 원리에 실어 다시 만물을 소생시키니 이때 하나의 양이 생한다고 본다. 그러나 이것이 갓 싹이 트는 정도여서 만물은 아직 생겨나지 않은 것인데, 소옹은 이를 현주의 막 담박해짐과 대음·대성 등이 희미함으로 은유하고 있다. 그래서 사람의 감각 기관의 인식 범위 안에는 아직 들어오지 않는 때다. 그렇다 하더라도 이 동지에 하나의 양이 생김으로써 분명히 이렇게 새로운 순환은 시작되었으니, 이는 팔괘를 그린 복희씨가 이미 제시하신 진리라는 것이다. 왕부지는 '이제 막 담박해지는 현주(玄酒)'·'정말로 희미한 대음(大音)·대성(大聲)' 등이 동지에 하나의 양이 생김을 은유하는 것인데, 사람의 인식에는 포착되지 않을 만큼 이렇게 작은 양(陽) 속에 새로운 순환은 시작되었다고 함을 여기에서 취하고 있다.

것이다.

若其授曾子也, 則有別矣. 曰'一貫', 則己與禮不可得而多少也; 曰
'忠恕', 則人與己不可得而多少也. 不殊己者, 於形見性; 不殊人者,
於動見靜. 則己不事克而人无不可由矣. 此非以獎陰而敵陽也. 人
之初生, 與天俱生, 以天具人之理也. 人之方生, 因天而生, 以人資
天之氣也. 凝其(方)[初]生之理而爲'復禮', 善其方生之氣而爲'養氣'.
理者天之貞常也, 氣者天地之均用也. 故曰, "天開於子"而"人生於
寅". 開子者'復', 生寅者'泰'. 爲主於'復'者, 陽少陰多, 養陽治陰以保
太和, 故'復'曰, "至日閉關, 后不省方", 大養陽也. 爲用於'泰'者, 陰
感陽變, 陰陽齊致以建大中, 故'泰'曰, "財成天地之道, 輔相天地之
宜", 善用陰也. '復'以養陽, 故己不可以爲禮; '泰'以用陰, 故形色而
即爲天性. 然其爲財成而輔相者, 先立己而廣及物, 大端本而辨內
外者, 秩序井然. 抑非若釋氏之以作用爲性, 而謂佛身充滿於法界
也. '泰'之『傳』曰, "內君子而外小人", 則其潔靜精微, 主陽賓陰者,
蓋愼之至矣. 是故守身以爲體, 正物以爲用. 此其教, 謹之於方生之
成. 孔子昉之, 曾子述之, 孟子著之. 程子固將守之, 故曰, "萬物靜
觀皆自得, 四時佳興與人同", '泰'其交也.

역문 공자가 증자에게 전수해 준 것은 이와 다르다. 공자가 증자에게 '일관(一
貫)'이라 한 것은, 자기[己]와 예(禮) 가운데 어느 한쪽이 많거나 적을 수가
없음을 의미한다. 또 '충서(忠恕)'라 한 것은, 남들[人]과 자기[己] 가운데 어
느 한쪽이 많거나 적을 수가 없음을 의미한다.[443] 자기와 다르지 아니한 것
들은 형체에서 성(性; 사람다움)을 드러내고, 남들[人]과 다르지 아니한 것은

움직임[動]에서 고요함[靜]을 드러낸다. 이러하기에 자기[己]에 대해서는 굳이 이기려[克] 들 필요가 없고, 남들[人]과 더불어 살아가며 그들로부터 문제 해결의 빌미를 찾지 않을 수가 없다. 여기에서는 음(陰)을 장려하며 양(陽)을 적으로 돌리지 않는다.

사람이 처음 생겨남은 하늘과 함께 생겨나는 것인데, 그 까닭은 하늘이 사람의 리(理)를 갖추고 있기 때문이다. 그리고 사람들이 막 생겨남은 하늘에 힘입어서 생겨나는 것인데, 그 까닭은 사람이 하늘의 기(氣)를 바탕으로 하고 있기 때문이다. 처음 생겨남에서의 리(理)를 엉기게 하여 '예를 회복함[復禮]'이 된다. 그리고 막 생겨남에서의 기(氣)를 착하게 하여 '기를 함양함[養氣]'이 된다. 리(理)는 하늘의 한결같음이요 올곧음이며, 기(氣)는 하늘·땅이 고르게 쓰는 것이다.

그러므로 "하늘은 자(子)에서 열린다."라 하고, "사람은 인(寅)에서 생긴다."라 한다.[444] 자(子)의 위(位)에서 하늘이 열림은 복괘䷗가 표상하고 있

---

443 여기에서 말한 '일관'과 '충서'는 공자와 증자 사이의 문답에서 거론된 것들이다. 공자가 제자들이 모여 있는 데서 증자(曾子; 曾參)를 지목하며 "삼아, 나의 도는 하나로써 꿰뚫고 있다."라고 하였다. 이에 증자가 "예." 하고 대답하였다.

　이렇게만 하고서 공자가 나가 버리자 어리둥절한 다른 제자들이 증자에게 "무슨 말이여?"라고 물었다. 그러자 증자는 "선생님의 도는 충서일 따름이다."라고 대답하였다.(『論語』,「里仁」: 子曰, "參乎! 吾道一以貫之." 曾子曰, "唯." 子出, 門人問曰, "何謂也?" 曾子曰, "夫子之道, 忠恕而已矣.")

444 주희의 제자들이 이 말의 의미에 대해 묻자, 주희는 이것이 본래 소옹(邵雍)의 『황극경세서(皇極經世書)』에서 한 말이라고 한다. 다만 당시 주자로서는 그 의미를 정확히 알 수 없다고 전제한 뒤, 이를 소옹의 원(元)·회(會)·운(運)·세(世) 법에 의해 설명하고 있다. 우주의 운행이 원·회·운·세에 의해 순환하는데, 인(寅) 앞의 비어 있는 틈인 자(子)·축(丑)의 두 위(位)를 지나 인(寅) 위(位)에 이르러서야 비로소 사람과 물(物)들이 생겨난다는 것이다. 그 의미를 분석해 보면, 하늘과 땅이 반드시 있고 난 뒤에 이들이 교감하여 비로소 사람과 물(物)들이 생겨 나온다고 함이라는 것이다.(黎靖德 編, 『朱子語類』권45,「論語」27, '顏淵問爲邦章': 楊尹叔問, "'天開於子, 地闢於丑, 人生於寅', 如何?" 曰, "康節說, 一元統十二會, 前面虛卻子丑兩位, 至寅位始紀人物, 云人是寅年寅月寅時生. 以意推之, 必是

고, 인(寅)의 위(位)에서 사람이 생김은 태괘䷡가 표상하고 있다.

복괘䷖에서 주된 것을 보면, 양은 적고 음은 많다. 이 상황에서는 양을 함양하고 음을 다스려서 거대한 조화[太和]를 보호하고 함께한다. 그러므로 복괘䷖에서는 "동짓날 관문을 닫아걸고, 제후들도 지방을 순시하지 않는다."[445]고 한다. 이는 거대하게 양(陽)을 함양함이다.

태괘䷡에서 작용함을 보면, 음이 느끼게 되면 양은 변하는데, 음과 양이 고르게 이루어서 거대한 중[大中]을 세운다. 그러므로 태괘䷡에서는 "하늘·땅의 도를 마름질하여 이루어 내고, 하늘·땅의 적합함을 보조하고 돕는다."[446]고 말한다. 이는 음(陰)을 잘 이용함이다.

복괘䷖의 원리로써 양을 함양하기 때문에 자기[己]는 예(禮)가 될 수 없다. 그리고 태괘䷡의 원리로써 음을 이용하기 때문에 형색(形色)이 곧 천성(天性)이 된다.[447] 그러나 마름질하여 이루어 내고 적합함을 보조하고 돕는다는 것은, 먼저 자기[己]를 세우고, 이를 바탕으로 하여 외물에 널리 미치는 것이다. 이는 마음의 단서를 근본으로 하여 안과 밖을[448] 구별하며 질서

先有天, 方有地, 有天地交感, 方始生出人物來."―淳錄 /問, "天開於子, 地闢於丑, 人生於寅". 曰, "此是皇極經世中說, 今不可知. 他只以數推得是如此. 他說寅上生物, 是到寅上方有人物也, 有三元·十二會·三十運·十二世. 十二萬九千六百年爲一元. 歲月日時, 元會運世, 皆自十二而三十, 自三十而十二. 至堯時會在巳·午之間, 今則及未矣. 至戌上說閉物, 到那裏則不復有人物矣."―廣錄.)

445 복괘䷖의『대상전』에 나오는 말이다.

446 태괘䷡의『대상전』에 나오는 말이다.

447 이는 맹자의 말을 인용하는 것이다. 맹자는, 사람의 형색은 하늘로부터 받은 성(性; 다움)인데, 보통 사람들로서는 이를 다 실천할 수 없고, 오로지 성인(聖人)이라야 이를 다 실천에 옮길 수 있다고 하였다.(『孟子』,「盡心 上」: 孟子曰, "形色, 天性也, 惟聖人然後可以踐形.") 이 말의 의미는, 보통 사람들은 우리의 몸인 형색(形色) 속에 있는 욕구와 본능에 함몰되어 짐승과 다름을 그다지 실천할 수 없는데, 성인은 욕구와 본능을 조절할 수 있기 때문에 형색을 실천에 옮기더라도[踐形] 사람됨의 높은 차원을 실현할 수 있다는 것이다.

448 '안'은 자기 자신과의 관계를 말한다. 즉 극기(克己)·수기(修己)·수양(修養) 등을 통해 사

정연하게 함이다. 이는 석씨[석가모니]가 작용을 성(性)이라 하는 것과는 다르다.[449] 불교의 이 말은 부처님의 몸[佛身]이 법계(法界)를 꽉 채우고 있다는 것을 일컫는 말이다.

태괘☷☳의 『단전』에서는 "속으로는 군자와 교류하고 겉으로는 소인을 멀리한다."라고 하니, 몸과 마음을 깨끗하고 고요히 한 속에 미묘한 것들까지 골똘히 살피며, 양을 주인으로 하고 음을 손님으로 하는 것은 아마도 신중함이 지극한 것이리라. 그러므로 옳은 길로 가도록 제 한 몸을 잘 지키는 것이 본체[體]가 되고, 그렇게 하여 우리가 접하는 물(物)들을 올바르게 함은 그 작용[用]이 된다. 이러함을 가르침으로 하는 것은 막 생함이 이

람으로서 자신의 됨됨이를 올바르게 세우는 것이다. '밖'은 외물과의 관계를 말한다. 즉 옳음과 의로움에 입각해서 외물을 처리하고 처신하는 것을 의미한다. 『주역』, 곤괘(坤卦), 『문언전』에서는, "군자는 경건함으로써 안으로 자기 자신을 곧추세우고 의로움으로써 밖으로 다른 사람들과의 관계를 방정히 하니, 경건함과 의로움이 확립되며 그 덕이 외롭지 않다.(君子敬以直內, 義以方外, 敬義立而德不孤.)"라고 하는데, 바로 이를 말한다고 할 수 있다.

449 이는 특히 송대의 유학자들이 불교의 맹점이라 하여 공격하는 면이다. 이에 대한 주희의 견해가 『주자어류』에 잘 정리되어 있다. 주희는 '작용을 성이다.'라고 하면 고자(告子)의 '생지위성(生之謂性)'설과 같아진다고 하며 비판하고 있다.(黎靖德 編, 『朱子語類』,「釋氏」: 釋氏, "作用是性: 在目曰見, 在耳曰聞, 在鼻齅香, 在口談論, 在手執捉, 在足運奔,"即告子'生之謂性'之說也. 且如手執捉, 若執刀胡亂殺人, 亦可爲性乎! 龜山擧龐居士云, "神通妙用, 運水搬柴", 以比'徐行後長', 亦坐此病. 不知'徐行後長'乃謂之弟, '疾行先長'則爲不弟. 如曰運水搬柴即是妙用, 則徐行疾行皆可謂之弟耶! 一人傑錄.) 이후 유학자들은 주희의 이 견해를 교조적으로 인용하며 이 관점에서 불교를 비판하고 있다.

불교에서 작용을 성이라 하는 것은 『오등회원(五燈會元)』에 실려 있다.(『五燈會元』 권1, '東土祖師': 王怒而問曰, "何者是佛?" 提曰, "見性是佛." 王曰, "師見性否?" 提曰, "我見佛性." 王曰, "性在何處?" 提曰, "性在作用." 王曰, "是何作用? 我今不見." 提曰, "今現作用, 王自不見." 王曰, "於我有否?" 提曰, "王若作用, 無有不是. 王若不用, 體亦難見." 王曰, "若當用時, 幾處出現?" 提曰, "若出現時, 當有其八." 王曰, "其八出現, 當爲我說." 波羅提即說偈曰, "在胎爲身, 處世爲人. 在眼曰見, 在耳曰聞. 在鼻辨香, 在口談論. 在手執捉, 在足運奔. 遍現俱該沙界, 收攝在一微塵. 識者知是佛性, 不識喚作精魂." 王聞偈已, 心即開悟, 悔謝前非, 咨詢法要, 朝夕忘倦, 迄於九旬. *이 대화에서 왕은 '異見王'으로서 달마 조사의 조카라고 하고, '提'는 波羅提로서 달마 조사의 제자라 한다.)

루어짐에서 삼가는 것이다.

이 가르침은 공자에게서 비롯되었고, 증자가 조술(祖述)하였으며, 맹자가 이를 훤히 드러나게 하였다. 형 정자(程子; 1032~1085)는 진실로 이를 지키려 하였다. 그래서 그는, "만물을 고요히 관찰함에 모두 다 깨닫게 되고, 사계절 변하는 경관에 마음속으로 이는 흥을 남들과 함께하노라."[450]라고 읊었다. 이는 사귐을 태평하게 함이다.

自未生以有生, 自有生以盡於生, 靈一而蠢萬, 性一而情萬, 非迎其始, 後不易裁, ‘復’以 “見天地之心”, 與化俱而體天道者也. 陰感陽而變, 變而與陽同功, 性情互藏其宅, 理氣交善其用, ‘泰’以 “相天地之宜”, 因化盛而盡人道者也. 而要以爲功於天地, 以不息其生, 故曰, ‘同功’也. 生者實, 不生者虛, 而曰 “心如太虛”, 則智如舜而戒其危, 保其微, 允執以爲不匱其藏, 又何爲耶?

역문 미생(未生)으로부터 생겨나고, 생겨나서부터는 살면서 생명을 다하게 되는데, 영장(靈長)인 사람은 하나이고 그러하지 못한 것들은 수없이 많다. 또 사람의 성(性)은 하나이고 그 발현으로서의 정(情)은 수없이 많다. 그래서 그 시초를 제대로 맞이하지 않으면 뒤에는 쉽게 제재(制裁)하지 못한다.

---

450 정호(程顥)의 '가을날 우연히[秋日偶成]'라는 시에 나오는 구절이다. 전문은 "마음이 한가로워 그 어떤 일이라서 여유롭게 처리하지 못할 것도 없는데, 잠에서 깨고 보니 동창이 붉은 해로 벌써 벌겋구나. 만물을 고요히 관찰함에 모두 다 깨닫게 되고, 사계절 변하는 경관에 마음속으로 이는 흥을 남들과 함께하노라. 하늘ㆍ땅의 도에 통하여 내 몸 밖의 세계에까지 이르고, 생각은 바람 따라 구름 따라 변하는 양태 속으로 몰입하노라. 부귀에도 음란하지 않고 빈천 또한 즐기니, 사내로 태어나 이 경지에 이르렀으면 어찌 아니 호웅(豪雄)일까나.(閒來無事不從容, 睡覺東窗日已紅. 萬物靜觀皆自得, 四時佳興與人同. 道通天地有形外, 思入風雲變態中. 富貴不淫貧賤樂, 男兒到此是豪雄.)"로 되어 있다. 이 시는 전통적으로 중국의 문ㆍ사ㆍ철 종사자들에게서 대단히 호평받는 작품이다.

복괘☷가 이를 드러내고 있다. 복괘☷는 '하늘·땅의 마음을 보여 주고', 하늘·땅의 지어냄[造化]과 함께하며 천도(天道)를 체현함을 드러내는 괘다.

음은 양에 느껴서 변하고, 변하여서는 양과 똑같은 공효를 내니, 성(性)·정(情)이 서로 그 집에 간직해 주고, 리(理)·기(氣)는 사귀면서 그 작용을 훌륭하게 수행한다. 태괘(泰卦)☷가 이를 드러내고 있다. 태괘(泰卦)☷는 '하늘·땅의 적합함을 도움'을 드러내고 있는 괘인데, 여기에서 우리가 알 수 있는 것은, 하늘·땅의 지어냄[造化]으로 말미암아 성대해지고 인도(人道)를 다해야 한다는 것이다.

요컨대 하늘·땅이 공(功)을 이루는 것은 그 생함을 쉬지 않는 것인데, 그러므로 '똑같은 공효[同功]'라 한다. 생하는 것은 알차고 생하지 않는 것은 텅 비어 있다. 그래서 마음이 '태허와 같다'고 하니, 지혜롭기로는 순임금과 같다. 그래서 그 위태로움을 경계하고 그 은미함을 보호하며, 진실로 그 중(中)을 잡아서 간직하고 있는 것들을 동나지 않게 해야 한다. 이 위에 또 무엇을 하리오!

嗚呼! 天地之生亦大矣. 未生之天地, 今日是也; 已生之天地, 今日是也. 唯其日生, 故前无不生, 後无不生. 冬至子之半, 曆之元也, 天之開也; "七日來復", 冬至子之半也. 如其曰, "天昔者而開於子, 有數可得而紀, 而前此者亡有"焉, 則'復'宜立一陽於沖寂无畫之際, 而何爲列五陰於上而一陽以出也哉? 然則天之未開, 將毋无在而非'坤'地之體, 充物障塞, 无有間隙, 天乃徐穴其下以舒光而成象也乎? 不識天之未出者, 以何爲次舍, 地之所穴者, 以何爲歸餘也.

역문 오호라! 하늘·땅의 생함 또한 큰 것이다. 아직 낳지 않은 하늘·땅도 오늘이고, 이미 낳은 하늘·땅도 오늘이다. 이것들은 오로지 날마다 낳기 때문에 이전에도 낳지 않음이 없고 이후에도 낳지 않음이 없다. 동지는 동짓달의 한가운데니 역법(曆法)에서 기원이 되며 하늘이 이때 열린다. "7일이 지나 돌아온다."라고 함은 동지가 동짓달의 한가운데임을 의미한다.

만약에 "하늘이 아득한 옛날에 자(子)에서 열리고, 그 이후의 과정을 수(數)를 통해서 기록하고 계통을 세울 수 있으며, 그 이전에는 아무것도 없었다."라고 할 것 같으면, 복괘䷗는 당연히 텅 비고 아득하며 아무런 획도 없는 곳에다 단 하나의 양을 세운 것이어야 할 것이다. 그런데 무엇 때문에 지금 복괘䷗가 위로 다섯 음들을 열 지어 놓고 하나의 양이 밑에서 출현하는 괘상으로써 그리고 있겠는가? 그리고 또 그렇다고 한다면, 하늘이 아직 열리지 않을 때에는 어느 곳인들 곤괘(坤卦)䷁가 상징하는 땅이 아닌 것이 없이 존재할 것이다. 그렇다면 이것이 꽉 채우고서는 통하지 못하게 틀어막고 있어서 어떠한 틈도 없을 것이니, 이러한 상황에서 하늘이 그 밑에서 천천히 구멍을 파들어 가며 빛을 펼쳐 상(象)을 이룬다는 것인가? 그래서 나로서는 하늘이 아직 출현하지 않을 적에 어디에 머무르고 있으며, 땅에 구멍을 뚫으며 파낸 것을 어디에 갖다 둔다는 것인지 도무지 알 수가 없다.

初九曰, "不遠復", '不遠'之爲言, 較'七日'而更密矣. 陽一不交, 則陰過而生息. 生不可息, 復不遠矣. 自然者天地, 主持者人, 人者天地之心. 不息之誠, 生于一念之復, 其所賴於賢人君子者大矣. "有過未嘗不知, 知而未嘗復爲", '過'者陰, '知'者陽. 存陽於陰中, 天地之生永於顏氏之知, 此'喪予'嘆而'好學'窮, 絶學无傳, 夫子之所以深其憂患與!

역문 이 복괘䷗의 초구효사에서 "머지않아 곧 되돌아온다."라고 하는데, '머지않아'라는 말은 '7일'보다 더욱 밀접한 것이다. 복괘䷗에서 유일한 양이 사귀지 않으면 음은 지나치게 되고, 그리하면 생함은 멈춘다. 그런데 생함은 멈출 수 없으니, 되돌아옴이 멀지 않은 것이다. 저절로 그러한 존재는 하늘·땅이고, 이를 관리하는 존재는 사람이며. 사람은 하늘·땅의 마음이다.

멈추지 않는 성실함이 안회와 같은 이의 한 생각 되풀이함에서 생겨나니, 현인·군자에게 맡겨짐이 이렇게 큰 것이다. "지나침이 있거들랑 일찌감치 알아차리지 못함이 없었고, 알게 되어서는 다시는 그 행위를 되풀이하지 않았다."라고 하는데, 여기에서 '지나치는' 이는 음이고, '알아차리는' 이는 양이다. 음들 속에 양을 보존하고 있다. 그리고 하늘·땅의 생함은 안씨(顔氏; 顔子)의 알아차림보다 영원하다. 이러하기 때문에 공자는 안회의 죽음을 두고서 '하늘이 나를 망하게 하는구나!'라고 탄식하였고,[451] 그의 죽음으로 말미암아 배움을 좋아함이 궁해져서 그 배움의 맥이 끊긴 채 전해지지 않았다. 이러한 까닭에 공자께서는 마음속 깊이 걱정하였던 것이로다!

---

[451] 이는 『논어』, 「선진」 편에 나오는 말이다.(顔淵死. 子曰, "噫! 天喪予! 天喪予!")

저자 소개

왕부지 王夫之

왕부지는 1619년 중국 호남성(湖南省) 형양(衡陽)에서 태어나 가학(家學)으로 공부하였으며, 20살에 잠시 장사(長沙)의 악록서원(嶽麓書院)에서 공부하였다. 그의 나이 20대 중반에 명나라가 멸망함으로써 선비로서 의로움[義]을 피워 낼 국가가 없어져 버려, 평생을 명나라의 유로(遺老)로 살면서 학문에 매진한 결과 주희와 함께 중국 전통 철학을 대표하는 최고의 경지에 올랐다는 평가를 받는다. 문·사·철에 두루 달통하였던 그는 『주역내전』·『주역외전』을 비롯한 『주역』 관련 5부작 외에도, 『시광전(詩廣傳)』, 『상서인의(尙書引義)』, 『속춘추좌씨전박의(續春秋左氏傳博議)』, 『사서훈의(四書訓義)』, 『독사서대전설(讀四書大全說)』, 『독통감론(讀通鑑論)』, 『영력실록(永曆實錄)』, 『장자정몽주(張子正蒙注)』, 『노자연(老子衍)』, 『장자해(莊子解)』, 『상종락색(相宗絡索)』, 『초사통석(楚辭通釋)』, 『강재문집(薑齋文集)』, 『강재시고(薑齋詩稿)』, 『고시평선(古詩評選)』, 『당시평선(唐詩評選)』, 『명시평선(明詩評選)』 등 불후의 거작들을 남겼다. 1692년 74세를 일기로 서거함으로써 가난과 굴곡으로 점철한 평생을 마감하였다.

1619년 9월(음): 중국 호남성(湖南省) 형주부(衡州府; 오늘날의 衡陽市) 왕아평(王衙坪)의 몰락해 가는 선비 집안에서 아버지 왕조빙(王朝聘; 1568~1647)과 어머니 담씨(譚氏) 부인 사이에 3남으로 태어났다. 어려서의 자(字)는 '삼삼(三三)'이었고, 성장한 뒤의 자(字)는 '이농(而農)'이었다. '부지(夫之)'는 그 이름이다. 왕부지의 호는 대단히 많다. 대표적인 것만을 소개하면, 강재(薑齋), 매강옹(賣薑翁), 쌍길외사(雙吉外史), 도올외사(檮杌外史), 호자(壺子), 일호도인(一瓠道人), 선산노인(船山老人), 선산병수(船山病叟), 석당선생(夕堂先生), 대명전객(大明典客), 관아생(觀我生) 등이다. 호는 20개가 넘는데, 스스로는 '선산유로(船山遺老)'라 불렀다. 왕부지와 함께 명조(明朝)의 세 유로(遺老)로 불리는 황종희(黃宗羲; 1610~1695)보다는 9살 아래고, 고염무(顧炎武; 1613~1682)보다는 6살 아래다. 동시대에 활약한 대학자 방이지(方以智; 1611~1671)보다는 8살 아래다.

1622년(4세): 자신보다 14살 연상의 큰형 왕개지(王介之; 1605~1687)에게서 글을 배우기 시작하다. 왕개지는 그의 자(字)를 좇아 '석애(石崖)선생'으로 불렸는데, 경학에 조예가 깊은 학자로서 『주역본의질(周易本義質)』과 『춘추사전질(春秋四傳質)』 등의 저술을 남겼다. 왕부지는 9살 때까지 이 왕개지로부터 배우면서 많은 영향을 받았다. 그런데 왕부지는 7살에 13경을 다 읽을 정도여서 '신동(神童)'으로 불렸다.

1628년(10세): 아버지에게서 경전을 배우기 시작하다.

1637년(19세): 형양(衡陽)의 재야 지주인 도씨(陶氏)의 딸에게 장가를 들다. 이해부터 숙부 왕정빙(王廷聘)에게서 중국의 역사를 배우기 시작하였다.

1638년(20세): 장사(長沙)의 악록서원(嶽麓書院)에 입학하다. 동학인 광붕승(鄺鵬升) 등과 함께 '행사(行社)'라는 독서 동아리를 만들어 경전의 의미와 시사(時事)에 대해 토론하였다.

1639년(21세): 관사구(管嗣裘)·곽봉선(郭鳳躚)·문지용(文之勇) 등 뜻이 맞는 벗들과 함께 '광사(匡社)'라는 동아리를 꾸려 정권의 잘잘못과 예측 불가능할 정도로 급변해 가는 시사를 주제로 토론하며 대안을 세웠다.

1644년(26세): 청나라 세조(世祖)가 북경에 천도하여 황제로 즉위하고 청나라 왕조를 세웠다. 왕부지는 명나라 멸망에 비분강개하며 『비분시(悲憤詩)』 100운(韻)을 짓고 통곡하였다. 그리고 형산(衡山)의 쌍길봉(雙吉峰)에 있는 흑사담(黑沙潭) 가에 초가집을 짓고 거처하며 '속몽암(續夢庵)'이라 불렀다.

1646년(28세): 비로소 『주역』을 공부할 뜻을 세우고 『주역패소(周易稗疏)』 4권을 지었다. 아버지로부터 『춘추』를 연구하여 저술을 내라는 명을 받았다. 도씨(陶氏) 부인과 사별하였다.

1647년(29세): 청나라 군대가 형주(衡州)를 함락시키자 왕부지 일가는 흩어져 피난길에 올랐다. 이 도피 생활 중 그의 아버지가 서거하였다.

1648년(30세): 왕부지는 형산(衡山) 연화봉(蓮花峰)에 몸을 숨긴 채 『주역』 공부에 더욱 매진하였다. 그러다가 기회를 타서 벗 관사구(管嗣裘)·하여필(夏汝弼)·성한

(性翰; 승려) 등과 함께 형산 방광사(方廣寺)에서 거병하였다. 그러나 이 의병활동
이 실패로 돌아가자, 밤낮으로 험한 산길을 걸어가 당시 조경(肇京)에 자리 잡고
있던 남명정부 영력(永曆) 정권에 몸을 맡겼다. 병부상서 도윤석(堵允錫)의 추천
으로 한림원 서길사(庶吉士)에 제수되었으나 부친상이 끝나지 않은 이유로 사양
하였다.

1649년(31세): 왕부지는 조경(肇京)을 떠나 구식사(瞿式耜)가 방어하고 있던 계림(桂
林)으로 갔다. 그리고는 다시 계림을 떠나 청나라 군대의 수중에 있던 형양(衡陽)
으로 돌아와 어머니를 모시고 살게 되었다.

1650년(32세): 부친상을 마친 왕부지는 당시 오주(梧州)에 자리 잡고 있던 남명 정부
를 다시 찾아가 행인사행인(行人司行人)의 직책을 맡게 되었다. 그런데 조정의 실
세인 왕화징(王化澄)의 비행을 탄핵하다 그의 역공을 받아 투옥되었다. 농민군 수
령 고일공(高一功; 일명 必正)의 도움으로 간신히 죽음을 면한 왕부지는 계림으로
가서 구식사(瞿式耜)의 진영에 합류하게 되었다. 그러나 청나라 군대가 계림을 핍
박하는 바람에 다시 피난길에 올라 두메산골에서 나흘을 굶는 등 갖은 고초를 겪
었다. 이해에 정씨(鄭氏)부인과 재혼하였다.

1654년(36세): 상녕(常寧)의 오지 서장원(西莊源)에서 이름을 바꾸고 복식을 바꾼 채
요족(瑤族)에 뒤섞여 살았다. 이때의 경험으로 왕부지는 중국 소수민족들의 생활
상을 알게 되었고, 이들에 대한 인식을 바꾸게 되었다. 그리고 명나라 멸망으로부
터 얻은 교훈을 정리하는 저술활동에 몰두할 결심을 굳힌다.

1655년(37세): 진녕(晉寧)의 산사(山寺)에서 『주역외전』을 저술하였고, 『노자연(老子
衍)』 초고를 완성하였다.

1657년(39세): 4년 가까이 지속된 도피 생활을 마치고 서장원에서 돌아와 형산 쌍길봉
(雙吉峰)의 옛 거처 속몽암(續夢庵)에서 기거하게 되었다. 그리고 유근로(劉近魯)
의 집을 방문하여 6천 권이 넘는 장서를 발견하고는 그 독파에 시간 가는 줄을 몰
랐다.

1660년(42세): 속몽암으로부터 형양(衡陽)의 금란향(金蘭鄉; 지금의 曲蘭鄉) 고절리

(高節里)로 거처를 옮겼다. 수유당(茱萸塘) 가에 초가집을 짓고 '패엽려(敗葉廬)'라 부르며 기거하였다.

1661년(43세): 정씨부인과 사별하였다. 정씨부인의 이해 나이는 겨우 29세였다. 아내의 죽음에 깊은 상처를 받은 왕부지는 그 쓰라린 감정을 애도(哀悼) 시로 남긴다.

1662년(44세): 남명(南明)의 영력제(永曆帝)가 곤명(崑明)에서 오삼계(吳三桂)에게 살해당했다는 소식을 듣고 『삼속비분시(三續悲憤詩)』100운(韻)을 지었다.

1665년(47세): 여전히 패엽려에 기거하며 『독사서대전설(讀四書大全說)』전 10권을 중정(重訂)하였다.

1669년(51세): 장씨(張氏) 부인을 세 번째 부인으로 맞이하였다. 이해에 30세부터 써오던 근고체 시집 『오십자정고(五十自定稿)』를 펴냈다. 그리고 『속춘추좌씨전박의(續春秋左氏傳博議)』상·하권을 지어서 부친의 유명(遺命)에 부응하였다. 수유당(茱萸塘) 가에 새로이 초가집 '관생거(觀生居)'를 짓고 겨울에 이사하였다. 그 남쪽 창가에 유명한 "六經責我開生面(육경책아개생면), 七尺從天乞活埋(칠척종천걸활매)"라는 대련(對聯)을 붙였다. 풀이하면, "육경이 나를 다그치며 새로운 면모를 열라 하니, 이 한 몸 하늘에 산 채로 묻어 달라 애걸하네!"라는 것이다. 육경의 정확한 풀이가 자신에게 임무로 맡겨졌으니, 필생의 정력을 다해 이 임무를 완수할 동안만 내 생명을 허락해 달라고 하늘에 빈다는 것이다. 여기에서 '산 채로 묻어 달라고 하늘에 애걸한다[乞活埋]'라고 하는 구절이 필자에게는 처연한 충격으로 다가온다. 자신의 남은 생을 산 채로 묻힌 것처럼 살며 오로지 육경 의미를 밝히는 데 온통 바치겠다는 통절한 다짐으로 보이기 때문이다. 이렇게 사는 것이 스스로 자부하는 문화민족으로서 한족(漢族) 지식인에게 허락된 길이라는 깨달음을 반영한 것으로 보인다.

1672년(54세): 『노자연(老子衍)』을 중정(重訂)하였다. 그러나 불행히도 그의 제자 당단홀(唐端笏)이 이것을 빌려 갔다가 그 집이 불타는 바람에 그만 소실(燒失)되고 말았다. 지금 전해지는 것은 그가 37세 때 지은 초고본이다.

1676년(58세): 상서초당(湘西草堂)에 거처하기 시작하다. 『주역대상해(周易大象解)』

를 지었다.

1679년(61세):『장자통(莊子通)』을 짓다.

1681년(63세):『상종락색(相宗絡索)』을 지었다. 그리고 제자들의 요청으로『장자(莊子)』강의용『장자해(莊子解)』를 지었다.

1685년(67세): 병중임에도 제자들의『주역』공부를 독려하기 위해『주역내전』12권과 『주역내전발례』를 지었다.

1686년(68세):『주역내전』과『주역내전발례』를 중정(重訂)하였고,『사문록(思問錄)』 내・외편을 완성하였다.

1687년(69세):『독통감론(讀通鑑論)』을 짓기 시작하다. 9월에 병든 몸을 이끌고 나가 큰형 왕개지(王介之)를 안장(安葬)한 뒤로 다시는 바깥출입을 하지 않았다.

1689년(71세): 병중에도『상서인의(尙書引義)』를 중정(重訂)하였다. 이해 가을에「자제묘석(自題墓石)」을 지어 큰아들 반(放)에게 주었다. 여기에서 그는, "유월석(劉越石)의[1] 고독한 울분을 품었지만 좇아 이룰 '명'(命)조차 없었고,[2] 장횡거(張橫渠)의 정학(正學)을 희구했지만 능력이 부족하였다. 다행히 이곳에 온전히 묻히나[3] 가슴 가득 근심을 안고 세상을 하직하노라!"[4]라고 술회하고 있다.

---

1   유곤(劉琨; 271~318)을 가리킨다. '월석(越石)'은 그의 자(字)다. 유곤은 서진(西晉) 시기에 활약했던 인물이다. 그는 건무(建武) 원년(304년) 단필제(段匹磾)와 함께 석륵(石勒)을 토벌하게 되었는데, 단필제에 농간에 의해 투옥되었다가 죽임을 당하였다. 나중에 신원되어 '민(愍)'이라는 시호를 추서 받았다. 이처럼 자기도 모르는 사이에 진행된 일 때문에 정작 이적(夷狄)을 토벌하려던 입지(立志)는 펴 보지도 못하고 비명에 간 유곤의 고분(孤憤)을 왕부지는 자신의 일생에 빗대고 있다.

2   이해는 명나라가 청나라에 망한 지 벌써 48년의 세월이 흐른 뒤이다. 왕부지는 명조(明朝)의 멸망을 통탄해 마지않았고, 끝까지 명조에 대한 대의명분을 지키며 살았다. 이처럼 한평생을 유로(遺老)로 살았던 비탄(悲嘆)이 이 말 속에 담겨 있다.

3   이 말은 그와 더불어 청조(淸朝)에 저항하였던 황종희(黃宗羲), 고염무(顧炎武), 부산(傅山), 이옹(李顒) 등이 비록 끝까지 벼슬을 하지 않으면서도 치발령(薙髮令)에는 굴복하여 변발을 하였음에 비해, 왕부지 자신만은 이에 굴하지 않고 죽을 때까지 머리털을 온존하며 복색(服色)을 바꾸지 않았음을 술회하는 것처럼 보인다.

4   王之春,『船山公年譜』(光緖19年板),「後篇」, 湖南省 衡陽市博物館, 1974: 抱劉越石之孤憤,

1690년(72세):『장자정몽주(張子正蒙注)』를 중정(重訂)하였다.

1691년(73세):『독통감론(讀通鑑論)』30권과『송론(宋論)』15권을 완성하였다.

1692년(74세): 정월 초이튿날(음) 지병인 천식으로 극심한 고통 속에 서거하다.

저서: 왕부지는 중국철학사에서 가장 방대한 양의 저술을 남긴 인물 중의 한 사람으로 꼽힌다. 대표적인 것만 꼽아도 다음과 같다.

『주역내전(周易內傳)』,『주역외전(周易外傳)』,『주역대상해(周易大象解)』,『주역고이(周易考異)』,『주역패소(周易稗疏)』,『상서인의(尙書引義)』,『서경패소(書經稗疏)』,『시경패소(詩經稗疏)』,『시광전(詩廣傳)』,『예기장구(禮記章句)』,『춘추가설(春秋家說)』,『춘추세론(春秋世論)』,『춘추패소(春秋稗疏)』,『속춘추좌씨전박의(續春秋左氏傳博議)』,『사서훈의(四書訓義)』,『독사서대전설(讀四書大全說)』,『설문광의(說文廣義)』,『독통감론(讀通鑑論)』,『송론(宋論)』,『영력실록(永曆實錄)』,『장자정몽주(張子正蒙注)』,『사문록(思問錄)』,『사해(俟解)』,『악몽(噩夢)』,『황서(黃書)』,『노자연(老子衍)』,『장자해(莊子解)』,『장자통(莊子通)』,『상종락색(相宗絡索)』,『초사통석(楚辭通釋)』,『강재문집(薑齋文集)』,『강재시고(薑齋詩稿)』,『곡고(曲稿)』,『석당영일서론(夕堂永日緖論)』,『고시평선(古詩評選)』,『당시평선(唐詩評選)』,『명시평선(明詩評選)』

而命無從致; 希張橫渠之正學, 而力不能企. 幸全歸于玆邱, 固銜恤以永世."

역주자 소개

김진근 金珍根

연세대학교 철학과에서 학부, 대학원을 마침(문학사, 문학석사, 철학박사. 지도교수: 裵宗鎬 · 李康洙)

북경대학교 고급진수반(高級進修班) 과정 수료(지도교수: 朱伯崑)

연세대학교, 덕성여대 등에서 강의

한국교원대학교 교수(전)

국제역학연구원(國際易學硏究院) 상임이사

한국동양철학회(韓國東洋哲學會) 감사(전)

한국교원대학교 도서관장(전)

대표 논문

- 「왕부지『周易外傳』의 无妄卦 풀이와 道·佛 兩家 비판에 대한 고찰」
- 「'太極'論의 패러다임 轉換에서 드러나는 문제점과 그 해소」
- 「대통령의 탄핵을 계기로 본 유가의 군주론」
- 「왕부지의『장자』풀이에 드러난 '무대' 개념 고찰」
- 「왕부지의 겸괘「대상전」풀이에 담긴 의미 고찰」
- 「'互藏其宅'의 논리와 그 철학적 의의」
- 「船山哲學的世界完整性硏究(中文)」외 40여 편

저서

『왕부지의 주역철학』,『도덕경 읽기』,『주역의 근본 원리』(공저)

역서

『주역내전』(전6권),『완역 역학계몽』,『역학철학사』(전8권, 공역)

An Annotated Translation of "JUYEOKOEJEON"